一线素养

中学生名著导读

吴小轶 主编

清华大学出版社
北京

内 容 简 介

名著阅读是提升语文学科素养与语文考试成绩的重要基石，在中考中，很多省市的考题专门考查名著相关知识点，而在高考中，名著阅读则内化为考生的文学素养，对阅读理解与作文成绩有很大影响。

经典名著浩如烟海，本书在编写过程中，对入选书目进行了谨慎选择，不仅包括初高中六年中学阶段的必读书目，而且从教学实际出发，根据参编老师意见，选入了有助于培养中学生德行、智力、审美能力的作品，力图做到内容和谐、知识丰富、思想高尚。

本书除了作品介绍、作者小传、主要人物（章节）、阅读指南、好句好段等基本板块，特别设置读后思考板块，以引导学生科学阅读，帮助教师、家长陪伴并辅导学生阅读；另设有拓展阅读板块，推荐类似作品，并做简单介绍，让阅读不止于眼前，而成为可持续的过程。

本书封面贴有清华大学出版社防伪标签、封底贴有刮刮卡，无标签或刮刮卡者不得销售。
版权所有，侵权必究。举报：010-62782989，beiqinquan@tup.tsinghua.edu.cn。

图书在版编目（CIP）数据

一线素养：中学生名著导读 / 吴小轶主编. — 北京：清华大学出版社，2023.4（2025.9重印）
ISBN 978-7-302-63228-3

Ⅰ.①一⋯ Ⅱ.①吴⋯ Ⅲ.①阅读课—中学—教学参考资料 Ⅳ.①G634.333

中国国家版本馆CIP数据核字（2023）第059009号

责任编辑：王　琪
封面设计：袁　芳
责任校对：王淑云
责任印制：丛怀宇

出版发行：清华大学出版社
　　　　网　　址：https://www.tup.com.cn, https://www.wqxuetang.com
　　　　地　　址：北京清华大学学研大厦A座　　邮　编：100084
　　　　社　总　机：010-83470000　　邮　购：010-62786544
　　　　投稿与读者服务：010-62776969, c-service@tup.tsinghua.edu.cn
　　　　质量反馈：010-62772015, zhiliang@tup.tsinghua.edu.cn
印 装 者：大厂回族自治县彩虹印刷有限公司
经　　销：全国新华书店
开　　本：200mm×254mm　　印　张：26.75　　字　数：428千字
版　　次：2023年5月第1版　　印　次：2025年9月第3次印刷
定　　价：99.00元

产品编号：094869-01

编委会

编　委（按拼音排序）：

| 林巧巧 | 石雅文 | 滕　腾 |
| 汪晟吉 | 张小军 | |

参　编（按拼音排序）：

陈亚欣	崔海峰	董安琪
方　雁	付中焱	古舜禹
侯瑞丹	胡小滨	李韦娜
刘欣畅	刘雪雅	孙　悦
杨婧如	杨　丽	余晓洁
赵雅君		

写在前面

中学是阅读的黄金时期,因为这一时期的阅读最能塑造心性,淬炼思维品质。可是许多原本热爱阅读的学生因为考试的压力而被迫终止了自由阅读。更可悲的是,有的学生读了很多书,既没有感受到阅读的快乐,也没有让考分变得更有竞争力。

我觉得,阅读和考试绝对不是对立的,阅读为我们的人生打下底色,同时还能给予我们一个巨大的场域让我们去思考语文学科的内涵与外延,明晰学科与学科之间的边界。

改进语文教学,提升语文成绩的根本办法就是读书。在一线教学中,我是深有体会的。新生一入学,我每周就会大大方方地让出四节语文课给学生阅读课外书。他们读,我也坐在他们中间一起读。我的班里有一个大书架,上面的书定期更换,学生们每读完一本书,我都鼓励他们在书籍扉页写上一句话的阅读感受。一个学期过了,一年过了,我们班的书架从不需要用抹布擦拭,因为无论学习如何紧张,每一天都有人从书架上取书,哪怕只是小读几句,换换脑子,在与书籍对话中也能获得片刻宁静。

几年过去了,书架上的书越来越旧,越来越多;学生们也越长越高,他们的眼神越来越深邃。我觉得用明确的词语和可量化的分数来呈现阅读的价值未免显得太狭隘。因为,只要翻开书,眼神与书页触碰的每一刻都在潜移默化着学生们的教育、生活、生命体验。他们在某一阶段取得了好成绩,那是自然而然的事。

其实这本书也像一个书架,以一线教学经验为基础,我们精心挑选了阅读课上学生兴趣度比较高的经典名著,并且让其有梯度地呈现在读者面前。这么做是为了让广大同学在老师们的指导下有阅读的兴致,翻开第一本便愿意继续读第二本、第三本……

一

那么，什么是经典，又为什么要研读经典呢？

作家王安忆说，这个世界变化很快，出一趟差回来，你家楼下的餐馆可能已经变成了五金店，服装店可能变成了奶茶铺……作家最难得的就是要透过变化看到始终不变的东西。而经典超越了时间，记录着某些不变的东西。

每一个人都有自己心中最为经典的作品。成长的过程中，我们反复地咀嚼它，最终它让你更加了解自己，甚至可以帮助你在向它学习的过程中，甚至是反对它的过程中确立你自己。而经典中的经典，就是你读完它，一下子就能认出它在众多经典作品谱系中不可替代的位置。总之，经典就是不会过时的东西。

什么是经典名著？

卡尔维诺说，经典名著是这样的一些书：它们对读过并喜爱它们的人构成一种宝贵的经验，但是对一些人也保留某种机会，对于等到最佳状态来临时才阅读它们的人来说，它们也仍然是一种丰富的经验。哪怕我们已经差不多忘记或完全忘记我们年轻时所读的那本书，但是种子留在了我们身上。一部经典作品是每一次重读都像初读那样带来新的发现的书。然而，很多同学却因为阅读经典名著有难度而放弃阅读。

叔本华建议大家读书之前应谨记"决不烂读"的原则，不烂读有方法可循，就是不论何时凡为大多数读者所欢迎的书，切勿贸然拿来读。比如那些缺乏精神深度和高度类型化的网络作品，势必会消耗我们太多时间，久而久之，让我们陷在阅读的低水平循环里。

经典阅读是一种具有精神深度的个性化阅读。这本书就是要引导青少年更好地阅读经典。让青少年沉住气，静下心来，通过阅读"沉潜到文字的深处，文明的深处，生活的深处，人性的深处，从而获得生命之重"。

书里推荐的书目，我希望大家能够根据自己的兴趣和心境来选读，不一定非要读完一本再读另一本，可以同时读三四本书，也可以集中一段时间读某一类型的书。比如学生时代的我喜欢在寒暑假读一些哲学和历史作品，往往一看就是大半天，因为需要花时间梳理并进行思辨才能将其真正为己所用。而在开学之后，我倾向于每天花半小时的碎片化时间阅读一些对语言表达和素材积累有帮助的散文或者小说，以及相关的文学评论。诗歌之类的，我会选择在外出游玩时带上，想看书了就翻一翻，有时候会有意想不到的碰撞。

二

希望你能从消遣娱乐式的阅读中走出来，做一个相对专业的读者。让阅读至少能助力我们的语文学习。

以下几点建议和你分享：

第一，读文章先要学会"识路"，叶圣陶先生说："作者思有路，遵路识斯真。"

你可以边阅读边做读书笔记，写下自己只言片语的感受，也可以配合思维导图把文章脉络整理清楚。这样不用读百遍，意思也能现在你眼前。

第二，要学会用心去体会，打开感官，诚心诚意地贴近作者的文字。久而久之，你便会拥有一种触类旁通的灵气，这是一种奇妙的体验。比如，我看海明威《老人与海》捕鱼的情节时，会自然而然地想到《水浒传》里武松打虎的画面，进而不由自主地拿它们和古龙武侠小说里描写武林高手的语言狠狠对比一番。有时候一个片段便能激活一串阅读记忆。我们考试时也经常遇到这类对比赏析题，出题的老师没有一定阅读量是绝不可能出好这类题的，而答题的同学如果没有阅读积累也一样会被问得云里雾里。

这重体验就好像2014年我到斯里兰卡旅行，傍晚抵达加勒古镇，在一家海风吹过的咖啡馆里，我嗅到了一股花梨木混杂着甜木瓜的味道，感官闪电般串联了过去的经验，我立刻想起，那是我的母校东风西路484号老教学楼里，木制扶梯和地板在放学大扫除后，迎着天空漏下的夕阳散发出的气味。生活和阅读一样奇妙，妙不可言。

第三，读书一定要学会辨别观点。我们读书时，是别人代替我们在思考，久而久之会导致我们失去自己的立场和观点，即便振振有词却无异于"键盘侠"。读书一定要加以思考，读一段时间还要学会反思。

第四，学以致用，无书胜有书。古人的书是写在竹简上的，一捆竹简谓之卷，读万卷书，行万里路。我们须把书里的经验用到实践中，同时，生活这本无字大书又不断给予我们思考的灵感和去伪存真的票根。从无字句处读书也是一种境界。谁说大地天空、青草黄昏不是一首诗呢？

总的说来，读书要善于品味语言，挖掘其背后的思维，同时积极完成个体的审美体验，在阅读中了解和积累文化内涵。这样的阅读，不仅有系统、有趣味，还能为己所用。而实现这些目标的具体操作方式都在这本书里提供给大家，有的以提问的方式，有的以讲解品析的方式，有的以佳句梳理的方式……这正是我们编写本书的价值和意义。

三

常有同学留言说，学校阅读任务扎堆在寒假和暑假，难得的假期常被无情地占用，甚至需要读一些自己并不太喜欢的课外书籍。有的同学直至毕业也没能找到自己愿意去拓展阅读的书目。所以，我们在编排上尽可能地收录了各类书籍，希望通过阅读，同学们能自发找到阅读的拓展点。因为只有这样的阅读才能够化被动为主动，让你真正爱上阅读，真正沉下心来，深入某个领域去完成一个相对完整的阅读序列。

也希望这本书为老师和同学们架上一把把攀登经典作品的梯子，在阅读本书的过程中找到语文学科阅读的真实路径，让课内外阅读真正助力语文学科的教与学以及个人的发展。最终，知识水平和个人素养均获得提升。

看到这里，或许你会问，读书是不是立马就能让我考上"双一流"，变得富得流油？如果不能，还不如刷数学题或多背几个单词去呢！

读书确实是见效缓慢的药，甚至是隔代循环的因果效应。这些年，我越来越深刻地体会到"书中自有黄金屋"里的"书"和我所喜爱的阅读并不是同一个意思。黄金屋里的书是"考功名的书"，而我们说的名著大概确实不能给你高官厚禄，甚至这本名著导读中的题目也很难直接"搬运"到中高考试题里。但如果你不读书，倘若出现了某种似曾相识之感，你也只能无可奈何，目光呆滞，看落花随流水。

记得温儒敏先生说，不应当把考试和读书对立起来，即使是为了考试，也要注重培养读书的兴趣，喜欢读书、有比较广的阅读面的学生，他的语文素养会比较高，考试成绩也不会差。

我无意间在某问答平台看到一个问题，"有没有什么技能最好趁着年轻时学？"这个问题并没有人回答。我点击翻页，竟在这时梦幻联动了苏格拉底死前练习吹笛子的传说：

  据法国作家埃米尔·乔兰说，苏格拉底临死前，当毒药准备好的时候，他还在练习笛子，有人说这有什么用呢？"至少我死前可以学习这首曲子。"他回答说。

  阅读有什么用？我想苏格拉底的故事已经给了我们最好的答案。

  开始读名著吧。

吴小轶

二〇二二年九月十九日

目 录

生活之中·实用文本篇

《红星照耀中国》／ 2

《昆虫记》／ 11

《乡土中国》／ 17

《傅雷家书》／ 24

《象语者》／ 30

《与虫在野》／ 40

切磋琢磨·文化审美篇

《家庭、私有制和国家的起源》／ 52

《谈美》／ 59

《宇宙》／ 66

《美学散步》／ 75

《美的历程》／ 82

《中国哲学简史》／ 92

《蒋勋说唐诗》／ 100

《人生的智慧》／ 114

浪漫至上·文学文本篇

散文诗歌——行走诗心，锦瑟流年

《朝花夕拾》／ 126

《文化苦旅》／ 141

《湘行散记》／ 147

《假如给我三天光明》／ 153

《艾青诗选》／ 160

《撒哈拉的故事》／ 167

小说戏剧——奇幻想象，人间百态

中国古典作品

《红楼梦》／ 174

《西游记》／ 183

《儒林外史》／ 194

中国现当代作品

《边城》／ 201

《骆驼祥子》／ 211

《四世同堂》／ 229

《带上她的眼睛——刘慈欣科幻短篇小说集Ⅰ》／ 235

《草房子》／ 243

《呼兰河传》／ 250

《围城》／ 256

《闪闪的红星》／ 263

《许三观卖血记》／ 270

《雷雨》/ 277

外国作品

《海底两万里》/ 283

《钢铁是怎样炼成的》/ 291

《大卫·科波菲尔》/ 299

《复活》/ 309

《爱的教育》/ 316

《格兰特船长的儿女》/ 321

《愤怒的葡萄》/ 327

《小红马》/ 333

《窗边的小豆豆》/ 338

《悲惨世界》/ 345

《喧哗与骚动》/ 353

《追风筝的人》/ 362

《毛毛》/ 367

《月亮与六便士》/ 372

《高老头》/ 380

《小王子》/ 389

《哈姆雷特》/ 396

《契诃夫短篇小说》/ 405

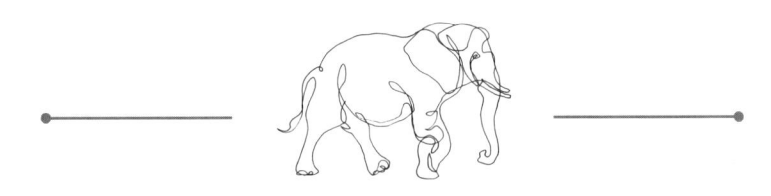

生活之中・实用文本篇

《红星照耀中国》

导读老师：杨婧如

一、作品介绍

《红星照耀中国》原名《西行漫记》，是美国记者埃德加·斯诺所著的纪实文学作品，1937年10月在伦敦首次出版，1938年2月首次出版中文版。2020年4月，《红星照耀中国》被列入《教育部基础教育课程教材发展中心中小学生阅读指导目录（2020年版）》初中段。

1936年，31岁的埃德加·斯诺，这位孤胆英雄怀揣着对中国革命的种种好奇、疑问，冒着生命危险，踏上了红色苏区，只为寻求真相。从6月到10月，他用旁观者冷静、客观又有些幽默的笔触，将在中国西北革命根据地（即后来以延安为中心的陕甘宁边区）采访、对话和实地考察后的所见、所闻、所感撰写成文并发表在英美报刊上，报道了中国和中国工农红军，以及许多红军领袖、将领的情况，还原了那段红色岁月。

在陕北，斯诺采访了毛泽东、周恩来、彭德怀、林伯渠、邓发、徐海东等众多红军领袖和将领。斯诺描述他们的言谈举止，追溯他们的家庭环境和青少年时代，试图从其出身和成长经历中，找寻他们成为共产党人的原因。此外，斯诺还深入红军战士和根据地老百姓之中，对共产党的基本政策、军事策略，红军战士的生活，陕北根据地的社会制度、货币政策、工业和教育等情况做了广泛的调查。通过斯诺的笔墨，我们得以窥见"红色中国"的产生、发展、壮大，了解到那片红色区域上人们的生活和战斗，理解那些历经绝境也不动摇的革命信念。

二、作者小传

埃德加·斯诺（1905—1972）生于美国密苏里州，是美国著名记者。代表作《红星照耀中国》。埃德加·斯诺1928年离开密苏里大学新闻学院来到中国，在上海任《密勒氏评论报》助理主编，之后又任《芝加哥论坛报》、伦敦《每日先驱报》驻东南亚记者。他踏遍中国大地进行采访报道，"九一八"事变后曾访问东北、上海战线，发表报告通讯集《远东前线》。1933年4月到1935年6月，斯诺兼任北平燕京大学新闻系讲师。1936年6月，在宋庆龄的安排下，斯诺首次访问了陕甘宁边区，拜访了许多中共领导人，成为第一个采访"红区"的西方记者。10月末，斯诺回到北平之后发表了大量通讯报道，热情地向北大、清华、燕大的青年学生介绍陕北见闻。1937年3月5日和22日，借燕大新闻学会、历史学会开会之机，斯诺在临湖轩放映他拍摄的反映苏区生活的影片、幻灯片，展示照片，让国统区青年看到了毛泽东、周恩来、彭德怀等红军领袖的形象，看到了"红旗下的中国"。1937年卢沟桥事变前夕，斯诺完成了《西行漫记》（《红星照耀中国》）的写作。10月在英国伦敦公开出版，在中外进步读者中引起极大轰动。1938年2月，中译本又在上海出版，让更多的人看到了中国共产党和红军的真正形象。1939年，斯诺再赴延安访问。抗日战争爆发后，斯诺又任《每日先驱报》和美国《星期六晚邮报》驻华战地记者；1942年去中亚和苏联前线采访，离开中国。新中国成立后，他曾三次来华访问，并与毛泽东主席见面。1972年2月15日，斯诺因病在瑞士日内瓦逝世。后人遵照其遗愿，将其一部分骨灰葬在中国，地点在北京大学未名湖畔。

三、主要人物

1. 毛泽东

《红星照耀中国》第 3 篇里介绍了毛泽东的形象，他是个面容瘦削、看上去很像林肯的人物，个子高出一般的中国人，背有些驼，一头浓密的黑发留得很长，双眼炯炯有神，鼻梁很高，颧骨凸出，是一个非常精明的知识分子的面孔。

他博览群书，记忆力异乎常人，专心致志的能力不同寻常。他精力过人，不知疲倦，对于工作事无巨细一丝不苟，是一位颇有天才的军事和政治战略家。

他生活节俭，平易近人。个人习惯和外表落拓不羁，对于吃的东西很随便，有着南方人爱吃辣的癖好。

2. 周恩来

《红星照耀中国》第 2 篇里介绍了周恩来的形象，他个子清瘦，中等身材，骨骼小而结实，尽管胡子又长又黑，外表上仍不脱孩子气，又大又深的眼睛富于热情。他确乎有一种吸引力，似乎是羞怯、个人魅力和领袖的自信的奇怪混合的产物。他是中国人中间最罕见的一种人，一个行动同知识和信仰完全一致的纯粹知识分子。他是一个书生出身的革命者。头脑冷静，善于分析推理，讲究实际经验，态度温和。

3. 朱德

《红星照耀中国》第 9 篇里介绍了朱德的形象，他貌不惊人，沉默谦虚，说话轻声，饱经沧桑。眼睛很大，眼光非常和蔼。身材不高，但很结实，胳膊和双腿都像铁打的一样。他已年过半百，也许已有五十三四岁，究竟多大，谁也不知道。他的部下在西藏的冰天雪地之中，经受整整一个严冬的艰难，而能保持万众一心，这必须归因于领导人物朱德的个人魅力，还有他那具有为一项事业英勇牺牲的忠贞不贰精神的罕见人品。他的生活和穿着都和普通士兵一样，与士兵同甘共苦，早期常常赤脚走路，整整一个冬天以南瓜充饥，另外一个冬天则以牦牛肉当饭，从来不叫苦，很少生病。他喜欢在营地里转，同弟兄们坐在一起，讲故事，同他们一起打球。

4. 彭德怀

《红星照耀中国》第8篇里介绍了彭德怀的形象，他是个愉快爱笑的人，身体极为健康。他动作和说话都很敏捷，喜欢说说笑笑，很有才智，善于驰骋，又吃苦耐劳，是个很活泼的人。他身经百战，只受过一次伤，而且只是表面的。生活同部下一样节俭，只有两套制服。他不吸烟，不喝酒。迟睡早起。很喜欢孩子，常有孩子跟着，会脱棉衣给小号手。

5. 贺龙

《红星照耀中国》第2篇里介绍了贺龙的形象，他是大个子，像只老虎一样强壮有力。年过半百，但仍很健康，不知疲倦。他仇视有钱人。被国民党报纸形容为"劣迹昭著"，据说1928年他躲在村里时，率领村里的几个人袭击国民党的收税的，一把菜刀宰了他们，解除了他们的武装。他的口才很好，有很强的个人感召力，许多部下宁可与他一起在路上死去，也不愿意离去。他的生活跟他部下的一样简单。他不计较个人财物——除了马匹。他喜欢马。性格很急躁，但是很谦虚。

四、阅读指南

正如斯诺在1938年中译本《西行漫记》（《红星照耀中国》）序言中所说："……用春水一般清澈的言辞，解释中国革命的原因和目的……"《红星照耀中国》的永恒魅力在于它树立了非虚构写作的光辉典范，"标志着西方了解中国的新纪元"。

环境是人物生活的"土壤"，是人物性格形成和发展的依据。

纪实作品要求客观描写环境，但所用词语往往富有感情色彩。结合书中"联想与想象齐飞、静态与动态交融、全景与特写并举"地对苏区自然环境、社会环境的描绘，对苏区军民昂扬的精神风貌会有更深的理解。

本书的成功之处在于平淡中见真纯，高度真实地还原了人物。从描写"红军"群像与领袖人物相结合的采访对象的考量、得当的详略安排、适时的叙述角度，完成人物形象的塑造与还原。斯诺采访的既有中共的最高领袖，也有军中的骁勇名将，还有普通的士兵和淳朴的百姓，他用忠实的镜头语言，全方位地记录了陕甘宁边区军民的精神风貌。

此外，阅读纪实文学还可以从它真实的事件与人物、神奇的预言性、语言的感染力等方面感受作品历久弥新的生命力。斯诺的报道相当程度上改变了当时国际上对"红区"的偏见，受斯诺影响，西方的一些记者、作家也相继来到延安。正是《红星照耀中国》的真实性和客观性，使它有了活力和权威性。

五、好句好段

1.因这结果，在景象上就成了变化无穷的怪异阵势——就是说，成了各种形状的小山，有像大堡垒的，有像一排巨象的，有像滚圆的大薄饼的，有像被一只巨手抓过一把而留下了怒爪的印子的。那些奇幻的，令人难以置信的，而又有时使人惊骇的形状，便成了一个疯神捏就的世界，而有时却又是一个具有奇异的超现实美的世界。

而且你虽到处都可看见田畴和开垦的土地，你却难得看见人家。那些农民是躲在那种黄土山里的。因为在整个西北，按照数世纪来的习惯，人们都在那种坚硬的软糖色的山岩里掘洞而居，名之为"窑洞"。

出自《穿过红色大门》

2. 我到后不久，就会见了毛泽东，他是一位瘦弱的颇有些林肯式的人物，身材高出一般的中国人，背有些弯曲，披着一头很长的浓厚的乌发，睁着一双巨大而敏锐的眼睛，还有高鼻梁和突出的颧骨。我在一刹那所得的印象，是一个非常机智的知识分子的面孔，可是在好几天里面，我总没有证实这点的机会。我第二次见他正当傍晚时候，毛泽东光着头在街上散步，一边和两个年轻的农民谈着，一边热切地做着手势。我认不出是他，直到人家指出才知道。南京虽然悬赏二十五万购买他的首级，可是他却毫不介意地和旁的行人们一同散步呢。

出自《苏维埃掌权人物》

3. 能艰苦忍耐，能抵抗艰难而没有抱怨，这是组成红军的最大部分的中国农民所特长的。这从长征中可以看得出来，在这次长征中，红军从各方面遭受到可怕的攻击，睡在露天中，许多日子吃着生的谷米过活，团结在一起，成为一种有力的军事力量。这从红军日常生活的严肃和功课的繁重中也可以表现出来。也许有外国军队能够忍受同样的风霜雨雪、同样的粗糙食物及卑陋的住所等，可是我没有看见过。关于美国、英国、法国、日本、意大利和德国的军队，我知道得很详细，可是我相信，只有他们中最好的才能吃得消红军士兵艰苦的日常生活。

出自《红军战士的生活》

六、读后思考

1. 一切景语皆情语，作品中多处描写黄土高原的壮美景象，多处述说黄土高原的社会风貌。在书中标出这样的文字，想象其中的画面，体会其中的情感，结合它们的前后内容，赏析它们的表达作用。

摘录："入夜了。这是一个美丽的夜晚，晴朗的夜空中闪耀着北方的繁星，在我下面的一个小瀑布流水淙淙，使人感到和平与宁静。"

赏析：繁星、流水，有动有静，好美的画面，不由得想起王维的诗里宁静的感觉。以我观物，万物皆着我之色彩，这是斯诺笔下1936年秋天的陕北。

2."我一边和周恩来谈话，一边颇感兴趣地观察他，因为在中国，像其他许多红军领袖一样，他是一个传奇式的人物。""他个子清瘦，中等身材，骨骼小而结实，尽管胡子又长又黑，外表上仍不脱孩子气，又大又深的眼睛富于热情。他确乎有一种吸引力，似乎是羞怯、个人魅力和领袖自信的奇怪混合产物。他讲英语有点迟缓，但相当准确。他对我说他已有五年不讲英语了，这使我感到惊讶……"试分析这些人物描写的作用。

简要提示：在作者眼中，这位领导人虽然身材消瘦，但富于学识，且浑身充满着旺盛的精力和强烈的自信，展现了中国共产党人坚韧无畏的精神风貌。

3. 长征的意义何在？

简要提示："在某种意义上来说，这次大规模的转移是历史上最盛大的武装巡回宣传。"这支队伍与其他队伍的不同在于这支队伍有自己的主张、自己的信念和自己的理想。长征使更多的人认识到这一点。

上面这段话让我们想起毛泽东关于长征的一段著名论述："讲到长征，请问有什么意义呢？我们说，长征是历史纪录上的第一次，长征是宣言书，长征是宣传队，长征是播种机。自从盘古开天地，三皇五帝到于今，历史上曾经有过我们这样的长征吗？十二个月光阴中间，天上每日几十架飞机侦察轰炸，地下几十万大军围追堵截，路上遇着了说不尽的艰难险阻，我们却开动了每人的两只脚，长驱二万余里，纵横十一个省。请问历史上曾有过我们这样的长征吗？没有，从来没有的。长征又是宣言书。它向全世界宣告，红军是英雄好汉，帝国主义者和他们的走狗蒋介石等辈则是完全无用的。长征宣告了帝国主义和蒋介石围追堵截的破产。长征又是宣传队。它向十一个省内大约两万万人民宣布，只有红军的道路，才是解放他们的道路。不因此一举，那么广大的民众怎会如此迅速地知道世界上还有红军这样一篇大道理呢？长征又是播种机。它散布了许多种子在十一个省内，发芽、长叶、开花、结果，将来是会有收获的。总而言之，长征是以我们胜利、敌人失败的结果而告结束。谁使长征胜利的呢？是共产党。没有共产党，这样的长征是不可能设想的。中国共产党，它的领导机关，它的干部，它的党员，是不怕任何艰难困苦的。"这是对长征意义的最好解说。从斯诺与毛泽东的长谈到他们对长征意义的表述，我们可以猜测：斯诺对于长征意义的认识是受了毛泽东很大影响的。

七、拓展阅读

1.《长征》王树增

著名报告文学作家王树增历时六年、精心打造的巨著《长征》2006年由人民文学出版社出版。王树增的《长征》从人类文明发展的高度，重新认识了长征的重要意义，是红军长征70年以来，第一部用纪实的方式最全面地反映长征的文学作品。

2.《1937，延安对话》[美]托马斯·亚瑟·毕森

本书是20世纪30年代美国著名的亚洲问题研究专家，担任过美国政府东亚政治经济顾问的托马斯·亚瑟·毕森的采访实录。这本书最大的价值，是对毛泽东、周恩来、朱德的采访。从中可以看到当时中国共产党领袖们卓越不凡的领袖气质、前瞻性和判断力。

3.《朝鲜战争》王树增

抗美援朝战争的历史,是上百万志愿军官兵用生命写就的。对于《朝鲜战争》的写作而言,生动地记述一场战争的历史很重要,深刻地记述战争中一个民族的精神历史更重要。本书力图让今天的读者因为祖国、民族、理想、精神、信念、意志等因素,与先烈相识相知,重温一个人、一支军队、一个民族无论什么时候都需要的不屈的精神。

4.《靠山》铁流

《靠山》记述了战争年代尤其是抗日战争、解放战争时期人民群众踊跃支前的动人场面,全书展开了上百个详细叙事,涉及上千人的真实故事,浓缩了1921年至1949年间完整的百姓支前史。

《昆虫记》

导读老师：石雅文

一、作品介绍

　　法布尔的《昆虫记》被誉为"昆虫的史诗"，与冰冷的解剖研究不同，他关注的是活生生的昆虫，在观察中还原生物的真实样貌。他研究了昆虫出生、成虫、捕食、繁衍、死亡的全过程，用细致的观察和细腻的笔触为我们展现了生物世界的多彩画卷，他也被称为"昆虫世界的荷马""昆虫世界的维吉尔"。《昆虫记》全十卷本，我们所读的多是节选，节选中包括螳螂、绿蝈蝈、蝉等章节。《昆虫记》这本科普读物用形象的比喻和幽默的语言搭建了科学传播的桥梁，使晦涩难懂的知识变得有趣又利于接受。法布尔在书写时详细记录了他的研究思路，使我们看到科学家发现问题、研究问题的方法，类比、联想、观察性实验等都是他思考时的方式，小小科学家们准备好开始我们的探秘之旅了吗？

二、作者小传

　　有一位老者，在八十岁高龄时说："我毫不疲倦地对小昆虫进行研究，就好像还能活很多年。"他就是《昆虫记》的作者让-亨利·卡西米尔·法布尔。1823年，法布尔出生在法国南部一个贫穷家庭。由于贫穷，很小的时候他就辍学打工。但是他始终保持对知识的热爱，自制简陋器材并自学物理、数学。靠着勤奋努力，他获得了数学、物理学士学位。为了摆脱外界的束缚，他躲进了荒石园，成了一位隐士，即使是他的好友来寻他，他也不愿离开自己的秘居。在这里，他依然过着贫穷的日子，靠着水果、蔬菜和葡萄酒生活，但是对昆虫的爱却丝毫没有减少。他把这片不宜植物生长的土地变成了南方植物群落的缩影。这个淳朴而机敏、固执而智慧的老人在这里细心观察动植物，将点点滴滴的发现记录整理，形成了《昆虫记》。他观察水平极高，连达尔文都称赞他为"无法效仿的观察家"。代表作有《昆虫记》《天空记》《大地的故事》。

三、主要昆虫

1. 蝉

蝉从一个与地面持平的圆孔洞钻了出来，与粪金龟的洞不同，这些洞的洞口没有一点儿浮土。通过观察发现，这些洞里都有一层防止洞坍塌的涂层一样的东西。于是法布尔提出了两个疑问，这些土去哪里了？这个涂层又是怎样产生的？通过联想，作者认为没有浮土的原因应该和腐蚀木头的天牛和吉丁幼虫一样，蝉也是一边挖洞，一边把挖出来的东西吃掉并迅速排泄出去。通过分析幼虫和成虫的不同，作者发现幼虫大多有一个尿袋，猜测可能是这个尿袋在制作涂层时起了作用。于是作者设计了一个控制变量的对照实验，并最终证实了自己的猜测。作者在最后还为我们讲了关于蝉的奇闻逸事，并把它比作拉伯雷《巨人传》里的卡冈都亚——一个用尿液战胜敌人的巨人。

2. 螳螂

螳螂，又被称为"祷上帝""修女袍"，与这些圣洁的名字相反，它其实是一个凶神恶煞的刽子手。它的硬钩可以刺穿任何东西，在休息时，它将捕捉器折起来，摆出祈祷的样子。但是在捕食时，它又会摆出凶恶的样子，将猎物吓得一动不动，蚱蜢、大灰蝗虫、白额螽斯等都会成为它的俘虏，被它一口口吞噬。在捕猎的过程中，它习惯先咬住猎物的颈部，在完全安全的时候再享受美味。到了交配时节，雌螳螂常常会吃掉雄螳螂以保证营养的补给。产卵时，它会一边制造泡沫，一边产卵，做好保温，留好门。螳螂巢在民间被叫作"梯格诺"，许多偏方都把它当作一味不可缺少的药材。小螳螂出生之后会面对各种各样的敌人的围截，有些成为大自然食物链的一部分，有些幸存下来，这些幸存者承担了种族繁衍的使命。

四、阅读指南

对前言、目录、附录、后记等部分的阅读，可以帮助我们认知整本书的内容框架。《昆虫记》是一本科普读物，其中涉及一些生物领域的专有名词，可以采用上网搜索、询问生物老师等方法来理解其内涵。不要盲目相信权威，要自己验证其中的观念，通过自己的观察来确定其准确性。阅读时要及时摘录出关键内容，也可以运用互联网媒介制作一张中国的昆虫分布图。

法布尔是一位观察大家，连达尔文都赞叹他的观察能力。我们可以运用思维导图的方法分析法布尔对昆虫的描写，学习他的描写方法和描写角度，并运用到自己的写作过程中。《昆虫记》的叙事展示了他的研究思路，我们看到博物学家通过联想、实验等方法来验证自己的观点。体会其中的科学精神，我们也可以学习法布尔的方法，自己选择一个对象进行观察并写观察日记。

很多动物都有相似的特点，比如螳螂、金步甲和朗格多克蝎都有相似的婚俗，这些婚俗又有哪些不同？可以自己列一张表格进行对比。在对比的过程中也会对昆虫的习性有更好的理解。

《昆虫记》作为一本科普读物，在结构严谨的同时又充满艺术趣味。比如在写螳螂时，先介绍它的别名"祷上帝""修女袍"，与它的凶残形成对比。再如在描写灰蝗虫的时候，作者将鞘翅勉强盖住裸体蝗虫背部形容成"为省料子而剪短的西服"。在阅读过程中要体会其语言的趣味性，学习如何将枯燥抽象的事物形容得生动具体。

五、好句好段

1. 原来，螳螂那些密密麻麻的小卵，只有很少一部分用来繁衍后代，其他都将进入大自然的食物链，为了开始而结束，为了新生而死亡。也许，在我思考的时候，燃烧的就是小螳螂流入我血管里的能量，并且迸发出思想的火花。

出自《螳螂》

2. 幼虫肥胖难看，但已有成虫的粗略模样，通常呈嫩绿色，但也有的是青绿色、淡黄色、红褐色，甚至有的已像成虫的那种灰色了。其前胸呈明显的流线型，并有圆齿，还有小的白点，多疣；后腿已像成年蝗虫一样粗壮有力，饰有红色纹路，而长长的前腿上长着双面锯齿。

出自《灰蝗虫》

3. 生命是绝不会从这种化学垃圾中迸发出来的。

出自《灰蝗虫》

4. 烈日当空，加工工作在紧张地进行之中，你可以看到旋工的活儿干得多么利索，让你肃然起敬。那活计如此这般地飞快地进行着：一开始是个小弹丸，现在变成了一粒核桃，不一会儿就有苹果一般大小了。我曾见过食量大的圣甲虫竟然旋出一个拳头大小的粪球。这肯定得花好几天的工夫。

出自《圣甲虫的习性》

六、读后思考

1. 法布尔从哪些角度描写昆虫？请从书中选择一个并分析，也尝试自己观察动物或者植物并记录。

简要提示：作者从颜色、形态、生存环境等方面进行描写。

比如在《田间地头的蟋蟀》一章中描写蟋蟀卵时，描写了卵的淡黄的颜色，两端圆圆的三厘米长的形状，垂直、紧密的排列情况，每次排卵大致有五六百颗的数量。

2. 你在《昆虫记》中学到了哪些研究时可以运用的方法？

简要提示：观察法、联想法、实验分析法等。观察法是贯穿全书的方法，作者就是在细致的观察中发现问题的；因为同一类昆虫可能有一些相似的习性，所以我们可以采用联想法，如作者发现雌小阔条纹蝶是用气味吸引雄蝶的，推导而知大孔雀蝶也应是如此；实验分析法需要营造环境和控制变量，比如在验证蝉是否是因为尿袋才能建造出一层涂层时，作者控制了泥土来源、土层厚度等条件，只有蝉是否有尿袋这一个变量，最终成功证明自己的猜想。

同时，作者还保持着客观的态度，不人云亦云，比如在研究朗格多克蝎的时候，不盲目迷信权威，最终观察出蝎子繁衍的真正时间。

3. 如何思考虫性和人性的关系？

简要提示：法布尔笔下的昆虫是大自然的馈赠，它们的存在带有哲学意味，是维护生态平衡的一部分。法布尔用爱去观察，而不是冷冰冰地将其解剖、分析、研究。我们需要理性的思考，但是也要用爱与热情去面对我们研究的对象，还原其本真的样貌，探究其背后的原因。公式定理要有美和温度，也要有情感。

七、拓展阅读

1.《法布尔传》［法］乔治－维克托·勒格罗

这本传记的作者是法布尔的得意门生，他陪伴法布尔度过了人生最后的时光，将这些一手资料用含有温情的语言写出，你会在其中看到法布尔一生的执着与追求。

2.《昆虫的盛宴》纪录片

这部纪录片着重展示了昆虫捕食的场景，展现了大自然生物链的神奇一环，用真实的画面和富有磁性的声音为我们带来昆虫盛宴。

3.《超越时空》[美]加来道雄

仰望星空，谁没有对浩瀚宇宙产生过好奇呢？这本书用幽默的语言为我们讲述了平行宇宙、时间卷曲和第十维度等概念。

《乡土中国》

导读老师：滕腾

一、作品介绍

《乡土中国》是我国著名社会学家费孝通先生的代表作。应《世纪评论》之约，他将其在云南大学和西南联大讲授"乡村社会学"课程的讲义内容分成14篇文章连载，《乡土中国》则由这些文章辑录而成。

本书从我国乡村生活中十分常见但又值得深思的现象入手，用较为浅俗的语言，探讨了诸如为什么中国人安土重迁、为什么讲究长幼有序、为什么我们是熟人社会、为什么乡间文盲多且不重视学习文字等问题，通过对一系列文化现象的深入分析与讨论，进而挖掘农耕文化影响下的中国传统乡土社会的文化结构和社会关系及与之相对应的思想、行为产生的根源。正如作者所言："它（本书）不是一个具体社会的描写，而是从具体社会里提炼出的一些概念。"

本书的14篇文章，每篇论述一个基于中国乡土社会的核心概念，每篇文章彼此之间联系也十分紧密。第一章《乡土本色》，可视作本书总论；《文字下乡》和《再论文字下乡》则探讨了乡土社会中"非文字"载体存在的必要性，以及政府推广文字下乡时所面临的困境；《差序格局》《维系着私人的道德》《家族》《男女有别》则探讨了乡土社会中的社会关系；《礼治秩序》《无讼》《无为政治》《长老统治》探讨了乡土社会中的权力模式；《血缘和地缘》《名实的分离》《从欲望到需要》则探讨了乡土社会的变迁。

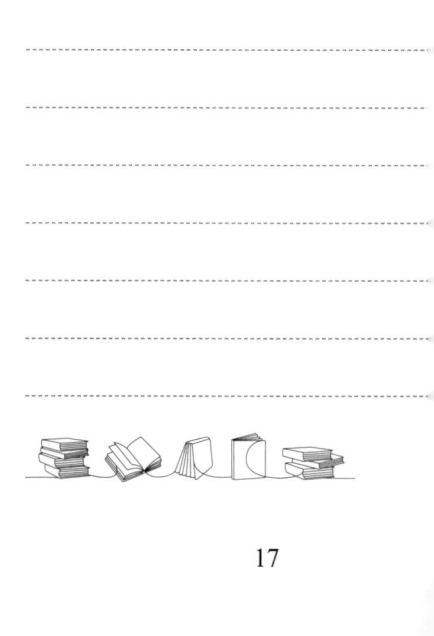

本书是社会学领域的经典著作，也是研究和了解中国社会、中国文化的必读作品。

二、作者小传

费孝通（1910—2005），江苏吴江（今苏州市吴江区）人，我国著名的社会学家、人类学家、民族学家、社会活动家。费孝通曾先后就读于东吴大学医预科、燕京大学社会学系、清华大学社会学及人类学系，后赴英国伦敦政治经济学院学习，在导师马林诺夫斯基的指导下完成题为《江村经济》的博士论文，刊印成书后，该书被誉为"人类学实地调查和理论工作发展中的一个里程碑"，成为国际人类学界的经典之作。费孝通的代表作有《乡土中国》《生育制度》《乡土重建》等，他回国后先后任教于云南大学、西南联大、清华大学等高校，被誉为中国社会学和人类学的奠基人之一。2005年4月24日，费孝通在北京逝世，享年95岁。

三、核心概念

1. 乡土本色

该概念出自本书第一章，是后续章节的理论基础，作者认为中国社会历来重视土地，并且我国民众大部分以务农为生，是具有乡土性的。因个人土地占有量较小，考虑到引水灌溉、安全防护、土地平等继承等原因，中国农民习惯聚村而居并安土重迁、缺乏流动性；与之相对的西方农业社会，个人的土地占有量却极大，因此他们的农业生产常以"家"为单位，缺少多家多户的聚集效应。在不同的农业发展基础上，中国社会渐渐发展成熟人社会，在这样的社会中，人与人、人与物之间的关系因"熟悉"而成为"俗"，这些"俗"因熟悉和信任而不需要以契约来固化，一个礼俗社会便这样形成了。与礼俗社会相对应的，是西方渐渐演化为陌生人的社会，因为彼此并不熟悉，故需要一种具有普适性的契约来约束彼此的行为，法理社会便逐渐演化而成了。

2. 差序格局

作者认为，西洋社会结构是一种"团体格局"，一个人属于团体内或外，是必须要区分清楚的，相应的，团体内外所赋予和承担的权利与职责则有着天壤之别。与之对应的，是中国乡土社会中的"差序格局"，这与西洋社会人与人之间靠团体纽带相连不同，乡土社会的网络核心是"己"，每个人都热衷于"自我主义"，整个社会的关系网是由每一个"己"出发，好像石头扔在水中推出去的一层层波纹一样，形成了远近亲疏不同的关系网——这种有差等的次序也称为"伦"，由此相对应的社交思想之一便是"攀关系、讲交情"，这也是熟人社会中一种常见的现象。

3. 男女有别

乡土社会寻求的是社会秩序的"稳定性"，而稳定社会关系的力量，不是感情，而是了解。较为常见的男女恋爱关系，是一种相对来讲充满变数和不稳定的情感的萌发，这对社会秩序的稳定来说是一种潜在的威胁。因此，男性与女性在乡土社会中被筑下了一条鸿沟，乡土社会更提倡一种"同性"之间正常的、健康的交友方式，因此金兰之交、异姓兄弟等故事屡见不鲜。最终，乡土社会中提倡的男女有别带来的是一个较为稳定的社会秩序。

4. 礼治秩序

有人说西方国家多重视法律，是"法治"国家的典范；而传统的中国社会不遵循"法治"，而是遵循"人治"。在《礼治秩序》这一章节中，作者重点论述了中国乡土社会是否为"人治"的问题。作者认为，中国的乡土社会并不是"人治"，归根结底，作为礼俗社会，它本质上是一个"礼治"社会。乡土社会作为传统的农业文明，农人缺少流动性，生活环境相对封闭，"乡土社会只是四季的转化，而不是时代的变更"。前人的经验一代代地流传，

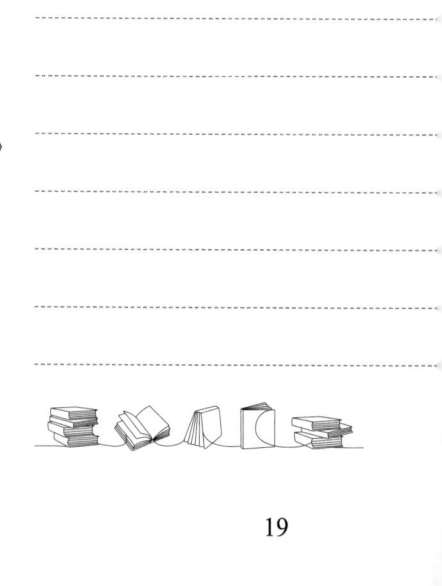

变成了今人的经验，在这样的环境中，遵循传统就意味着生活的保障，传统文化与思想在封闭社会中具有极强的权威性，这种权威性使人们从内心形成一种敬畏感，使人服膺于传统。服膺于传统，即礼；礼即合于式，农人们以传统来规范自己的行为，规范人与人之间的关系。因此，乡土社会是一个"礼治"社会，并非所谓的"人治"社会。

5. 长老统治

作者提出了"教化权力"的概念：它产生于社会继替的过程，它不是为了统治关系，而是为了"被教化者"，可以说是一种"爸爸式"的权力，英文是 Paternalism。家长对孩子的权力是基于血缘事实和社会经验的，通常父母并不从教育孩子这件苦差事上面得到实际的好处，父子之间也没有本质的利益冲突，孩子们为遵守孝道，则必须遵从长辈的意愿，以适应这个他并不了解的社会，通常孩子是没有选择的机会的。而这种带着教化性质的权力，会全方位地深入每一个生活细节中。而且由于中国社会的稳定性，教化的权力又扩大到成人之间，这便是长幼之别。由于年龄的差距，人生经历与社会经验也相应地产生了差异性，因此，长辈对于晚辈的教化，变得自然而然且普遍被接受了。

四、阅读指南

本书是一本社会学领域的学术著作，和同学们平时接触的文学作品有较大差别。读这本书，可以先阅读本书的前言和目录，熟悉作者的写作目的和书的总体框架。书中每个标题都是该章节的核心概念或论述重点，对于书中的核心概念，如"乡土性""礼俗社会""差序格局""无讼"等，需要反复琢磨与思考，探究不同概念彼此之间的联系。

在关注核心概念的同时，还要探究和学习作者的写作思路，该书是基于实践调查的研究，阅读时需注意作者怎样从乡土社会中的所见、所闻和文化现象中提炼出典型材料与现象，又怎样将其上升到理论高度并抽象成特殊概念。也就是说，在阅读中，我们不仅要重视不同的理论观点，更要重视作者进行比较、分析、辨识、推导的研究过程。

五、好句好段

1. 陌生人所组成的现代社会是无法用乡土社会的风俗来应付的。于是，"土气"成了骂人的词汇，"乡"也不再是衣锦荣归的去处了。

出自《乡土本色》

2. 于是在熟人中，我们话也少了，我们"眉目传情"，我们"指石相证"，我们抛开了比较间接的象征原料，而求更直接的会意了。所以在乡土社会中，不但文字是多余的，连语言都并不是传达情意的唯一象征体系。

出自《文字下乡》

3. 像贾家的大观园里，可以住着姑表林黛玉，姨表薛宝钗，后来更多了，什么宝琴、岫烟，凡是拉得上亲戚的，都包容得下。可是势力一变，树倒猢狲散，缩成一小团。到极端时，可以像苏秦潦倒归来，"妻不以为夫，嫂不以为叔。"中国传统结构中的差序格局具有这种伸缩能力。在乡下，家庭可以很小，而一到有钱的地主和官僚阶层，可以大到像个小国。中国人也特别对世态炎凉有感触，正因为这富于伸缩的社会圈子会因中心势力的变化而大小。

出自《差序格局》

4. 像这一类的传统，不必知之，只要照办，生活就能得到保障的办法，自然会随之发生一套价值。我们说"灵验"，就是说含有一种不可知的魔力在后面。依照着做就有福，不依照了就会出毛病。于是人们对于传统有了敬畏之感了。

出自《礼治秩序》

5.论权力的人多少可以分成两派,两种看法:一派是偏重在社会冲突的一方面,另一派是偏重在社会合作的一方面……譬如说美国,表面上是偏重同意权力的,但是种族之间,事实上,却依旧是横暴权力在发生作用。

出自《无为政治》

6.在长老权力下,传统的形式是不准反对的,但是只要表面上承认这形式,内容却可以经注释而改变。结果不免是口是心非。在中国旧式家庭中生长的人都明白家长的意志是怎样在表面的无违下,事实上被扭曲的。虚伪在这种情境中不但是无可避免而且是必需的。对不能反对而又不切实用的教条或命令只有加以歪曲,只留一个面子。面子就是表面的无违。名实之间的距离跟着社会变迁速率而增加。

出自《名实的分离》

六、读后思考

1.在学习英文的时候你会发现一个现象,那就是我们平常用来称呼舅舅、叔叔、伯伯的汉语词汇,在英文里被浓缩成一个词"Uncle",而对于其他亲戚称呼的区别性,英文单词分得也并不是那么清楚。请结合本书的内容,谈谈你对这种现象的理解。

简要提示:可结合本书《长老统治》的内容,分析在日常生活中使用的称呼背后,所蕴含的关于长幼有序的文化特征。

2.在中国的传统文化和小说、戏剧当中,你是不是时常见到"拜把子""义结金兰"等故事桥段?试分析这种文化现象背后的原因。

简要提示:可结合本书《男女有别》的内容,从社会秩序的稳定性角度进行分析与探讨。

3.当个人合法权利受到侵害时,你会选择怎么做?可以调查采访下自己的亲人、朋友、邻居等，看看他们是否愿意选择用法律武器维护自己的合法权益。在生活中我们会遇到那些宁愿息事宁人也不愿意使用法律武器的现象，分析其中的原因。

简要提示：可结合本书《无讼》的内容，分析传统文化和乡村生活中，人们对于法律、官司、诉讼的态度。

七、拓展阅读

1.《美国人的性格》费孝通

本书是费孝通先生 20 世纪 40 年代和 80 年代在美国读书和考察时的笔记。书中探讨了美国的发展史和思想演变史。本书由《初访美国》《美国人的性格》《访美掠影》三部分组成，着重对比了美国文化和美国人与欧洲文化及欧洲人的区别，分析了美国人的政治制度、文化特征，美国人的性格和美国对世界工业文明、世界未来文化的影响。并且，在论述美国各文化现象的同时，还将中国文化与之进行对比，令读者更加清晰地了解东西方文明的差异所在。

2.《江村经济》费孝通

《江村经济》是费孝通先生 1938 年在英国伦敦政治经济学院学习时的博士答辩论文，是中国社会调查方面的学术著作。本书以江苏省吴江县开弦弓村作为研究对象，从社会、经济、文化等多个方面对这一区域的社会发展概况进行了完备的调研，进而分析这里的乡村经济体系与特定地理环境的关系，并探讨近现代背景下农村社会结构和经济体系的变迁。

3.《金翼》林耀华

本书是著名社会学家林耀华以小说体写作的社会人类学学术专著，小说以张、黄两家在社会生活与经济变迁中的兴衰沉浮，刻画了中国南方乡村生活的全景，可以同《乡土中国》进行比较阅读。

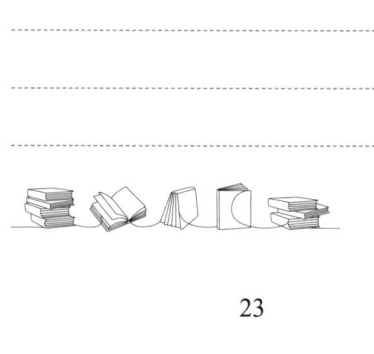

《傅雷家书》

导读老师：刘雪雅

一、作品介绍

《傅雷家书》是傅雷在儿子傅聪出国学习时写给儿子的书信，是傅雷夫妇与长子傅聪之间思想交流和精神接触的实录。在傅雷过世后，由傅聪和其胞弟傅敏收集整理选编。书中摘编了傅雷先生1954年至1966年5月的186封书信，最长的一封信长达七千多字。

《傅雷家书》字里行间无不流露着对儿子的爱，还有对祖国的热爱。在书信中，傅雷时而为父，通过一些生活上的琐事，教会儿子如何做人，如何恋爱，如何理财；时而为师，教会儿子如何学习理论知识和练琴技巧；时而为友，和儿子探讨文学和音乐等艺术新感悟。傅雷用自己的经历，教导儿子待人要谦虚，做事要严谨，礼仪要得体；遇到困难不放弃，获得荣誉不骄傲；还要有国家和民族的荣誉感，要有艺术、人格的尊严，做一个"德艺俱备、人格卓越的艺术家"。一封封家书语言含蓄，哲理深刻，满溢着无限的爱。

二、作者小传

傅雷（1908—1966），字怒安，号怒庵。江苏省南汇县（今上海市浦东新区航头镇）人，中国著名的作家、翻译家、教育家、文艺评论家，中国民主促进会的重要缔造者之一。

傅雷早年在法国巴黎大学留学，主修文艺理论，能频繁接触到当时文艺界的著名人士，还经常到巴黎的艺术馆、博物馆参观大师们的不朽之作，这些经历为他后来在美术和音乐上的深厚造诣和艺术鉴赏能力奠定了基础。其一生的译著宏富，翻译了罗曼·罗兰、巴尔扎克、丹纳、服尔德、梅里美等法国名家的作品，如《欧也妮·葛朗台》《高老头》《人间喜剧》《约翰·克利斯朵夫》《艺术哲学》等。翻译的作品多揭露社会弊病，宣扬人物的奋斗抗争精神。他的全部译作，收录在《傅雷译文集》中。傅雷品行端正，一生正义，疾恶如仇，在"文化大革命"之初，受到巨大迫害，于1966年9月3日凌晨，愤而离世，夫人朱梅馥亦自缢身亡。其有两子，傅聪和傅敏，傅聪为著名的钢琴家，在音乐上造诣很深，傅敏为一名中学英语教师，默默无闻地献身教育事业。

三、主要人物

这本书简单来说是父亲写给身在异国求学的孩子的家书，其人物形象不如小说中的具有典型性、鲜明性。家书是基于生活日常去写的，其人物形象在平淡无常的琐事中凸显，信中出现的人物主要有傅雷、其夫人朱梅馥以及儿子傅聪和傅敏。

1. 傅雷

做事严谨认真，尤其是在学术方面，常常为翻译一篇文章寝食难安，只为达到心中理想的标准；为人耿直、坦荡，恨一切不合理的旧传统和杀人不见血的礼教，在追求真理的道路上不惜与人有所冲撞；有着拳拳爱子之心，对儿子各方面都会进行关心和指导。

2. 傅雷夫人朱梅馥

对两个儿子因材施教，会根据孩子不同的性格和天赋，对他们进行不同的教育，最后两个孩子都学有所成，在自己擅长的领域有所成就；为人和善温柔。

3. 傅聪

勤奋刻苦，每天练琴长达 8 小时，还兼顾理论学习，傅雷也常劝儿子劳逸结合。有教养，有绅士风度，生活有条有理，做事严谨，同时也是一个热爱祖国、德艺兼备、人格卓越的艺术家。

4. 傅敏

一位优秀的英语教师，不因父亲和哥哥的光环而骄纵，只认定自己的喜好和目标，踏踏实实、勤勤恳恳地当老师。

四、阅读指南

钱钟书说："中国现代文化史上，有两个人很重要，一个是'不宽恕'的鲁迅先生，一个就是'有大爱'的傅雷先生。"傅雷的大爱体现在他写给儿子的 100 多封家书中，其中有对艺术的热爱之心、对儿子的关爱之心、对祖国的挚爱之心。这些家书或许没有小说那样跌宕起伏的情节，引人入胜。但是朴素自然的语言将这些不同的爱在平淡的琐事中娓娓道来，让人回味无穷。

在阅读时，我们要注意品味作者对儿子的爱和教诲，比如，如何为人处世，不失初心；如何做一个有修养的人，与人交往中注意言行举止，不失分寸；如何有效地管理安排时间，让自己的学习效率提高，做到事半功倍；如何理财，以便应对突如其来的变故；如何恋爱，该怎样面对婚姻，在家庭生活中该承担一份什么样的责任。把这几个方面分门别类地做好归纳总结，灵活地运用到自己的日常生活和学习中。

在阅读时，我们还要品味傅雷和傅聪两人对文学艺术的评论和那份对文学艺术的热爱。在读书信时，我们要边阅读边思考，注重对文字本身的思考，而不是像读小说那样，沉浸于其故事情节。在父子两人的文学艺术评论中，可以读出东西方文学的差异，以及碰撞出的新内容，还有几千年来东西方文化之间的相似之处。

这些内容并不是浅显易懂的，需要深度思考，甚至多角度理解，在这样不断的思考和文学理论的熏陶中，我们自己也会爱上文学，爱上艺术。

在阅读时，我们还要体会傅雷和其子深深的爱国之情，家书的字里行间，无不透露着他们对中国文化的热爱，傅雷还不断告诫儿子无论在哪个国家演出，都要以自己为中国人而骄傲。

五、好句好段

1.中国哲学的理想，佛教的理想，都是要能控制感情，而不是让感情控制。假如你能掀动听众的感情，使他们如醉如狂，哭笑无常，而你自己屹如泰山，像调度千军万马的大将军一样不动声色，那才是你最大的成功，才是到了艺术与人生的最高境界。

出自 1954 年 11 月 23 日

2.赤子之心这句话，我也一直记住的。赤子便是不知道孤独的。赤子孤独了，会创造一个世界，创造许多心灵的朋友！永远保持赤子之心，到老也不会落伍，永远能够与普天下的赤子之心相接相契相抱！你那位朋友说得不错，艺术表现的动人，一定是从心灵的纯洁来的！不是纯洁到像明镜一般，怎能体会到前人的心灵？怎能打动听众的心灵？

出自 1955 年 1 月 26 日

3.坚持真理的时候必须注意讲话的方式、态度、语气、声调。要做到越有理由，态度越缓和，声音越柔和。坚持真理原是一件艰巨的斗争，也是教育工作，需要好的方法、方式、手段，还有是耐心。万万不能动火，令人误会。

出自 1956 年 4 月 29 日

4.理想的艺术总是如行云流水一般自然，即使是慷慨激昂也像夏日的疾风猛雨，好像是天地中必然有的也是势所必然的境界。一露出雕琢和斧凿的痕迹，就变为庸俗的工艺品而不是出于肺腑，发自内心的艺术了。

出自 1960 年 12 月 2 日

六、读后思考

1. 叶朗说："读《傅雷家书》，我们可以看到傅雷的胸襟，傅雷的气象，傅雷的境界。博大、开阔、善良、温厚、光明、纯净……和那种武断、骄横、褊狭、刻薄的所谓'名人风度'，真有天壤之别。"在傅雷家书中，你是如何理解"博大、开阔、善良、温厚、光明、纯净"这些词语的？

简要提示：博大体现在傅雷面对东西方文学艺术差异时，他没有对哪一方持特别不接纳的态度，而是以一种博大的胸怀，海纳百川式地接受着双方的存在即合理性。以此为例进行思考即可。

2. 傅雷先生在 1961 年的信中叮嘱儿子傅聪："先为人，次为艺术家，再为音乐家，终为钢琴家。"请谈谈你对这句话的理解。

简要提示：傅雷对儿子的教育是一种人格的教育，他所推崇的是"德艺兼备、人格卓越的艺术家"。傅聪一个人在国外学习音乐，又是一个没有多少人生经验的年轻人。这里的"先为人"意思是先学会如何做人。在傅雷先生看来，做人是第一位的，艺术是第二位的。因此，他对儿子的教育重在人格教育，他希望儿子能够成为一个坚强的人，一个拥有"赤子之心"的人。

3. 读罢全书，你如何理解傅雷的教子之道？

简要提示：对于教育孩子，傅雷有自己的独特见解，他的教子之道涉及多个方面。首先是为人之道，他教导儿子待人要谦虚，做事要严谨，礼仪要得体；不骄不躁；要有国家和民族的荣誉感，要有艺术、人格的尊严，做到德艺兼备、人格卓越。其次是生活方面，他在如何劳逸结合、如何正确理财、如何正确处理婚恋关系等问题上给儿子提出意见和建议。最后是艺术方面，他关注并指点儿子在音乐艺术道路上的成长，并鼓励儿子多从诗歌、戏剧、美术等艺术门类中汲取营养，提高自身的艺术修养。

七、拓展阅读

1.《曾国藩家书》曾国藩

该书信集记录了曾国藩从清道光三十年至同治十年的翰苑和从武生涯，共收录书信近1500封。所涉及的内容极为广泛，是曾国藩一生的主要活动和治政、治家、治学之道的生动反映。曾氏家书行文从容镇定，形式自由，随想而作，挥笔自如，平淡家常中蕴含真知良言，具有极强的说服力和感召力。

2.《给青年的十二封信》朱光潜

这十二封信主要以中学生为对象，所有的中学生都是收信人。每封信都是中学生所关心或是应该关心的问题，作者如长者般语重心长地劝导，亦如老友般真挚地促膝长谈。情词恳切，旁征博引，阐发深刻。

3.《写给未来的你》余光中

这是一本散文名著，虽然字数不多，却值得我们一读再读，每一遍都会给我们不一样的教育启迪。

《象语者》

导读老师：胡小滨

一、作品介绍

这是一个真实的故事，有人送给劳伦斯·安东尼9头野生大象，如果他不接受，那么这群大象将被杀死，因为象群遭受过偷猎者的伤害，对人类怀有深深的敌意，会对人类发起攻击。原来的主人实在受不了这群"逃跑大师"，决定处死大象，大象福利组织希望能够挽救这群大象的生命，所以想到了600英里外拥有"苏拉苏拉"保护区的劳伦斯·安东尼。

处死9头大象，对于热爱大自然的劳伦斯而言是无法接受的，所以他接受了挑战，一边真枪实弹地应付偷猎者，一边与"逃跑大师"们斗智斗勇，过程相当曲折不易。

为了防止大象逃跑，他好不容易把5000英亩的保护区用8000伏电网防护栏围起来，工程还没验收，就先领教了"逃跑大师"的智慧。头象娜娜找到一棵大树，带领象群协力推倒大树，并且让大树倒下时刚好砸在围栏上，导致电线短路，"逃跑大师"们撞开电网绝尘而去。劳伦斯为了追捕大象不得不请求直升机前来支援，同时他还要阻止当地人为了自身安全射杀大象，其中还有很多想要象牙的偷猎分子。劳伦斯与其说是与时间赛跑，不如说是跟生命赛跑。

当劳伦斯费尽九牛二虎之力在头象娜娜那里混了个脸熟之后，娜娜用温柔的眼神吸引劳伦斯不断靠近，劳伦斯就像被催眠了一样，完全失去自我意识，嘴里只会不停说："娜娜，你这个可爱的小姑娘，这里就是你的家，不要再到处乱跑了，让我们一起在这里好好生活吧！"难道这就是他所说的象语吗？

二、作者小传

本书由两位作者合著，一位是格雷厄姆·斯彭斯，著名记者，现居住在英格兰。代表作品有《巴比伦方舟》（合著）。

另一位是劳伦斯·安东尼，著名国际自然环境保护主义者，"地球组织"（The Earth Organization）创始人。居住在南非祖鲁兰地区，曾因在巴格达的出色环保工作而获奖。代表作品有《巴比伦方舟》（合著）。

劳伦斯·安东尼1950年出生于南非的约翰内斯堡，祖父是苏格兰移民，在南非从事金矿开采业。劳伦斯的父亲拥有一家保险公司。劳伦斯在赞比亚、马拉维等小国的乡间长大，后来继承了祖父和父亲的事业。

从小热爱大自然的劳伦斯于20世纪90年代中期买下了位于南非祖鲁兰的苏拉苏拉保护区，开始了环保主义者的生涯。"苏拉苏拉"是祖鲁语，意为和平与安宁。保护区占地5000英亩（约20平方公里），劳伦斯希望这片土地能够成为濒危动物的乐园。

2012年，61岁的劳伦斯·安东尼在参加一场演讲途中，因突发心脏病离世，第二天，远在千里之外的非洲自然保护区里，数十头野生大象来到劳伦斯的木屋外徘徊守候，大象们不停地哀鸣，久久不愿离去。劳伦斯与这批野生大象的故事始于1999年，有人让他保护这一群"爱惹麻烦"的野生大象，劳伦斯在随后的几年时间里一直跟随象群、与象群交谈。他与象群的关系经历了一个从排斥、接近到信任的过程，最后大象把劳伦斯视为了象群的一员，也才有了象群因为劳伦斯的突然离世，前来道别和守候的一幕。他与这群大象结下了不解之缘，在他保护象群的同时，象群也让劳伦斯了解了生活、忠诚、爱、饶恕、自由及生命的意

义和价值。

三、核心章节

《象语者》的魅力在于它向我们展示了沟通的魔力。人与动物之间上演着无比美好的故事。但这些美好全都建立于理解的纽带之上，众人眼中的"麻烦制造者"，在劳伦斯眼中却展现了领袖式的威严、军旅般的秩序，以及大象特有的坚忍与淡定。这一切的呈现，都源于跨物种的理解。正是以这样的理解为前提，该书带我们见识了原野上生命的神奇：象群中亲缘与地位的关系，大象们神秘的感知能力，还有它们对于不完美的生命（无论是衰老还是新生）的坦然接受……

每一头大象都活出了个性，活出了优雅，活出了自我，但它们为了群体的生存，不惜牺牲个体的生命而与命运抗争；它们为了坚守自由和尊严，不惜长途劳顿，不惧电网围桩，只为冲出樊笼，奔向小溪和丛林。正如劳伦斯所说："要知道，这本书的书名说的不是我，而是大象，因为就是它们对着我低语，并且教会了我如何倾听。"

1. "逃跑大师"名不虚传

象群抵达苏拉苏拉保护区，待麻醉剂的效力消失，头象娜娜立刻大步走到电围栏前，用鼻子碰了一下电线。8000伏的高压令它全身颤抖，它连忙后退。过了一会儿，娜娜开始带着全家沿着围栏行走，一边走一边用鼻子轻触电线，测试电流强度。最后娜娜带领象群汇聚在防护栏的一角，它们面对着正北方，那是它们以前的家园的准确方向，劳伦斯产生了强烈的不祥预感。

果然，当晚娜娜与另一头母象合力推倒了一棵9米高、重达几吨的大树，并让大树倒向电围栏，砸塌了电围栏并且致其短路。大象们甚至找到了发电机，像踩罐头盒一样把发电机踩扁，然后愤然离去，获得自由的象群一路向北而行。

当劳伦斯匆忙组织起一个搜索队追赶的时候，象群已经出了保护区边界，搜索队遇到一群当地人，他们拿着大口径步枪，声称要进行"公平游戏"，大象出了禁猎区，谁都可以将它们射杀。劳伦斯心急如焚，与其说他在和时间赛跑，不如说他在与生命赛跑，他们最终发现了象群，动用了直升机才把大象们赶回了苏拉苏拉保护区。

2. 面对残缺的幼小生命

母象南迪生下了一头脚掌残疾的小象，象群把小象围在中间，用身体为它挡住火辣辣的太阳，小象努力想站起来，可每一次都以失败告终。大象们把鼻子蠕动到小象身体下面，想把它抬起来，却无济于事。象群在旷野里不吃不喝不休息，坚持了一天一夜，可小象还是没能站起来，也没能喝上一口奶。最终象群不得不离开小象去喝水吃东西，而它的妈妈南迪却独自留了下来，它要陪孩子走完最后一程。伟大的母爱是全世界共通的爱！

反转就在此刻发生了，劳伦斯居然把小象救回了家里，用奶瓶照顾它，甚至还发明了一种悬吊带，帮助小象恢复行走能力。小象总是跟在劳伦斯太太的身后进出厨房，不是身体撞到瓶瓶罐罐就是用鼻子捣毁它好奇的东西。但劳伦斯还是无比宠溺地说："我敢打赌，它一定是这个世界上第一头喜欢把马如拉浆果和蒜头浸泡在一起的大象。"谁都不会对这头勇敢、从不放弃的小象生气。

3. 伊拉克战火中解救动物

2003年，战火中的巴格达动物园内近700只动物危在旦夕。得知此消息，劳伦斯立刻带着兽医用品赶往巴格达。他先是飞到科威特，然后驱车穿越边境，经过一段艰辛的旅程，终于抵达了动物园。这时园内活着的动物仅剩35只，主要是老虎、狮子和

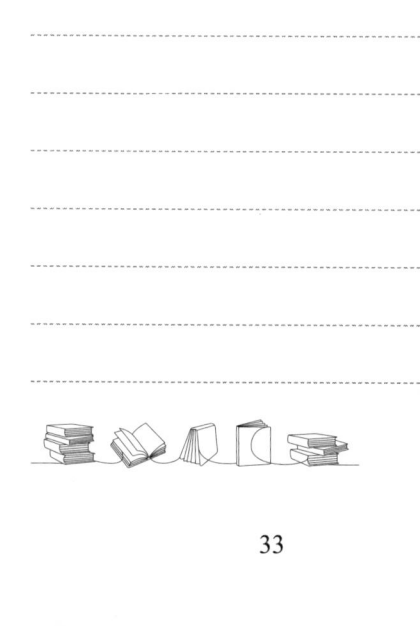

棕熊等体型较大的动物。劳伦斯到巴格达街头购买了数头驴,把驴肉喂给那些奄奄一息的猛兽。肩挑手提地把水一桶一桶地运到狮群那里,将水滴进严重脱水的狮子嘴里,他们甚至冒着枪林弹雨,进入宫廷厨房和人去楼空的酒店,为狮子寻找下一餐。

4. 欢迎回家

每次劳伦斯出差回来,大象们都会来到他的小木屋外等候他,很显然,大象们能够准确地知道劳伦斯什么时候走,什么时候归。

一次劳伦斯错过了回家的航班,只好改签第二天的机票,奇妙的是,当天晚上,远在400公里外的象群正朝劳伦斯的小木屋走去。后来,有人告诉劳伦斯,大象们突然停住了脚步,转身返回了丛林。劳伦斯随后发现,那正好是他错过的航班起飞的时间。第二天,劳伦斯回家时,象群们再次准时出现在了木屋外欢迎他回家。

科学证实,大象具有令人难以置信的交流能力。它们通过独特的胃部鸣动传递次声波,这种声波可以在遥远的地方被接收到。但它们是如何感知到劳伦斯的行踪的呢?这仍然令人感到不可思议。

5. 娜娜出手保护劳伦斯

谁能想到,一头野生大象,为了保护一个人类,竟然用身体去阻挡另外一头大象的进攻。这恐怕是所有人闻所未闻的事情,但真实地发生在劳伦斯和娜娜之间。

劳伦斯说:"我从来没有想过要成为一个死去的英雄,所以在别人看来,我往往表现得过于谨慎。"无论什么时候,只要把车停到象群附近,他总要确保能有一个畅通的逃跑路线。可有一次,劳伦斯一不留神就被大象ET截住了,ET像一枚火箭似的从树林里猛冲出来,它的目标就是劳伦斯。面对ET的进攻,劳伦斯努力克制自己不要发出本能的尖叫声,还强迫自己站在原地不要动。

突然，头象娜娜以惊人的速度冲了过来，用身体的侧面为劳伦斯挡住了ET的进攻。ET被头象娜娜撞到了一边，随后ET笨拙的身体恢复了平衡，温驯地转过身，慢吞吞地回到象群的后面。而娜娜就像什么事情都没有发生过似的，继续吃它的草。

就在过去的几周，劳伦斯还在想要怎么对付ET不断的挑衅。现在，娜娜出手替劳伦斯教训了ET，警告它不要再来伤害劳伦斯。

四、阅读指南

你相信人和动物之间是可以交流和沟通的吗？你知道劳伦斯是如何与野生大象相处的吗？劳伦斯做了哪些事情使他最终赢得了大象的信任？他每次出差回来都可以享受象群夹道欢迎的待遇，哪怕是误机改签之后，大象们仍然会准时出现在木屋外等候，这真是不可思议。更让人意想不到的是，当劳伦斯远在天边，突发心脏病去世，大象们迁徙数十公里，前来劳伦斯生前的木屋外徘徊守候，不断哀鸣，三天三夜不愿离去。没有人知道，大象们是如何得知这个噩耗的，但所有人都知道，大象们是来哀悼它们的亲人劳伦斯的。如果劳伦斯仍然活着，在苏拉苏拉保护区，他与大象们的故事会如何继续呢？

发生在劳伦斯身上的故事，无一不是在告诉我们：大象是有情绪、有爱心、有高度智慧的动物，它们很珍视与人类之间的关系。因为在动物王国里，沟通与交流就像微风拂面一样自然和至关重要。

《象语者》就像摆在我们面前的一道人生思考题。它让我们发现不同，感受相似，学会宽容，接受挑战。它也像一本人生指南，让我们在周而复始的喧嚣或平淡中审视自己对生命的理解、对动物的感情。

人类只是生活在地球上的万千物种之一，并非地球霸主，人类必须心存敬畏，保护其他的生命，才能与世界和谐共处。

五、好句好段

1.要知道，这本书的书名说的不是我，而是大象，因为就是它们对着我低语，并且教会了我如何倾听。

出自序言

2.它们教导我，在我们共同追求幸福与生存的道路上，所有的生命形式对彼此而言都是非常重要的。生命不仅仅关乎你自己、你的家庭、你的同类，它还蕴含更丰富、更深刻的内容……

出自序言

3.据说它们能由胃部发出低频的隆隆声，这种声音的频率太低了，人类根本听不到。可是它们，即使相距几英里，也能探测到这种声音。大象要么是通过巨大的耳朵听到这些感觉脉冲的，要么就是按照一个更新的理论所假定的那样，它们通过脚来感觉振动以获取同伴的信息。

出自第五章

4.如果说大象真正拥有一样东西的话，那就是时间。它们有大把可以消磨的时光，无须像我们这些弱势人类那样在办公室之间奔走劳碌。即使是面对多汁的丛林盛宴，它们也是慢条斯理地前去，绝不失态。

出自第十一章

5.在南北苏丹20年的战乱中，人们为获得象牙和象肉而残忍地猎杀大象。于是，数量庞大的大象迁徙到了肯尼亚安身。在最终的停火协议签署的几天内，大象们成群地离开临时居留地，艰苦跋涉数百英里返回了苏丹的家园。它们是如何知道自己的地盘现在已经安全了呢？虽然这是一个难解之谜，却也证明了这些令人惊叹的动物身上有着让人难以置信的本事。

出自第十三章

6.不知怎的，我终于明白，大象会把自己的存在感渗透到周围的环境里，并且还能够控制这种存在感。比如说，如果它们不想被发现，那么即使我都要站到它们头顶上了，也不会捕捉到任何它们存在的信息。经过更多的尝试和研究，线索变得越来越清晰了。比如说，狮子的吼叫声是在人们听得到的声音层面上，而大象发出的低沉的隆隆声却不在我们可以听到的层面上。这种声音弥漫在周边几英里的丛林里，而我却能莫名其妙地捕捉到。

出自第十九章

7.有一周，我去德班出差。回来时，我惊奇地看到所有七头大象都站在房前满怀期待地等着我。那阵势，就像一个接待委员会在等待着嘉宾的到来。我把它看成是巧合。可是，我下一次出差回来时，又受到了这样的迎接。下一次，再下一次，依然如此。很显然，不知道为什么，它们能够准确地知道我什么时候走，什么时候归。

出自第十九章

8.一头野生大象，为了保护一个人类，竟然用身体去阻挡另外一头大象的进攻。娜娜完全改变了我对它这个物种的认知。在过去的几周里，我一直在想怎么对付ET不断的挑衅。现在，娜娜出手替我教训了ET，警告它不要伤害我。

出自第二十八章

六、读后思考

1. 读完全书，你认为"象语者"说的是谁？为什么？

简要提示：在书中，劳伦斯说："书名说的不是我，而是大象，因为就是它们对着我低语，并且教会了我如何倾听。"大象们通过胃部发出的隆隆声进行交流和沟通，做出了许多令人惊叹的事。比如象群每隔一两周会来例行拜访劳伦斯，每当劳伦斯出差回家时都会来到小木屋外迎接他，当大象们发现小象"苏拉"在劳伦斯家里时，坦然接受了劳伦斯对小象"苏拉"的帮助……

2. 象群里的每一头大象都有自己的个性和喜好，它们对劳伦斯有何影响？

简要提示：头象娜娜是这个家庭的核心，具有聪明的领导才能，严格自律，拥有无条件的爱；姨妈弗朗姬虽然爱发脾气，但它对象群无比忠诚，为了群体，它可以毫不犹豫地牺牲自己的生命；母象南迪一直陪伴在自己有残疾的孩子身边，只要小象还有一口气，它就绝不放弃，这种强大而有尊严的母爱，让人震惊；公象曼德拉从小在充满敌意的严峻环境下成长，幸亏有妈妈和姨妈对它尽职尽责的保护，才能顺利长大。按照自然界的法令，到了青春期，曼德拉也要被赶出象群，它将面对全新的挑战……

3. 当苏拉苏拉保护区里的象群日益壮大之后，劳伦斯为什么没有再给新出生的小象取名字？也不再与新出生的小象交流互动？

简要提示：当初接收这群"逃跑大师"时，劳伦斯想要把它们放归丛林，但被人类伤害过的象群，始终对人类抱有深深的敌意，迁移时遭受的痛苦，以及目睹亲人被人类残杀，导致它们不断地逃跑，劳伦斯不得不介入保护大象的生存斗争中。劳伦斯只想让头象娜娜相信一个人，以此消除它对整个人类的怨恨。一旦达到了这个目的，娜娜知道了它的家庭不会再受到任何伤害，劳伦斯的使命就完成了。野生动物就应该保持本色——野生。因此劳伦斯故意不再给新出生的小象取名字，也不再和它们有任何交流和互动。

4. 你如何理解劳伦斯的愿望：如果这个世界上一定要有笼子，我希望是空空的笼子。

简要提示：要与地球和谐相处，人类需清醒地认识到人与动物、植物都是世界的一部分，都有生存的权利。而人类往往自视甚高，过于关注自己，漠视其他生命的权利和尊严。我们应该敬畏自然，保护自然，尊重自然界里的一切生命。

七、拓展阅读

1.《寂静的春天》［美］蕾切尔·卡森

当春天不再有虫鸣鸟叫，世界将会怎样？人类试图用化工手段"控制自然"，结果徒劳无益，被自然惩罚而自食恶果，开始寻找另一条路，尝试使用生物控制技术，获得更适合人类生存的环境。本书深刻地展示了污染对生态的影响。无论何时，人类都应铭记与其他生物和谐共处，敬畏自然，敬畏生命。人类不过是这颗蓝色行星上万千物种中的一种而已，心怀感恩，世间将更加美好。

2.《瓦尔登湖》［美］亨利·戴维·梭罗

这是一本宁静、恬淡、充满智慧的书。其分析生活，批判习俗，语出惊人，字字闪光，见解独特，耐人寻味。其中许多篇页是形象描绘，优美精致，像湖水的纯洁透明，像山林的茂密翠绿；也有一些篇页说理透彻，十分精辟，给人启迪。

3.《沙乡年鉴》［美］奥尔多·利奥波德

《沙乡年鉴》是生态伦理之父奥尔多·利奥波德一生观察、经历和思考的结晶。在本书中，作者不仅表达了对威斯康星沙乡农场和谐生活的追忆，也记录了为追求科学的生态观而经历的教训和痛苦，并论述了人与自然、人与土地之间的关系，试图重新唤起人们对自然应保有的爱与尊重。全书蕴含着他的土地健康和土地伦理观，语言清新优美，内容严肃深邃，字里行间体现了作者细致入微的观察，洋溢着对飞禽走兽、奇花异草的挚爱情愫。

《与虫在野》

导读老师：胡小滨

一、作品介绍

雨过天晴的一个午后，半夏老师不小心用人类单眼与一只停歇在美人蕉叶上的绿头大苍蝇的复眼四目相对，你们猜，发生了什么？半夏老师居然在绿头苍蝇身上看见了钢铁侠战衣一般的金属质感的美，从此她对昆虫的兴趣一发不可收拾，到处寻虫、觅虫和拍虫，从家门口的菜地、小区的花园，到昆明西山上的树林，再到长虫山上的林间野地，到处都留下了她这位"荒野侦探"俯身大地的足迹。半夏老师用一部普通手机的镜头记录着虫虫的一生，看它们如何生存，看它们的爱情和繁衍，看它们几亿年来生存在地球上的非凡技艺。最终，历时5年，写出了这本不可多得的自然博物随笔《与虫在野》。

它的出版推动、丰富了正在复兴的中国博物学文化。看完这本书，你会惊叹于书中的昆虫总是那么栩栩如生又活灵活现：一只被花粉糊了一头一脸的蜜蜂，仿佛要跟你说说哪一朵花的粉更甜，这和博物馆里冷冰冰、毫无生机的虫子标本形成了鲜明的对比。看完这本书，你会感叹万物皆奇迹，只要永葆一颗好奇心，到处都能发现生命的美。

全书分为三个部分。"在野阅微"是半夏老师经年累月累积的自然观察笔记，每一篇就是一种昆虫的故事；"人虫对眼录"以图片和图说的形式，以日期为序，展示了半夏老师于春、夏、秋、冬四季中拍到的各种昆虫，虫趣盎然，就像在刷有趣又有料的朋友圈;"念虫恋虫"是半夏老师自拍虫以来,观虫觅虫而生发出的一些"散金碎玉"和即时性的感悟,用"微博体"的形式表达她的自然观,半夏老师认为,当人类克己复礼地对待自然,并与自然生发了真正的感情时,才有可能获得一个更宜居的生态环境,就像书中的那句话:虫安妥,草自在,人类方安然自得。

二、作者小传

半夏(原名杨鸿雁),1966年生于云南会泽。会泽铅锌矿山上艰苦的生活条件,培养了半夏老师学习的韧劲,高中毕业她以优异的成绩考入云南大学生物系,毕业后,就职于云南日报担任高级编辑。半夏老师出版过多部长篇小说:《铅灰暗红》《忘川之花》《潦草的痛》《心上虫草》《活色余欢》,还有纪实作品《看花是种世界观》等。

正因为她有生物学专业素养及多年文学写作经验,才能把枯燥的学术知识与生活情趣完美结合,让读者就算没有生物学专业知识也能轻松阅读,其中还有大量谈古论今的文学知识,让人读起来兴趣盎然。《与虫在野》一经出版就获奖不断,荣获2019年度"中国自然好书"自然生活奖,第四届"琦君散文奖"特别奖,第十届"吴大猷科普著作奖"创作类佳作奖,入选2019新浪年度好书推荐榜单等。

半夏老师也因此成为生态环境保护志愿者,她曾为云南两大高原湖泊抚仙湖、洱海遭受外来物种福寿螺的疯狂入侵而奔走呼吁,引起当地政府高度重视,最终取得良好的生态效益和社会效益,避免了福寿螺造成的环境危机。2021年9月,首届"美丽中国·生态文学奖"把"非虚构作品奖"颁发给《与虫在野》,授奖词最后一句是:半夏的文字对未来中国的生态书写有引领性意义。

三、核心章节

《与虫在野》以自然为写作主体，兼具文学性、思想性，穿插科普博物学知识，是内容丰富的跨界作品。作者引领读者亲近自然，向自然学习，爱护自然，关注生物多样性保护，处理好人与自然、人与社会、人与自身的关系，重新建构高尚的精神世界。

1. 得了"阿尔茨海默病"的蜜蜂

你知道蜜蜂也会得"阿尔茨海默病"吗？动物学家研究推测，由于人类滥用杀虫剂、电磁波干扰等，蜜蜂患上了"蜂群崩溃错乱症"，英文简称"CCD"。具体表现为外出采蜜的工蜂，再也找不到回家的路，蜂巢里的幼蜂饿死了，蜜蜂们四散而逃。如果有一天蜜蜂从地球上消失了，世界将会怎样？植物没有蜜蜂传粉，就没有了果实，动物会饿死，我们的粮食也会绝收，人类最终会走向灭亡。

曾经有地方因为过度使用农药导致蜜蜂绝迹，梨园里没有蜜蜂传粉，果农们只能靠人工授粉，原来一个蜂巢里的蜜蜂可以轻轻松松给上百万朵梨花传粉。现在，果园里忙忙碌碌上百人，才能给几十株梨树授粉。梨园产量大幅下降，果子味道也大不如前，果农们心痛不已！

美国博物学家爱德华·威尔逊在《缤纷的生命》一书中说：我不想就拯救地球对人们进行说教，只想与众人分享自然世界的趣味，它是我们的归属之地，保护自然就是保护我们自己。

2. 蚂蚱当作下酒菜

蚂蚱大名为蝗，蝗虫一多就会引起蝗灾，蝗灾所到之处民不聊生。遮天蔽日的蝗虫，可以把万顷良田毁于一旦。中国古代对蝗虫认知不多，敬畏蝗虫，称其为"蝗神"，认为蝗虫是虫中之皇，所以造字时就把它造成了一个虫字边、一个皇帝的皇。

"云南十八怪"之一：蚂蚱当作下酒菜。在云南省普洱市的墨江哈尼族自治县有一个节日——"捉蚂蚱节"，于每年阴历六月二十四日后的第一个属鸡或属猴日举行。全寨子的男女老少都到田里捉蚂蚱，人们还要大声喊："蚂蚱、蚂蚱，勿食我黍，你若食我黍，我必食你肉。"然后他们就把捉到的蚂蚱带回家，焯水、晾晒、拌上佐料，再腌制半个月后当菜吃，据说味道超级好！营养学家说蚂蚱肉的营养丰富程度非常高，它体内营养成分的结构比禽类、畜类更合理。说到这儿，你想不想也来一盘蚂蚱尝尝呢？

　　半夏老师的书中有一句特别有意义的话：人与虫，虫与人。人命关天，虫命也关天。

3. 虫虫欢乐夜总会

　　夏天，夜幕降临，在路灯的灯杆上，昆虫们会分不同时段，来参加"灯杆夜总会"。一开始是飞蚂蚁，它们在灯杆上走来走去或绕着灯杆飞来飞去，显得非常活跃，你知道它们在做什么吗？它们在"婚飞"，也就是寻找交尾对象，完成祖先交给它们的繁衍种族的大任。半小时以后，飞蚂蚁们都不见了，各种甲虫隆重登场，有金龟子、步甲虫、小瓢虫等，时间再晚点儿，就轮到各种蛾子惊艳亮相，有螟蛾、夜蛾、灯蛾，甚至天蚕蛾也来了。不同的时间，不同的场次，昆虫们会准时在自己的时段抵达派对现场。你知道这是为什么吗？这是经过大自然的选择而固定下来的特性，为虫虫们节约了交往的时间成本，既不打扰别人，又避免了拥挤，能高效地利用时间和空间。

　　仔细观察一年四季，自然界中的生命无论是动物还是植物都奉行这样的秩序，花儿永远次第开放，昆虫们分季节、分时段出现。作为人类，你有没有被昆虫们彼此之间的和谐默契和遵守天时的契约精神感动呢？

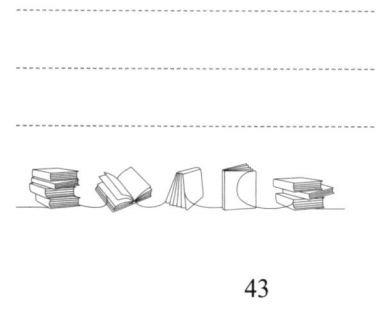

4. 虫虫身上五彩斑斓的颜色是怎么回事?

为什么昆虫身上有五彩斑斓的颜色呢?昆虫身上的颜色分两种,一种叫结构色,也叫物理色。昆虫身体表面有细微的凹凸结构,当光线照射时,就产生了折射、反射、干扰及衍射,所以我们看到的颜色也就变得忽蓝忽紫忽绿忽金,仿佛"钢铁侠的战衣"那么好看。结构色是不会因为昆虫的死亡而发生改变或消失的。所以,我们平时看到的各种甲虫,就算死了很久很久,它们五颜六色的"钢铁侠的战衣"也始终都在!

另一种叫色素色,也被称为化学色。它是由昆虫身体里的色素化合物形成的颜色,能吸收某种光波,又反射其他光波,比如蝴蝶翅膀上的斑纹,就是色素色。如果色素位于表皮下细胞内,颜色就会随着昆虫的死亡而发生改变或者逐渐消失。这就是为什么有的昆虫活着的时候是嫩绿色,做成标本不久,身体的颜色就渐渐变成了黄褐色的原因。

昆虫身上的颜色通常不会是单一的成分,而是结构色和色素色共同生成的,称为混合色。这就是大千世界里昆虫们五彩斑斓的原因。

5. 蚂蚁牧蚜

听说过牧羊犬牧羊,这小小的蚂蚁也会放牧?

原来啊,蚂蚁放牧,放的是蚜虫。蚜虫是昆虫界里很弱小的种族,以集体的力量抵抗外敌。群居在一起的蚜虫,靠吸食植物汁液养活自己,吃饱以后就会分泌一种含糖的蜜露,蚂蚁爱的就是蚜虫分泌的蜜露。几只工蚁结伴就可以共同放牧一大群聚居在一起的蚜虫,工蚁们爬上爬下收集蜜露搬运回家,同时还顺道为蚜虫驱赶天敌,比如瓢虫。

蚂蚁力大无比,可以拖走大它好几倍的瓢虫。一只瓢虫想来吃蚜虫,遇上蚂蚁只会自以为聪明地装死,本来它有翅膀可以飞走，轻易躲开，可吓傻的瓢虫却只会装死这一招，于是就被区区一只小蚂蚁拖着往巢里跑。

与牧羊人放羊不同，蚂蚁不圈养蚜虫，也不吃蚜虫，更不会把蚜虫请到巢穴里细心照顾，因为它们爱的只是蜜露。所以，准确地说是蚂蚁跟随蚜虫收集蜜露。

热爱自然的法国史学之父儒勒·米什莱说：昆虫既是一个大的破坏者，又是一个大的制造者，它们是杰出的工业家，是生命的积极工匠。

四、阅读指南

这本书可以从随手翻开的地方开始阅读而毫无违和感，因为全书共分为三个部分——"在野阅微""人虫对眼录""念虫恋虫"，其中"在野阅微"每篇都是以一种昆虫为主角，写下关于这种昆虫的小故事，谈古论今，引经据典又娓娓道来，还有民间的各种叫法、偏方、故事的科普等，别开生面又特别有趣，比如，你知道蟑螂有几岁吗？你知道蟑螂可以做药吗？你知道蟑螂头掉了，还能继续活命，直到9天后才会被饿死吗？

"人虫对眼录"则是用"博客体"的方式，记录半夏老师的拍虫经历，就像在翻看朋友圈一样，跟随她日积月累的拍虫记录和照片，透过文字和图片去感受自然的美好。半夏老师书里的昆虫一直生活在我们周围，看了这本书，你会认识很多种昆虫，会知道昆虫晚上到灯杆上参加"灯杆夜总会"也是讲究秩序和出场顺序的。"念虫恋虫"则是她对博物生存的思考和由名人名著而生发的感想。

作者拥有对于自然之美的热爱、一颗永远活跃的好奇心和一双发现美的眼睛，她保持着对自然不断的探索、思考、学习、整理、输出，广泛地阅读和学习，不断扩大自己的认知边界，向国内博物学专家请教，最终成就了这本中国博物学名著。

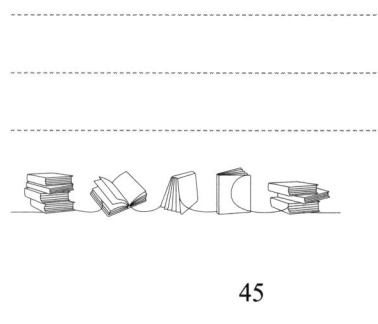

她察觉到人类对自然必须克己复礼，并意识到人类与另类物种的命运有如复调音乐，声部各自独立却又和谐统一。作者俯身大地的同时也平视或仰观高处，其敏锐的视觉、引人入胜的文字把昆虫生命的缤纷世界娓娓道来，扣准了生态文明的核心问题，她的观察和写作唤起了读者对自然的敬重。

五、好句好段

1.一个人一辈子结识一万个人打顶了，但那一万个人仍只是一个物种，一个物种里一万个人只是一万个不同的个体。而每认识一种虫子我都别有心动——我又结识了一个新朋友，那是一万个外形和神情不同的物种，是真的一万个朋友，唯有欢喜。1950年的诺贝尔文学奖获得者罗素说：你能在浪费时间中获得乐趣，就不是浪费时间。

出自自序

2.虫安妥，草自在，人类方安然自得，所有的生命皆须敬畏。共生于地球的所有生命，包括虫在内都与人类是生命共同体，人命关天，虫命也关天。所有生命物种的周期节律如复调音乐，声部各自独立却又和谐统一，万物生，生生不已。和光同尘，自然自在。看花是种世界观，看虫亦然。

出自自序

3.人类的夜郎自大或许也会遭到虫子的讥笑，你用一双人眼看虫虫时，你要知道它们有很多都是具有复眼的精灵，复眼多角度的投影让它们看见的世界或许比我们看到的更复杂，人类凭什么小觑它们？

出自《虫迹虫洞虫的天书》

4.我被生活在19世纪的一位印第安酋长的话长久震撼过。他面对拓荒者们说了以下的话："如果在夜里听不到三声夜莺优美的叫声和蛙们在池畔的争吵，人生还有什么意义？印第安人喜欢风拂过湖面的声音，喜欢风被雨洗过又从松林里吹过的声音……"

人类的触觉已麻木，感觉变得粗糙敷衍，有的已彻底钝化退化，他们听而不闻的天籁唤不醒他们沉睡的心灵，多么可惜。

出自《风被雨洗过的声音，你听见过吗？》

5. 竹象！竹象！它美得像一件漆器，长沙马王堆汉墓出土的那种漆器！这样的颜值和肤色！竹象是竹子的害虫，它把卵产在竹笋里，幼虫靠蛀食竹笋和嫩竹肉及水分成长，其隐入地下的蛹可食。但是在这里特别要说明的是，云南人特别爱食的油炸"竹虫"并非竹象的幼虫，而是一种蛾子——笋蠹螟的幼虫，竹虫体内蛋白质含量高，它们被人们找到时都是一窝一窝的，用水氽一下捞起油炸后是佐餐下酒的美食，嫩竹里的笋蠹螟幼虫太多，竹子就长不大了。

出自《2017拍虫季》

6. 有时想，那《诗经》时代村妇都认知的世界，我们却把它丢了。"看大自然的花草树木如何在寂静中生长；看日月星辰如何在寂静中移动……我们需要寂静，以碰触灵魂。"这是特蕾莎修女说的。也许，放下人的身段，蹲到草木的高度，调动你的眼睛凝视，竖直你的耳朵聆听，你便会发现周遭生命的繁华。我欣然接受来自大自然的丰厚馈赠。

出自《念虫恋虫》

六、读后思考

1. 读完全书，你如何理解"虫安妥，草自在，人类方安然自得"？

简要提示：人类只是自然界万千物种当中的一种，我们需要与其他生命共享地球，而不是独霸地球。

2.概括来说，人在世界上存在着几种关系？

简要提示：人与自己的关系，人与他人的关系，人与自然的关系。

3.昆虫的世界就是我们身边的世界，当你像半夏老师那样俯身看昆虫，其实昆虫也在看你，想想看，当你尝试用昆虫的视角看世界时，你看见的世界是什么样的？

简要提示：用不同的视角看世界，会发现不一样的美，比如眼前的一只蝶也许就是一个世界。学会换位观察，换位思考，世上的每一种生命都值得尊重。

4.读完这本书，你有什么新发现？你现在认识了哪些新昆虫？留给你印象最深的是哪种昆虫，为什么？

简要提示：开放式问题，围绕本书作答，能说出三种以上昆虫的名字即可，对于印象最深的昆虫，能说出三条理由也很好！

七、拓展阅读

1.《缤纷的生命》［美］爱德华·威尔逊

地球上的物种古老、独特而珍贵，每一种都是千百万年进化的杰作。地球生命既坚强又脆弱，历经五次大灭绝，从绝境中新生、繁衍、变异，才成就了自然界的丰富瑰丽。威尔逊带领读者从洪荒一路走来，攀上热带雨林的浓密树冠，潜入神秘深邃的海底世界，看蚂蚁、蝴蝶、飞鸟、浮游生物等纷纷登场，观赏一部辉煌伟大、异彩纷呈的地球生命演进史诗。然而，这些缤纷的生命却在人类的手中迅速凋零。威尔逊提醒我们，生物的多样性是维系世界之钥，更是驱动生物进化的活力。人类应当回归为自然的一分子，珍视生命的多样性。

2.《山林间》［意］毛罗·科罗纳

作者是位经验丰富的登山家，在书中总是流露出对山林的热爱。他从来到人间、睁开双眼那一刻起，就与山结下不解之缘。为了能时时去山上走一遭，他尽量减轻人生的重担。山让他明白：将生命存放在银行，希望借着利息重新将它找回来，是很愚蠢的事。本书共4个部分：人生之歌、故乡之歌、攀岩之歌、采石之歌，由 70 余则短文串联而成。书中记载他亲眼所见的趣事奇事，或听来的逸闻传说，也回忆他自己身为雕刻家、登山家、矿工等多重身份的生活点滴，写他与家人以及朋友的相处、在高山的森林中独处时所享受的孤寂与乐趣、一朵美丽的花所带来的惊喜、登上峰顶后乍现的美丽风光、在大理石矿场一天工作十几个小时的辛劳等。

3.《看不见的森林——林中自然笔记》[美] 戴维·乔治·哈斯凯尔

本书堪称近年来博物学经典，曾入围 2013 年的普利策奖。这是一本森林观测笔记。在这本书里，一位生物学家以一年的时间为主线，在每次的观测中，为读者揭开藏在森林一平方米地域里的秘密。书的每一章都以一次简单的观察结果作为开头，比如藏在落叶层里的火蜥蜴、春天里野花的初次绽放。通过这些观察，戴维织就了一个生物生态网，向人们解释了把最小的微生物和最大的哺乳动物联系起来的科学观点，并描述了延续数千年甚至数百万年的生态系统。作者每天都会在这片森林里漫步，梳理出各种以大自然为家的动植物间复杂而又微妙的关系。因此，每一次寻访对于他来说，都象征着一个自然故事的缩影。该书优美的语言使读者把阅读过程看作一次寻找大自然奥秘的盛大旅行，作者则像导游，带领读者探索存在于脚下或者藏在后院里的奇妙世界。

切磋琢磨·文化审美篇

《家庭、私有制和国家的起源》

导读老师：刘欣畅

一、作品介绍

《家庭、私有制和国家的起源》是弗里德里希·恩格斯所著的历史唯物主义著作，出版于 1884 年。恩格斯基于马克思读摩尔根的《古代社会》笔记，并融合了自己的人类学、社会学思想，最终完成这本书的创作。他以"历史中的决定性因素，归根结底是直接生活的生产和再生产"的原理为指导，将国家问题视为中心问题，系统阐述了家庭、氏族、私有制、阶级和国家这些社会关系或社会组织产生、发展的历史规律，由此揭示了人类社会特别是原始社会的一般规律。

全书由九章构成。第一章、第二章主要根据摩尔根的研究成果，探讨人类发展的三个阶段及与之相对应的家庭婚姻形态；第三章、第四章、第五章、第六章、第七章、第八章分别以易洛魁人、希腊人、罗马人和德意志民族为个案，追溯氏族组织的特征，以及从氏族向国家演进的历史，由此说明国家的特征、历史类型、形成方式。第九章是结论，恩格斯在本章系统地论述了一系列历史唯物主义基本原理和马克思主义国家理论，对世界文明的形成以及人类社会的发展规律作了深刻的阐释，对当前和未来社会的发展具有重要的启发意义。

二、作者小传

恩格斯出生于德国的一个富裕家庭，他的父亲是一位纺织厂厂主，他的家族是普鲁士莱茵省巴门地区的贵族，在当地拥有大片土地。小时候的恩格斯品学兼优，继续学习下去一定可以获得博士学位，但是父亲更希望把他培养成合格的继承人，继承自己的商业帝国。于是在17岁时，中学没毕业的恩格斯就被父亲安排到家族企业学习经商。尽管恩格斯非常富有，但是他十分同情底层的工作者，希望为无产阶级的利益而奋斗。他21岁时就在《莱茵报》上匿名发表文章，揭露工厂工人所忍受的恶劣就业和生活条件。父亲不满他激进的观点，将其派到曼彻斯特的工厂做总经理。正是在前往曼彻斯特的途中，恩格斯访问了位于科隆的《莱茵报》办公室，并第一次见到了卡尔·马克思。

恩格斯与马克思共同创立和发展了马克思主义。在曼彻斯特生活期间，他仔细观察了曼彻斯特的贫民窟，这里环境糟糕，充满着童工以及过度劳累和贫困的劳工，他以此观察为基础出版了《英国工人阶级状况》。1848年，恩格斯与马克思合著了《共产党宣言》。在马克思去世后，恩格斯整编了《资本论》并出版。1884年，他在马克思研究的基础上发表了《家庭、私有制和国家的起源》。

三、主要内容

首先，恩格斯在这本书中对家庭的起源和演变进行分析，他将人类历史划分为蒙昧时代、野蛮时代和文明时代，每个时代又分为低级、中级和高级三个阶段。恩格斯考察了各个历史时代及其不同发展阶段家庭形式的历史变迁，发现婚姻家庭不是自然而然就有的，归根结底是生产发展到一定阶段才出现的，它的产生、存在和发展受一定的社会经济关系的制约。人类社会的家庭形式随着社会习俗和生产力的发展依次经历了四种形式：血缘家庭、普那路亚家庭、对偶制家庭、专偶制家庭。

其次，恩格斯提出两种生产理论并阐述其意义。生活资料的生产和人自身的生产是制约人类社会发展的核心要素，恩格斯在书中写道："历史中的决定性因素，归根结底是直接生活的生产和再生产。但是，生产本身又有两种。一方面是生活资料即食物、衣服、住房以及为此所必需的工具的生产；另一方面是人自身的生产，即种的繁衍。"在原始社会早期，生产力水平较为低下，人类的生产只能刚好满足自己的生活需要，这一时期决定人类社会制度的主要因素是血缘关系。生产力的发展带动了社会分工的复杂化，出现了首领、祭司、长老等，社会制度越来越多地受劳动的发展阶段和所有制的支配。原始社会解体后，阶级和国家产生，血缘制度就完全受所有制支配，阶级对立和阶级斗争从此开始。

最后，恩格斯揭示了私有制、阶级和国家的起源。恩格斯以北美印第安人部落易洛魁人的氏族为例，运用了古希腊、古罗马、凯尔特人和德意志人的历史资料，以金属工具的出现作为生产力进步的标志性体现，通过对社会分工发展的阐述，得出了私有制产生的社会前提是劳动分工，物质前提则是剩余产品的增加的结论。所谓劳动分工是每个人专门从事生产过程的某一部分，而剩余产品指人们生产超出自己需求的物品。私有制使得商品、奴隶、地产等都可以被视为私人财产，而不是像从前那样由原始部落全体所共有。有些人占据利益分配的主体地位，比如部落首领，他们占据巨大的财富；部落中的普通成员则只能分配到较少的财富，与首领形成巨大的差距。因此，正是私有制得到发展后，社会开始分裂为不同阶级。不同阶级拥有不同的诉求，但是诉求不能全部得到满足。例如农民与大地主的利益、贵族与平民的利益肯定不能是统一的，在这种情况下社会陷入分裂，为了解决这些分裂的矛盾，就需要用一种凌驾于社会之上的强大的力量来缓解冲突、维持秩序，这种力量就是国家。国家本质上是经济上占统治地位的阶级用来镇压和剥削被压迫阶级的工具，是阶级矛盾不可调和的产物。

四、阅读指南

《家庭、私有制和国家的起源》(以下简称《起源》)是一本学术著作,读者阅读时可能会对其中词语的含义或引证的历史背景感到陌生,这是正常现象,因为本书包含了大量政治、历史、经济学知识。在面对一些陌生的词汇以及案例背后的历史背景时,我们可以自己搜集资料,或者和历史老师一起讨论。主动地学习而不是被动地接受,能让我们对知识的掌握更为深刻,并且也能锻炼我们面对问题时解决问题的能力。

阅读学习《起源》,有助于深入理解和掌握历史唯物主义基本原理,对于人文学科的学习有很大的帮助。《起源》中深刻阐明了国家本质上是阶级统治,任何国家都是统治阶级政治秩序的维护者。这就告诉我们,无论资本主义国家采取什么统治形式和政府政策,其作为资产阶级国家的本质不会发生根本变化。而我国的社会主义制度建立在公有制基础上,是坚持工人阶级领导的、以工农联盟为基础的人民民主专政的国家制度,代表中国最广大人民的根本利益。

最重要的是通过阅读这本书,学习到恩格斯思考问题和解决问题的方法,比如用辩证的方法去看待问题,对待问题要理论和实践相结合。同时,可以对恩格斯的主要思想有所了解,拓宽自己的知识面。

五、好句好段

1. 家庭是一个能动的要素;它从来不是静止不动的,而是随着社会从较低阶段向较高阶段的发展,从较低的形式进到较高的形式。反之,亲属制度却是被动的;它只是把家庭经过一个长久时期所发生的进步记录下来,并且只是在家庭已经根本变化了的时候,它才发生根本的变化。

出自第二章

2. 父亲、子女、兄弟、姊妹等称呼，并不是单纯的荣誉称号，而是代表着完全确定的、异常郑重的相互义务，这些义务的总和构成这些民族的社会制度的实质部分。

出自第二章

3. 国家是承认：这个社会陷入了不可解决的自我矛盾，分裂为不可调和的对立面而又无力摆脱这些对立面。而为了使这些对立面，这些经济利益互相冲突的阶级，不致在无谓的斗争中把自己和社会消灭，就需要有一种表面上凌驾于社会之上的力量，这种力量应当缓和冲突，把冲突保持在"秩序"的范围以内；这种从社会中产生但又自居于社会之上并且日益同社会相异化的力量，就是国家。

出自第九章

4. 生产的每一进步，同时也就是被压迫阶级即大多数人的生活状况的一个退步。对一些人是好事的，对另一些人必然是坏事，一个阶级的任何新的解放，必然是对另一个阶级的新的压迫。这一情况的最明显的例证就是机器的采用，其后果现在已是众所周知的了。如果说在野蛮人中间，像我们已经看到的那样，不大能够区别权利和义务，那么文明时代却使这两者之间的区别和对立连最愚蠢的人都能看得出来，因为它几乎把一切权利赋予一个阶级，另一方面却几乎把一切义务推给另一个阶级。

出自第九章

六、读后思考

1. 通过阅读《家庭、私有制和国家的起源》，你学到了什么研究方法？应该怎样正确看待当前社会发展遇到的问题？

简要提示：学到了历史唯物主义的研究方法，该方法是把握人类社会政治现象及其发展规律的科学依据。要用唯物主义立场去理解社会主义和共产主义发展的长期性和必然性，当前的问题是发展的必经之路。不能碎片化、片面化地吸收网络上的信息，要形成科学、独立的思考模式，不能因群体的思想而影响自己的价值判断。

2.在当代，应该如何正确认识家庭关系？

简要提示：家庭和睦则社会安定，家庭幸福则社会祥和，家庭文明则社会文明。家庭是社会的细胞，是人生第一所学校，要以爱情为基础、以责任为保障。男方女方都是家庭的一分子，要正确对待婚姻关系，任何一方都不是婚姻家庭的附属品。夫妻双方作为婚姻关系的平等主体，应当和谐相处，相互尊重，避免过激的歧视和压迫对方。

恩格斯《家庭、私有制和国家的起源》中关于家庭的阐述这一部分给了我们很好的启示：对于现阶段婚姻家庭关系中的这种男女双方地位不平等的问题，我们不应该用异样的眼光来观察，而应理性对待，这一时期只是男女之间实现真正平等之前的磨合阶段，是婚姻家庭关系走向真正和谐的纠正时期，最终，在婚姻关系中，男女双方地位会达到人们预期的平等状态。

七、拓展阅读

1.《国家与文明的起源》[美]埃尔曼·塞维斯

本书讨论了国家和早期文明起源的一般性轨迹和社会复杂化的动因，是新进化论的代表作。作者受到了马克思、恩格斯思想的影响，提出了新的国家形成的关键：酋邦。阅读本书，有助于我们从单独的历史事件转向对社会变迁的规律的探索。

2.《恩格斯传》萧灼基

本书是恩格斯生平与思想的简明传记。书中描写了很多恩格斯日常生活的小事，能够让我们了解到不同于政治书上的恩格斯，加深我们对他的理解。作者在介绍恩格斯的重要论著时，紧密结合当时的革命形势，说明写作的历史背景、基本内容和革命意义。

3.《古代社会》[美]路易斯·亨利·摩尔根

通过阅读《古代社会》,我们可以进一步了解人类早期社会发展的规律。作者运用了田野调查、问卷调查和文献分析三种研究方法,为后人留下了有关易洛魁人的丰富资料。书中关于古代人类婚姻家庭方式的观点为马克思主义经典历史理论提供了根据,恩格斯正是在此书的基础上写了《家庭、私有制和国家的起源》。同时本书也是民族学研究绕不开的一座丰碑,对后世影响极大。

《谈美》

导读老师：侯瑞丹

一、作品介绍

《谈美》写于 1932 年，是朱光潜先生继《给青年的十二封信》之后的"第十三封信"，《中学生》杂志曾选刊了其中的部分篇章，同年 11 月由开明书店出版。作者曾说："在写这封信时，我和平时写信给我的弟弟妹妹一样，面前一张纸，手里一管笔，想到什么就写什么，什么书也不去翻看，我所说的话都是你所能了解的，但是我不敢勉强要你全盘接收。"作者自称这本书是"通俗叙议"《文艺心理学》的"缩写本"。（需要说明的是，与朱光潜先生在 20 世纪 80 年代出版的《谈美书简》相比，《谈美》更为本真，更少意识形态上的色彩，因而也更好读。）

本书顺着美从哪里来、美是什么以及美的特点等问题层层展开，提出了他的美学研究的理想目标——"人生的艺术化"。朱先生以一种谈天的语气娓娓而谈，将他对艺术与人生关系的深刻体悟渗透在质朴清新的文字中，"引读者由艺术走入人生，又将人生纳入艺术之中"（朱自清语）。全书最后呼吁人们"慢慢走，欣赏啊"，认为"欣赏之中都寓有创造，创造之中也都寓有欣赏"。在行色匆匆、个性迷失的今天仍能给人指引。

二、作者小传

朱光潜（1897—1986），美学家，安徽桐城人。1922 年毕业于香港大学文科教育系。1930 年获英国爱丁堡大学文科硕士学位。

1933年获法国斯特拉斯堡大学文科博士学位。回国后，曾任北京大学教授，四川大学教授、文学院院长，武汉大学教授、教务长。1946年后任北京大学教授、文学院代院长，中国美学学会第一届会长。朱光潜先生是当代最负盛名并赢得崇高国际声誉的美学家、文艺理论家、教育家和翻译家，是中国美学史上一座横跨古今、沟通中外的"桥梁"。朱先生的美学、文艺学思想以人文主义为核心，结合现代心理学，将现代人文主义心理学的美学思想运用于文学研究。而他深入浅出风格的理论读物，文笔自然流畅，对提高青年的写作能力与艺术鉴赏能力很有帮助和启迪。至于他的生平逸事，莫过于曾三立座右铭了，其三次自立的座右铭分别是"恒、恬、诚、勇""走抵抗力最大的路！""此身、此时、此地"。这三则座右铭，因时间和环境的不同，侧重点也各不相同。第一次乃是确立做人求学之志；第二次则是对于理想和事业的抉择；第三次是对自己明确具体的要求。

三、核心概念

1. 观察事物的三种态度——实用态度、科学态度和美感态度

实用态度以善为最高目的，科学态度以真为最高目的，美感态度以美为最高目的。在实用态度中，我们的注意力偏在事物对于人的利害，心理活动偏重意志；在科学态度中，我们的注意力偏在事物间的互相关系，心理活动偏重抽象的思考；在美感态度中，我们的注意力偏在事物本身的形象，心理活动偏重直觉。真、善、美都是人所定的价值，含有若干主观的成分，不是事物所本有的特质。离开人的观点而言，事物都浑然无别，善恶、真伪、美丑就漫无意义。

2. 移情与美感经验

"移情作用"是把自己的情感移到外物身上去，仿佛觉得外物也有同样的情感。移情作用是和美感经验有密切关系的。移情作用不一定就是美感经验，而美感经验却常含有移情作用。美感经验中的移情作用不单是由我及物的，同时也是由物及我的；它不仅把我的性格和情感移注于物，同时也把物的姿态吸收于我。所谓美感经验，其实不过是在聚精会神之中，我的情趣和物的情趣往复回流而已。

3. 美感与快感

美感与实用活动无关，而快感则起于实际要求的满足。

4. 联想与美感

艺术不能离开知觉和想象，就不能离开联想。但是我们通常所谓联想，是辗转不止的乱想，就这个普通的意义说，联想是妨碍美感的。

5. 考证、批评与欣赏

了解和欣赏是互相补充的。未了解则不足以言欣赏，所以考据学是基本的功夫。但是只了解而不能欣赏，则只是做到史学的功夫，却没有走进文艺的领域。

一般讨论读书方法的书籍往往劝读者持"批评的态度"。所谓持"批评的态度"去读书，就是说不要"尽信书"，要自己去分辨书中何者为真，何者为伪，何者为美，何者为丑。这其实就是"法官"式的批评。这种"批评的态度"和"欣赏的态度"（就是美感的态度）是相反的。批评的态度是冷静的，不掺杂情感的；欣赏的态度则注重我的情感和物的姿态的交流。批评的态度须用反省的理解；欣赏的态度则全凭直觉。批评的态度预存有一种美丑的标准，把我放在作品之外去评判它的美丑；欣赏的态度则忌掺杂任何成见，把我放在作品里面去分享它的生命。遇到文艺作品如果始终持批评的态度，则我是我、作品是作品，我不能沉醉在作品里面，便永远得不到真正的美感的经验。

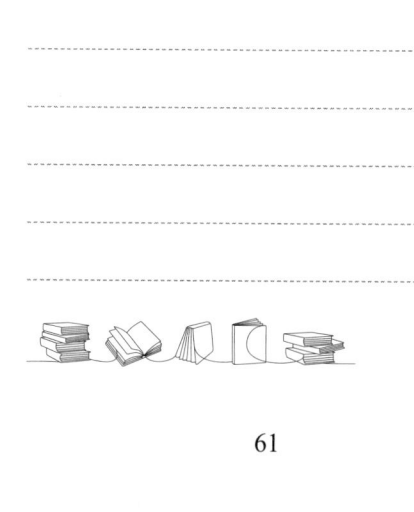

6. 美与自然

"自然美"三个字，从美学观点看，是自相矛盾的，是"美"就不"自然"，只是"自然"就还没有成为"美"。美不完全在外物，也不完全在人心，它是心物婚媾后所产生的婴儿。美感起于形象的直觉。形象属物而却不完全属于物，因为无我即无由见出形象；直觉属我却又不完全属于我，因为无物则直觉无从活动。美之中要有人情也要有物理，二者缺一都不能见出美。

7. 写实主义和理想主义的错误

艺术的美丑和自然的美丑是两件事；艺术的美不是从模仿自然美得来的。从这两点来看，写实主义和理想主义都是一样错误，它们的主张恰与这两层道理相反。要明白艺术的真性质，先要推翻它们"依样画葫芦"的办法，无论这个葫芦是经过选择，还是没有经过选择。

8. 游戏和艺术

它们有相似点：像艺术一样，游戏把所欣赏的意象加以客观化，使它成为一个具体的情境；像艺术一样，游戏是一种"想当然耳"的勾当；像艺术一样，游戏带有移情作用，把死板的宇宙看成活跃的生灵；像艺术一样，游戏是在现实世界之外另造一个理想世界来安慰情感。

又有不同点：艺术都带有社会性，而游戏却不带社会性；游戏没有社会性，只顾把所欣赏的意象"表现"出来；艺术有社会性，还要进一步把这种意象传达于天下后世，所以游戏不必有作品而艺术必有作品；艺术家既然要借作品"传达"他的情思给旁人，使旁人也能同赏共乐，便不能不研究"传达"所必需的技巧。

9. 创造的想象

想象有再现的，有创造的。一般的想象大半是再现的，但只有再现的想象决不能创造艺术。艺术既是创造的，就要用创造的想象。创造的想象也非无中生有，它仍用已有意象，不过把它们加以新配合。

10. 创造与情感

在艺术作品中，人情和物理要融成一气，才能形成一个完整的境界。情感或出于己，或出于人，诗人对于出于己者须跳出来视察，对于出于人者须钻进去体验。

11. 创造与格律

创造不能无格律，但是只做到遵守格律的地步也绝不足以言创造。

12. 创造与模仿

艺术上的模仿并不限于格律，最重要的是技巧。艺术要从模仿入手，但它须归于创造。

四、阅读指南

这是一本对汲取美学知识极有"营养"的书，因为在每一篇文章里，朱先生都教我们认识一些来自文学、绘画等方面与美学有关的概念，极快速地补充了我们认知上的空白，读起来很过瘾。大家值得为阅读这本书准备一个小本子，专门用来摘录这些概念、术语。

另外，不要担心读不懂，因为朱先生在书中举了很多浅显典型的例子来帮助我们理解这些概念，比如借对一棵松树的评价来告诉我们观察事物的三种态度；再如用英国姑娘和希腊女神像来让我们分清什么是美感，什么是快感。所以揣摩和理解这些例子也是阅读这本书时重要的一步。

想更好地理解这本书，举一反三是不可缺少的态度，在读完朱先生所举的一个例子后，有必要停下来想一想其他类似的例子，从而达到理解朱先生所述观点的目的。所以不妨适时地做做旁批吧，把这些冷不丁溅起的思维火花印刻在书页里，相信你阅读的满足感一定会大大增加！

五、好句好段

1. 我坚信中国社会闹得如此之糟，不完全是制度的问题，是大半由于人心太坏。我坚信情感比理智重要，要洗刷人心，并非几句道德家言所可了事，一定要从"怡情养性"做起，一定要于饱食暖衣、高官厚禄等等之外，别有较高尚、较纯洁的企求。要求人心净化，先要求人生美化。

出自《开场话》

2. 人要有出世的精神才可以做入世的事业。现世只是一个密密无缝的利害网，一般人不能跳脱这个圈套，所以转来转去，仍是被利害两个大字系住。在利害关系方面，人已最不容易调协，人人都把自己放在首位，欺诈、凌虐、劫夺，种种罪孽都种根于此。美感的世界纯粹是意象世界，超乎利害关系而独立。在创造或是欣赏艺术时，人都是从有利害关系的实用世界搬家到绝无利害关系的理想世界里去。艺术的活动是"无所为而为"的。我以为无论是讲学问或是做事业的人都要抱有一副"无所为而为"的精神，把自己所做的学问事业当作一件艺术品看待，只求满足理想和情趣，不斤斤于利害得失，才可以有一番真正的成就。伟大的事业都出于宏远的眼界和豁达的胸襟。

出自《开场话》

3. 悠悠的过去只是一片漆黑的天空，我们所以还能认识出来这漆黑的天空者，全赖思想家和艺术家所散布的几点星光。朋友，让我们珍重这几点星光！让我们也努力散布几点星光去照耀那和过去一般漆黑的未来！

出自《我们对于一棵古松的三种态度》

4. 所谓艺术的生活就是本色的生活。世间有两种人的生活最不艺术，一种是俗人，一种是伪君子。"俗人"根本就缺乏本色，"伪君子"则竭力遮盖本色。

出自《"慢慢走，欣赏啊！"》

六、读后思考

夜晚，美美和几个朋友漫步在护城河畔，城市的霓虹倒映在河中，美美觉得夜景醉人，于是她叫大家都来欣赏，朋友们七嘴八舌、脑洞大开地一通评论后，美美突然觉得有些败兴，请你结合《"记得绿罗裙，处处怜芳草"》一篇中的内容来分析美美败兴的原因。

简要提示：我们通常所谓联想，是指由甲而乙，由乙而丙，辗转不止的乱想。就这个普通的意义来说，联想是妨碍美感的。在美感经验中，我们聚精会神于一个孤立绝缘的意象上面，联想则最易使精神涣散，注意力不专一，使心思由美感的意象旁迁到许多无关美感的事物上面去，由事物本身所引起的美感则反因精神涣散而减少了。

七、拓展阅读

《谈文学》朱光潜

本书收录了作者关于文学的19篇论文，这些论文较为详细地探讨了文学作品的内容、形式、表现、体裁、风格以及作者的态度等方面的问题，是朱光潜专门写给青少年朋友的文学启蒙读本。朱光潜谈文学，行云流水，自由自在，他像谈话似的一层一层领着你走进高深和复杂里，从深入浅出的话语中你可以了解到一些文学的基本知识，还可以感受到春风化雨般的熏陶。

《宇宙》

导读老师：余晓洁

一、作品介绍

"我们会在没有月亮的夜晚，坐在篝火余烬前仰望星空。我们就像蝴蝶，飞翔在日光下，以为白昼是永恒。"这样的句子并非来自文学家的诗歌或散文，而是来自一部科普读物——美国著名天文学家卡尔·萨根的经典名作《宇宙》。如果你是一个浪漫主义者或者幻想家，那么这本书带给你的浪漫可以称为"浪漫的最高级"。因为在所有的浪漫中，宇宙一定是史诗级别的。

本书的英文原名并非常用的"Universe"，而是"Cosmos"：代表秩序井然。"万物的秩序"是本书的核心观点：宇宙就是一切。卡尔·萨根用讲故事的口吻，呈现了宇宙的起源和演变史、人类探索宇宙的高光时刻和迷人故事、时空旅行的体验、对地外文明的想象。

你能想到你身体里的每一个原子，都来源于一颗爆炸了的恒星吗？你能接受我们其实是生活在星海之滨的偏远一隅的小小配角吗？身处三维世界的你，有可能去到更有趣的高维空间吗？你知道中国古书《淮南子》和通古斯大爆炸竟然有关系吗？《流浪地球》中木星会让地球支离破碎也许不是编剧疯狂的臆想……你能想象宇宙中至少存在 1000 亿个有生命的世界，甚至发展出了更高级的智慧文明吗？太空中传来的无线电波信号会不会是来自某个地外生命的轻柔之吻？

硬核的科普、绝美的文笔、对人类命运深切的关注、对人类炽热的爱意、让你变得平静和谦卑的力量，都在卡尔·萨根的这部作品里。这本书是关于科学、物理、天文的最有诗意的表达。全书充满了由科学的严谨和艺术的浪漫相结合而形成的独特美感，书中宏大的史诗感足以让你在宇宙中进行一场沉浸式体验。

二、作者小传

在科学界，卡尔·萨根与霍金齐名，是美国太空计划最早的参与者，是宇宙生物学的创立者，设计并主导了美国"先驱者号""地球名片"和"旅行者号""星际唱片"重大太空探索项目。他让2张镀金的唱片和"旅行者号"一同飞往群星，希望某个外星友人愿意聆听这伟大唱片里的美妙"音乐"——人类的部分基因、大脑和文化数据，这位幸运的外星友人也许会感叹我们的彬彬有礼——唱片内收录了60种人类的问候语。

卡尔·萨根将人类在宇宙中的孤独感以及对终结这种孤独的渴望都打包发送到外太空，让羁旅太空的金唱片化为使者去探寻更多的可能。这不仅是他的意愿，也是人类亘古以来就拥有的与其他生命对话的意愿。《宇宙》是英语出版界最畅销的科普图书之一。萨根博士去世后，美国国家科学基金会追授他最高荣誉奖，称"他的研究改变了行星科学，他给予人类的礼物价值无可估量"。

三、核心概念

1. 众星与生命起源——从氢原子开始的绚烂烟花

作者提出探究地球生命的本质和寻找外星生命是同一个问题的两面，即我们到底是什么？他驳斥了神创论的观点，否定"生物都来源于伟大设计师的精心设计"。

太初，宇宙大爆炸带来了密布空间的氢原子，第一代恒星诞生于由核子火焰点燃的氢云团，更小的氢云团则成为行星。行星在凝结和暖化的过程中形成了原始的大气和海洋。原始地球被太阳的高温照射引发雷暴，原始大气中的分子落入海洋不断溶解重组，生成了一种能自我复制的分子。在自然选择的作用下，这些分子在漫长的演化过程中变得越加复杂，按照时间顺序，经历了单细胞生物—两性分化—多细胞生物—海洋生物—陆地生物的演化进程。这犹如史诗般的神话是氢原子历经150亿年演化的真实结果，是当代科学所揭露的宇宙演化图景。

最难能可贵的是，恒星的灰烬化作的一个个氢原子，在漫长的旅途中有了自我意识，他们发明文字、建造城市、发展文明，他们就是我们——地球人类。

2. 宇宙极速——群星善睐

目前人类仅能支持慢速星际探索，即使是"旅行者号"也仅以光速的万分之一漫游在星际，因此我们并未实现真正的星际旅行。因为时空浩大，彼此交织，宇宙无垠，群星甚远。一个长发凌乱的高中辍学生改变了世界，他就是爱因斯坦。爱因斯坦的狭义相对论提出，因为世界在逻辑上要保持自洽（比如当下的你和未来的你不能同时出现在同一空间），宇宙会存在一个极限速度——光速。狭义相对论推论：没有任何事物可以超越光速，这是宇宙法则之一，就像我们在中学教材中学习到的万有引力一样。同时作者纠正，实际上所谓"思维的速度是世界上最快的速度"并不成立，脉冲通过大脑神经元的速度和驴车近似。

人类的极限为光速所限，而宇宙本就不为实现人们的野心而存在，它客观而庄严地伫立在人类面前。狭义相对论打破了人们超光速的幻想，这虽然让人们失去了一条奔向群星的路径，但由于接近光速会导致时间流逝变慢，因此狭义相对论仍然留给我们一个飞向群星的方法：假如一艘时间膨胀效应充足的飞船飞向银河系中心，需要耗时21年，对地球上的人来说时光已流逝了3万年，宇航员重返家乡时，也许正如"到乡翻似烂柯人"的景

象吧。

群星并非遥不可及，但造出一艘接近光速的太空飞船，需要我们付出百代甚至更长的努力。作者畅想，人类只要不选择自我毁灭，我们总有一天可以驶向星辰大海。

3. 平行宇宙——十字路口的抉择

关于著名的"祖父悖论"的热烈讨论，是人们对于时空旅行热情之盛最好的证明。书中提及很多物理学家认为时间存在多种维度，也就是平行宇宙（平行世界）可能存在。物理学家提出一种颠覆性的观点：完全不同的历史和现实可能同时存在和发生，人们只经历了其中之一。

作者援引了美国总统罗斯福和伊莎贝拉女王的例子，设想，如果罗斯福不竞选总统，也许第二次世界大战和核武器的发展会是另一种面貌。如果伊莎贝拉叫停哥伦布的航海计划，美洲大陆的发现也可能是另一种情形。作者以名人历史事件举例，让读者在"蝴蝶效应"的启发下理解和体验不同的平行宇宙，让人们理解历史是如何运作的。

社会、文化、经济各种因素的交织形成历史，如果有一些正好是关键节点的随机事件发生，无论它有多么微小，都有可能改变已知的历史。同样，每颗行星的未来都由自身当下的变化决定，地球如今处在重要的分岔口，探讨平行宇宙存在的可能性，也是作者想要提醒人们，无论人们在当下的时代中如何抉择，都将深深影响我们的后代以及子孙们通往群星的命运。这正是平行宇宙观念带来的最有意义的启示。

4. 宇宙的中立性——无始无终

作者提出宇宙是无始无终的，这似乎与书中"宇宙从大爆炸开始"的观点相矛盾。实际上是说，从旷远的一二百亿年前的宇宙初诞，到第一批恒星和行星的产生，再到地球生命的起源，用

最大的尺度看，人类居住的宇宙从始至终遍布星系，无数星系在各自的生命旅程中演化，最终连恒星也会走向生命的尽头。而恒星的生命尺度很长，发光发热也要持续1000万年左右，绝非人类个体短暂的一生可以见证，并且恒星之死并不意味着结束，事实是会不断有新的恒星诞生。

科学家们对星系的研究，一方面展示了宇宙美丽和秩序的一面，另一方面也揭示了它狂暴时的恐怖。宇宙之所以神奇，是它诞生着生命，也毁灭着星系。宇宙生命之火生生不息，循环往复。宇宙的膨胀和收缩周而复始，那么大爆炸既可以看作宇宙的诞生，也可以只算作上一个宇宙化身毁灭的产物。这两种截然不同的宇宙观带给读者的，是更深的哲学思考，所以作者产生了进一步的联想：人们也许是被困在宇宙死亡和重生的无限循环之中的，也许没有任何可能能够翻越周期间的藩篱。

那么对于宇宙来说，究竟何为始？何为终？值得读者思索辨明。时间洪流里，万物垂悬，万事安宁，万籁俱寂，而天空苍茫……

四、阅读指南

全书在逻辑上由浅入深，多结合生活实例推演，对于概念性的知识的普及，做到了通俗易懂。例如在解说"人体是由原子构成"时，作者提出了趣味思考：为什么手无法穿越桌子？借此向读者诠释负电荷会互相排斥，原子核周围的电子力量很强，实际上人们的生活和原子的结构密不可分。阅读时可仔细体会作者举出的日常生活与物理现象之间的关系。

不同章节会反复讲解同一主题是本书的一大特色。例如第一章先对天体作大致介绍，然后从更细节的角度阐释；第二章讲基因突变、酶、核酸也采用这种形式。书中提及的概念也不按时间排序。例如第七章涉及古希腊科学家的思想，但在第三章，作者就先行讨论了开普勒。如此安排，作者在书序中解释："因为我相信，只有在意识到古希腊人曾距离真知不过咫尺后，读者才能更深刻地理解他们完成的到底是何等伟业。"阅读时，应从作品这样的整体理念设计上，理解章节讲述的顺序性和反复强调的主题所在。

作品探讨宇宙话题并不局限于物理学或天文学，探讨过程和社会、政治制度、宗教、哲学问题联系紧密，也为读者带来了更丰厚的阅读体验。阅读时可以多留意作者常用的类比论证，例如用人类的殖民史类比地球文明以便于深入理解科学观点和其他学科的联系。

丰富的想象式推演和妙趣横生的语言增强了作品的灵动感，例如把木星轨道上硫、钠、钾等物质形容为"一个套着木星的特大号甜甜圈"；用儿童般的思考方式想象人类发现火的奥秘的过程，生动再现古人对宇宙规则的猜想，由此细节丰满地类比论证了物种的演化史。阅读时可仔细感受这种字里行间的灵动有趣。

五、好句好段

1. 宇宙即一切。过去是，将来亦如是。对宇宙的遐思即便再卑微渺小，也能撼动人心——那是脊柱上传来的刺痛、嗓子里的哽咽，或者某种模模糊糊、从高处坠落的久远记忆。

出自第一章

2. 我们在隔绝中各自成长，对宇宙的认识无法一蹴而就。

出自第一章

3. 迄今为止，我们听见的生命之音只回荡在这个小小的世界里。但我们终于开始侧耳倾听宇宙赋格曲中的其他声音了。

出自第二章

4. 群星代表了一种秩序，一种可预测性，一种永恒。从某些角度来看，它们抚慰人心。

出自第三章

5. 天空心之所向，大地身之所往。……直面严酷的事实，胜过沉溺最美的幻想。

出自第三章

6. 金星太热，火星太冷，只有地球堪称天堂。……这颗可怜的星球未必经得起人类反复折腾。我们会不会把地球变成金星似的炼狱，或火星般的冰球？……智力和科技的发展赋予了人类改变环境的力量。然而这份力量应该如何使用？……我们真的应该放任自己的无知和狂妄吗？我们是否将短期的利益，置于地球的福祉之上？……地球是个渺小又脆弱的世界，它值得我们珍惜。

出自第四章

7. 认为所有行星都是荒无人烟的沙漠……剥夺神圣设计师赋予它们的生命权，认为它们统统不及地球的美丽与庄严，这要求实在不合理。

出自第六章

8. 接受新知并不容易，他们依然渴望身处宇宙中心，身为万物的焦点和支柱。但是想和宇宙打交道，第一前提就是去了解它，哪怕真相会打破妄自尊大的幻想。

出自第七章

9. 宇宙既不仁慈，也不恶毒，只是对我们这样的小东西漠不关心。

出自第十章

六、读后思考

1. 书中介绍了人类的宇宙探索史，指出发展科学的意义是从自然规律中窥出些门道。然而过去的社会制度曾一度钳制了科学的发展，谈谈作者认为科学研究过程中最应推崇的原则是什么。

简要提示：人类对自然的理解一度受到神话的阻碍，古代人类更愿意相信宇宙被诸神控制。爱奥尼亚地区的辉煌觉醒其实是理性主义的觉醒。他们认为宇宙具有内在秩序，并非无法推测。人们开始反抗固有的神创论，意识到要认识世界必须通过法则或自然规律，这是一种理性主义的宇宙观，是人类历史上最伟大的思想之一。作者援引科学家阿那克西曼德和泰勒斯的实例，意在表明实证主义精神才是探索宇宙的基础，唯有理性地看待宇宙，才会发现宇宙本质的智慧——除了原子与虚空，世间并无一物。

2. 作者探讨了阿那克西美尼问毕达哥拉斯的问题："死亡和奴役正发生在眼前，我为何要费心去探索星辰的奥秘？"结合作者的相关论述，你认为现实和高远追寻之间的抉择矛盾吗？

简要提示：长久以来人们的认知都局限于地球，本书第七章揭示了地球处在银河系的旋臂边缘，距离银河系中心3万光年。相较于银心可见范围内的数百万星辰，在地球上能看到的只有区区几千颗。相当于人类一直对于自身在宇宙中的定位畅想，被"去中心化"了。我们的银河系也只是稀疏星团里不起眼的一员，宇宙的星系比人类的个体还要多出无限。而这些结论是基于科学家们大胆寻找得出的答案，我们的确是"寄蜉蝣于天地，渺沧海之一粟"。作者并不认为得知这样的真相是人类花费大心思去探索宇宙的唯一目的，也并非停留在满足人类天性里的好奇。书的终章，关于"人类大脑爬虫复合体的古老延续和大脑皮层的矛盾冲突"的论述，提示人们应该摒弃大脑中爬虫脑的好战本性，呼吁人们应为地球文明的长远存续提高忧患意识，而非本末倒置地搞一些军备竞赛。军备竞赛的背后是人心的恐惧和不安。作者甚至具有一种超前的先锋世界观，读者可以称之为"世界主义宇宙观"——整合地球文明，建立星球意识！"非我族类，其心必异"应当被视作武断的谬论，认识到人类的一体性，我们就会把所爱之人的范围逐渐扩大，最终完成一个宏伟的"星球格局"！"我

们是产生了自我意识的局部宇宙"，只有积极地探索宇宙，才是使人类文明进步不衰的可持续道路。这种类型的仰望星空，既是对终极浪漫的追寻，也是对脚踏实地的全然领悟。

七、拓展阅读

1.《果壳中的宇宙》[英]史蒂芬·霍金

霍金把读者带到理论物理的最前沿，真理在那里甚至比幻想更令人眼花缭乱。他利用通俗的语言解释制约着宇宙的原理，包括相对论简史、时间的形态等。

2.《潮汐：宇宙星辰掀起的波澜与奇观》[美]乔纳森·怀特

这是一本讲潮汐以及海洋的书，结合了丰富的旅游记事、刺激的科学研究分析，并以平易近人、优美流畅的文笔，来描写这种让地球之水翻来覆去、强大又神秘的自然现象。作者分享了关于潮汐的许多面，包含潮汐的形成，以及潮汐如何影响许多生活在其律动之下的人类文明。

3.《最初三分钟》[美]史蒂文·温伯格

这本科普读物为1979年诺贝尔物理奖得主，美国物理学家和宇宙学家史蒂文·温伯格在1977年写的一本畅销书。此书被公认为科普读物的里程碑。温伯格在书中向世人描绘了一幅完全令人信服的宇宙起源图，包括在大爆炸之后仅仅数秒或几分钟内出现的景象的详细情形。

4.《多次元宇宙》[美]阿弗雷·韦伯

本书讲述了宇宙是如何创造星系的，结合科学领域研究，向读者展示了其所铺展出来的多次元宇宙全图，帮助人类朝宇宙学及太空次元迈进一大步。

《美学散步》

导读老师：古舜禹

一、作品介绍

《美学散步》是一代美学宗师宗白华先生的美学论集，汇集了他一生中最精要的美学篇章，是他美学思想与人生态度的荟萃。全书共收录22篇文章，内容涵括美学的一般原理、中国美学史的基本问题、中西艺术及美学特色的比较、诗论、画论、书论等。

"散步是自由自在、无拘无束的行动"，但它与逻辑并非完全不兼容。"散步"代表着一种在艺术世界自在遨游的悠然与愉悦。这种"散步"情怀流淌在《美学散步》的字里行间，书中收录的文章也仿佛逍遥自在的步子。作者用洋溢着艺术灵性的抒情笔调，传递着人间诗意和美学哲思。

二、作者小传

宗白华（1897—1986），原名之櫆，字伯华。江苏常熟人。1918年毕业于同济大学语言科，1920年赴德留学，先后在法兰克福大学和柏林大学学习哲学和美学。1925年回国后在南京东南大学、中央大学哲学系任教，1952年改任北京大学哲学系教授直至逝世。

宗白华是中国美学研究的先驱之一，被誉为"融贯中西艺术理论的一代美学大师"。他把"充实"与"空灵"视作艺术精神的两元，把中国艺术精神归结为"有限"与"无限"的统一，重视魏晋时期的美学转型，并着重探讨了中国艺术中的意境和空间

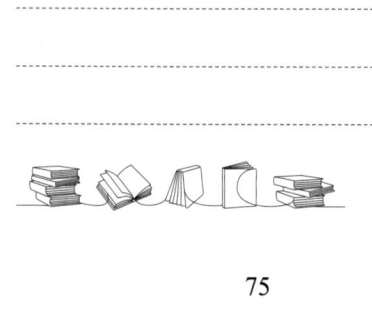

意识等问题。代表作有美学思想论集《美学散步》、诗集《流云小诗》；译著有《判断力批判》和《欧洲现代画派画论选》。

三、核心概念

1. 美

介于真和善之间，表达人类情绪中的深境和实现人格谐和的是"美"。在宗白华看来，"美"是美感所受的具体对象。它并不是美感的主观的心理活动自身，而是通过美感摄取到的美。发现美和体验美，一方面需要到自然、人生、社会的具体形象里去找，另一方面也需要以心的陶冶、心的修养和锻炼作为准备。这两方面可以概括为"移我情"和"移世界"，前者意味着"改造我们的感情，使它能够发现美"；后者则表示"改变着客观世界的现象，使它能够成为美的对象"。

2. 充实

宗白华认为，"充实"与"空灵"是艺术精神的两元。孟子曰："充实之谓美。"所谓"充实"，即文艺的境界与人生同样广大、深邃。在众多艺术形式中，因为悲剧是壮阔而深邃的生活的具体表现，故而悲剧是生命充实的艺术。需要注意的是，中国的山水画虽然趋向简淡，但这简淡中亦包含无穷境界，这同样属于充实。由此可见，与充实对立的并非简淡，而是贫瘠与无内容。

3. 空灵

美感的养成在于能"空"。要做到"空"，一方面需要外部的距离化、间隔化。艺术心灵的诞生，在于人生忘我即"静照"的那一刹那，静照的起点在于空诸一切，心无挂碍。具体来讲，"空"是在距离化、间隔化的条件下，使自己不沾不滞，物象得以孤立绝缘，自成境界。另一方面，更重要的是个体心灵内部的"空"，"心远地自偏"，精神的淡泊是艺术空灵化的基本条件。

4. 意境

"意境"在此特指艺术的境界。人与世界接触，因关系的层次不同，可形成以下五种境界：为满足生理的物质的需要，产生功利境界，功利境界主利；因人群共存互爱的关系，产生伦理境界，伦理境界主爱；因人群组合互制的关系，产生政治境界，政治境界主权；因穷研物理，追求智慧，而有学术境界，学术境界主真；因欲返本归真，冥合天人，而有宗教境界，宗教境界主神。介于真与神之间，以宇宙人生的具体为对象，赏玩它的色相、秩序、节奏、和谐，借以窥见自我的最深心灵的反映；化实景而为虚境，创形象以为象征，使人类最高的心灵具体化、肉身化，这就是"艺术境界"。艺术境界主于美。

四、阅读指南

《美学散步》这本薄薄的小书，如同它的名字一般，引导读者自在徜徉于美的世界。书中收录的文章是高度学理化的，但却不是枯燥的，字里行间浸润着宗白华先生的生命体验和审美认知。如果我们也能带着对宇宙自然的追索和探求以及生命情感的直观感受去走进这个美的世界，在艺术心灵间的对话中，我们将收获无穷的意趣。

在《美学散步》中，宗白华先生对中国美学史的重要问题进行了开拓性的思索。中国美学思想的材料不只来自哲学著作，也来自历代著名的诗人、画家、戏剧家、音乐家、书法家等所留下的诗文理论、绘画理论、戏剧理论、音乐理论、书法理论。中国各门艺术系统不但有自己独特的体系，而且互相包含、互相影响，因此各门艺术系统在美感特殊性、审美观方面存在很多共同之处。上述两点是中国美学史的基本特点，在阅读时需要着重把握。

尽管《美学散步》不是一部高度体系化的美学史著作，但无

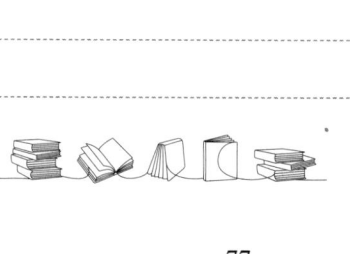

论是从书的内在逻辑还是文字表达来看，宗白华先生都倡导我们重点关注魏晋六朝这一时期的美学思想。因为这是中国美学思想转折的关键时期。在魏晋六朝之前，艺术过于质朴；在此之后，艺术过于成熟。这中间的几百年，正是精神大解放、人格大自由、个性大张扬的时代。宗白华先生在美学上推重魏晋六朝，《美学散步》的风格也是简约玄澹，超然绝俗，富有哲思的。

此外，《美学散步》还从中西比较的视野展开。在论述中国人的空间意识、宇宙观念等问题时，宗白华先生引入西方人的观念、视角加以比较。在《论中西画法的渊源与基础》《中西画法所表现的空间意识》等文章中，宗白华先生对中西绘画艺术的内容与形式特点，及其背后蕴含的不同境界进行了精彩的对比和论说，这些都需要我们在阅读时仔细领会。

五、好句好段

1. 文学艺术是实现"美"的。文艺从它左邻"宗教"获得深厚热情的灌溉，文学艺术和宗教携手了数千年，世界最伟大的建筑雕塑和音乐多是宗教的。第一流的文学作品也基于伟大的宗教热情。……文艺从它的右邻"哲学"获得深隽的人生智慧、宇宙观念，使它能执行"人生批评"和"人生启示"的任务。

出自《论文艺的空灵与充实》

2. 文艺站在道德和哲学旁边能并立而无愧。它的根基却深深地植在时代的技术阶段和社会政治的意识上面，它要有土腥气，要有时代的血肉，纵然它的头须伸进精神的光明的高超的天空，指示着生命的真谛，宇宙的奥境。

出自《论文艺的空灵与充实》

3. 禅是动中的极静，也是静中的极动，寂而常照，照而常寂，动静不二，直探生命的本原。禅是中国人接触佛教大乘义后体认到自己心灵的深处而灿烂地发挥到哲学境界与艺术境界。静穆的观照和飞跃的生命构成艺术的两元，也是构成"禅"的心灵状态。

……

所以中国艺术意境的创成，既须得屈原的缠绵悱恻，又须得庄子的超旷空灵。缠绵悱恻，才能一往情深，深入万物的核心，所谓"得其环中"。超旷空灵，才能如镜中花，水中月，羚羊挂角，无迹可寻，所谓"超以象外"。色即是空，空即是色，色不异空，空不异色，这不但是盛唐人的诗境，也是宋元人的画境。

出自《中国艺术意境之诞生》

4. 用心灵的俯仰的眼睛来看空间万象，我们的诗和画中所表现的空间意识，不是像那代表希腊空间感觉的有轮廓的立体雕像，不是像那表现埃及空间感的墓中的直线甬道，也不是那代表近代欧洲精神的伦勃朗的油画中渺茫无际追寻无着的深空，而是"俯仰自得"的节奏化的音乐化了的中国人的宇宙感。

出自《中国诗画中所表现的空间意识》

5. 希腊时代的艺术给与西洋美学以"形式""和谐""自然模仿""复杂中之统一"等主要问题，至今不衰。文艺复兴以来，近代艺术则给与西洋美学以"生命表现"和"情感流露"等问题。而中国艺术的中心——绘画——则给与中国画学以"气韵生动""笔墨""虚实""阴阳明暗"等问题。将来的世界美学自当不拘于一时一地的艺术表现，而综合全世界古今的艺术理想，融合贯通，求美学上最普遍的原理而不轻忽各个性的特殊风格。因为美与美术的源泉是人类最深心灵与他的环境世界接触相感时的波动。各个美术有它特殊的宇宙观与人生情绪为最深基础。中国的艺术与美学理论也自有它伟大独立的精神意义。所以中国的画学对将来的世界美学自有它特殊重要的贡献。

出自《介绍两本关于中国画学的书并论中国的绘画》

六、读后思考

1. 中国画为什么没有发展出透视法？结合本书内容，任选一个角度，谈谈你对这个问题的看法。

简要提示：中国画对透视法的避用，与中国艺术的空间意识有关。在《中国诗画中所表现的空间意识》一文里，宗白华谈到了这一点。中国画法所表现的空间意识，是大自然的全面节奏与和谐，画家并不是从一个固定的角度、一个集中的焦点来经营位置，而是用心灵的俯仰的眼睛来看空间万象，这是音乐性的、节奏化的。

对无穷空间的不同态度，使中西绘画艺术呈现不同的样貌。"西洋人站在固定地点，由固定角度透视深空，他的视线失落于无穷，驰于无极。他对这无穷空间的态度是追寻的、控制的、冒险的、探索的。"而中国人"往复无际"的空间意识，"天地为庐"的宇宙观，则形成了中国人对无穷空间的特异态度：于有限中看到无限，又从无限中回归有限。这就使得中国画超越了几何学的空间间架，而重在灵动与活泼。

2. 结合本书内容，搜集、观摩中国古代山水诗作、画作，简单谈谈山水诗画中所体现的美学理想与艺术特色。

简要提示：魏晋六朝是山水情绪开始与发达的时代。宗白华先生说，晋人"向外发现了自然，向内发现了深情"。在晋人对山水之美的发现中，浸润着他们对晶莹澄澈、超脱玄远的美学理想的追求。

七、拓展阅读

1.《魏晋风度及文章与药及酒之关系》鲁迅

"魏晋风度"是如今讨论魏晋时的一个通用词。该文为鲁迅在 20 世纪 20 年代的一篇演讲稿。鲁迅用"药"与"酒"融通了文学生态与历史氛围，向我们呈现出了那个时代的生活状态与文学精神。

2.《艺术的故事》［英］贡布里希

艺术类书籍中的明珠。从艺术的起源谈到当今的艺术发展，描绘出一幅宏伟的艺术地图。

《美的历程》

导读老师：林巧巧

一、作品介绍

《美的历程》是哲学家李泽厚创作的文艺理论著作，首次出版于1981年。全书共分为10章：1. 龙飞凤舞；2. 青铜饕餮；3. 先秦理性精神；4. 楚汉浪漫主义；5. 魏晋风度；6. 佛陀世容；7. 盛唐之音；8. 韵外之致；9. 宋元山水意境；10. 明清文艺思潮。

本书沿着历史长河的脉络，从史前文化的考古发现说起，借助丰富翔实的古籍资料，论述我国历史上重要时期的艺术形式和美学特征。本书所涉及的艺术门类广泛，如雕塑、绘画、文学、书法等，细致地分析不同门类具体的艺术作品，但并非孤立地评析，而是讨论在社会变迁中经济与政治对人类生活与精神的影响，继而转到艺术领域的创作倾向，用高度凝练的语言和对比、归纳的逻辑思维，指出各个时代最典型的艺术特征以及贯穿于不同艺术门类之间的共通的精神实质。

从思想史的角度来说，本书囊括了几部大书，"是一部中国美学和美术史，一部中国文学史，一部中国哲学史，一部中国文化史"（冯友兰语）；从受众角度来说，本书的语言行云流水，深入浅出，通俗易读，具有较高的普及价值。

二、作者小传

李泽厚（1930—2021），湖南人，哲学家。1954年毕业于北京大学哲学系。历任中国社会科学院哲学研究所研究员、巴黎国际哲学院院士、美国科罗拉多学院荣誉人文学博士，德国图宾根大学、美国密歇根大学、美国威斯康星大学等多所大学客座教授，主要从事中国思想史和哲学、美学研究。

代表作有《批判哲学的批判——康德述评》《中国古代思想史论》《中国近代思想史论》《中国现代思想史论》《论语今读》等。

三、核心章节

1. 龙飞凤舞

原始社会的巫术礼仪，即远古图腾活动，积淀了人的主观思想对自然界客观现象的想象和理解，中国远古时代最有代表性的两种符号即"龙"（从蛇演变而来）和"凤"。图腾作为抽象性的符号，是从感性而狂烈的原始歌舞中提取出来的。二者同源，后世逐渐分化，图腾活动即巫术礼仪，发展成为"礼"；原始歌舞则发展成为"乐"，二者共同为政治教化服务。本章还借助考古成果，以陶器纹饰为例，指出图腾从形象到符号、从写实到写意的逐渐抽象的过程，不仅仅是满足远古人类审美快感，也就是说，不仅仅是为了"装饰""美观"，而是与氏族的信仰或传统观念息息相关，与巫术礼仪的功能相关。这种陶器纹饰的"美"，"美"在它是积淀了社会内容的自然形式，意即"美"是"有意味的形式"。

2. 青铜饕餮

由于母系氏族社会让步于父系氏族社会，统治者的权威力量加强，祭祀需求增加，陶器纹饰的美学风格从活泼愉快走向沉重神秘，青铜时代的纹饰变得更加凶恶威严，出现大量人类想象出来的超越世间存在的兽面纹。这种审美也反映出人类历史发展的真相，使用暴力，制造血腥，是踏着残酷而野蛮的进程发展而来的。"暴力是文明社会的产婆。"不过，由于青铜器诞生于人类文明的早期，即使兽面纹再夸张狰狞，仍然带着某种原始的、天真

的稚气之美。

本章还涉及青铜时代文字的演变。

3. 先秦理性精神

在急剧变革的先秦，理性主义作为总思潮贯穿其中，承先启后，既摆脱原始巫术宗教观念的束缚，又开始奠定汉民族的文化心理结构，即"儒道互补"，其中孔子的历史地位不容忽视，这种历史地位与他用理性精神重新解释"礼""乐"是分不开的，之后孟子和荀子的继承强化了实用的、进取的一脉，庄子发展出强调自然的、自由的一脉，二者的一致性在于都对个体生命价值怀有强烈的尊重与爱惜。这一时期以诸子散文和宫殿建筑为例，前者说理论证中的充沛情感表现出的抒情美，后者亲近世俗的实用舒适功能，都体现出中华民族的实践理性精神。

4. 楚汉浪漫主义

中国古代楚文化的代表屈原以一己之力对后世文艺产生了深远的影响，他的作品充满浪漫激情，保留远古传统的神话色彩，充满原始的活力、无垠的想象和炽热的情感。楚文化尚未像北方文化那样受到儒家实践理性的改造，并为汉文化所沿袭。汉代一方面通过"罢黜百家，独尊儒术"加强了意识形态的同一性和艺术创作的功利性，另一方面汉代艺术依然顽强地保留着楚文化的浪漫元素。如汉画像石、汉墓壁画、汉赋，呈现出琳琅满目的神仙世界，带着对重现、延续和保存现实世界的强烈愿望，充满"力量、运动和速度"，构成汉代艺术的气势和古拙的基本美学风貌。

5. 魏晋风度

从东汉末年到魏晋，意识形态领域重建新的世界观和人生观，文艺—美学领域的新思潮则是"人的觉醒"，思想从两汉经学和谶纬宿命论的支配下解放出来，表现出对生死存亡的重视，对性命短促、人生无常的感慨和悲伤。看似颓废、悲观、消极的表层喟叹，蕴含着的思想本质，恰恰是对人生、生活的极度留恋和极力追求。这个时期的文学创作是自觉的，"为艺术而艺术"，不甘为功利附庸和政治工具，而更愿意表达情感、精神，追求纯粹的艺术价值。诗歌、绘画和书法创作讲求形式美和飘逸潇洒的风格，与魏晋名士的生活方式和思想行为如出一辙，共同构成魏晋风度。陶潜和阮籍两位名士，以迥然不同的艺术境界和同样深刻的主观品格诠释了魏晋风度。

6. 佛陀世容

南北朝时期的长期分裂、战祸连绵使现实充斥着苦难，北魏的石窟壁画也反映现实苦难，以沉重阴郁的故事表现出吸引、煽动人们皈依天国的巨大情感力量。佛像雕塑是这个时代和社会美的理想的集中表现，巨大的、智慧的、超然的神像前匍匐着蝼蚁般的生命，折射出对现实苦难无可奈何的强烈情绪。隋唐的统一和安定形成另一种美的典型，唐代雕塑有更多人情味和亲切感，形象更具体化、世俗化，壁画中极乐世界的佛国景象取代了残酷悲惨的场景，这个时期以对欢乐和幸福的幻想来取得心灵的满足和神的恩宠。中唐至宋，壁画开始真正走向现实。人世的生活战胜了天国的信仰，艺术的形象超过了宗教的教义。宋代的雕塑，完全是世俗的神，即人的形象。这一时期还出现了要求信仰与生活完全统一起来的禅宗。总之，宗教艺术中，随着时代和社会的变异，有各种不同的审美标准和审美理想。

7. 盛唐之音

唐代世俗地主阶级的势力在上升和扩大，南北文化交流融合。一种丰满的具有青春活力的热情与想象，渗透在盛唐文艺中。严格来说，盛唐之音包含两个阶段，一为"破旧"，以李白、张旭等人为代表，创作内容丰满、激情洋溢、形式自由，已冲破前代的束缚；一为"立新"，以杜甫的诗、颜真卿的书法、韩愈的文章为例，讲求形式与内容的统一，为后代奠定标准。盛唐的自由奔放、雄壮豪迈被纳入一定形式的美的规范，更容易被大众接受、欢迎以及借鉴、创造。这种规范，渗透了儒家的审美理想。本章讨论的艺术门类以诗歌和书法为主，兼谈音乐、舞蹈。

8. 韵外之致

本章论述中唐文艺的特征，这是一个发展成熟而丰富多样的阶段，也是一个承前启后又酝酿矛盾的阶段。从盛唐开始奠定的儒家美学观念，即"文以载道""兼济天下"，成为中唐时期的共同倾向。尽管士大夫们在观念上自觉卫道，把文艺当作政治工具，但是理想受挫时，行动上却不自主地背离初衷甚远，"独善其身"、耽于享乐成为士大夫们得以逃避现实失意的生活方式，由此诞生的审美趣味侧重于细腻的感官享受和声色追求。在进而言志与退而纵情的言行错位之间，中晚唐文人的创作热情从诗走向词，则是历史发展的必然。以词作和绘画为例，从晚唐到北宋的文艺趋向是追求韵味。北宋的苏轼就是矛盾的士大夫中最典型的代表，在渴望全面的退避而终究不可得的无奈之中展现出朴质无华、平淡自然的审美情趣。这就是典型的宋韵，和前之唐、后之明清都迥然不同。

9. 宋元山水意境

绘画艺术尤其是山水画的高峰在宋元时期。中国山水画中，人与自然那种愉悦亲切和牧歌式的宁静，成为它的基本音调。与现实生活相适应的哲学思潮如禅宗等，可说是形成这种审美趣味的主观因素。北宋时期形成整个中国画的美学特色：不满足于追求事物的外在形似，而要表达出内在风神，这种风神又要建立在对对象真实而又概括的观察、把握和描绘的基础上。这也是"无我之境"：情感思想不直接外露，而是通过纯客观的描写对象传达。从北宋过渡到南宋，无我之境逐渐在向"有我之境"推移，南宋时对细节逼真写实的追求和对诗意的提倡都达到顶峰，二者相得益彰。而在元代，蒙古族进据中原和江南，大量汉族地主、知识分子蒙受极大的屈辱和压迫，在这种社会氛围和文人心理的条件下，形似与写实便被主观意兴心绪压倒，自然景物不过是通过笔墨借以表达不能不尽的主观心意灵气罢了。元四家成为"有我之境"的代表。

10. 明清文艺思潮

以小说戏曲为代表的明清文艺描绘的是市井风习、世俗人情。明清之际形成了巨大的启蒙思潮，以李贽为代表的儒学异端具有市民—资本主义的性质。这一时期的话本小说具有生命活力和新生意识，反映了对个人命运的关注，是对长期占据主导的封建王朝和正统儒学的侵袭破坏。还有戏曲、木刻等，共同构成了明中叶以来的文艺的真正基础。以此为基础，在上层士大夫那里出现了与正统古典主义相对抗的浪漫主义文艺洪流。李贽和他的《童心说》正是下层市民文艺和上层浪漫文艺的重要中介。甚至到《西游记》和《牡丹亭》，都在呼唤一个个性解放的近代世界的到来。这一思潮在清初出现了倒退性的严重变异，市民文艺突然萎缩，上层浪漫主义变为感伤文学。从《桃花扇》到《红楼梦》，渗透了浓厚的人生空幻感，并有走向批判现实主义的内在倾向。这时期的绘画同样经历了从市民特色和浪漫思潮到感伤再到对抗揭露的过程。它们共同反射出封建末世的声响。

四、阅读指南

站在语文学科的角度，本书可以作为高中生拓展阅读书目推荐。在阅读必修教材要求的《乡土中国》时所习得的学术论著阅读方法，同样适用于本书。

1. 同中求异，异中求同，找出规律

一部《美的历程》，是中华文明和传统文化的演变历程，也是浓缩了人类智慧结晶的生命的历程。天下大势，合久必分，分久必合。文艺与思想的演变受社会变迁的影响，也有一条隐约的演变规律。从史前文明的质朴，到先秦的繁盛，到盛唐的巅峰，到明清的曲折，漫步于这条纵贯古今的美学长廊，在同时代的不同艺术门类中找出相似之处，在不同时代的变迁中找出遥相呼应之处，你会发现"美"不是随机的、无序的、主观的，它也有内在的逻辑。

2. 提取关键概念，进行章节缩写

抓住每个章节最重要的概念，如第一章"远古图腾"，第三章"实践理性"，第五章"文的自觉"，第九章"无我之境""有我之境"等，梳理该章节所涉及的艺术门类，理解该时期最重要的美学特征，概述章节大意。在此基础上，运用思维导图，直观呈现文艺的变迁轨迹，更有助于掌握整本书的精华。

3. 精读局部，融会贯通

摘取书中丰富的语文学习元素，与课内所学相结合。比如本书阐述儒家和道家的思想差异，可以结合高中语文教材中的《论语》《孟子》《庄子》共同学习。再如本书讲到魏晋风度的"人的觉醒"，可将相关内容摘引出，作为高中语文课文《兰亭集序》的拓展阅读材料。还可以用专题的形式，学习本书对古代经典文学作品的赏鉴、古代文学家的人世剖析，如《古诗十九首》《春江花月夜》《项脊轩志》《红楼梦》，又如屈原、陶渊明、苏轼，提升知人论世、文本赏析能力。

五、好句好段

1. 理性精神是先秦各派的共同倾向。名家搞逻辑，法家倡刑

名，都表现出这一点。其中，与美学—艺术领域关系更大和影响深远的，除儒学外，要推以庄子为代表的道家。道家作为儒家的补充和对立面，相反相成地在塑造中国人的世界观、人生观、文化心理结构和艺术理想、审美兴趣上，与儒家一道，起了决定性作用。

出自第三章

2. 表面看来，儒、道是离异而对立的，一个入世，一个出世；一个乐观进取，一个消极退避；但实际上它们刚好相互补充而协调。不但"兼济天下"与"独善其身"经常是后世士大夫的互补人生路途，而且悲歌慷慨与愤世嫉俗，"身在江湖"而"心存魏阙"，也成为中国历代知识分子的常规心理及艺术意念。

出自第三章

3. 内的追求是与外的否定联在一起，人的觉醒是在对旧传统旧信仰旧价值旧风习的破坏、对抗和怀疑中取得的。

出自第五章

4. 正是由于残酷的政治清洗和身家毁灭，使他们的人生慨叹夹杂无边的忧惧和深重的哀伤，从而大大加重了分量。他们的"忧生之嗟"由于这种现实政治内容而更为严肃。从而，无论是顺应环境、保全性命，或者是寻求山水、安息精神，其中由于总藏存这种人生的忧恐、惊惧，情感实际是处在一种异常矛盾复杂的状态中。外表尽管装饰得如何轻视世事，洒脱不凡，内心却更强烈地执着人生，非常痛苦。这构成了魏晋风度内在的深刻的一面。

出自第五章

5. 诗境深厚宽大，词境精工细巧，但二者仍均重含而不露、神余言外，使人一唱三叹、玩味无穷。曲境则不然，它以酣畅明达、直率痛快为能事，诗多"无我之境"，词多"有我之境"，曲则大都是非常突出的"有我之境"。

出自第九章

6. 只有当历史发展受到严重挫折，或处于本已看到的希望顷刻破灭的时期，例如在元代和清初，这种人生空幻感由于有了巨大而实在的社会内容（民族的失败、家国的毁灭），而获得真正深刻的价值和沉重的意义。

出自第十章

六、读后思考

1. 纵观中国古代文艺的发展变迁，经济、政治是如何影响艺术的发展的？

简要提示：李泽厚的美学观点基于马克思主义唯物论，经济基础决定上层建筑，意识形态和精神文化是取决于物质文明的，文艺的发展也遵循一种不以人们主观意志为转移的规律。但是，经济政治条件的优劣与艺术发展的盛衰并不能简单地认定为正比或反比的关系。无论时代是繁荣昌盛的还是黑暗凋敝的，总有一些艺术门类更为发达，而另一些相对萎缩，视其更依赖于物质条件的支持还是更依赖于人的精神思辨力量。

2. 如何理解艺术作品所具备的穿越时代影响后世的经典性力量？

简要提示：这个问题关乎审美心理学。美的变迁具有客观规律，但美的本身是主观与客观、感性与理性、形式与内容的统一。艺术之美具有经典性、继承性、统一性，能够为不同时代的人所接受，艺术作品的"永恒性"说明人类心理—情感结构的"共同性"。所以研究艺术，离不开理解"人性"。美学，恰恰是美对人与生命的礼赞。

七、拓展阅读

《人间词话》王国维

本书是中国近代学者王国维的文学批评著作，是晚清以来最有影响力的中国词学著作。它不仅是词论界的高标，也是中国传统文艺美学的典型代表和近代美学的先驱之作。它在文学批评方面的主要贡献在于提出了"境界说""有我之境""无我之境"等理论。

《中国哲学简史》

导读老师：林巧巧

一、作品介绍

《中国哲学简史》是中国当代哲学家冯友兰的哲学论著，首次出版于1948年。1946—1947年，冯友兰受聘于美国宾夕法尼亚大学，担任访问教授，为美国学生讲授中国哲学史。之后将课程的英文讲稿整理出版，以简明扼要、通俗易懂的语言梳理中国哲学的发展与演变。

《中国哲学简史》全书共28章，首先介绍中国哲学的精神和发展背景，辨析中西哲学的区别以及形成根源，其次以时间为纲、以派别为目，从源头分述儒家、道家、墨家、法家、佛家等各个哲学流派的思想发展，从外部对诸子百家的观点与政见予以比较，又在内部探讨诸子百家对前代的传承与创新，如此纵横交错，融会贯通，呈现出中国古代思想争鸣的繁荣景象。同时，作者对各家言简意赅的评价，富有开创性，许多观点后来成为学术界定论，影响至今。

在本书出版之前，冯友兰已经著有一部学术框架更为完备的巨制《中国哲学史》，本书不能简单视为《中国哲学史》的缩略版。由于创作之初就考虑到受众群体以外国读者为主，《中国哲学简史》在内容齐备的基础上，篇幅更短，语言更通俗易懂，重点也更为精确突出，在当时为传播中国文化、提升中国哲学的地位起到重要作用。这本大家小书，"麻雀虽小，五脏俱全"，对于普通读者包括还处于基础教育阶段的中学生而言，阅读体验友好，可谓中国哲学的最佳入门书。

二、作者小传

冯友兰（1895—1990），中国当代著名哲学家、教育家，现代新儒家代表人物。1895年出生于河南省南阳市唐河县祁仪镇一个重视教育的家庭。启蒙之后，他阅读涉猎颇广，在中学阶段初步接触到形式逻辑，由此产生了对哲学的兴趣。1915年，冯友兰考入北京大学文科中国哲学门，开始接受系统的哲学训练，并受到胡适和梁漱溟的启迪，对他日后研究中西哲学很有帮助，尤其是胡适的治学方法为他提供了一个可借鉴的模板。1919年，赴美留学，师从著名哲学家、教育家、实用主义大师约翰·杜威，1924年获哥伦比亚大学博士学位。回国后历任清华大学教授、哲学系主任、文学院院长，西南联大教授、文学院院长等职。

冯友兰学贯中西，著述丰富，以传播中国哲学思想、弘扬中华传统文化为己任，代表作《中国哲学史》《中国哲学简史》《中国哲学史新编》《贞元六书》等。在哲学思想研究方面他富有创见，在治史方面自成体系，是一位"有哲学史的哲学家，有哲学的哲学史家"。

三、核心概念

1. 哲学

哲学是人生的系统的反思。这种反思，以人生为对象，包含人生论、宇宙论、知识论。

2. 出世的哲学

出世的哲学，认为一个圣人要想取得最高的成就，必须抛弃社会，甚至抛弃生命。唯有这样，才能得到最后的解脱。站在入世哲学的立场上，这种哲学太理想主义。

3. 入世的哲学

入世的哲学，注重社会中的人伦和世务，强调社会中的人际关系和人事，只谈道德价值，不愿讲超道德价值。站在出世哲学的立场上，这种哲学太现实主义。

4. 超道德价值

关心人、关心现实是道德价值的表现，而超道德价值就是超越了现实价值的追求，是有助于提高心灵境界的一种价值体现。

5. 内圣外王

中国传统观念里的圣人人格即"内圣外王"。"内圣"侧重于修养方面的成就，作为精神楷模；"外王"，是就其在社会上的功用来说，成为实际的政治领袖。既能入世，处理人伦世务；又能出世，超越现实，调和自我与外界，达到个人与宇宙的同一。

四、阅读指南

在阅读《中国哲学简史》之前，同学们可能会产生如下一些疑问，什么是哲学？中国哲学和西方哲学有什么不同？"中国哲学简史"与完整的"中国哲学史"又有多少不同？让我们带着问题走进本书。

首先，精读本书第一章、第二章，把握本书的核心概念和几组基本概念的联系与区别。"哲学"一词源于古希腊语 philosophia，由 philos 和 sophia 组成，原义是"爱智慧"，是指对天地宇宙、自然万物的探寻，试图找出永恒的、普适的规律。学术界曾就"中国有没有哲学"这个问题争论不休，比如黑格尔的观点是中国古代没有哲学，只有伦理。有的西方人以为中国有宗教，没有哲学。这个问题难有定论，关键在于定义之争。定义的标准不同，则聚讼不已。

冯友兰开宗明义，首先指出"哲学"是"对人生的系统的反思"。

以人生为对象，发散出的人生论、宇宙论、知识论都在此基础上产生。中国古人当然对以上种种"论"做过反思，且思想收获颇丰。其次，冯友兰在中国文化背景下，对比"哲学"与"宗教"的不同，反驳西方人的观点，明确中国人不关心宗教，而更关心哲学。接着提取"中国哲学"和"西方哲学"的共同追求，即超乎现世，证明中国人确实在哲学中有了满足的体验。再对比中国哲学中"为学"和"为道"的区别，确立中国哲学的功用，在于"提高心灵的境界"。

通过明确"哲学"的性质和功用，证明了"中国哲学"是一个确乎存在的概念。冯友兰又通过对比"出世的哲学"和"入世的哲学"这一组对立的概念，证明中国哲学的精神正是将这组对立统一起来，"既入世又出世"即为圣人，中国圣人的奋斗目标就在于平衡现实主义和理想主义，成就"内圣外王"的人格。

冯友兰进一步借助讨论中西地理背景、经济背景的不同而形成的政治文化的差异，解释了中国哲学家不同于西方哲学家的思想表达方式，前者含蓄简约，侧重于暗示，远不如后者层层推理的精密准确。

人类的发展进化史从未停止过对"人与自然""人与人之间""人对自身"的思考，可以说四大文明古国都发展出了自己的哲学。只不过从探究方法上看，西方注重逻辑思辨和概念分析，讲纯理性；中国古代则强调实践，回顾历史，宣讲政治，为的是经世致用。这两章内容是作者明智而必要的铺垫，用通俗的语言和简明的对比手法，明确中国哲学的特色，对于外国读者来说能够增强阅读兴趣，而对于本国读者来说更能加深民族情感，树立文化自信。

本书的主体部分是沿着时间的脉络，梳理各家思想的精华与演变。中国哲学的发展和历史的进程是密不可分的，灵活使用略

读、跳读等不同阅读方法，圈画重点信息，在历史时间轴上标注出各个朝代主流哲学思想的更替，同时学会分析社会经济和政治的变化对思想起到怎样的影响。建议精读先秦儒、墨、道、法四家思想，并且从朝代分合的角度梳理儒家思想的兴衰演变规律，探究儒家思想是如何吸收其他哲学思想并在后世成为主流的。

中国哲学从普通人的现实生活中来，对于个体而言，是修身处世的方法论；对于国家而言，是治乱兴衰的规律探索。这种以人为本的哲学，来源于实践，又回归实践，具有实用的指导意义，但这种实用，不是为了增加实际的知识，而是为了提高精神的境界。作者在全书最后一章《中国哲学在现代世界》中，再次明确中国哲学能够帮助人们获得"觉解"的能力，就是知道自己在做什么事，在做的事具有什么意义，以及这些事通往四个不同等级的人生境界，即自然境界、功利境界、道德境界、天地境界。境界越高，越接近于既入世而又出世的平衡状态，这也是中国哲学对于世界、对于未来的贡献。

五、好句好段

1.就我来说，哲学是对人生的系统的反思。人只要还没有死，他就还是在人世之中，但并不是所有的人都对人生进行反思，至于作系统反思的人就更少。一个哲学家总要进行哲学思考，这就是说，他必须对人生进行反思，并把自己的思想系统地表述出来。这种思考，我们称之为反思，因为它把人生作为思考的对象。

出自第一章

2.人不满足于现实世界而追求超越现实世界，这是人类内心深处的一种渴望，在这一点上，中国人和其他民族的人并无二致。但是中国人不那么关切宗教，是因为他们太关切哲学了；他们的宗教意识不浓，是因为他们的哲学意识太浓了。他们在哲学里找到了超越现实世界的那个存在，也在哲学里表达和欣赏那个超越伦理道德的价值；在哲学生活中，他们体验了这些超越伦理道德的价值。

出自第一章

3. 根据中国哲学的传统，哲学的功能不是为了增进正面的知识（我所说的正面知识是指对客观事物的信息），而是为了提高人的心灵，超越现实世界，体验高于道德的价值。

出自第一章

4. 我们可以把各种不同的人生境界划分为四个概括的等级。从最低的说起，它们是：自然境界、功利境界、道德境界、天地境界。……这四种人生境界之中，自然境界、功利境界的人，是人现在就是的人；道德境界、天地境界的人，是人应该成为的人。前两者是自然的产物，后两者是精神的创造。自然境界最低，其次是功利境界，然后是道德境界，最后是天地境界。

出自第二十八章

5. 中国的圣人是既入世而又出世的，中国的哲学也是既入世而又出世的。……未来的哲学很可能是既入世而又出世的。在这方面，中国哲学可能有所贡献。

出自第二十八章

6. 在使用负的方法之前，哲学家或学哲学的学生必须通过正的方法；在达到哲学的单纯性之前，他必须通过哲学的复杂性。

人必须先说很多话，然后保持静默。

出自第二十八章

六、读后思考

1. 中国哲学和西方哲学最大的区别是什么？造成这种区别的原因是什么？

简要提示：中西哲学最大的区别在于方法论，对于概念的思考方式不同。西方哲学用假设的方法得到概念，侧重于逻辑分析，运用演绎推理，表述清晰、准确、严谨；中国哲学用直觉的方法去直接领悟概念，用对立统一的方式理解概念，区别不是很明显，表述富于暗示，清晰不足，言简意丰，含蓄留白。

冯友兰认为，造成这种区别的原因有中西地理背景的不同，中国是大陆国家，安土重迁的生活方式和赖以为生的农耕经济决定了中国人的朴实天真，亲近自然，追求人与自然的和谐而稳定的关系；西方哲学的发源地——古希腊是海洋国家，那里的人敢于冒险，向外求索，更看重资源的交换，商业文明繁荣，在表达上更需要准确和直接。

2. 根据本书主体部分的内容，简述中国哲学思想的发展脉络。

简要提示：中国哲学思想的源头大致起于先秦。春秋战国时期，周王室势力衰微，各个诸侯国兼并战争激烈，思想上出现了"百家争鸣"的局面，形成中国历史上第一个文化高峰。

从汉武帝开始，经过董仲舒"罢黜百家，独尊儒术"，儒家思想成为正统。两汉经学兴起，思想趋向统一。东汉末年，天下纷乱，魏晋南北朝时期，道家玄学思想盛行。加之佛教思想传入，发展出禅宗。及至唐宋时期，佛教和道教思想为儒家学说注入了新的活力，出现了"以儒学为主，三教合流"的趋势。

宋明时期儒学对佛、道思想加以吸收和扬弃，形成宋明理学。当理学被官方利用、逐渐丧失自身活力之际，明清时期一些有文化个性的学者向程朱理学及君主专制发出挑战，倡导"经世致用"，再一次开创了思想活跃的局面。

中国哲学思想的演变史可以视为在经历过诸子并起的短暂繁荣后，儒家思想成为主流，有所起落，但不断吸收其他学派思想以完善自身的过程。

七、拓展阅读

1.《东西文化及其哲学》梁漱溟

《东西文化及其哲学》是中国近现代学者梁漱溟的成名之作，也是现代新儒学的开山之作。初版于1921年，后曾多次重版，并被译为英、法、日等十多种语言，是公认的东西文化论争的经典文本。冯友兰当时对此书观点颇为赞同，立即用英文写成《梁漱溟的〈东西文化及其哲学〉》一文，向美国学术界介绍梁漱溟的著作和思想。熊十力以"中流砥柱"来赞扬《东西文化及其哲学》在当时所起的作用，牟宗三也赞叹《东西方文化及其哲学》是一部"深造自得之作"。

2.《西方哲学简史》赵敦华

本书是北京大学哲学系教授赵敦华根据多年研究与授课经验所著的哲学教材，系统而全面地介绍了从古希腊至黑格尔时期的西方哲学。知识点全面，观点客观，可以作为西方哲学的入门书。

《蒋勋说唐诗》

导读老师：杨丽

一、作品介绍

唐代是诗的"花季"，更是诗的盛世，才华超卓而风采各异的诗人纷纷登场，如李白、杜甫、王维、白居易、李商隐等。蒋勋先生以自己过人的文学和美学修养向读者讲述了卓越的唐代诗人如何写出名垂千古的诗篇。唐诗的迷人在于情感和意蕴的丰富——有光亮的激情，有缠绵的幽思，有昌盛时代的张扬，有繁华过后的怅惘；唐诗用凝练的表达将汉语的美推向极限，字形、发音、呈现出的画面、营造的意境、留给读者的思考等，都是后世的诗作无可比拟和超越的。蒋勋先生娓娓道来，既是在讲唐诗的文学之美，更是在讲6位诗人的生命阅历和情怀，让读者一起感受每一位诗人真实的存在，感受每一首杰出的诗作背后所发生的故事、所体现出的诗人身上自由的意志和独特的个性。

二、作者小传

蒋勋（1947—   ），中国台湾知名画家、诗人与作家。祖籍福建福州长乐。出生在古都西安的蒋勋，似乎血液中便流着一种传统的古风。他即使学的是西洋艺术，却永远流露出对儒家思想的执着。大学期间，他念戏剧，读历史。他对史学的研究，开阔了视野，推动他走向知性客观的艺术史研究。1972年蒋勋至巴黎大学艺术研究所留学，主要研究19世纪法国绘画，在此期间他接受了严格的美学训练。但是法国老师却启发他，中国的艺术不受形式的限制，能给予欣赏者很大的想象空间。

1974年起，他的旅行足迹几乎遍布全球，同时还在创作"路上书"系列。在此期间，曾赴新加坡与大陆美学家李泽厚晤谈；赴北京，访问钱钟书、杨绛、夏衍、卞之琳、冰心等老作家。他还成为前清皇族毓鋆老师的入室弟子，在台北故宫博物院研究学习，经由对文物的直接接触，将艺术融入了生活，更启发他走向美学。

他以花卉、水景绘画著称，以美感的教学和醒思受到学子喜爱。他出版过多本诗集，曾担任中国台湾早期美术刊物《雄狮》的主编辑，现任《联合文学》社社长。经历半个多世纪的波折，从动乱到繁华，从乡村到巴黎，他绘画、写作、读书、写诗，感悟世间一切纤细柔软的美。他是一个"从容、雍雅、慧杰、自适的人"。

他的作品有《孤独六讲》《生活十讲》《品味四讲》《蒋勋说红楼梦》《蒋勋说唐诗》《蒋勋说宋词》等。

三、主要人物

1. 李白

李白，最让人向往的"诗仙"，把酒高歌、仗剑天涯，白衣飘飘地立于高山之巅与天地唱和，一轮明月高挂。李白应该是和美酒、长剑、明月、豪情相关联的！

蒋勋先生说，李白在历史上最重要的意义就是对正统文化的巨大颠覆。他的诗通俗流畅又大气磅礴，似乎每一句都彰显着他叛逆的自由。比如"我本楚狂人，凤歌笑孔丘"，自比楚狂也就罢了，居然不避圣人讳，直呼孔丘其名。如果说"安能摧眉折腰事权贵，使我不得开心颜"是他一身傲骨，不肯与权贵同流合污，那这连圣人也不放在眼里，则是真正的离经叛道。

有人"为赋新诗强说愁",有人写诗装潇洒,而李白的放浪不羁是骨子里的,那种孤独与骄傲也是骨子里的,于是他的诗也是桀骜不驯的,有时看似大胆出奇却又往往自然流畅、浑然天成,因为这些诗出于天性。例如《长相思》中"长相思,摧心肝"一句,用蒋老师的话说就是"直接、大胆","不害怕俗,敢用最平易的字"。就像唱歌的人,如果高音拔不上去,勉强要唱的话会很尴尬。李白似乎只要用出三分力量,就已经很高了,因为他实在是气力饱满。又如《蜀道难》开篇"噫吁嚱!危乎高哉!蜀道之难,难于上青天。"篇首感叹词起调,非常像贝多芬的《命运交响曲》开始时的几个重音,直击听者魂魄。

李白的诗,只能体会,难以评价,更不用说学习。读起来很爽,气魄大,想法奔放,感情饱满,特别像盛唐。通过一首首诗,完成自我的人生。洒脱的格律,不羁的用词,学是学不来的。毕竟谪仙人,上可登高摘星辰,下可随鱼游沧海,爬得了蜀道,喝得了醉酒,做得了日行千里。蒋勋先生总结,李白的诗不只是一个形式,而且是生命直接爆发出来的力量。

2. 杜甫

和"诗仙"李白对举的是"诗圣"杜甫,"圣"是个人在群体生活中的自我锤炼,也就将唐诗的审美重新拉回农业伦理。以前可以被歌颂的"贵游文学"中的豪奢风尚,就开始被"朱门酒肉臭,路有冻死骨"批判。今天我们对杜甫的感动,是明白他对人世间的悲悯,以及他把个人放在群体中的使命责任的承担。那句"致君尧舜上,再使风俗淳"的理想,就是对永远把国家和百姓的命运放在自己命运前途之上的民族脊梁的呈现。

杜甫的诗,读起来很难受,饱含了悲伤的情,万里悲秋常作客,忧国忧民忧天下,伤春伤秋伤自身,无论是"三吏三别",还是"兵车行"等,由战争引发的民生困苦体现在字里行间,悲剧、悲情往往造就文学的伟大。杜甫的诗散发出来的力量非常强，他的力量非常沧桑，也非常苍凉，会让你看到一个诗人在介入现实之后的巨大痛苦。杜甫的每一首诗都有非常具体的事件，可以说，杜甫在所有诗人当中最具纪录片导演性格，他的诗是见证历史的资料。纪录片最大的特征是不能加入自己太多的主观感受，这就是为什么李白的诗里面有很多"我"，而杜甫诗里几乎很少出现"我"。一个好的艺术家，在最悲惨的事件上是不准自己流泪的。流泪的时候，会看不清楚事实，而看不清楚事实，作品就不会感动人。杜甫用我们最容易了解的文字和语言，进入悲剧世界里，运用对仗来清楚地表达官方与民间的立场。文学带来的压力，留在整个历史当中，会变成一种良心。一个政治人物，读到这首诗的时候，也要想想看，为什么民间的诗会是这样？

但是杜诗也不是毫无浪漫可言，比如有"会当凌绝顶，一览众山小"的豪迈，有"白日放歌须纵酒，青春作伴好还乡"的欢喜，也有登高的大手笔。

3. 王维

蒋勋先生认为，在唐代真正居于思想主位的不是儒家，而是老庄与佛教。老庄的思想是"独与天地精神往来"的，故而李白被称作"诗仙"；而佛家的思想是出离生死，归隐空寂，所以王维被称作"诗佛"。

王维15岁时，就因多才多艺、风流俊雅而名满京城，之后仕途顺利，可谓青年才俊。然而在安史之乱后，其命运急转而下，进而半官半隐，避世礼佛。所以他年轻时代的诗对生命怀抱着巨大的浪漫与热情，像一块烧红的铁，之后忽然被放到水里去了，一激之后完全冷掉，诗也转向了安静，清淡悠远。例如写《少年行·其一》时"相逢意气为君饮"，那个场景一定是路遇朋友，一拍胸脯，马一绑，就上楼喝酒了，那是年少时代的意气风发。

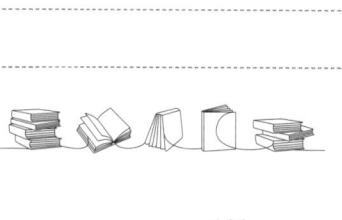

而后来写《终南别业》时"兴来每独往，胜事空自知"，又明显是在享受孤独，寻找生命的独自修行。修行是与自己过去生命的对抗，从繁华到幻灭也是一种修行，就算心如死灰，也是因为曾经剧烈燃烧过才会有灰烬，那是生命的沉淀。

王维后来的思想是回归到生命的本真。他的诗句越来越像禅宗的偈语，表面上微不足道，没有很难的字，但所有的意思都在里面，读起来口齿生香，遐思无限。比如《辛夷坞》，"木末芙蓉花，山中发红萼。涧户寂无人，纷纷开且落"。整首诗都没有人出现，在一个这样的世界当中，花和人一样，单纯地开了又落，让人领悟，生命不是为了别人而存在。

所以王维这个山水田园诗人笔下的田园与山水同时也是心里的风景，是他的心事和生命状态。"行到水穷处，坐看云起时"——走到生命的绝望之处，如果那个时候可以坐下来，就会发现有另外一个东西慢慢升起，即"坐看云起时"。在经历最大的哀伤与绝望之后，生命忽然出现了转机。水穷之处是一个空间，云起之时是一个时间，在空间的绝望之处看到时间的转机，生命还没有停止，所以还有新的可能、新的追求。

4. 白居易

白居易被认为是唐朝三大代表诗人之一，是唐代诗人里面流传诗歌最多的诗人，目前存有 3000 多首，其他如李白、杜甫、王维等都是存诗 1000 多首。

白居易非常关注民间，他认为高高在上的执政者不太了解普通百姓如何生活，所以他的写作理想是成为民间的发声者，成为民间的代言人。白居易写过很多新乐府诗，运用了比汉乐府还要浅白的文字。他选择用这种书写方式，是他作为知识分子的自觉，是对把玩文字的一种惭愧。后来白居易和元稹共同推行社会道德的自觉运动，希望文学能够走向非常浅白的道路，能够真正与社会改革结合起来。白居易的意图越来越明显，他就是想使他的文学变成重要的社会批判力量。他希望社会有正义和公理，因为美也包含在正义与公理当中，正义与公理的推展也包含着美的共同完成，《琵琶行》《卖炭翁》《新丰折臂翁》《慈乌夜啼》等都是他这类思想的代表作。

《长恨歌》也是他的经典传世之作，其中所传达出来的爱情美学一直为后人所尊崇。《诗经》《楚辞》以降，中国很少有长篇史诗，《长恨歌》《琵琶行》的重要性在于让我们看到中国人善于写精简短诗的风气被白居易改变了。《长恨歌》中那种大篇章进行历史叙事的能力非常惊人。

《长恨歌》读起来非常感人，会令人忘掉唐明皇是皇帝。唐明皇本身也非常矛盾。如果从道德、伦理和社会习俗去讲，他有许多可以被批判的部分。杨玉环身上散发出来的独特魅力的确是"回眸一笑百媚生，六宫粉黛无颜色"，以至于"春宵苦短日高起，从此君王不早朝"。抛开皇帝的身份，唐明皇也只是一个对美人深情眷恋的男子。最终，当杨玉环被赐死马嵬坡时，"君王掩面救不得，回看血泪相和流""芙蓉如面柳如眉，对此如何不泪垂？春风桃李花开日，秋雨梧桐叶落时"。唐玄宗在诗作中变成历史上如此深情的人，这里面包含白居易自己对人世间美好情感的渴望。

5. 李商隐

李商隐的诗，有浓郁的晚唐色彩，神秘迷离的感情，多少无题的经典诗歌，在孤独的夜晚、摇曳的烛光、冰凉的秋雨中绽放出寂寞的冷红，无法探究出思念爱恋的对象，甚至分不清是清醒还是入梦。"街灯下的橱窗，有一种落寞的温暖。"李商隐的诗大多在狭小的空间，看着近处的事物，带着想象中的事物，用跳跃不接的诗句和感情，泼墨般地呈现晚唐华彩谢幕时的氤氲。

"春蚕到死丝方尽，蜡炬成灰泪始干。"李商隐的《无题》中的名句正好映射了自己，与19世纪最伟大的作家和艺术家王尔德一样，李商隐是唐朝最好的象征派诗人。象征派不在意讲事件、讲人物，只在意讲生命的状态，用象征的方法把生命比喻出来。他的诗作和生命历程只是点醒我们生命有这样一个状态，我们所爱的，是一个人也好，是一个物也好，或者是一个工作也好，那个生命到底有意义或者没有意义不是最重要的部分，这个过程中不断地燃烧才是最重要的。蜡炬成灰与春蚕到死都在讲热情，而不是悲哀。更大的意义是说生命必须要为自己找到一个值得付出的对象。只要有这样一个对象，生命怎么去受苦，都是快乐。在这种付出中，生命会饱满，获得意义，如果找不到这个对象，反而是悲哀的。

四、阅读指南

这本书通过介绍唐朝各个时期的6位诗人，讲述了唐朝的兴衰与唐诗文化随之的发展和变化。张若虚的《春江花月夜》被誉为"以孤篇压倒全唐之作"，而蒋勋先生对其中所蕴含的唐朝精神的剖析，对唐诗格式的解说，可以深入浅出地加深读者对这一伟大诗作的进一步理解。李白绝对是浓墨重彩的一个人物。《将进酒》的狂放不羁、《蜀道难》的大胆想象，李白作诗不受格律束缚，反而对其善加运用。安史之乱时期的诗圣杜甫、关心百姓疾苦的白居易，他们二人有很多描写战乱、兵役重压下百姓的苦难和无奈的诗作。蒋勋对杜甫的《石壕吏》和白居易的《新丰折臂翁》《卖炭翁》的解读，令读者跟着诗人从自我精神的觉醒上升到对民间疾苦的关怀。李商隐所处时代已是晚唐，昔日繁华只似大梦一场，在李商隐的诗中见到"向晚""凋碧树""夕阳"等意象，总让人感到一丝感伤，也是一种对生命的感悟。

每一首诗都有独特的一种精神、一个故事和一种情怀。书中不仅介绍唐诗，也详细地介绍了唐朝不同时期不同的风气、政治、大众的思想习惯，从而也使读者有了更清晰、更全面、更正确的认识。有了盛唐的歌舞升平、思想开放，才有了李白的随意潇洒；有了安史之乱这样的战乱时期，才有了杜甫这般的忧愁悲愤；有了晚唐的繁华落尽，才有了李商隐的感伤嗟叹。不同的环境造就了不同的伟大，而蒋勋先生就是带着读者去真正理解、感受这份伟大。更重要的是，每读一页书，都能深深地沉浸在文学氛围中，得到精神的愉悦和升华。

蒋勋先生讲唐诗，既是在讲文学之美，也是在讲自己的生命情怀。珍视每一个个体的存在，珍视不同个性的美，珍视自由意志的价值，这些宝贵的经验，都是唐诗留给我们的财富。

五、好句好段

1. 在我看来，那些积累了很长时间，和我们的身体、呼吸已经有了共识与默契的语言和文字才叫做文学。

出自《菩提萨埵与水到渠成》

2. 如果选择性太强，格局就不会大。比如南宋的词，大多非常美，非常精致，但包容性很小，通常只能写西湖旁的一些小事情。而唐朝就很特别，灿烂到极致，残酷到极致。

出自《江畔何人初见月？江月何年初见人？》

3. 在这个世界上，当你对许多事物怀抱着很大的深情，一切看起来无情的东西，都会变得有情。

出自《愿逐月华流照君》

4. 我常常觉得，诗只是在你最哀伤、最绝望的时刻，让你安静下来的东西。

出自《孟城坳、白石滩》

5. 我觉得安静是更大的热情，更饱满的热情。很多人觉得安静是因为热情的幻灭，但也可能是热情到了更饱满的状态。

出自《山水诗中的画意》

6. 繁花盛开怎么会孤独呢？可是李白刚好是身在繁花盛开当中的孤独者……"花间"是繁华，"独酌"是孤独，在最孤独的时候，人会渴望知己。如果在人世间无所盼望，与人世间的污浊没有办法对话的时候，诗人宁可"举杯邀明月"……

出自《月下独酌》

7. 贵游文学最明显的特点，那就是华丽，以及华丽背后的伤感。感觉到了时间的压迫性，要让生命去尽情享乐。李白有享乐主义倾向，可是他的享乐主义不是放纵，而是不要荒废生命。

出自《将进酒》

8. 王维经历了大繁华、大幻灭之后，忽然很希望自己是一朵开在山中的花，没有人来看，自开自落。这是生命的本质现象。

出自《"无人"的意境》

9. 以诗惊动朝野在今天是不可思议的事情，可是在唐代，诗的确有这种影响。诗人可以通过创作，实现个人生命的完成，使天下对他有一种尊重，所以"高山安可仰，徒此揖清芬"。

出自《送别和赠诗》

10. 杜甫的诗散发出来的力量非常强……他的力量非常沧桑，也非常苍凉，会让你看到一个诗人在介入现实之后的巨大痛苦。

出自《石壕吏》

11. 在繁华里面不断去享有繁华，刹那之间又体会到空虚。初唐时，这两个东西会混合，当然也隐藏在王维身上，变成王维走向佛教的重要理由。他看过繁华，只有真正看过繁华的人，才会决绝地舍弃繁华。如果他没有看过繁华，会觉得不甘心，总想多抓一点儿名和利。真正看过繁华，就会走向完全的空净。

出自《〈洛阳女儿行〉：贵游文学的传统》

12. 花有很多颜色，红的、紫的、黄的，当明亮的月光照在花林上，把所有的颜色都过滤成银白色。我们看到张若虚在慢慢过滤掉颜色，因为颜色是非常感官的，可是张若虚希望把我们带进宇宙意识的本体，带进空灵的宇宙状态。

出自《空里流霜不觉飞》

13. 唐诗当中有一个精神是出走和流浪，是以个人去面对自己的孤独感。

出自《诗人的孤独感》

六、读后思考

1. 唐代张若虚的《春江花月夜》为什么被后人称为"孤篇压全唐"之作？

简要提示：春、江、花、月、夜是诗中最常见的景物和意象，当这五个字结合在一起时，张若虚用神奇的笔，奏出了一曲绝唱。

①有景、有情、有哲理

这是个神话般美妙的世界。入夜了，江潮连海，月共潮生。月光闪耀于千万里之遥，哪一处春江不笼罩在月色中呢？望着月亮，诗人对人生和宇宙发出叩问：江边上什么人最初看见月亮，江上的月亮哪一年最初照耀着人？人生一代又一代的无穷无尽，只有月亮是永恒不变的。望着月亮，思考人生，思考永恒。不绝如缕的思念之情，将月光之情、游子之情、诗人之情交织成一片，洒落在江树上，也洒落在读者心上，情韵袅袅，摇曳生姿，令人心醉神迷。

②绘画美、音乐美，动人心弦

江潮起落，月色如银，江天一线，白云映着婆娑的花枝，绰约的人影，孤独的明月楼。望月的人，想家的心，对人和宇宙的叩问，在《春江花月夜》中，无一不美。海潮声、江流声、捣衣声、凄凉的雁叫声与游子思妇的叹息声，巧妙地编织成声音的旋律，全诗又充满了音乐美。

2. 李白为什么可以被称为"诗仙"？

简要提示：在大唐多若满天繁星的诗人中，李白是唯一被人们誉为既有侠肝义胆，又有仙风道骨的浪漫主义诗人。李白传奇的一生、豪放飘逸的诗风，塑造了一个飘然不群的诗仙形象。李白身上兼备儒道侠禅各家的特质，"安能摧眉折腰事权贵，使我不得开心颜"，儒家的傲岸坚强；"且放白鹿青崖间，须行即骑访名山"，道家的避俗离浊；"停杯投箸不能食，拔剑四顾心茫然"，侠者的任性狷狂；"举杯邀明月，对影成三人"，禅者的玄思独绝。真是难以想象，在一个人的身上，怎能呈现出如此丰富的景观，且并不是流于表面，而是从心灵深处透出来的一种融合万物、顺应自然的美。他将诗歌的传统与创新发挥到极致，是唐代"浪漫主义"诗人，他通过诗歌创作实现个人生命的反思和升华，使天下对他有一种尊重。

3. 怎么理解唐诗中的游侠精神？

简要提示：诗中的游侠精神其实早就是中华传统文化的一个重要部分。这个侠就是金庸、古龙武侠小说中的侠，比如郭靖、乔峰。他们很豪爽，讲义气，不拘小节，行走江湖，游历四方，大口吃肉，大碗喝酒，路见不平，拔刀相助。在唐朝以前，游侠题材的诗歌也出现了，但是没有成为规模。到了唐朝，第一是因为唐朝经济繁荣，唐朝人有多余的时间和金钱来一场说走就走的旅行，这为游侠的行动提供了物质前提。第二是因为北方游牧民族的大规模迁徙，使中原文化进一步得到丰富，也促进了唐朝文化事业的发展，为游侠类诗歌提供了发展空间。第三是因为唐朝王室中有游牧民族的血统。李唐王朝通过婚姻促使汉族和游牧民族不断融合，使得唐朝人受游牧民族的影响，民风变得开放。第四是因为唐朝的文学根基来自北方。大唐帝国鼓励文人跟着开疆扩土的军队到塞外去，所以唐朝有大量的"边塞诗"。唐朝诗人的视觉与生命经验来自辽阔的土地。他们把真正的生命经验带到了荒漠当中，在荒漠里，唐朝的诗人可以用最广阔的视角去看待生命的状态。

4. 王维的《辋川集二十首》，其中的《文杏馆》一诗，最后两句是"不知栋里云，去作人间雨"，一般人们对诗句的理解是：不愿做雕梁画壁上勾勒得华美精致的云朵，而想要化作雨滴大济苍生。这种理解充满了舍我其谁的豪情。在蒋勋先生看来，王维真正的用意是什么？

简要提示：那云可能不愿意只做栋梁的装饰。以王维的才能本可以做栋梁之材，赢得金钱，满足欲望，过上富裕的生活。在人们都在追求这些的时候，王维选择了放弃，他宁愿做一朵云，将来化为雨，滋润凡间大地。

七、拓展阅读

1.《蒋勋说宋词》蒋勋

蒋勋以其宽广的学养和善于发现美的眼睛，为大家娓娓道来中国文学史上重要的一篇——宋词。为了把这"安静、圆满的果实"呈现给大家，作者按照五代、北宋、南宋词的脉络，分别讲述了李煜、冯延巳、范仲淹、晏殊、晏几道、欧阳修、苏轼、柳永、李清照、辛弃疾与姜夔等不同派别的词人及词作，一路下来如行云流水、步步清风，具有极大的听觉美感。

宋词历来与唐诗并称双绝，都代表一代文学之盛。相较于唐诗的争奇斗艳，宋词呈现的是一种饱满与安静，宋词是一种简练、淡雅、不夸张的情绪。跟着蒋勋先生阅读宋词，你会发现宋词的颓废、平实和自然，也能发现现实的美和引发美的沉思。

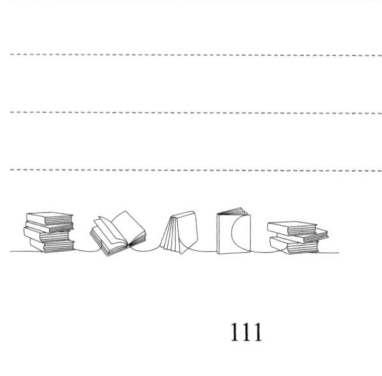

2.《蒋勋说红楼梦》蒋勋

《蒋勋说红楼梦》是系列套书，共 8 册，是蒋勋用时长达半个世纪反复阅读《红楼梦》后的心血之作，也是蒋勋根据他对中国文化美学的精深研究，从人性的、文学的角度挖掘《红楼梦》独特的人文内涵，还原《红楼梦》真正内蕴的震撼大作，他让读者不再陷入诸如考据、论证、红学派别的迷阵，以全新视角详解整部《红楼梦》，使读者能够"深入浅出"地潜心阅读、细微思考，从而真正感受到这部伟大的中国文学巨著的非凡魅力。

蒋勋说："《红楼梦》是可以阅读一辈子的书。我是把它当'佛经'来读的。因为处处都是慈悲，也处处都是觉悟。""我们不只是在阅读《红楼梦》，我们也在阅读自己的一生：一本书，可以不断让你看到'自己'，这本书才是可以阅读一生的书。"让我们随着蒋勋一起重读《红楼梦》，从中感受青春、体悟人性！

3.《孤独六讲》蒋勋

《孤独六讲》是一本讲述孤独的书，包含残酷青春里野兽般奔突的"情欲孤独"，众声喧哗却无人肯听的"语言孤独"，始于踌躇满志终于落寞虚无的"革命孤独"，潜藏于人性内在本质的"暴力孤独"，不可思不可议的"思维孤独"，以爱的名义捆缚与被捆缚的"伦理孤独"。但《孤独六讲》要谈的不是如何消除孤独，而是如何完成孤独、如何给予孤独、如何尊重孤独。作者以美学家特有的思维和情感切入孤独，融个人记忆、美学追问、文化反思、社会批判于一体。蒋勋先生创造了一种特有的孤独美学理念：美学的本质或许就是孤独。

4.《美的沉思》蒋勋

这本书是蒋勋在美学领域的经典代表之作，共 18 章。玉石、陶器、青铜、竹简、帛画、石雕、敦煌壁画、山水画……蒋勋在这些被"美"层层包裹着的艺术作品中，开始逐渐思考起它们形式的象征意义。经过一次一次时间的回流，将历史的渣滓去尽，他看到了它们透露出的真正的时空价值和所承载的历史意义。

  本书行文如流水，布局和发展不加雕琢，非常自然。文笔清丽流畅，说理明白无碍，兼具感性与理性之美……那些莹润斑驳的玉石，那些满是锈绿的青铜器，那些夭矫蜿蜒的书法，那些缥缈空灵的山水画等，它们身上所具备的美，所呈现出的古老中国信守过的、坚持过的生命的理想和美的规则犹历历在目；并由此折射出了附着于其中的各个历史时期中华民族的群体心理建构、哲学追求，近观器物、遥思故人，使人在赞叹之余屡屡凝神，"美"与"沉思"二者可谓形神兼备。

《人生的智慧》

导读老师：余晓洁

一、作品介绍

《人生的智慧》是德国思想家叔本华晚年的心血之作，他把一生思想的精髓应用到生活中，逐一道破人生的真相和本质，为我们指出日常生活中获得幸福的路线图，通俗易懂又透彻实用。尼采说："我一翻开他的书，就好像马上长出了一双翅膀。"托尔斯泰感慨："你知道这个夏天对我来说意味着什么吗？那是对叔本华著作的心醉神迷和连续不断的精神愉悦，这种陶醉、愉快是我从来不曾体验过的。"阿兰·德波顿直言《人生的智慧》抚慰了自己的心灵。卡夫卡更是不吝赞美："叔本华是一个语言艺术家，仅仅因为他的语言我们就应该无条件地读他的著作。"这些文豪、哲人都把它奉为圭臬。

本书篇幅不长，但句句凝练、字字珠玑，深刻地探讨了自我、财富、他人评价等重要的命题。作者审视世界明若观火，人是什么、人拥有什么、他人如何影响我们……这些曾经困扰我们的问题，叔本华都一一揭开了答案。《人生的智慧》中"邀请"了歌德、索福克勒斯、苏格拉底、亚里士多德来共筑幸福的阶梯，呈现和剖析了诸多人性的弱点，阅读中我们可以时常感受到像是在说自己，让人在阅读时敢于自省，敢于内观。比起直接地教育和劝说，作者更偏爱揭示一些人与社会之本质来启示人们放下执着和虚妄。一本好的人生哲学书就应当是一场润泽心灵的细雨、一次润物细无声的神交，它缓缓地流淌着，让读者的心灵穿越时空，与大师交汇，层云涤荡间，默默被治愈。

二、作者小传

有一个浪漫小说家母亲、一个悲情商人父亲，自己却是一个天才的哲人，他就是德国思想家、哲学家阿图尔·叔本华（1788—1860），一位将东西哲学贯通一体的悲观主义哲学大师。林黛玉睹流水伤情，见落花流泪，叔本华看世间沉思——人生的意义和目的究竟是什么？人类和世界的关系如何？世间为何充斥着种种不幸和荒谬？深厚的心灵、超凡脱俗的气质，引领他把极强的好奇心挥洒到思考人类的终极命运之中。

他的生命天赋和热情，从敢于反对权威开始，从颠覆传统社会观念开始。年少的叔本华听完当时德国最负盛名的哲学家费希特的演讲，敢于批评他的哲学方向。"吾爱吾师，吾更爱真理"，他不受传统观念的约束，舒展心灵，放论古今。智慧是从周遭泥泞中走出的，当德国哲学界不赞同叔本华的哲学，他只说："若是从众循矩何以有天才？"的确，有独立思考和辨别是非能力的人，容易被人视为自大傲慢，他遭受此种误解，也不足为奇。即使曾与歌德成为忘年之交，当两人思想差异越来越大，他也选择与歌德分道扬镳。深刻的友谊在于共同望向真理的方向，只要珍惜曾共同眺望过的时刻，临行时就该潇洒阔步向前。

叔本华的大半生都在艰难地尝试打破权威，更多的时候他在自己的世界中孤芳自赏。他一生未婚，没有子女，没有亲密的友人，与狗为伴，过着隐居的生活。他于1850年写了《附录和补遗》，《人生的智慧》是该书中的一部分。在他65岁时，《附录和补遗》使沉寂多年的叔本华成名，他在一首诗中写道："此刻的我站在路的尽头，老迈的头颅无力承受月桂花环。"他用一生实证了人生而孤独。

三、核心概念

1. 如何看待自我——苦乐本无别，始于内心的演绎

人们总认为外在的环境和事件决定着自身的悲喜，"不以物喜，不以己悲"似乎是太难触及的境界，这是因为人们把目光都聚集到"物"和"得失"这些外在的条件上。叔本华认为真正左右人们的不是"境"，而是"心"。这与东方"相由心生，境随心转"的哲学观点颇有异曲同工之妙。

人们所处的世界如何，取决于用什么方式看待自身所处的世界。叔本华认为一个人生活的苦与乐更多取决于我们的感知方式、感受能力的类型和程度，并不是苦乐本身。决定一个人是否幸福的因素，就是他的自我。一个人对世界的认识来源于我们个体的感受，每个人眼里的世界是千差万别的，真正的幸福在于你内心如何定义幸福。对于认识人生的苦乐，主体因素大于客体因素，也就是我们的人格占主导。王国维在《人间词话》中的"以我观物，故物我皆著我之色彩"也是受到叔本华这一思想的启示。因此人的精神认知决定我们能否寻觅到享受生命价值的能力。叔本华对此指出了解决之道，突破意识的限定虽然很难，但我们仍然可以依据自身的特质寻找一种完满性，找到真正的天赋和热情所在，以此穿越内心的贫乏，生命的质量也会得到提升。

2. 如何获得幸福——活在当下，向内探求

如果叔本华看过《哈利波特》，他一定会劝大家不要做里面的"麻瓜"。《人生的智慧》中的"麻瓜"被叔本华叫作"菲利斯丁"。大部分人穷其一生都在追寻快乐和幸福，因为人们感受到的人生充满着不幸和痛苦。叔本华认为人类的幸福有两种敌人：痛苦和厌倦。生命在痛苦和厌倦之间剧烈地摆动，在客观与主观、外在与内在的对立中挣扎。因此人们需要思考如何保障和促进愉悦的

心情。由于人只有独居和从俗两种选择，人们一旦脱离了因生存困乏产生的痛苦，就会下意识地奔向人声鼎沸中去对抗厌倦，因为他们无法身处荒原而不落寞，离群索居却不停滞。而智者内在丰盈，向他人索求的极少，自我给予的极多。曲高和寡，享受孤独，也是一种能力和智慧。

叔本华认为，不觉醒的人消磨闲暇时光，实际上是使出浑身解数逃离厌倦与无聊；觉醒的智者利用闲暇，时刻保持清醒的意志和灵活的才智，实际上是懂得如何"活在当下"。因为闲暇是痛苦的果实，懂得欢迎闲暇、欢迎孤独，才不负那些在痛苦中的无数次试炼。同时，不觉醒的人习惯于忽视依赖他人的危险性，无视快乐的源泉就在自身。外界一切的快乐源泉，本质上都是不确定和不稳定的，如同过眼云烟，机缘消失之时，便是精神支柱崩塌之时，这样的快乐怎能倾注全身心去寄托呢？因此叔本华倡导人们过睿智的生活、心智的生活。简言之，把内心欲念的重心放在自己身上，多去体会"怡情"而得的快乐。

叔本华的这种观点和当今心理学中的"心流效应"有相似之处——指一种人们在专注进行某行为时所表现出的心理状态，如艺术家在创作时所表现出的心理状态，是一种将个人精神力完全投注在某种活动上的感觉。心流产生的同时会有高度的兴奋及充实感。能享受这种高贵的快乐，便是拿回了自己的力量了。

3. 如何看待财富——克制欲望，保守本心

天下熙熙，皆为利来；天下攘攘，皆为利往。叔本华援引伊壁鸠鲁对人类需要分类中"既非自然又非必须的需要"，剖析了人们对奢侈挥霍、炫耀的渴望，像无底的深渊一样难以满足。人们追求财富是因为其他事物都只能满足一个希望或需要，而钱不仅能具体地满足需要，也能抽象地满足一切。而过分看重财富对于不同层次的人来说都是有害的。大部分出身良好的人更加小心

盘算和护财如命，以抵御可能失去财富的风险；习惯于贫穷的人一旦致富，容易耽于享受，挥金如土，以弥补过去困苦的体验。

如此无论是富庶人家还是贫苦大众，本质上都因此缺失了坚定而丰富的信心，让恐惧和焦虑支配了他们的价值观和人生。但叔本华并不是建议人们因此厌弃财富，持有非黑即白的金钱观。他认为财富应该为具有高度心智的人获得，方能发挥最大的价值。因为他们的财富是致力于慈善事业以济同胞，财富并不会成为压迫他们的苦闷，也不会被当作炫耀的资本。叔本华希望人们在每个清晨醒来之时，可以傲然自语："这一天是我的。"不受财富的困惑，才能成为自己所处时代和自我力量的主人。

4. 如何面对他人的评价——活在坚实中，而非幻影里

叔本华分别从名誉、骄傲、官位、荣誉、名声5个部分开诚布公地呈现了很多人的本性中不可避免的需求，这些需求经常成为人的弱点。叔本华追根溯源，引导读者认识到必须先承认自身有这些弱点，才有可能觉察、克制乃至解决它们。人们总是活在他人眼中，用他人的尺度衡量自己，过分依赖他人的赞美，以至于心灵的独立和安宁受到了冲击，此时荣誉感反而产生了不利的影响。叔本华认为即使是真诚的赞美，归根结底都是诉诸情绪的，诉诸情绪意味着人们对他人的评价有着高度的感受性。因此即使是积极的情绪感受，久而久之也会使人成为一个伤害他或安抚他都很容易的对象——若你会因他人的赞美愉悦，也会因冷落忽视而备受煎熬。如果人们将自己情绪的遥控器交由他人掌管，这将是何等的灾难和软弱。

另外，他人确实会根据我们被评判的价值选择如何对待我们，我们若为了得到更多附加的善反馈而选择修改自我，这是本末倒置的，这样一来，他人的评价对我们的影响，就从间接的变为直接的了。而这种习惯是文明和社会环境造就的，过分重视他人的评价是每个人都会犯的错误，但要保持觉察，始终把自己的意见当作真实的存在，认识到无谓的虚荣和骄傲是没有意义的。因为负面情绪甚至是积极的外在表现如果都是以担心他人的眼光为动力，就失去了自我的本真。拔除这种人性里天然的执拗固然很难，但一旦挣脱他人评价的困扰，那真是"久在樊笼里，复得返自然"的妙境。

四、阅读指南

《人生的智慧》属于通俗哲学，并不像严肃的哲学著作那样重视推理和严密，与其说叔本华在向人们指明追寻幸福的道路，不如说是为人们提供如何减轻人生痛苦的心灵艺术。此书的目的是服务于现实人生，表达直白易懂、浅显平易，更似一名智慧老人向后辈谆谆传授他的人生经验，展示一些正确的处事原则。并且他对于文字的主张与叶圣陶有一致的地方，叶圣陶反对朦胧派的故作高深，提倡写文章要简明如话。叔本华和黑格尔在同一所大学教书时，十分反对黑格尔的哲学，因为他认为黑格尔不过是喜欢用华而不实的辞藻说车轱辘话，实际并没有干货，只是在掩盖自己没有思想的缺陷。华丽的外衣掩饰不了思想的贫乏，叔本华推崇真正的哲学应当立足于人的现实生活，可以简单快捷地使人受用，这才是哲学的意义和价值。因此他反对用深奥艰涩的词汇表达哲学，这是他的人生信条之一。阅读时，可以好好感受作者语言浅易直白的特点，自然而然地跟随作者的思维，并且在读到抽象凝练的语句时，多结合生活情境代入想象，整个阅读过程就会流畅而沉浸，体悟也渐深。

另外，阅读时也要注意时代的差异。比如在论述女性的荣誉时，受时代的局限和影响，叔本华自然地将女性放在第二性的位置，指出婚姻是女性的首要价值的体现，并推广到整个社会层面，成为女性群体的共同价值追求。当然，叔本华持这种观点，与社

会历史的演变中妇女的处境、地位和权利的实际情况，女性个体发展史所显示的性别差异是息息相关的。阅读时要保持辩证的思考，考虑时代的特性。

五、好句好段

1.所有具有特权身份或出生在特权世家的人士，即使他是出生在帝王之家，比起那些具有伟大心灵的人来说，只不过是为王时方为王而已，具有伟大心灵的人，相对于他的心灵来说，永远是王。

出自第一章

2.一种平静欢愉的气质，快快乐乐的享受，非常健全的体格，理智清明，生命活泼，洞彻事理，性情温和，心地善良，这些都不是身份与财富所能赋予或代替的。

出自第一章

3.他来到这个世界，外表是富有的，内心却很贫乏，他唯一无望的努力就是用自己外在的财富来弥补内心的贫乏，企图从外界来获得一切事物。结果是，一个内心贫乏的人到头来外在也变得贫乏。

出自第一章

4.人生就像一副钟摆，在痛苦和无聊之间来回摆动。

出自第二章

5.一个人内在所具备的愈多，求之于他人的愈少，他人能给自己的也愈少。所以，智慧愈高，愈不合群。

出自第二章

6.所以，世上命运好的人，无疑是指那些具备天赋才情、有丰富个性的人，这种人的生活，不一定光辉灿烂，却是最幸福的。

出自第二章

7. 财富好比海水，喝得愈多，愈是口渴，声名也是如此。

出自第三章

8. 假使人们还要坚持荣誉重于生命，它真正的意思该是：坚持生存和圆满，都不如别人的意见来得重要。

出自第四章

9. 事实上，具有特别任务的人比一般人具有更大的荣誉，一般人的荣誉主要是使自己免于羞辱。

出自第四章

六、读后思考

1. "在我们生命力量中唯一能成就的事物，只不过是尽力发挥我们可能具有的个人特质。"谈谈你对这句话的理解。

简要提示：根据叔本华的观点，我们不能掌控他人的评价，但可以选择把他人评价对我们的间接影响降到最低，同时清楚快乐的源泉在于自身，向内探求才是究极法门。要破除对外在人事物的执念，意味着我们承认了外界的客体性不是个人的主观意识可以轻易改变的，那么理智的人应该立刻察觉，坚实地把握住自己才是真实持久的人生策略。这是从客体与主体的角度来看，首先要认识到什么是可以改变的，什么是徒劳无功的，然后往正确的方向前进。然后将注意力收回到自己身上，认识到每个人都可以通过发掘自己的本性而认识到自己是完整的。另外，从时间的角度来看，人们回顾过去和展望未来的本性往往带来了诸多焦虑和恐惧、悔恨与自我攻击。这些猛烈的情绪以一种几乎压倒性的力量统治着人们的当下，左右着人们的痛苦与快乐。因为人们忘记了生命最应该活在当下，活在当下是一个很难的课题，因为人们普遍认为回顾过去和展望未来是积极的，忽视了这种习惯消极的影响。因此"尽可能发挥我们可能具有的特质"就成了一种解决以上两种困扰的方法。我们明确了意志的方向在自身不在外界，不断提醒自己要活在当下拿回自我的力量，便可以寻求那些使我们完满的事物，避开那些使我们不完满的事物。也就是找到自己真正的天赋和热情所在，选择那些最适合我们发展的职位、职业和生活方式，便是完成了成就人生的使命。

2. 作者将快乐分成三类，其中最推崇"满足怡情而得的快乐"，认为这种快乐是最持久而高贵的。但提到"菲利斯丁"时，却批判他们整日通过打球、看戏、赛马、旅行等获得快乐，这是否前后矛盾呢？

简要提示：查找叔本华的相关举例可知，"满足怡情而得的快乐"是有一定学识门槛的，比如在观察、思考、感受诗与文化，体会音乐、学习、阅读、沉思、发明以及自己的哲学中获得的快乐。这些活动必须具有高雅或思辨的价值和意义，是一种深刻的"怡情"。而"菲利斯丁"专指没有内在涵养，没有心灵渴求的人。他们内心没有对睿智生活的需求，自然也不会有快乐。他们进行的怡情活动看似也是陶冶情操，实则只是聚众的狂欢式孤独，是逃避独处，逃避精神世界的表现。这种"怡情"轻而易举，不属于高贵的力量，获得的幸福自然无法持久和稳定。

七、拓展阅读

1.《我的哲学之师叔本华》［德］尼采

这是哲学青年尼采的自勉之书，充满了青年的激情，贯穿着成熟的思考。阐述他对哲学与人生、时代的关系的思考。

2.《理想国》［古希腊］柏拉图

本书展示苏格拉底和他人的对话，呈现了一个乌托邦理想之国，探寻何为正义、何为道德、何为善良、何为真实，教育人们如何做一个高尚而自由的人。讨论的话题包含哲学、政治、教育、伦理、道德等，堪称哲学的百科全书。

3.《胡适谈哲学与人生》胡适

本书探讨了哲学和人生两方面，从古代到现代，从过去到未来，包括中国古代哲学、现当代哲学以及人生观念。鼓励大家去创造，赋予本没有意义的生命各自独特的意义。

4.《了凡四训》（明）袁了凡

本书提倡通过修身立德来改变命运，蕴含中国文化的深邃和智慧，传授修身律己、安身立命之道，明辨善恶标准，引人积极进取。

浪漫至上・文学文本篇

散文诗歌——行走诗心，锦瑟流年

《朝花夕拾》

导读老师：张小军

一、作品介绍

《朝花夕拾》原名《旧事重提》，是鲁迅唯一一部回忆性散文集。区别于鲁迅的其他作品，这本散文集语言比较亲切，主要回忆了他前半生的一些人与事。"朝花夕拾"的含义，就是早晨掉落的花，晚上再捡起来；就是晚年的自己，追忆起了早年的生活；就是"从记忆中抄出来"的"回忆文"。

《朝花夕拾》写于1926年，共计十篇，前五篇写于北京，后五篇写于厦门。"三一八"惨案发生后，鲁迅撰文支持学生的正义斗争，控诉北洋政府的残暴统治，遭到了当局的通缉，不得不远赴厦门避难。在孤岛厦门，鲁迅的生活却是格外烦闷，只得在儿时的记忆里，重塑希望的故乡；只得在青年的逐梦中，追逐远方的乡愁。前七篇，写了童年的快乐时光，以及少年遭遇家庭变故；后三篇，写了远离家乡的学习生活，以及留学归来的教书经历。这本散文集，也从侧面揭露了旧中国的种种丑恶现象，反映了各个阶层民众的生活。

《朝花夕拾》是十篇回忆性散文的集结，我们大致将这些散文归为三类：

第一类，鲁迅写了自己在绍兴度过童年与少年时的一些趣事。涉及的篇目有《阿长与〈山海经〉》《五猖会》《从百草园到三味书屋》《父亲的病》。

说到童年的乐趣，鲁迅最期待的，还是一本神奇的书——《山海经》。他为了得到这本心爱的宝书，积攒了几百文压岁钱，跑遍了绍兴城的所有书店，还是杳无音讯。鲁迅得到这本书，竟然多亏了长妈妈。别人不肯做或者不能做，长妈妈却一声不响地为鲁迅买到了《山海经》。正是这四本插图本《山海经》，激发了小樟寿的奇思妙想，让他拿起笔来也尝试着画画儿。

不过，童年也有一些不解的事。鲁迅回忆自己想看五猖会，父亲却勒令他背诵《鉴略》，是不尽如人意的遗憾，更是百思不得其解的尴尬。然而，回忆起了父亲的病，他又有一种深深的愧疚感。因为自己的叫嚷，终究没有让父亲平静地死去，反而徒增了不少的痛苦。

第二类，鲁迅回忆自己离开家乡的求学经历，在南京、日本的所见、所闻、所感。涉及的篇目有《琐记》《藤野先生》。还有一篇《范爱农》，讲述了留学归国的鲁迅在辛亥革命前后的一些遭遇。通过三篇散文，鲁迅回忆了自己在三个不同时期的探索与遭遇，也反映了三个不同时期的人生转折。

因为受不了衍太太的流言蜚语，鲁迅不得不走异路寻求别样的人生。他不愿像父辈一样参加科举考试，只得前往南京考入了江南水师学堂。次年，他又改入江南陆师学堂附设矿路学堂。在这里，他感受到了浓浓的维新气息，第一次接受西方文明的洗礼。一本畅销书《天演论》，让他知道了"物竞天择，适者生存"，激发他思考个人与国家的出路问题。这便是鲁迅的第一个人生转折。

鲁迅的第二个人生转折，便是《藤野先生》里面写的"弃医从文"。因为父亲的去世，鲁迅便有意选择了西医。身处异国他乡，难免招致一些冷眼，多亏了藤野先生的关怀，温暖了他冰冷的心灵。鲁迅在一个教育片的镜头中，看到了久违的中国人，他们正在麻木地观看同胞被砍头，他的心灵受到了强烈的震撼。那一刻，鲁迅质疑自己学医的意义。不久，他便放弃学医的念头，最终选择诉诸文艺，以医治国人的魂灵。

第三类，带有鲁迅杂文的特质，往往通过一件事引发一定的联系与思考，这类散文带有深沉的批判意味。涉及的篇目有《狗·猫·鼠》《无常》《二十四孝图》。

《狗·猫·鼠》一篇中，鲁迅交代了仇猫的两个原因。其一，猫抓住了猎物不会一口吃掉，总是喜欢折磨一番猎物。其二，猫总是一副媚态，让人想起某些奴颜婢膝的人。

其实，鲁迅得到的第一本图画书，不是插图本《山海经》，而是一个长辈送的《二十四孝图》。一开始，他很喜欢这本书，可是读久了便产生一种厌恶感。什么"老莱娱亲"，一个七十几岁的老头儿，为了讨得母亲开心，便倒在地上撒娇卖萌。还有另一个"郭巨埋儿"，就更是恐怖至极。郭巨为了省下一口粮食给母亲，竟然要活埋自己的儿子。这样毁三观的书，只令鲁迅愈发地讨厌。

二、作者小传

鲁迅（1881—1936），原名周樟寿，后改名为周树人，字豫山，后改字豫才，浙江绍兴人。中国现代伟大的无产阶级文学家、思想家和革命家，中国现代文学的奠基人。1918年5月，首次用"鲁迅"的笔名，发表第一篇白话小说《狂人日记》。著有回忆性散文集《朝花夕拾》，小说集《呐喊》《彷徨》《故事新编》，散文诗集《野草》，杂文集《坟》《热风》《二心集》《而已集》《且介亭杂文》等。

1. 绍兴时期

1881年，鲁迅生于浙江绍兴府城内东昌坊口周家，取名樟寿，字豫山，后改为豫才。

1892年，鲁迅入三味书屋读书，师从寿镜吾老先生。在这里，他对阅读产生了浓厚的兴趣，扫尽了很多野史闲书。

1893年，鲁迅的曾祖母戴老太太病逝，祖父周福清回乡丁忧。这一年的秋季，祖父因科场舞弊案被捕下狱，父亲周伯宜也得了重病，鲁迅经常出入于质铺及药店，长达三年有余。

1896年，父亲在一帮庸医的误诊下，悄然去世了。家族败落的不幸，让鲁迅在短短的几年内，经历了别人一生都难以经历的深刻体验。这样的深刻体验，不是感悟自身命运的悲苦，而是体察世事万物生存的艰辛。

2. 南京时期

1898年，鲁迅带着母亲给的八元川资，考入了江南水师学堂机关科，改名为周树人。

1899年，鲁迅改入江南陆师学堂附设矿路学堂。

1902年，鲁迅在矿路学堂毕业了。实习期间，他还下过一次矿洞。

3. 日本时期

1902年，鲁迅由两江总督派赴官费留日，入东京弘文学院，被编入普通科江南班。

1904年，鲁迅在弘文学院结业。在江口老师的建议下，他免试进入仙台医学专门学校学习西医。

1906年，鲁迅在一个教育片的镜头里，看到了久违的中国人，他们正在麻木地观看同胞被砍头，鲁迅的心灵受到强烈的震撼。那一刻，他质疑学医的意义。鲁迅正式从仙台医专退学。夏秋间，奉母亲之命，鲁迅回到久别的绍兴，不情愿地将朱安娶进了周家。

婚后第三天，便与二弟周作人再赴东京。

1907年，鲁迅创办文艺杂志《新生》。因为赞助资金的落空，《新生》还没有见到一丝曙光，就已经"胎死腹中"。

4. 杭州、绍兴时期

1909年，鲁迅为了负担家庭经济，不得不离开日本归国。在好友许寿裳的引荐下，就任浙江两级师范学堂生理学和化学教员。在此期间，翻译资料、编写讲义、讲授新课，成了他的教学工作的主旋律。

1910年，祖母蒋老太太病故，鲁迅回绍兴参加葬礼。后因不满官僚气十足的徐超，辞去了浙江两级师范学堂教职。之后担任绍兴中学堂生物教员兼监学。

1911年，辞去绍兴中学堂职务，失业在家。绍兴光复，绍兴都督王金发任命鲁迅为浙江山会初级师范学堂校长。年底，鲁迅写了第一篇小说《怀旧》，小说通过一个私塾儿童的视角，审视了辛亥革命期间，发生在乡间各个阶层的人情世态。

5. 北京时期

1912年，鲁迅辞去浙江山会初级师范学堂职务，应蔡元培之邀，任教育部部员。北上抵达北京后，住在宣武门外南半截胡同绍兴会馆藤花馆，就任教育部社会教育司第一科科长。8月鲁迅获得一次晋升机会，成为教育部的中层干部佥事。

1918年，应钱玄同之邀，鲁迅作第一篇白话小说《狂人日记》，发表在《新青年》第四卷第五号，署名"鲁迅"。"鲁迅"这个笔名，标志着他走向了人生的巅峰，更是彪炳文学史的一个重要符号。

1919年，鲁迅购买西直门内八道湾十一号的房产。修缮新宅完毕，与二弟一家入住。年底，回乡卖掉祖宅，奉母偕三弟建人来京。

1920年，北大国文系主任马幼渔聘请鲁迅兼任讲师，讲授中国小说史。鲁迅第一次踏上了北大讲台，正式重返久违的教坛。

1922年，鲁迅作《呐喊·自序》，总结前半生的坎坷遭遇。

1923年，鲁迅与周作人夫妇发生严重冲突。收到周作人亲自送来的绝交信，兄弟二人就此绝交。鲁迅搬出八道湾十一号，迁居砖塔胡同六十一号。

1925年，与北京女子师范大学国文系学生许广平通信，开启了一段忘年之恋。

6. 厦门、广州时期

1926年，与许广平离开北京，他只身一人前往厦门，任厦门大学文科教授，讲授中国文学史与小说史。后来提前辞职。

1927年，抵达广州，就任中山大学文学系主任兼教务主任。"四一二"反革命政变发生后，鲁迅号召中山大学教师召开紧急会议，必须出面营救学生。没能营救得了学生，鲁迅感到一种难以言说的失落，只能以辞职作为最后的反抗。

7. 上海时期

1927年，鲁迅与许广平抵达上海。移寓景云里二十三号，与许广平正式同居。

1929年，许广平生下一个男婴。鲁迅给孩子取名"周海婴"，意为上海出生的婴儿。有了小海婴，鲁迅的生活也发生了改变，他不得不重视生活的一些琐事。他像所有新生儿的父母一样，细心照看小海婴，给他喂食，替他洗澡……

1930年，鲁迅参加"中国左翼作家联盟"成立大会，演说《对于左翼作家联盟的意见》。

1936年，鲁迅的肺病复发，严重得引起了结核性胸膜发炎，肩肋实在是疼痛难耐。史沫特莱女士请来了上海最好的美国肺病专家托马斯·邓恩给鲁迅诊断。10月18日凌晨，鲁迅的气喘病突然发作。天刚明亮，他便握起笔来，吃力地给内山老板写下一封求助医治的短信。谁也不曾想到，这一封日文短信成了他的绝笔。19日凌晨5时25分，鲁迅逝世。

三、人物形象

1. 阿长：质朴善良、愚昧麻木

阿长，无疑是《朝花夕拾》中的女一号。鲁迅采用欲扬先抑的手法，刻画了一个有血有肉的底层妇女形象。阿长并非她的名字，只是顶替上一个保姆，大家叫惯了，没有再改口。在《狗·猫·鼠》中，阿长是踏死心爱隐鼠的凶手。在《阿长与〈山海经〉》中，"我"对阿长的态度，也是一步步地转变。阿长喜欢切切察察，睡觉也爱摆大字，这些粗俗多事的毛病让"我"有点儿厌恶。同时，阿长也是一个传统守旧、喜欢八卦、懂很多迷信规矩的妇女，这一点让"我"实在不大看好。阿长偶尔讲一下"长毛"的故事，"我"也会有突如其来的敬意。不过，让"我"最为敬重的，还是阿长买《山海经》。"我"渴望得到《山海经》，别人不肯做或者不能做的事，阿长却一声不响地做到了。因为她心里惦念，因而不顾一切。一个不认识字的乡下妇女，跑遍了多少家书店，最终买下了这四本《山海经》。从此，"我"消除了对阿长谋害心爱隐鼠的恨意，也算是真正被阿长的爱感动。

2. 寿镜吾：方正、质朴、博学

寿镜吾是鲁迅的启蒙老师，也是《从百草园到三味书屋》中涉及的一个人物。鲁迅用"方正""质朴"和"博学"概括了寿镜吾的整体形象。寿镜吾有一把竹制的戒尺，只不过不常用，偶尔也就在淘气学生手上轻轻地打几下，以示惩戒。寿镜吾生活比较简朴，喜欢读书阅报。他读起书来，就是完全陶醉于书籍之中，孩子们却在下面玩起了纸糊盔甲。这种忘我的读书方式，自然也影响了酷爱读书的鲁迅一生。

3. 父亲：严厉、慈爱

父亲的故事主要在《五猖会》与《父亲的病》两篇中。《五猖会》里的父亲，是一个严厉而不近人情的人。"我"想看五猖会，父亲却要求"我"背《鉴略》。字里行间，"我"并没有对父亲表示指责，只是感到一丝不解。到了《父亲的病》，鲁迅描写父亲临终前连喘气都很吃力，字里行间刻画了一个慈爱的父亲形象。鲁迅忏悔自己没能让父亲安静地死去，这也算是年少无知的一个遗憾。

4. 衍太太：自私、阴险、伪善

衍太太是《父亲的病》链接《琐记》的关键人物，也是影响了鲁迅人生的一个重要人物。正是因为衍太太的存在，"我"不得不离开故乡，到南京寻求不一样的人生。衍太太的出场，是在父亲临终前，她怂恿"我"大喊"父亲"，致使"我"终生悔恨，没能让父亲平静地死去。鲁迅写衍太太，采用了欲抑先扬的手法。刚开始，还以为她是一位慈祥的长辈，殊不知日子久了，才知道她是一个阴险虚伪的人。她总是背地里怂恿小孩儿干一些危险的事，而在大人面前却要表现出一副关心孩子的样子。冬天水缸里结了薄冰，孩子们看见就要吃冰，别的大人不允许吃，衍太太却鼓励多吃一点儿。原来，她鼓励孩子们吃冰，只是为了看闹肚子的笑话。她给"我"看不健康的画，唆使"我"偷母亲的首饰变卖，最可恶的是，还暗里到处传播"我"偷了家里的东西去变卖。整本《朝花夕拾》，只有衍太太一人深受鲁迅的鄙视。在他的笔下，衍太太就是一个自私自利、阴险伪善、让人讨厌的长舌妇形象。

5. 藤野先生：治学严谨、平等待人、和蔼可亲

藤野先生是日本仙台医学专门学校的一名医学教授。"我"在仙台医专学习，受尽了轻蔑，藤野先生的关怀温暖了"我"冰冷的心灵。藤野先生生活比较简朴，不太重视个人着装，对待教

学特别认真。他是一个不修边幅的人，黑黑瘦瘦的，留着八字胡，穿戴有点儿随便。鲁迅回忆四个人生片段，勾勒了一个治学严谨、和蔼可亲的藤野先生形象。藤野先生给"我"添改讲义，认真纠正笔记中血管画得不准确的地方。他严格要求，认为血管移动了位置，虽然比较好看，但解剖图是科学不是美术，要按照实物来画。解剖实习课上，他听说中国人敬重鬼神，因此有点儿担忧"我"不肯解剖尸体。看到"我"并不怕，他也就放心了。他对中国女人裹脚也特别感兴趣，不止一次询问"我"。他只是从学术研究的角度，对裹脚产生了好奇。藤野先生之所以如此关怀"我"，是因为他自小跟野坂先生学过汉文。这样的中国情结，让他对待"我"就像对待每个中国人一样神圣。藤野先生的种种行径表现了他平等待人的态度，这些都是他善良而朴素的人格魅力。鲁迅通过深情的回忆，表达了自己对恩师崇高的敬意。

6. 范爱农：正直、倔强、狷狂、真诚

范爱农是一个觉醒却无路可走的知识分子。在鲁迅笔下，范爱农一出场，便是一个有着高大身材、长头发、眼球白多黑少的青年。鲁迅以深沉的笔调，回忆了范爱农的四个人生片段。其一，徐锡麟被杀，同乡会争执。其二，绣花鞋事件，让位风波。其三，报馆案风波。其四，范爱农之死。"我"与范爱农，在日本留学期间相识，范爱农却中途因为无力支付学费，草草回国。学业未成，几乎落得一无所有，还处处招致守旧势力欺压。辛亥革命爆发了，"我"被王金发委任为浙江山会初级师范学堂的校长，范爱农也成了监学。只是好景不长，"我"不得不辞去了一切职务，去了教育部当公务员。而范爱农的监学一职，直接被新任校长去掉了。生活的艰辛，让范爱农在乡里备受轻蔑和排斥。无所事事的悲鸣，让他变得嗜酒如命。借酒浇愁愁更愁，醉酒也只是暂时的逃避，终究抵不过最终的悲剧。就这样，一次坐船时，范爱农

失足落水丧命了。"我"表示怀疑，一个浮水好手，竟然活生生淹死了。范爱农的死，是一次彻底悲鸣的抗争，也是一种彻底绝望的流露。一个觉醒的知识分子，却被社会无情地挤压到了社会边缘。在痛苦与绝望之中，一颗赤子之心燃烧殆尽，最终化成了灰烬。

四、阅读指南

《朝花夕拾》对于中学生来说比较难读，难就难在语言有点儿晦涩，与大部分学生的生活有一定的距离。鲁迅在大部分学生心中有一定的刻板印象，我们需要一个有效的契机才能真正地进入他的文学世界。想要消除鲁迅经典作品与中学生的距离，需要做到：

第一，采用正确的打开方式，走进鲁迅的内心世界。

陈丹青说："鲁迅先生是百年来中国第一好玩儿的人。"阅读完《朝花夕拾》，便发现此话不假。真实的鲁迅，绝非只有横眉冷对的一面，还有温馨可爱的一面。

让我们走进《朝花夕拾》，发现一个与众不同的鲁迅先生。可爱与顽皮是儿童的天性，童年的鲁迅也不例外。童年无小事，鲁迅的大部分童年记忆，就是在百草园里嬉戏玩耍。碧绿的菜畦、光滑的石井栏，是快乐的游戏天地；肥胖的黄蜂、轻捷的叫天子，是忠实的儿时玩伴。他的童年并不孤单，因为有这么多花草树木、昆虫鸟儿相伴。到了三味书屋，鲁迅也没有改掉调皮的品性。寿镜吾老先生完全陶醉于古文经典，孩子们在下面玩起了纸糊盔甲游戏，而鲁迅也开小差，描绘起了心爱的画儿。

第二，借助必要的注释，熟悉文本的基本内容，大致了解鲁迅早年的生活轨迹。

《朝花夕拾》的十篇散文，比较完整地记录了鲁迅早年的生

活经历，也生动地描绘了晚清民初的生活画面，是研究鲁迅早期生活与思想的重要文献资料。

鲁迅用充满诗意的笔调，回忆了自己早年的生活片段。这些回忆的往事，有童年温馨的美好故事——"我"在百草园的嬉戏玩耍，饲养了可爱的小隐鼠。也有家道中落的辛酸往事——父亲不幸被庸医治死；衍太太怂恿"我"偷东西并散布流言。也有远渡日本的求学经历——因为感觉学医无望而被迫弃医从文。也有回国之后的一些尴尬遭遇——好友范爱农因不被理解而自杀。

第三，深入文本阅读，于字里行间读懂鲁迅的用意。

《琐记》一篇看似只是回忆了一些琐事，却涉及鲁迅一生的第一个重要转折点。谁也没想到，改变鲁迅命运的，竟然是微不足道的衍太太。她到处散布流言，说鲁迅偷自家的东西变卖，致使他下定决心离开家乡。正是因为鲁迅下定决心走异路，寻求别样的人生，才成就了他最终不平凡的人生。

同样，鲁迅的另一个人生转折，也是偶然中伴随着必然的结果。《藤野先生》中的一个细节，细细品读方可领会鲁迅弃医从文的心境。在一部教育片中，中国人麻木地观看同胞被砍头，那一刻，鲁迅环顾教室四周，发现其他日本同学都拍掌高呼"万岁"。这些欢呼声，于他们而言是快感的发泄，在鲁迅的心里却是震撼的刺痛。无论怎样，这样群体性的羞辱，给他带来的是一种难以忍受的嘲讽。作为中国人，难道只是为了充当示众的材料和看客吗？那一刻，他开始质疑学医的意义。到了第二学年的终结，他便给藤野先生说，自己不想学医了，最终离开了仙台医专。

五、好句好段

1. 一个人做到只剩了回忆的时候，生涯大概总要算是无聊了罢，但有时竟会连回忆也没有。

出自《小引》

2. 它的性情就和别的猛兽不同，凡捕食雀鼠，总不肯一口咬死，定要尽情玩弄，放走，又捉住，捉住，又放走，直待自己玩厌了，这才吃下去，颇与人们的幸灾乐祸，慢慢地折磨弱者的坏脾气相同。

出自《狗·猫·鼠》

3. 我似乎遇着了一个霹雳，全体都震悚起来；赶紧去接过来，打开纸包，是四本小小的书，略略一翻，人面的兽，九头的蛇，……果然都在内。

出自《阿长与山海经》

4. 我总要上下四方寻求，得到一种最黑，最黑，最黑的咒文，先来诅咒一切反对白话，妨害白话者。即使人死了真有灵魂，因这最恶的心，应该堕入地狱，也将决不改悔，总要先来诅咒一切反对白话，妨害白话者。

出自《二十四孝图》

5. 直到现在，别的完全忘却，不留一点痕迹了，只有背诵《鉴略》这一段，却还分明如昨日事。我至今一想起，还诧异我的父亲何以要在那时候叫我来背书。

出自《五猖会》

6. 凡是神，在中国仿佛都有些随意杀人的权柄似的，倒不如说是职掌人民的生死大事的罢。

出自《无常》

7. 不必说碧绿的菜畦，光滑的石井栏，高大的皂荚树，紫红的桑葚；也不必说鸣蝉在树叶里长吟，肥胖的黄蜂伏在菜花上，轻捷的叫天子（云雀）忽然从草间直窜向云霄里去了。单是周围的短短的泥墙根一带，就有无限的趣味。油蛉在这里低唱，蟋蟀们在这里弹琴。

出自《从百草园到三味书屋》

8. 我现在还听到那时的自己的这声音，每听到时，就觉得这却是我对于父亲的最大的错处。

出自《父亲的病》

9. 那时太年青，一遇流言，便连自己也仿佛觉得真是犯了罪，怕遇见人们的眼睛，怕受到母亲的爱抚。

出自《琐记》

10. 小而言之，是为中国，就是希望中国有新的医学；大而言之，是为学术，就是希望新的医学传到中国去。

出自《藤野先生》

11. 杀的杀掉了，死的死掉了，还发什么屁电报呢。

出自《范爱农》

12. 人说，讽刺和冷嘲只隔一张纸，我以为有趣和肉麻也一样。

出自《后记》

六、读后思考

1. 《狗·猫·鼠》中有关猫的故事有哪些？

简要提示：德国童话猫狗成仇；爱伦坡短篇小说《黑猫》；日本"猫婆"的故事；中国古代"猫鬼"的故事；祖母讲猫教老虎本领的故事。

2. 《二十四孝图》提到哪些孝子故事，作者态度如何？

简要提示：子路负米、黄香扇枕（可以勉力效仿的）；陆绩怀橘（也并不难）；哭竹生笋（有点儿可疑）；卧冰求鲤（有性命之虞）；老莱娱亲、郭巨埋儿（最使"我"不解，甚至于发生反感的）。

3. 《无常》中写无常有什么用意？

简要提示：说明人间没有公正，而真正的公正只在阴间；表达了对当时黑暗社会的不满和对某些正人君子的嘲讽。

4.《藤野先生》写了哪些事件，促使鲁迅要弃医从文？

简要提示：匿名信事件，侧重描写弱国子民受人歧视，促使鲁迅立志使祖国富强；看电影事件，直接写了中国国民的不觉悟，促使鲁迅放弃学医，他不满足于单纯救治国人的身体，他要从事文艺工作救治国人的灵魂。

5.范爱农的悲剧是什么造成的？

简要提示：社会原因：辛亥革命换汤不换药，革命得不彻底，这样黑暗的社会不会给觉醒的知识分子一点儿立锥之地；个人原因：范爱农是一个外冷内热、耿直率真的觉醒知识分子。爱喝酒的习惯，是受封建官僚势力排挤的消沉表现，也是他溺水身亡的直接原因。

七、拓展阅读

1.《一生太平凡：鲁迅自述》陈漱渝

本书以鲁迅一生辗转的地点为线索，关于每一地的作品各成一辑，包含浙江、日本、厦门、广州、上海，精选了不少创作谈，力图使读者全面了解鲁迅的一生。

2.《鲁迅传》许寿裳

本书是鲁迅的生前挚友许寿裳的回忆性作品，收录了《亡友鲁迅印象录》和《我所认识的鲁迅》两部分内容。许寿裳以事实为依据，将鲁迅的经历、思想、作品放入特定的历史背景中，还原一个真实的鲁迅。

3.《鲁迅小说集》鲁迅

本书集结了鲁迅的三本小说集《呐喊》《彷徨》《故事新编》。

4.《鲁迅杂文精选》鲁迅

本书节选了《坟》《热风》《华盖集》《三闲集》《二心集》等

十几部杂文集中的精品杂文。

5.《鲁迅批判》李长之

本书是最早研究鲁迅的一部专著，也是获得鲁迅生前认可的一部鲁迅研究权威著作。本书除序外，共五章，从鲁迅之思想性格与环境说起，分析了鲁迅人生进展的几个阶段。然后重点考察了鲁迅文学创作上的成就，最后归结到鲁迅之本质，构成了一个严密而完整的体系。

《文化苦旅》

导读老师：刘雪雅

一、作品介绍

《文化苦旅》是余秋雨在 20 世纪末，冒着生命危险贴地穿越数万公里，考察了各地各国的重要文化遗迹，写下的第一部文化散文集，以游记的方式，边走边思，深度思考了我国的文化历史。《文化苦旅》的出版和畅销，一度引领了那个时代的"文化大散文"的风潮，后续有很多作家跟风模仿，但始终无法超越。

这本散文集由自序和 26 篇文章组成，内容可分为四大部分：如梦起点、中国之旅、世界之旅、人生之旅。其中，"中国之旅"和"世界之旅"部分是作者通过亲身游记，将壮丽山河、亭台僧寮写成历史，踏着历史老人步履蹒跚的印迹，领略历史的沧桑厚重，窥视中国文化的魅力和文人艰难的心路历程。"人生之旅"则是通过对几个文人的回忆来思考人生，思考中国文人的人格。山水之间跋涉是为了寻求历史的足迹、文化的灵魂。

二、作者小传

余秋雨，1946 年 8 月生，浙江省余姚县桥头镇人，毕业于上海戏剧学院戏剧文学系。中国当代著名文化学者、作家。生长在江南的余秋雨，有着江南人特有的细腻，从小跟着外婆和母亲在农村生活，他的母亲是一位知识女性，在母亲的熏陶下，余秋雨酷爱读书。父母很重视他的教育，余秋雨在农村小学毕业后，就被送到上海读初中，后于 1966 年毕业于上海戏剧学院戏剧文学

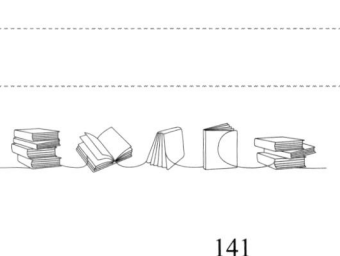

系，1975年，在恩师的帮助下，余秋雨到浙江奉化县一所半山老楼里苦读中国古代文献，研习中国古代历史文化，这为后来他决定穿越数万公里，研究古今中外的文化奠定了基础。余秋雨的散文代表作有《文化苦旅》《千年一叹》《山居笔记》《行者无疆》《霜冷长河》等。他不仅在散文上有所建树，在学术方面也有很多成就，陆续出版了《戏剧理论史稿》《中国戏剧文化史述》《戏剧审美心理学》《艺术创造工程》等一系列学术著作。

三、核心章节

《文化苦旅》这本书有四部分，第一部分"如梦起点"，写了自己记忆中的家乡点滴。余秋雨的人生从那记忆中的村庄开始，对文明的追溯也是从那里开始的。

第二部分"中国之旅"，我们可以跟随余秋雨的文字游历名山大川，置身其中感受不同的地域文化，欣赏不一样的风景。从西北文化瑰宝莫高窟到湛蓝的月牙泉，一缕月光照进心里，丝绸之路的繁荣呈现在眼前，可惜的是由于缺乏保护意识，很多国宝流失国外。柳州的柳公祠和莲花洞，见证文人贬谪之路的艰辛。世纪工程都江堰，造就天府之国。云雾萦绕的庐山，留下多少文人雅士的足迹。波澜壮阔的三峡，抒写着生命的赞歌。风雨天一阁珍藏无数书籍，传承着先辈智慧。随着时代的发展，信客也淡出视野。还有东南亚的华侨华人，即便漂泊异国他乡，内心深处还有一颗"中国心"……

第三部分"世界之旅"，余秋雨从喜马拉雅山脚下走到尼泊尔，一路上的古遗址，让人感叹。看着古埃及文明的兴衰，他不禁感叹起华夏五千年源远流长的文化；在欧洲之旅中，经过一路的见闻，他对比着华夏文明和欧洲文明的差异，欧洲各国之所以强大，与他们的文明息息相关，他们勇敢、不怕失败、活出自我等优点，值得我们农耕民族学习，但是其中同样存在很多问题，如恐怖主义等，也值得我们反思。

第四部分"人生之旅"，余秋雨在山水间长途跋涉的足迹，是对一段历史的回味，是一程寻根之旅，帮助我们找寻文化之源、文化之魂。这部分，作者通过回忆与谢晋、巴金、黄佐临的小故事，参悟写作，参悟人生。

四、阅读指南

历史总是给人厚重沧桑的感觉。文化在历史中留下斑驳痕迹，智慧闪光如星子般时隐时现。沧桑古道、大漠敦煌……穿越悠久的时空回廊，游走在沙海中的丝绸之路，依稀可闻可见的古迹犹如画迹一般浮跃于纸上。我们在阅读文化类的散文时，要从两个方面下手，一是语言，二是情感。散文之所以称为散文，主要因其形散而神不散，《文化苦旅》看似是作者到处游走的游记，实则是作者通过实地考察所形成的对中国文脉的思考和对国外文明的了解。

语言方面：余秋雨的文笔真可谓豪健。简单用一些动词、形容词、拟人手法等便把傲然不动的壮秀文物、美景，描写得栩栩如生，竟犹如历史隔空再现一般！但文中也有些晦涩难懂的章句，需要我们细细咀嚼，慢慢品味。中学生在阅读文章时，可在文中圈点勾画，摘抄优美句段，精读并分析个别语句的表现手法，将课内所学，转化为赏析课外文章的技能，学习文章中散文化的语言，运用到自己的文章中。

情感方面：这本书属于文化类散文集，余秋雨的一次次旅行，其间没有莺歌燕舞与欢声笑语，是苦涩的、沉重的、令人深思的、有价值而又回味无穷的。本书一直围绕的大主题就是对中国文脉的追溯、对华夏文化的反思，以及作者对自己人生的感慨。所有的苦涩皆是幸福的铺垫。文化历史就像一场旅行，几度春秋，经历风雨，苦行至今。文化是场旅行，人生亦是一场旅行。在这场文化之旅中，作者还思考着作为文人应该有什么样的人格。中学生要通过理解作者所表达的情感，思考当下自己对中国文化的了解是否深入，以及对待本国文化应有怎样的态度。

五、好句好段

1. 看了一会儿，听了一会儿，我发觉自己也被裹卷进去了。身不由己，跟跟跄跄，被人潮所挟，被声浪所融，被一种千年不灭的信仰所化。

出自《莫高窟》

2. 茫茫沙漠，滔滔流水，于世无奇。唯有大漠中如此一湾，风沙中如此一静，荒凉中如此一景，高坡后如此一跌，才深得天地之韵律、造化之机巧，让人神醉情驰。以此推衍，人生、世界、历史，莫不如此。给浮嚣以宁静，给躁急以清冽，给高蹈以平实，给粗犷以明丽。唯其如此，人生才见灵动，世界才显精致，历史才有风韵。

出自《沙原隐泉》

3. 他们懂得，只有书籍，才能让这么悠远的历史连成缆索，才能让这么庞大的人种产生凝聚，才能让这么广阔的土地长存文明的火种。

出自《风雨天一阁》

4. 我想，那也许是在生命的边涯上，我发出了加重自己身体分量的火急警报，于是，生命底层的玄铁之气、墨玉之气全然调动并霎时释出。古代将士，也有一遇强敌便通体迸发黑气的情景。

出自《远方的海》

5. 这又一次证明我的一个观点：最高贵的艺术，未必出自巨额投入、官方重视、媒体操作，相反，往往是对恶劣环境的直接回答。艺术的最佳背景，不是金色，而是黑色。

出自《佐临遗言》

六、读后思考

1. 读罢全书,你如何理解书名"文化苦旅"?这引发了你怎样的思考?

简要提示:余秋雨的苦旅,有悲悯情怀,他悲悯那些久远的、缥缈的、让他深切缅怀的厚重历史,那些漂泊的历史文化的遗失让他觉得尤其苦涩。文化苦旅是文化的一场旅行,不是因为路途之远,不是因为坎坷,而是因为这是一场内心的苦楚——内心创作之苦、反思文化之苦。高贵的生命要创造文化,必然会经历坎坷,由创造之苦连接成了人生旅途,这便是文化的宿命。

2. 阅读《文化苦旅》,你觉得哪一章节的内容,最让你觉得"苦"?

简要提示:例如:在读《道士塔》这一章节时,我觉得"苦",是心里的苦、精神的苦。当看到愚昧无知的王道士一遍又一遍地毁坏莫高窟的壁画时,当看到属于我国的宝藏经书被愚昧无知的王道士卖了时,有一种痛恨在心中蔓延。

七、拓展阅读

1.《千年一叹》余秋雨

本书同《文化苦旅》相似,都是日记体散文,作者以游记的文体,记录着自己在千禧年时,跟随车队游历亚欧大陆各国的所见所闻所感。主要向我们展示了伊斯兰、印度、阿拉伯、古埃及等文明的由盛转衰,感叹中华文明流传至今的不易。文风简朴,稍有晦涩之处,但是值得细细品味。

2.《雨夜短文》余秋雨

本书是余秋雨的散文新作,篇幅虽小,意境至美。文章有两部分,第一部分,是人生长途中的震撼式感悟,叫作"万里入心"。

第二部分，是千年文脉的点穴式提领，叫作"文史寻魂"。文中处处可见文笔的精悍。这些短文每一篇都是独立成文，可供读者在繁忙的间隙里随意选读。

3.《人间草木》汪曾祺

《人间草木》是汪曾祺先生记录旧人旧事、旅行见闻、各地风土人情和花鸟虫鱼的散文集，字里行间充分流露出他对凡人小事和乡土民俗的深深眷恋，以及对旧日生活情景的缅怀。写的是草木，道的是人间五味。作品具有浓郁的乡土气息，让人更加热爱这个世界。

《湘行散记》

导读老师：石雅文

一、作品介绍

《湘行散记》是沈从文的散文集，以细腻的笔触描画了湘西的人文风情、生活样貌。1933年年底，作者在回乡探母途中记述了所观赏的景物，以所行的旅途为线索串联起12篇文章。他自己在回忆时也说这是模仿屠格涅夫《猎人笔记》的手法，杂糅游记和小说。这些文章深刻记述了湘西的历史与未来、变革与彷徨，无数人在其中读出他对湘西这个清新质朴的故园的思念。湘西在他笔下反复出现，成为他文字中的诉说对象。在散文和小说的描写中，共同建构出他的"湘西"。但是作者也叹息过，很多人只看到其中的清新文字，把它当作普通的游记，忽视了其中"蕴藏的热情"和"隐藏的悲痛"。因此在阅读过程中不仅要学习游记散文中移步换景的写作手法，更要关注风景背后的情感。

二、作者小传

沈从文出生在一个军人世家，他所生长的地方是清政府在少数民族地区设立的驻防单位。这里民风淳朴，军民和谐相处。在《我所生长的地方》一文里，他说"兵卒纯善如平民，与人无侮无扰。农民勇敢而安分，且莫不敬神守法。商人各负担了花纱同货物，洒脱单独向深山中村庄走去，与平民作有无交易，谋取什一之利"。14岁时，他便投身军伍，在战争中看到生命的脆弱。20岁时，他带着对知识的热爱只身北上，在北京大学旁听。沈从文在

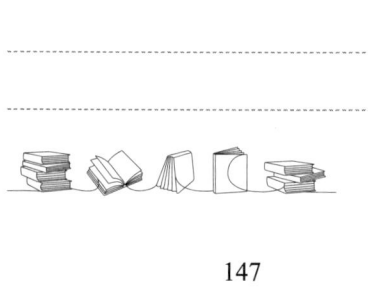

投稿被拒、饥寒交迫的时候，给郁达夫写了一封求助信，这封信带给他人生的转机。随后他又遇到了"年纪最大、影响最深、关系最久"的林宰平和"年纪最轻、帮助最多、理解最深"的徐志摩。沈从文的小说和散文多以质朴的文风为主，吹奏起一首田园牧歌，追求真、善、美的艺术风格。晚年沈从文转向研究历史文物，也在历史文物研究方面取得成就。代表作有《边城》《湘行散记》《中国古代服饰研究》等。

三、部分篇目

1.《鸭窠围的夜》

鸭窠围是沈从文回乡途中停泊的地方，是一个长潭的转折处。这里的房子大多是吊脚楼，即使是河水涨不到的地方也是吊脚楼。这些吊脚楼给了水手、旅人落脚处。水手们在这里上岸，在吊脚楼里寻找自己熟悉的人。夜里木筏的火光、吊脚楼的灯光、上下岸行人的火炬红光交相辉映，他听着女子的歌声、猜拳的取乐声、锣鼓的喧嚣声，猜想着发生的事情。这些声音还勾起了他的回忆，于是他就在声音里温习曾经的命运。在这单调的声音里，他感受到了"原始人与自然"战争的情景，回到了过去的时间里。这里的一切都包含着过去的影子，湘西似乎一直都是印象中的样子。但是这样的一成不变又带有隐患，因此作者才会感受到声音的"单调"，才会多次写到"固执且柔和"的羊叫。

2.《一个爱惜鼻子的朋友》

作者年轻的时候与湘西十三县联合中学的三个人很要好，他们是姓杨的朋友、姓韩的朋友和"印瞎子"。"印瞎子"是近视眼，人很聪明。他十分迷信自己的鼻子，认为有他的这个鼻子，即使活到八十八也无灾无难。少年言志的时候，他夸下海口要做一个伟人。北伐军攻到此处后，作者的三个朋友都加入了两湖方面党，为实现自己的理想奉献着青春。但是随即的清党运动夺取了杨朋友和韩朋友的命，作者也听不到"印瞎子"的音信了。在回乡路上，作者遇到了"印瞎子"。此时的他摇身一变成了百货捐局长。他向作者介绍自己吸食大烟的精良用具，还说想要戒烟，像作者一样用笔写点儿东西。可是当作者让他去看一看杨朋友和韩朋友的坟墓时，他却推脱不去。曾经拥有壮志豪情的青年如今却变成了懦弱猥琐之人，面对曾经认为神圣的革命，却将其视为闹剧。不仅仅是"印瞎子"，还有那些曾经与作者谈话的青年，他们内心的溃烂也让作者为湘西的未来深感担忧。

四、阅读指南

《湘行散记》是一本散文集，以回乡探母途中的所见所闻串起整本书。因此在阅读过程中要找到立足点，用立足点串联起这些散文的阅读。可以找一张地图，画出沈从文的行进路线，为文中描绘的景色搭配相应的图片。也可以归纳其中的人物类型，看一下作者写了哪几类人，这些人都有怎样的性格特点。沈从文一直说自己是"乡下人"，他的散文里也有很强的地方色彩，在阅读过程中要关注其中的乡土气息。雨果在《克伦威尔序》中说"准确的地方性是真实性的一个首要因素"，沈从文正是用准确的地方性为我们塑造了一个真实且梦幻的湘西。

沈从文的语言充满乡情牧歌的淡雅味道，试着从语言角度分析作者的艺术技巧。可以关注作者的语言描写，在记录水手、军人等人的语言的过程中，作者写了很多"野语"，正是这些贴合人物身份的语言，让我们看到他们身上强大的生命力。同时作者很注重描写自然的声音，在水声、动物的叫声中，作者感受到了与自然合一的怡然，试着找出这些声音描写，为声音分类。

沈从文的散文中蕴含着复杂的情感，不仅应看到他对故土的留恋，更应看到矛盾中的情感变化，看到作者笔下的"不易行诸

笔墨的沉痛和隐忧"。比如其中无言的哀戚和对湘西未来的忧思，作者希望故土不再封闭保守，也能逐渐走向现代化。作者就是在一种看似矛盾的情感中写出一篇篇细腻的散文。

五、好句好段

1. 另外还要拦头工人，上滩下滩时看水认容口，出事前提醒舵手躲避石头、恶浪与洑流，出事后点篙子需要准确稳重。这种人还要有胆量，有气力，有经验。张帆落帆都得很敏捷地即时拉桅下绳索。走风船行如箭时，便蹲坐在船头上叫喝呼啸，嘲笑同行落后的船只。自己船只落后被人嘲笑时，还要回骂；人家唱歌也得用歌声作答。两船相碰说理时，不让别人占便宜。动手打架时，先把篙子抽出拿在手上。船只逼入急流乱石中，不问冬夏，都得敏捷而勇敢地脱光衣裤，向急流中跑去，在水里尽肩背之力使船只离开险境。

出自《桃源与沅州》

2. 人老了，或大六月发痧下痢，躺在空船里或太阳下死掉了，一生也就算完事了。这条河中至少有十万个这样过日子的人。想起了这件事情，我轻轻地吁了一口气。

出自《辰河小船上的水手》

3. 一列青黛崭削的石壁，夹江高矗，被夕阳烘炙成为一个五彩屏障。石壁半腰约百米高的石缝中，有古代巢居者的遗迹，石罅隙间横横的悬撑起无数巨大横梁，暗红色长方形大木柜尚依然好好的搁在木梁上。岩壁断折缺口处，看得见人家茅棚同水码头，上岸喝酒下船过渡人也得从这缺口通过。那一天正是五月十五，河中人过大端阳节。

箱子岩洞窟中最美丽的三只龙船，早被乡下人拖出浮在水面上。船只狭而长，船舷描绘有朱红线条，全船坐满了青年桨手，头腰各缠红布。鼓声起处，船便如一支没羽箭，在平静无波的长潭中来去如飞。河身大约一里路宽，两岸皆有人看船，大声呐喊助兴。且有好事者，从后山爬到悬岩顶上去，把"铺地锦"百子边炮从高岩上抛下，尽边炮在半空中爆裂，形成一团团五彩碎纸云尘，彭彭彭彭的边炮声与水面船中锣鼓声相应和。引起人对于历史回溯发生一种幻想，一点感慨。

出自《箱子岩》

六、读后思考

1. 水手是沈从文笔下经常出现的群体，作者笔下的这一群体通常有怎样的命运？

简要提示：这是一群居无定所的人，他们把自己的力气和经验以每天八分钱的价格出卖。他们在凶险的水上讨生活，虽然生活艰难，但是质朴自然、热情待人、聪明能干。他们忍受着命运带来的不公，平静地生活。

2. 张新颖在《沈从文精读》里说沈从文的景物描写"很浅，不深刻，没有深度"，但是这也是他景物描写的精妙之处。《湘行散记》中的景物描写体现了"人与自然的契合"，试着分析沈从文景物描写的妙处在哪里。

简要提示：沈从文并没有为细致描写景色加过多的修饰语，使句子变长，反而用许多短句子，产生口语化的效果。在写景的过程中调动多种感觉器官，尤其是听觉的使用，比如在《鸭窠围的夜》里，作者根据听到的声音猜想出了外界的生活。

3. 读罢此书，你能感受到作者笔下"隐藏的悲痛"吗？

简要提示：作者对于湘西的过往带有眷恋，赞美这里的人所体现出来的强大生命力。但同时这里的人们也是脆弱的，这里保守、封闭，恪守于过往的习惯。面对像"印瞎子"一样走向堕落的人，作者感到其中的哀戚。他希望湘西能够走出过往的苦痛，改变"军费不足，地方经济枯竭"等弊端，逐渐走向新生。

七、拓展阅读

1.《从文自传》沈从文

这本传记为我们展开沈从文的早年生活，了解他的经历可以帮助我们更好地了解他小说中的情感流动。

2.《冬牧场》李娟

远离喧嚣的城市，看一看辽阔的草原，与热情的牧民聊聊天。作者用优美的文字带你走入一场温柔的旅行。

《假如给我三天光明》

导读老师：赵雅君

一、作品介绍

海伦·凯勒的人生"转折"源于一次美好的相遇，她在教育中唤醒灵魂、觉醒生命，在黑暗中创造奇迹，实现个体的最高价值。

《假如给我三天光明》全书共四个章节，前半部分主要写了海伦·凯勒变成盲聋哑人后的生活状态，她刚开始无法接受命运的重创，对生活失望透顶甚至是绝望，时常埋怨生命为何对她如此不公，情绪暴躁，经常扔东西，消极厌世。睁开眼睛就是黑暗，没有光芒与色彩，每天过着如噩梦般的生活……坚强的海伦·凯勒并未就此消沉，努力感受自然并与动物对话，内心依旧想要追寻光明、希望、快乐和自由。在父母的寻求下，海伦遇到了自己的人生导师——莎莉文老师。

"就这样，我走出了埃及，站在了西奈山的面前。一种神圣的力量触动了我的灵魂，让它有了光芒，所以我看到了很多奇迹。"冥冥之中的遇见，莎莉文老师像黑暗中的一盏明灯，照亮海伦·凯勒的生命；像沙漠中的甘霖，滋润着海伦成长起来。她认识了文字，学会了阅读，倾听到了鸟鸣，触摸到了水滴，甚至感受到了爱，身边无处不在的爱。

此书的后半部分写海伦·凯勒坎坷曲折的求学生涯，她每天用3小时自学，用2小时默记所学内容，每天坚持学习10小时以上，逐渐可以背诵诗词和文章，她甚至可以用9小时读完一本

20万字的书……她的努力令她实现了大学梦，顺利进入哈佛大学。由于生理上的缺陷，繁重的学业任务常常让她吃不消，可她从未放弃，在老师的帮助以及她自己的努力下，最终以优异的成绩毕业，还掌握了英语、法语、德语、拉丁语和希腊语5种语言，出版了14部著作，受到社会各界的褒奖与赞扬。

二、作者小传

海伦·凯勒（1880—1968），美国著名女作家、社会活动家、教育家。出生于美国亚拉巴马州北部的一个小镇塔斯喀姆比亚，19个月时即因病失去了视力、听力和说话能力。在她7岁时，安妮·莎莉文担任她的家庭教师，从此成了她的良师益友，两人相处达50年。在莎莉文的帮助下，海伦·凯勒就读于马萨诸塞州剑桥女子学校，1904年，她以惊人的毅力完成了在哈佛大学拉德克利夫学院的学业，成为人类历史上第一位获得文学学士学位的盲聋哑人，先后被两所著名大学授予"荣誉博士"学位。后来成为卓越的社会改革家的海伦·凯勒到美国各地，到欧洲、亚洲发表演说，为盲人和聋哑人的教育筹集资金。第二次世界大战期间又访问多所医院，慰问失明的士兵。她的精神受人们崇敬。1964年被授予美国公民最高荣誉——"总统自由勋章"。

海伦·凯勒在大学期间写了第一本书《我生命的故事》，叙述她如何战胜病残，不仅给盲人而且给成千上万的正常人带来了鼓舞，该书被译成50多国语言。自此之后，她为许多杂志撰写文章，还写了几部自传体小说，《我所生活的世界》《从黑暗中出来》《我的信仰》《中流——我以后的生活》《愿我们充满信心》等，她始终坚信黑暗与寂静并不存在，文字里透着光明与希望、爱与信仰。

海伦·凯勒一次又一次地帮助身处困难中的人找回信心与勇气，她相信只要永不放弃对知识的追求，美好光明的未来一定会到来。

三、人物形象

1. 海伦·凯勒：坚韧、乐观

海伦·凯勒是美国盲聋哑女作家和残障教育家。她在19个月时因一场大病丧失了视力和听力。虽然身体残疾，但她自强不息、积极乐观，凭着不服输的精神，以优异的成绩完成了哈佛大学的学业。她还有一颗善良、真诚、博爱的心，为盲人事业四处奔波，为社会贡献着自己的一份力量。

2. 安妮·莎莉文：奉献、宽容

安妮·莎莉文是海伦·凯勒的家庭教师，她几乎一生都陪伴在海伦·凯勒身边。她经历过悲惨的童年，有过失明的经历，这些经历锻炼了她顽强的意志，为她日后教育海伦·凯勒奠定了基础。她身上有一个合格的老师所应有的一切品质：爱心、耐心、尊重、无私奉献、因材施教等。她了解儿童心理，讲究教育方式，教学循序渐进，善于启发引导，热爱教育，是一位令人尊敬的伟大的老师。

3. 马克·吐温：热情、幽默

马克·吐温是在美国文学史上占有重要地位的文学家，也是对海伦·凯勒的一生有着巨大影响的人。他身上具有许多优秀的品质，如崇尚自由和平等、幽默风趣、豪迈爽朗、不拘小节、平易近人、积极乐观、热情好客等，是海伦·凯勒非常爱戴和尊敬的一位长者。

4. 凯蒂·亚当斯：慈爱、质朴

凯蒂·亚当斯是海伦·凯勒的母亲。她年轻时对家务不感兴趣，出嫁后却挑起了家中一半的重担，在海伦·凯勒变得又盲又聋又哑之后，她用自己的慈爱和智慧抚慰了女儿那颗孤独的心。因而她与海伦·凯勒的感情非常深，以至于她去世后，海伦·凯勒"马上联想到自己也要死了"。

5. 梅西先生：和善、慷慨

梅西先生是一位大学教授，也是安妮·莎莉文老师的丈夫。他曾帮海伦·凯勒整理稿件，并教给她一些常识和科学知识，在生活中也给予她很多帮助，是一位慷慨、热情、和善、聪明的人。

四、阅读指南

1. 走进海伦·凯勒的世界

海伦·凯勒从因失明失聪陷入低谷到遇见莎莉文老师，从人生出现重大转折直至博士毕业，时刻渴望着光明与希望。阅读时，可以先从本书中的"假如给我三天光明"入手，去了解海伦·凯勒的内心世界：第一天，想要看到那些好心的、温和的、友好的，使"我"的生活变得有价值的人们，端详他们的面孔，将他们的外貌深深地印在"我"的心上；第二天，要去参观博物馆、戏院或电影院，想去了解人类和自然的历史，要去感受那由黑夜变成白天的激动人心的"奇观"；第三天，想要在现实世界里，像从事日常生活的人们一样度过平凡的一天。

2. 了解海伦·凯勒的特殊经历，感悟其精神世界

海伦·凯勒从黑暗中一步步走向光明，生命被点燃，灵魂被唤醒。虽有莎莉文老师等人的帮助，她一生仍经历着常人想象不到的痛苦与挫折，这一切逐渐向好的状态，无疑离不开她强大的内心世界：刻苦努力，自强不息，毅力顽强，永不言败，身残志坚，坚持不懈地热爱生活……她的文字里透露着她的心酸、无奈、痛苦，却又让我们看到她时刻在用爱心拥抱世界，奉献自我。

3. 提醒自己时刻热爱生活

海伦·凯勒的精神感召着一代又一代的青年人，我们应超越自我，勇往直前，相信人生没有不可能。平淡的日子里，我们已

经足够幸福，要热爱生活，勇于创造。

五、好句好段

1. 有视觉的第二天，我要在黎明起身，去看黑夜变为白昼的动人奇迹。我将怀着敬畏之心，仰望壮丽的曙光全景，与此同时，太阳唤醒了沉睡的大地。

出自《假如给我三天光明》

2. 我也将会把目光停留在一个婴儿的脸上，以便能够捕捉到在生活冲突所致的个人意识尚未建立之前的那种渴望的、天真无邪的美。

出自《假如给我三天光明》

3. 在我一生漫长的黑夜里，我读过的和人们读给我听的那些书，已经成为了一座辉煌的巨大灯塔，为我指示出了人生及心灵的最深的航道。

出自《假如给我三天光明》

4. 在能看见的第一天下午，我将到森林里进行一次远足，让我的眼睛陶醉在自然界的美丽之中，在几小时内，拼命吸取那经常展现在拥有正常视力的人面前的光辉灿烂的广阔奇观。

出自《假如给我三天光明》

5. 这些能够触摸的艺术品对我来讲，是极有意义的，然而，与其说它们是供人触摸的，毋宁说它们是供人观赏的，而我只能猜测那种我看不见的美。我能欣赏希腊花瓶的简朴的线条，但它的那些图案装饰我却看不到。

出自《假如给我三天光明》

6. "忘我就是快乐。"因而我要把别人眼睛所看见的光明当作我的太阳，别人耳朵所听见的音乐当作我的乐曲，别人嘴角的微笑当作我的快乐。

出自《假如给我三天光明》

7. 身体上的不自由终究是一种缺憾。我不敢说从没有怨天尤人或沮丧的时候,但我更明白这样根本于事无补,因此我总是极力控制自己,使自己的脑子不要去钻这种牛角尖。

出自《假如给我三天光明》

六、读后思考

1. 在这一生命奇迹的背后,莎莉文老师起到的作用至关重要。试分析。

简要提示:海伦·凯勒既听不见又看不见,生活都没法自理,一定非常难照顾,更别说教她说话写字了。但莎莉文老师不怕困难,以异常的耐心一点一点地教海伦·凯勒学拼字,用实践的方式告诉她一个个单词是什么意思。在她的不懈指导下,海伦·凯勒终于学会了写字,学会了说话,莎莉文老师是海伦·凯勒生命中非常重要的一个人,照亮了她的生命。每个人的生命中都会有对于自己来说至关重要的人,她会关怀你、包容你、教你很多东西,我们应该感谢她、回报她。

2. 海伦·凯勒拥有三天光明的日子里,最急切地想要看到的是安排在第一天的内容,她最希望看到的是谁?流露出怎样的情感?

简要提示:海伦·凯勒"长时间凝视"也最希望看到的是她的启蒙老师——安妮·莎莉文·麦西夫人。她要看的是莎莉文老师面部的轮廓、面孔、眼和对人类的同情心,为的是永远记住她并认识她的温和、耐心和性格的力量。这充分表现了她对莎莉文老师的感激和尊敬。

3. 三天时间里,海伦·凯勒希望自己能看婴儿、看狗、看书、看日出天亮、看城市、看喜剧,这体现了她怎样的内心想法或品质?

简要提示:看婴儿——对新生和美的渴望;看狗——对忠诚、

信赖美德的赞美；看书——寻求坚持前进的动力；看日出、天亮——对生活的热爱；看城市——不避时间阴暗和痛苦，具有坚忍不拔的性格和直面抗争的勇气；看喜剧——乐观向上的品质。

4.海伦·凯勒的经历给予我们最重要的启示是什么？

简要提示：如今，许多人极少珍惜自己的感官，对生活的美好开始变得麻木；我们不断渴求着那些我们所没有的东西，却肆意挥霍所拥有的珍贵事物。海伦·凯勒的经历，提醒我们，活在当下，在平凡的日子里也要珍惜幸福、珍惜时光、热爱生活。

七、拓展阅读

1.《走出黑暗》[美]海伦·凯勒

海伦·凯勒的自传之一，记录了她从大二到走向社会后经历的人生曲折。从哈佛大学顺利毕业后，她一直将自己的精力投放在盲人事业上，关爱社会残障人士，激励无数青少年努力奋进。

2.《病隙碎笔》史铁生

本书是史铁生用通俗易懂的语言记录自我生命体验的一本人生笔记，无论病痛如何折磨，都要挤出时间用文字唤醒日渐麻木的心灵，是他对生命状态和所处时代的思考。

3.《我与地坛》史铁生

史铁生在书中讲述了自己的人生经历和人生思考，风华正茂却意外瘫痪在床，命运把他年轻的躯体困在了轮椅上，绝望之际几欲自杀，最终却在文学和写作中一步步实现自我治愈和救赎，他的灵魂在漫长的岁月里愈发昂扬。

《艾青诗选》

导读老师：李韦娜

一、作品介绍

《艾青诗选》收录了艾青创作于20世纪30年代至70年代末的作品，包含《大堰河——我的保姆》《雪落在中国的土地上》《火把》等诸多脍炙人口的经典作品。

艾青的诗歌呈现出两个创作高峰，第一个是20世纪30年代，这一时期的诗歌总是充满"土地的忧郁"，多写国家民族的苦难、悲伤。这忧郁里一方面浸透着诗人对祖国母亲、人民极其深沉的爱，对于侵略者的愤恨、控诉，另一方面也饱含着他对于生活的忠实与思索，他在全民抗战的胜利中看见阴影、危机以及贫穷，看见人民依旧生活在苦难中。他的诗歌中反复出现的两个意象——土地与太阳，土地的意象凝结着诗人对于祖国——大地母亲最深沉的爱，同时也饱含着对于劳动者最深沉的爱，对他们的命运的关注与探索；太阳的意象表现了他对于光明、美好、理想生活的执着追求与坚强的信念和对于真、善、美的执着追求与渴望。如果说在兵荒马乱的年代，人们的信仰开始出现涣散甚至崩塌，那么艾青和他的诗歌无疑是战火纷飞的年代里的一抹亮色，给予人民前进的勇气与动力。

他的诗歌的另一个创作高峰是在1978年以后，归来之后的艾青的诗歌风格比以往更加沉淀内敛，由年轻人的激情澎湃转为老年人所特有的睿智与哲思，但是没有改变的是对于真、善、美的追求，对于丑恶的鞭挞，他依旧向往光明，依旧对未来充满希望。阅读《艾青诗选》时，应注意到艾青诗歌中独有的艺术形式，比如他的诗歌明显呈现出"诗中有画"的特点，擅长用颜色、勾勒线条等，他诗歌里的光和色，不是单纯对感觉、印象的简单记录，而是一种象征暗示，另外他也是自由诗体的提倡者，他的诗歌不拘泥于形式，具有散文美，如口语般亲切。

二、作者小传

艾青（1910—1996）原名蒋正涵，号海澄，中国现当代著名文学家、诗人，被称为"太阳与火把的歌手"和"吹芦笛的诗人"，1910年出生于浙江金华，5岁以前被寄养在同村的一户贫苦人家，18岁时考入西湖艺术学院绘画系，次年去法国留学，两年后回国。1932年，因参加"中国左翼美术家联盟"活动被捕入狱，在狱中由于失去了绘画的条件，借助诗歌去思考、回忆、控诉、抗议，写下了长诗《大堰河——我的保姆》，这首诗歌是他的成名作，发表时第一次用了艾青这个笔名。1937年辗转于各地参加抗日救亡活动，这一时期的诗歌多写民族的苦难、悲伤与反抗，诗歌多是色彩鲜明、凝重深厚之下满怀忧郁进取的篇章。1945年抗日战争胜利后又投入解放斗争，1957年他被错划为"右派"，被下放参加劳动改造。他的诗歌创作的另一个高峰是在1978年以后，归来后的艾青的诗歌风格明显沉淀下来，诗句变得更加整齐，字里行间也不同于以往的激烈呐喊，而是饱含着他个人的睿智与哲思。

三、名篇选读

我爱这土地

假如我是一只鸟，
我也应该用嘶哑的喉咙歌唱：
这被暴风雨所打击着的土地，

这永远汹涌着我们的悲愤的河流，

这无止息地吹刮着的激怒的风，

和那来自林间的无比温柔的黎明……

——然后我死了，

连羽毛也腐烂在土地里面。

为什么我的眼里常含泪水？

因为我对这土地爱得深沉……

【背景介绍】《我爱这土地》写于1938年11月，当时风雨飘摇的中国正饱受日本侵略者的折磨摧残，而作为诗人的艾青，显露出"大我"的国家兴亡的责任感，坚定地投入民族解放战争的洪流中，成为时代的"吹号者"。他作于抗战时期的诗歌更凸显出他的爱国情怀，有着高昂的格调和开阔的境界，情感热烈、真挚坦率，把自我融入了时代的浪潮中，具有极强的现实主义色彩。艾青坚定地举起民族的旗帜，给人民点亮一盏希望的灯火。

【赏析】艾青是"土地的歌者"，所以他的诗歌中经常出现土地这个意象，而土地也凝聚着他对祖国母亲最为深沉的爱，是他爱国情怀的吟唱与表达。他说自己是作为一个为悲苦的种族争取解放、摆脱枷锁的歌手而写诗的，"假如我是一只鸟"是拟人化的表达，放在诗歌开头也是出人意料的假设，读者不禁产生疑问，为什么要假设自己是一只鸟呢？这只鸟和土地又有什么关系呢？后面艾青进行了诠释，"用嘶哑的喉咙歌唱"——在这个炮火连天、战火纷飞、国家危难的时候，一只小鸟哪怕用自己微不足道的力量，也要发出不平的叫声，也要对那些威胁国家的侵略者做出抗争，从"嘶哑"一词可见这只小鸟内心的愤怒与压抑，它在用自己的整个生命发出呐喊和怒吼。注意"歌唱"的后面是冒号，可见小鸟歌唱的分别是四个意象：土地、河流、风和黎明，这些意象都与风雨飘摇的祖国母亲有关，前面都有长长的修饰语。"这被暴风雨所击打着的土地"——暴风雨象征残酷血腥的日本侵略者，这句写出了被日本侵略者长期侵蚀践踏的国家正处于危亡之际。而"永远汹涌着我们的悲愤的河流"一句，首先通过"悲愤"一词传达了处于水深火热中的人们的感受，把人们悲愤的情绪比作河流，因为国家依旧处于战争动荡中，人们依旧饱受折磨摧残，所以愤怒、压抑、痛苦的情绪就如同河流一般波涛汹涌。"无止息地吹刮着的激怒的风"这句传递出人们对侵略者暴行的愤怒、悲痛，"无止息"可见侵略者对国家、人民施加的暴行还没有停止，也不知道什么时候才会停止。"和那来自林间的无比温柔的黎明"是诗人一种希望的传递，无尽的黑暗尽头终究会迎来黎明，黎明也可以是人们为之奋斗献身的独立自由的曙光，希望终将出现。第一小节的最后，小鸟即使死了，羽毛也会腐烂在土地里，和土地融为一体，可见这只小鸟对土地的热爱——用尽全力歌唱土地，死亡后也要与它融合。

诗歌的第二节直接升华了主旨，对"我"进行了一个镜头式的特写，通过设问，直接点出了"我"对祖国母亲深沉的爱，"眼里常含泪水"可见国家危亡时那些悲愤痛苦的情感经常萦绕在"我"的内心，"我对这土地爱得深沉"言有尽而意无穷，目睹生灵涂炭、国家飘摇的现实，越来越激发出诗人对于国家至死不渝的热爱，这也是所有爱国志士对祖国的表白和心声。

四、阅读指南

读《艾青诗选》需要注意以下几点：

1.注意诗歌灵活自由的形式。他的诗不拘泥于形式，很少注意诗句的韵脚和字数、行数整齐划一，但是常常会运用一些修辞或者象征等表现手法来传达情感，所以要关注小到标点符号，大到句式特点、表现手法、修辞手法等方面，比如"中国的苦痛与灾难，像这雪夜一样广阔又漫长呀""雪落在中国的土地上，寒冷在封锁着中国呀……"雪落在土地上象征着中国饱受苦痛和灾

难，同时又用比喻，把这种苦痛和灾难比作雪夜一样广阔漫长，不知什么时候才能结束，这里表现了诗人的悲痛愤怒，饱含着对中国人民的同情、对于国家沉重的悲哀和忧国忧民的情感。

2. 注意他诗歌中的独特的意象和主题。意象是诗歌中寄寓了诗人主观情感的事物。比如艾青诗歌的中心意象是土地和太阳，土地一方面象征着祖国母亲，凝聚着他对于祖国深沉的爱，比如《我爱这土地》；另一方面凝聚着诗人对于在这一方土地生活的劳动者的最深沉的爱，及对于他们命运的关注和探索，比如《大堰河——我的保姆》，就是诗人献给中国大地上善良而不幸的普通农村妇女的颂歌。太阳这个意象表达了诗人对于光明、美好、希望的追求与歌颂，比如《向太阳》，诗人要追求和表现的是现代化社会中新的理想，告诉人们要勇敢地走向太阳，走向新生活。

3. 体味诗歌的情感。抛开诗歌自由灵活的外在形式，最能打动读者的一定是诗歌的情感，要通过反复诵读的方式去仔细体会作者表达的情感，如《大堰河——我的保姆》中的情感便尤其酣畅淋漓、醇厚美好。

4. 注意"诗中有画"的特点。他的诗作有着鲜明的色调、清晰的线条，又如同素描一般简洁而凝重，比如《刈草的孩子》中"夕阳把草原染得通红了"，在表现太阳这个主题时，诗人喜欢通红、金色、浅黄等暖色调，表现出其对于光明、美好、希望的向往与追求。

五、好句好段

1. 雪落在中国的土地上，
寒冷在封锁着中国呀……

出自《雪落在中国的土地上》

2. 你已死在过深的怨愤里了么？
死？不，不，我还活着——

请给我以火,给我以火!

出自《煤的对话》

3. 旷野啊——
你将永远忧虑而容忍
不平而又缄默么?
薄雾在迷蒙着旷野啊……

出自《旷野》

六、读后思考

1. 请从内容和形式上分析《礁石》这首诗的特点。

礁石

一个浪,一个浪
无休止地扑过来
每一个浪都在它脚下
被打成碎沫,散开……

它的脸上和身上
像刀砍过的一样
但它依然站在那里
含着微笑,看着海洋……

简要提示:诗歌从内容上看,运用了拟人的修辞手法,通过描写礁石经过如同刀砍般海浪的击打后,依然站在那里微笑地看着海洋,借物喻人,礁石就如同一个历经磨难、承受无数挫折依旧微笑面对的战士,表达了作者对于这种坚忍顽强、刚毅的精神的赞美;从形式上看,诗歌的节奏、韵律自由灵活,不拘一格。

2.《我爱这土地》的第二节与第一节之间有着怎样的联系?把第二节去掉,诗歌主题会受到怎样的影响?

简要提示:诗歌第一节是对"我爱这土地"(祖国)的具体描

写，而第二节短小精悍，是对主旨的升华与高度概括，如果去掉第二节，诗歌主旨就无法得到提炼、升华，达不到现在这首诗该有的高度。

3. 读了《艾青诗选》中的《树》，请你根据诗意把下面文段补充完整。

初读诗歌《树》，觉得这是一首写景状物诗，描写根须缠在一起、树干彼此独立的两棵树；再读诗歌发现，虽然从表面上看树与树之间没有联系，但是在泥土的覆盖下，根须是纠缠在一起的，这就给予我们人生启示：_____①_____。

第三遍读诗歌，我先了解了诗歌的背景，当时抗日战争正处于艰苦的相持阶段，尽管过去有外国人侮辱中国人是"一盘散沙"，但是作者意识到民族觉醒已经到来，所以我觉得这首诗的深刻主题是_____②_____。

简要提示：①认识事物不能看表面，还要看根本②赞美中华民族紧密团结、顽强英勇的精神

七、拓展阅读

1.《诗八首》穆旦

在穆旦的所有作品中，《诗八首》可以说是经典中的经典，这首诗也被公认为最难解的现代诗。穆旦的诗歌注重内容大于形式，尽管句式整齐但是衔接的功夫很高，其早期的作品具有鲜明的抒情的风格，其后感情色彩一点点减弱，最后语言经常会以理性的色彩呈现，细品之下又有一种细腻的情感体验。

2.《面朝大海 春暖花开》海子

收录了中国当代著名诗人海子的众多诗篇，分为短诗和长诗两辑。

《撒哈拉的故事》

导读老师：赵雅君

一、作品介绍

撒哈拉沙漠是世界上除南极洲之外最大的荒漠，面积相当于整个美国国土，是地球上最不适合人类生存的地方。或许是因为遥远与对沙漠的知之甚少，三毛被《国家地理》杂志上撒哈拉沙漠广阔而恢弘的景象吸引，对它"一见钟情"。于是三毛带着对自由生活的追求和对美好爱情的向往去了撒哈拉。她在沙漠中感受生活的真、善、美，用文字记录沙漠风土人情、点滴趣事，洒脱随性、执着追梦。

"自由自在的生活，在我的解释里，就是精神文明。"《撒哈拉的故事》讲述了三毛和荷西在撒哈拉沙漠的生活趣事，沙漠的新奇、千疮百孔的帐篷、铁皮小屋、成群的山羊、单峰的骆驼、海边打鱼、亲自建房……每个故事都透露出这个隐忍女子对生活的热爱和面对困难的坚定。整本书由十几篇精彩动人的散文汇聚而成，其中《沙漠中的饭店》是三毛适应荒凉单调的沙漠生活后，重新拾笔写就的第一篇文章，此后钟情于沙漠的三毛又写出一系列温情故事，浓浓的爱意萦绕其中。

随着对撒哈拉沙漠的熟悉，贫瘠单调的沙漠在三毛的笔下趣味无穷。"生命的过程，无论是阳春白雪，青菜豆腐，我都得尝尝是什么滋味，才不枉来走这么一遭啊！"自由生活背后，天气的突变、环境的恶劣、文化的差异带来挫折苦难，三毛从未停下脚步，为沙漠居民看病、开车搭载独行的人，在荷西的陪伴下

练车、写信、与卖花女大战……我们看到她绽放出的生命的光彩与遇见困难时坚定顽强的毅力，她永远行走在路上，追求诗和远方。

二、作者小传

三毛（1943—1991），出生于重庆，中国台湾当代女作家，原名陈懋平，"平"是取和平之意，但因"懋"写法比较繁琐，三毛写名字时经常把这个字省略，并最终改名为陈平。

"读万卷书，行万里路"是对三毛最真实的写照，旅行和读书是她生命中最重要的事，一生中的快乐与疼痛大多源于此。

三毛13岁就离家出走去小琉球玩，初中时休学去坟墓堆读闲书，后因欣赏他人的优秀画作，便随顾福生学画，顾福生还鼓励其学习文学，激发了三毛对文字的热爱。

1967年，三毛先后游学于西班牙、德国、美国，并创作了散文集《雨季不再来》。1973年，定居撒哈拉沙漠，随后与荷西结婚，1976年5月，出版散文集《撒哈拉的故事》，讲述夫妻二人在沙漠的生活经历。1977年到1979年，先后发表《哭泣的骆驼》《稻草人手记》《温柔的夜》等散文集。1980年，荷西意外逝世后回到台湾定居。1981年，出版散文集《梦里花落知多少》，表达对丈夫的思念之情。1982年，根据中南美洲旅行经历所创作的散文集《万水千山走遍》出版。1987年，出版散文集《我的宝贝》，展示她所收藏的一些物品。1990年，创作的第一部中文剧本，也是她的最后一部作品《滚滚红尘》出版。1991年1月4日，在台湾荣民总医院逝世，终年47岁。

她的足迹遍及世界各地，作品也在全球广为流传，著作和译作丰富，受到各国读者的青睐。就是这样，三毛以一支笔坚持写下自己与众不同的自由人生，语言简单质朴；从遥远的撒哈拉到敦煌戈壁，她从不随波逐流，也不轻易定义自己的人生，而是在一次次的经历中感受真实的生活。

三、主要人物

1. 三毛

高挑的个子,披肩的长发,十足的自由生活流浪者。身体和灵魂总有一个在路上,她热爱旅行,更热爱阅读。在平凡的日子里,用文字展现生活的原貌,琐事也能充满趣味,让人看到智慧的色彩。她是质朴的,向往轰轰烈烈的爱情,能在平淡的时光中将日子过成一朵花,遵循精神上的自由;她是悲情的,经历了黑暗的少女时期和多舛的青年时期,一次次感情的挫败使得她的文字中不乏悲情,能够用怜悯同情的目光看待周围的世界,关注处在深重苦难中的黑奴群体。

2. 荷西

1973年,在非洲沙漠小镇阿尤恩与三毛结婚。1979年9月30日,荷西在拉芭玛岛的海底进行水下工程操作时意外身亡。荷西懂得三毛想要什么样的生活,为了她,荷西放弃了向往已久的大海与热爱的潜水,将自己"偷拍"到的三毛的照片挂满了房间;在沙漠没有鲜花,他就用一个完整的骆驼头骨当作礼物向三毛求婚……在风沙漫天的撒哈拉沙漠,两个人过着浪漫的、自由的生活。

四、阅读指南

1. 走进沙漠

在阅读之前,我们可以搜集与撒哈拉沙漠有关的资料。沙漠是最不适合人类居住的地方,植被稀少、资源匮乏,居民的生活条件极差。加上知识的匮乏和文明的缺失,沙漠仿佛是与世隔绝的地方。

2. 走近三毛

沙漠环境如此恶劣，为何三毛会因为《国家地理》上的相关内容激发了内心的向往？带着疑问读此书，你会发现"地狱"般的生活被三毛过得如诗一般。在《娃娃新娘》中，她好奇并严谨地观察着当地迥异的结婚风俗，将自己化身为婚礼参与者或是冷静观察着的局外人，字里行间流露着对10岁新娘姑卡的心疼以及对当地婚俗的不满。在《沙漠中的饭店》中，三毛与荷西的妙语总让人忍俊不禁。她把自己的爱人荷西戏称为"饭票""提款机"，面对不懂中国美食的西班牙老公，她又感慨荷西是"可怜的外国人"，并欺骗他粉丝是尼龙加工的白线、被一根根冻住的"雨"，欺骗他海苔是复写纸，为了不让荷西偷吃猪肉干，便欺骗他说这是"喉片"。

3. 走进自己的精神世界

本书处处记叙着三毛超越平凡的自由生活。在三毛的身上，我们可以学习如何成为一个有趣有魅力的人。一、充满生活智慧。三毛跑到垃圾场去拾破烂，发挥自己的聪明才智将其改造成装饰物；她把旧的汽车外胎清洗干净，放在席子上，成了一个简易单人沙发，深受非洲朋友的喜爱。二、包容理解周围人。在面对困境的时候多一点儿包容，少一点儿抱怨。三毛与荷西之间的爱是温情的，是体贴入微的照料，是设身处地的理解。三、一视同仁的价值观。无论是哑奴还是爱占小便宜的"芳邻"，三毛对所有人都一视同仁，用极其友好的态度对待所有人，用心经营自己的生活，把平淡的生活变得有色彩。

五、好句好段

1. 自由自在的生活，在我的解释里，就是精神的文明。

出自《白手成家》

2. 生命的过程，无论是阳春白雪，青菜豆腐，我都得尝尝是什么滋味，才不枉来走这么一遭啊！

出自《白手成家》

3. 每一粒沙地里的石子，我尚且知道珍爱它，每一次日出和日落，我都舍不得忘怀，更何况，这一张张活生生的脸孔，我又如何能在回忆里抹去他们。

出自《搭车客》

4. 我不低看他们，我自己不比犯人的操守高多少。

出自《天梯》

六、读后思考

1. 在三毛笔下，我们感受到的大多是她与荷西在大漠中自由、浪漫、不受拘束的生活，除此以外，在生活的细枝末节中还呈现了怎样的沙漠文化？

简要提示：撒哈拉沙漠文化与文明极度匮乏，人民生活状况恶劣。举例：《收魂记》中，撒哈拉威人从未见过相机和镜子，以为它们会将自己的魂魄收走，对此感到无比的抗拒和恐怖。《沙漠观浴记》中写到，因为沙漠里水资源极为稀少，当地人很久才能洗一次澡，他们的洗澡有内外之分，所谓的"洗里面"就是用海水猛灌、清肠、排泄。《悬壶济世》中提到撒哈拉威人，生病不去医院，尤其女人终日被裹在一层布里，不肯见人，只能在痛苦中煎熬。

2. 从书里可以看到三毛的自由生活背后饱含困难，热爱生活的人无论在什么样的环境下都能把生活过得如诗一般，请思考三毛性格中的闪光点。

简要提示：初到新家，入眼便是家徒四壁，但三毛他们并不失望气馁，亲手打造木材做床做柜子，刷洗干净的旧轮胎搭上软

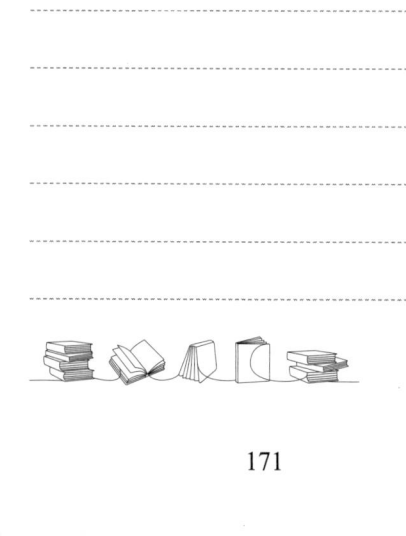

绵垫就成了一个舒适的单人沙发，废弃的水瓶插上一丛野地荆棘便散发出淡淡的诗意，铁皮和玻璃敲敲打打制成一盏简易的风灯。各种不起眼的物件被她一一拾来，搭配得错落有致，恰如其分，亲手把小家打造成自己喜欢的模样。三毛对生活充满热情，面对困难从不放弃，总是想方设法地让一切变好，这是三毛骨子里的坚强和乐观，只要是自己想要的，就会为此付诸行动。

3. 三毛如此向往和热爱撒哈拉沙漠，面对沙漠生活中的烦恼与悲伤她是如何处理的？

简要提示：三毛和撒哈拉威人做邻居，他们总是借东西不还且理直气壮，还偷三毛家的水，但三毛并不生气，反而觉得他们可爱，还称他们为"芳邻"；年仅10岁的姑卡被逼出嫁，在撒哈拉威人的观念里，结婚初夜只是公然用暴力去夺取一个小女孩的贞操而已，可怕的是，他们把这种庸俗落后的方式当成习俗，一代一代地延续下来；知恩图报的哑奴时刻牵挂着他的家人，最终也逃不掉被卖掉与亲人分离的命运。沙漠中也有无尽的悲欢离合，三毛无力去改变这些，但她始终用一颗温暖的心去感悟生活，帮助他人做一些力所能及的事。

七、拓展阅读

1.《梦里花落知多少》三毛

记录了荷西意外去世后三毛痛苦的孀居生活，共32篇。书中记述了三毛渐渐从人生低谷中走出来，再次坚强面对生命，追求自由人生的心路历程，是三毛文学创作巅峰时期的代表作。

2.《雨季不再来》三毛

记录了三毛从17岁到22岁的成长历程，真实再现了其辍学，自闭，叛逆，游学于西班牙、德国、美国后，逐渐成长为独立自信的优秀青年的人生经历。批判性的思维、率真的性格，是她纯真情怀的体现。

3.《我的宝贝》三毛

记录了三毛走遍万水千山收集的 86 件宝贝背后的故事和照片。有些是在沙漠中用食物和当地居民换的，有些是在路上捡来的，有些是爱人荷西赠送的……这些物件在三毛心中无可替代，是生活的印记，充满回忆。

小说戏剧——奇幻想象，人间百态

中国古典作品

《红楼梦》

导读老师：孙悦

一、作品介绍

《红楼梦》，中国古代章回体长篇小说，中国古典四大名著之一，一般认为是清代作家曹雪芹所著。小说以贾、史、王、薛四大家族的兴衰为背景，以富贵公子贾宝玉为视角，以贾宝玉与林黛玉、薛宝钗的爱情婚姻悲剧为主线，描绘了一批举止见识出于须眉之上的闺阁佳人的人生百态，展现了真正的人性美和悲剧美，可以说是一部从各个角度展现女性美以及中国古代社会世态百相的史诗性著作。《红楼梦》是一部具有世界性影响力的人情小说，举世公认的中国古典小说巅峰之作，中国封建社会的百科全书，传统文化的集大成者。作者以"大旨谈情，实录其事"自勉，按迹循踪，摆脱旧套，新鲜别致，取得了非凡的艺术成就。

二、作者小传

曹雪芹（约1715—约1763），名霑，字梦阮，号雪芹，又号芹溪、芹圃，清代著名小说家。曹雪芹出身内务府正白旗包衣世家，"百年望族"大官僚地主家庭。

曹雪芹的曾祖母孙氏做过康熙的保母，祖父曹寅做过康熙的侍读。从康熙二年至雍正五年，曾祖曹玺、祖父曹寅、父亲曹颙、叔父曹頫，相继担任江宁织造长达六十余年。织造专为宫廷采办丝织品和各种日用品，官阶虽不高，却是肥差，一般而言非皇帝亲信万不能充任。但"忽喇喇似大厦倾"，在先后几次宦海风波中（其中最后一次甚至查不出原因），曹家衰落，曹雪芹饱尝人世间的辛酸。

曹雪芹素性放达，爱好广泛，对金石、诗书、绘画、园林、中医、织补、工艺、饮食等均有所研究。他以坚韧不拔的毅力，历经多年艰辛，终于创作出极具思想性、艺术性的伟大作品——《红楼梦》。

三、主要人物

1. 贾宝玉

《红楼梦》中的男主角。他是神瑛侍者转世真身，荣国府贾政与王夫人所生的次子，因衔玉而诞，系贾府玉字辈嫡孙，故名贾宝玉。贾府通称其为宝二爷。贾宝玉自幼深受祖母贾母疼爱，住贾母院，十二三岁时奉元妃旨意入住大观园怡红院。他与表妹林黛玉心灵相通，互为知己，从亲情慢慢发展成爱情，然而黛玉泪尽而亡，他与表姐薛宝钗成婚。婚后，他始终忘不了黛玉，最后选择出家，回到青埂峰。

贾宝玉与林黛玉、薛宝钗的爱情故事（木石前盟、金玉良缘）是《红楼梦》三大主线之一。贾宝玉形象带有曹雪芹自身色彩，但本质上属于艺术虚构，是作者有意识地塑造的集意淫、补天济世、正邪两赋、三大美德于一身的典型形象，在世界文学史上极具创新性。

2. 林黛玉

金陵十二钗之一，林如海与贾敏的独女。其父母先后去世，外祖母怜其孤独，将其接到荣国府抚养。虽然是寄人篱下的孤儿，但她生性孤傲、天真率直，和贾宝玉同为封建的叛逆者，从不劝贾宝玉走封建的仕宦道路。她蔑视功名权贵，和贾宝玉有着共同理想和志趣，真心相爱，但这一爱情被王夫人等人残忍扼杀了，林黛玉最终泪尽而逝。

3. 薛宝钗

金陵十二钗之一，薛姨妈的女儿，王夫人的外甥女，家中拥有百万之富。她容貌美丽，肌骨莹润，举止娴雅；热衷于"仕途经济"，劝贾宝玉去会会做官的，谈讲谈讲仕途经济，被贾宝玉背地里斥为"混账话"。她恪守封建妇德，而且城府颇深，能笼络人心，得到贾府上下的夸赞。她挂有一把錾有"不离不弃，芳龄永继"的金锁，薛姨妈早就放风说："你这金锁要拣有玉的方可配。"在贾母、王夫人等人的操办下，贾宝玉被迫娶其为妻。由于双方没有共同的理想与志趣，贾宝玉又无法忘怀知音林黛玉，婚后不久即出家当和尚去了。薛宝钗只好独守空闺，抱恨终身。

4. 王熙凤

金陵十二钗之一，贾琏之妻，王夫人的内侄女。长着一双丹凤三角眼，两弯柳叶吊梢眉，身量苗条，体格风骚。她精明强干，深得贾母和王夫人的信任，成为贾府的实际大管家。她高踞在掌控贾府几百口人的管家宝座上，口才与威势是她谄上欺下的武器，攫取权力与窃积财富是她的目的。她极尽权术机变、残忍阴毒之能事，虽然贾瑞这种纨绔子弟死有余辜，但"毒设相思局"也可见其报复的残酷；为了三千两银子的贿赂"弄权铁槛寺"，逼得张家的女儿和某守备之子双双自尽；尤二姐以及她腹中的胎儿也被王熙凤以狡诈、狠毒的方法害死。她公然宣称："我从来不信什么阴司地狱报应的，凭什么事，我说行就行！"她极度贪婪，除了索取贿赂外，还靠着迟发公费月例放债，光这一项就翻出几百甚至上千两银子的体己利钱来。抄家时，从她屋子里就抄出五七万金和一箱借券。王熙凤的所作所为，无疑是在加速贾家的败落，最后落得个"机关算尽太聪明，反算了卿卿性命"的下场。

5. 史湘云

金陵十二钗之一，贾母的侄孙女。虽为豪门千金，但她从小父母双亡，由叔父史鼎抚养，而婶婶对她并不好。在叔叔家，她一点儿也作不得主，且不时要做针线活儿至三更。她的身世与林黛玉有些相似，但她没有林黛玉的叛逆精神，且在一定程度上受到薛宝钗的影响。她心直口快，开朗豪爽，爱淘气，甚至敢于喝醉酒后在园子里的大青石上睡大觉。她和宝玉也算是好朋友，在一起时，有时亲热，有时也会恼火，但她襟怀坦荡，从未把儿女私情略萦心上。后嫁与卫若兰，婚后不久，丈夫即暴病而亡，史湘云立志守寡终身。

6. 贾探春

贾政与妾赵姨娘所生，排行为贾府三小姐。她精明能干，有心机，能决断，连王夫人与凤姐都让她几分，有"玫瑰花"之诨名。她的封建等级观念特别强烈，所以对处于婢妾地位的生母赵姨娘轻蔑厌恶，冷酷无情。抄检大观园时，为了在婢仆面前维护做主子的威严，她"命众丫鬟秉烛开门而待"，只许别人搜自己的箱柜，不许人动一下她丫头的东西。"心内没有成算的"王善保家的，不懂得这一点，对贾探春动手动脚的，所以当场挨了一巴掌。贾探春对贾府面临的大厦将倾的危局颇有感触，想用"兴利除弊"的微小改革来挽救，但无济于事，最后远嫁他乡。

四、阅读指南

《红楼梦》是塑造人物形象最多的一部中国古典小说，小说围绕宝、黛、钗塑造出一系列不同年龄、不同性别、不同出身、不同阶层、不同性格的人物形象。面对如此繁复的人物序列，我们可以按照不同的类别对其进行分类梳理。如下列分类，可以清晰地筛选出贾府的主要和次要人物形象：

十二金钗：林黛玉、薛宝钗、贾元春、贾迎春、贾探春、贾惜春、李纨、妙玉、史湘云、王熙凤、贾巧姐、秦可卿

十二丫鬟：晴雯、麝月、袭人、鸳鸯、雪雁、紫鹃、碧痕、平儿、香菱、金钏、司棋、抱琴

十二管家：赖大、焦大、王善保、周瑞、林之孝、乌进孝、包勇、吴贵、吴新登、邓好时、王柱儿、余信

十二优伶：琪官、芳官、藕官、蕊官、药官、玉官、宝官、龄官、茄官、艾官、豆官、葵官

我们还可以对小说所塑造的主要人物分专题进行研读。如贾宝玉、林黛玉、薛宝钗、王熙凤、元春、迎春、探春、惜春、史湘云、平儿、袭人、晴雯、香菱、鸳鸯、贾政、王夫人、贾母、刘姥姥、妙玉等，可按照专题梳理其出身、相貌、才情、性格、评价等内容，以便深入解读人物形象。

五、好句好段

1. 假作真时真亦假，无为有处有还无。

出自第一回

2. 他是甘露之惠，我并无此水可还。他既下世为人，我也去下世为人，但把我一生所有的眼泪还他，也偿还得过他了。

出自第一回

3. 女儿是水作的骨肉，男人是泥作的骨肉。我见了女儿，我

便清爽；见了男子，便觉浊臭逼人。

出自第二回

4.一个是阆苑仙葩，一个是美玉无瑕。若说没奇缘，今生偏又遇着他；若说有奇缘，如何心事终虚化？

出自第五回

5.都道是金玉良姻，俺只念木石前盟。空对着，山中高士晶莹雪；终不忘，世外仙姝寂寞林。叹人间，美中不足今方信。纵然是齐眉举案，到底意难平。

出自第五回

6.试看春残花渐落，便是红颜老死时。一朝春尽红颜老，花落人亡两不知！

出自第二十七回

7.我不过捱了几下打，他们一个个就有这些怜惜悲感之态露出，令人可玩可观，可怜可敬。假若我一时竟遭殃横死，他们还不知是何等悲感呢！既是他们这样，我便一时死了，得他们如此，一生事业纵然尽付东流，亦无足叹惜，冥冥之中若不怡然自得，亦可谓糊涂鬼祟矣。

出自第三十四回

8.寒塘渡鹤影，冷月葬花魂。

出自第七十六回

9.茜纱窗下，我本无缘；黄土垄中，卿何薄命。

出自第七十九回

六、读后思考

1.《红楼梦》第二十七回写"黛玉葬花"，这是历来最为人称道的章回之一。脂砚斋在评语中赞道"非颦儿断无是佳吟，非石兄断无是情聆"，认为本段描写高度贴合两位主人公的人物形象。请结合二人的形象特点，谈谈对这句评语的理解。

简要提示：林黛玉最怜惜花，觉得花落以后埋在土里最干净，说明她对美有独特的见解。她以花喻自己,所写葬花词,是书中最美丽的诗词之一。脂砚斋的评语"非颦儿断无是佳吟",意思是除了林黛玉谁也吟不出如此佳句。贾宝玉梦游太虚幻境一章交代了十二钗的判词以及"副钗"之命运。在写到宝、黛、钗关系时用了这样一句话——"可叹停机德,堪怜咏絮才",足见林黛玉具有稀世之才。整部《红楼梦》凡有作诗之处必定是林黛玉高于众姐妹。林黛玉本是绛珠仙子化身,琴棋书画无所不通,诗词方面更为突出。世人春风都不懂得怜惜落花,对她们的逝去都是冷眼旁观,只有林黛玉懂得怜惜落花,也只有林黛玉才能有如此才情,写出著名的《葬花吟》,这血泪凝成的佳作正是林黛玉写给自己的诗句。"非石兄断无是情聆",意思是只有贾宝玉才会心有灵犀地仔细聆听。贾宝玉在山坡上听到林黛玉的葬花吟的时候,不觉痴倒,开始是点头感叹,后来听到"侬今葬花人笑痴,他年葬侬知是谁""一朝春尽红颜老,花落人亡两不知"的时候,不觉恸倒山坡之上,可见,贾宝玉是懂得林黛玉的。贾宝玉和林黛玉在葬花的时候的一段对话,也就成为《红楼梦》中一场情人之间解除误会的绝唱。

2. "金陵十二钗图册判词"评价贾探春"才自精明志自高",评价王熙凤"都知爱慕此生才"。请根据对《红楼梦》的理解,评价二人才能。

简要提示:首先要理解判词的意思,"才自精明志自高"意思是"聪明有才能,有着高远的志向","都知爱慕此生才"是说王熙凤有才华。然后结合情节概括人物的特点,如贾探春,《红楼梦》中写她理家的时候,写她兴办利事,革除顽固的旧弊,作者给其冠上"敏探春"的称号,由此可知,可以用"敏"来概括其人物特点,结合这一章中贾探春的做法来分析具体的人物形象即可。如王熙凤,小说中她展现才华之处很多,最为突出的情节是协理

180

宁国府，她在协理宁国府的时候尖锐地指出宁国府的五大弊病，如人口混杂、遗失东西；事无专执、临期推诿；需用过费、滥支冒领；任无大小、苦乐不均；家人豪纵，有脸者不服管束，无脸者不能上进。接着她召集下人宣布她的新条例，并惩罚赖生家的以儆效尤。众人都知她的厉害，从此兢兢业业。虽然宁、荣两府事情十分繁杂，忙得凤姐坐卧不能清静，但她能筹划得十分整肃，令行禁止，赢得众人认可，足见其精明强干、能力不凡。

3.《红楼梦》第三十四回，贾宝玉挨打后，薛宝钗前来探望，临走时对袭人说："你只劝他好生静养，别胡思乱想的就好了。不必惊动老太太、太太众人。倘或吹到老爷耳朵里，虽然彼时不怎么样，将来对景，终是要吃亏的。"有的版本在"不必"前加了一句"要想什么吃的、玩的，你悄悄的往我那里取去"，从塑造薛宝钗形象这一点考虑，你认为这一句加好，还是不加好？

简要提示：比较加上或不加上的好处，要联系贾宝玉被打的来龙去脉、关联人物、贾府矛盾等方面进行思考，薛宝钗所说的"玩""吃"既表示出对贾宝玉的关心，也委婉地提醒袭人贾宝玉被打的原因；而"悄悄的往我那里去"，不必惊动老太太、太太、老爷等人，则是在暗示不必引起后面可能有的麻烦或矛盾。薛宝钗这句话，体现出她的正直、聪明和懂事得体。

七、拓展阅读

《红楼梦魇》张爱玲

《红楼梦魇》是张爱玲的一部重要作品。张爱玲1966年定居美国至1995年离世，其间以十年时间研究《红楼梦》，此书正是其晚年多年研究的结晶。书中共收入7篇研究文章，包括《〈红楼梦〉未完》《〈红楼梦〉插曲之一》《初详〈红楼梦〉》《二详〈红楼梦〉》《三详〈红楼梦〉》《四详〈红楼梦〉》《五详〈红楼梦〉》。《红

楼梦魇》像迷宫，像拼图游戏，又像推理侦探小说。张爱玲研究红楼梦没有剑走偏锋，她似乎是将自己置身于16世纪《红楼梦》成书的年代，又仿佛将自己想象成了曹雪芹本人，模拟他如何把这部小说写成、修改。

《西游记》

导读老师：张小军

一、作品介绍

《西游记》是一部杰出的神魔小说，大致可以分成三个部分。第一回至第七回，写了孙悟空的来历和大闹天宫；第八回至第十二回，写了唐僧的来历和取经的缘起；第十三回至第一百回，写了唐僧师徒一路降妖除魔，最终取得了正果。

《西游记》借用神话的视角，演绎了历史上玄奘法师西行求法的故事。

其实，历史上的玄奘法师，西行时是孤身一人。鉴于南北佛学的差异与佛典翻译的错误，他一直在思考如何解决这些佛学困局。天竺僧波颇到长安后，玄奘得知印度戒贤法师在那烂陀寺讲授《瑜伽师地论》，总摄三乘之说。于是，他发愿西行求法，以求解决佛学思想的分歧。他上表请允西行求法，但未获唐太宗批准，只能混入商队，偷越国境。出了玉门关，穿越八百里沙漠，途经百余个小国，跋涉五万多里，他终于到达了梦寐以求的那烂陀寺。在那烂陀寺，住持戒贤法师为他亲授了《瑜伽师地论》。历时十七载，玄奘载誉而归，带回了六百五十七部梵语佛经。

小说中唐僧师徒一路遭遇的妖魔鬼怪，正是玄奘法师西行路上，遇到的各种自然灾害和险恶势力的幻化。这些妖魔鬼怪，有的霸占一方，残害百姓；有的杀人篡国，阴谋夺权；有的祸乱朝纲，制造冤狱；有的以假乱真，破坏团队。因而，唐僧师徒的西行取经，正是一路的惩恶扬善。重要的不是最终取到了什么佛经，

183

而是历经九九八十一难的磨炼。

《西游记》自诞生以来，便引起无数学者对其主旨的争论。有人认为，《西游记》宣扬了三教合一的思想；有人认为，《西游记》隐喻了明心见性的思想；有人认为，《西游记》只是纯粹的游戏人生；有人认为，《西游记》批判了明代社会的黑暗现实；有人认为，《西游记》揭示了亘古不变的人生哲理。

其实，解读《西游记》的主旨，可以从小说的主人公孙悟空入手。"孙"的繁体字，拆开就是"子""系"二字。"子者，儿男也；系者，婴细也。正合婴儿之本论。"（《西游记》第一回）"婴儿之本论"，就是《孟子》的"不失赤子之心"。"悟空"，正寓意"心"只有领悟了"空"，才能修得正果，成为了不起的"斗战胜佛"。

正所谓，"心生，种种魔生；心灭，种种魔灭"（《西游记》第十三回）。取经路上的各色妖魔鬼怪，都是"修心"过程中的种种障碍。菩萨妖精，总是一念之差。多少磨难，正是菩萨为了考验他们所设。

孙悟空是"心"，白龙马和坐在其上的唐僧是"意"，合在一起就是"心猿意马"。"心猿""意马"在一起便意味"心"与"意"所去的方向一致，二者必须互相配合才能达到目的。倘若孙悟空与唐僧分开了，便是"心猿意马"（形容心思不定），取经队伍也就寸步难行。

西行路上各色的妖魔，都是心魔不同方式的呈现。要么是狰狞可怕的恐惧心，要么是风情万种的诱惑心。在孙悟空象征的"心"的引领之下，取经团队克服了一次次的恐惧与诱惑。白骨精的三次幻化，象征了人心的种种色相。孙悟空将它们一一打死，却招致八戒所象征的"欲"的嫉恨。最终，唐僧听信八戒的谗言，赶走了孙悟空，也就意味着取经团队迷失了内心。

六耳猕猴的出现，正是孙悟空有了"二心"，与唐僧的"意"不一的表现。只有孙悟空亲自打死六耳猕猴，才算他彻底放下了

"二心"，也才算他彻底实现了"心猿"的自在。自此，唐僧再也无须念什么"紧箍咒"。"紧箍咒"是另一种执念。紧箍最终的自然脱去，就是最终破除了心中的执念。

孙悟空，算是西行路上第一个悟透的人。他曾引用乌巢禅师的《多心经》提醒唐僧："佛在灵山莫远求，灵山只在汝心头。人人有个灵山塔，好向灵山塔下修。"（《西游记》第八十五回）

唐僧也算悟明了"千经万典，也只是修心"（《西游记》第八十五回）。西行将近完成，在通天河凌云渡头，"心"路经历死亡的最后一道关口，"意"褪去了肉体的束缚，一切最终得以解脱，他们总算到达了灵山。取经团队一路降妖除魔，也就是一路消除掉了心魔。

不难看出，小说正是通过孙悟空的形象，宣扬了当时比较流行的心学思想。《西游记》的主旨，也正与心学思想契合。小说以孙悟空作为"心猿"，大闹天宫寓意"放心"，被压五行山寓意"定心"，取得正果寓意"修心"。《西游记》就是"放心、定心、修心"的三部曲。

二、作者小传

吴承恩（约1500—1582)，字汝忠，号射阳山人，淮安府山阳县（今江苏淮安）人。明代杰出的小说家。他的诗文多散佚，有后人辑集的《射阳先生存稿》4卷存世。

吴承恩出生于一个自书香门第败落下来的小商人家庭。父亲吴锐虽是商人，却希望儿子能考取功名，做一个青史留名的忠臣，于是为他取名承恩，字汝忠。

吴承恩自幼聪慧，喜读神话传说，深受民间文学的影响。《淮安府志·人物志》评价他"性敏而多慧，博极群书，为诗文下笔立成，清雅流丽，有秦少游之风。复善谐谑，所著杂记几种，名震一时。"

吴承恩多次参加科举，均以名落孙山告终。到了嘉靖二十九年（1550年），才补为"岁贡生"。到京师等待分配官职，还是没有被选上。

嘉靖三十年(1551年)，吴承恩接任河南新野县知县。在任期间，他有修建行台察院、尊经阁，增修儒学，兴办水利等事迹。

嘉靖三十五年(1556年)，吴承恩因家贫母老，只得做了浙江长兴县丞。在此期间，常与嘉靖状元沈坤、诗人徐中行有诗文往来。

嘉靖三十七年(1558年)，吴承恩因耻折腰，拂袖而归。晚年归居乡里，绝意仕进，闭门著述，以卖文为生。

三、人物形象

1. 孙悟空：疾恶如仇、争强好斗、勇往直前、机智灵活

孙悟空是《西游记》的男一号，象征了人的"本心"。他法号行者，原是天庭封的有名无实的"齐天大圣"。老家是东胜神洲傲来国花果山。他不想受老天之气，便独自一猴漂洋过海，来到了西牛贺洲的灵台方寸山斜月三星洞，跟着菩提祖师学艺，学得了七十二变和筋斗云。回到了花果山，孙悟空打败了混世魔王，向东海龙王讨得了一根如意金箍棒，又到阴间地府，划掉了生死簿上的所有猴类。不久，他被天庭招安，封为弼马温。因嫌官位太低，他自封为"齐天大圣"。天庭被迫承认这个封号，玉帝让他管理蟠桃园。因为蟠桃会没有邀请他，他又搅乱了蟠桃盛会，偷吃了太上老君的金丹。之后大闹天宫，他以一己之力打败了十万天兵天将，不自量力地与如来佛祖斗法，最后被压在五行山下。历经五百年的悔过自新后，经观世音菩萨点化，他拜唐僧为师，保护其西天取经。他神通广大，爱憎分明，一路降妖伏魔；即使一次次被唐僧误解，依然勇敢向前奋进。他历经了

九九八十一难，最终修得正果，被封为"斗战胜佛"。

2. 唐僧：慈悲善良、一心向佛

唐僧是《西游记》的男二号，象征了人的"意志"。他俗姓陈，乳名江流儿，法号玄奘，是唐朝的第一高僧。唐太宗给他赐名"唐三藏"，并以御弟相称。他原是如来的二弟子"金蝉子"，只因在如来讲法时没认真听课，被贬东土转生，经历十世苦修。唐僧便是他的第十世转生，一出生就遭遇了满月抛江的苦难。所谓的西天取经，则是唐僧今生为前世金蝉子犯下的错误埋单。他是当朝状元陈光蕊的遗腹子，自幼在金山寺出家修行。他悟性极高，备受唐太宗的厚爱，被观音菩萨选定为西天取经的不二人选。取经路上，他先后收服了三个徒弟与一匹白龙马。在他们的辅佐下，一路降妖伏魔。他崇信佛法，一心求取真经，百折不回；佛学造诣颇深，心中强大的信仰力量，支撑他走完十万八千里。他最终取回了三十五部真经，被封为"旃檀功德佛"。

3. 猪八戒：好吃懒做、憨厚胆小、贪图女色

猪八戒是《西游记》的搞笑担当，象征了人的"欲望"。他又名猪刚鬣，法号悟能。他原为"天蓬元帅"，掌管天河水兵，使用的兵器是九齿钉耙。只因在蟠桃会上公然调戏嫦娥，被玉帝下旨打了两千锤，贬下尘凡投错了猪胎，变得这般猪样。观音菩萨允诺，只要他保得唐僧取完真经，将功赎罪，便能修得正果。他有两次倒插门的经历。第一次招赘到了福陵山云栈洞，女方叫卯二姐，不到一年就死了。第二次招赘到了高老庄，女方叫高翠兰。这次倒插门没能如愿，却是他一生的牵挂。他最终被孙悟空降伏，跟随唐僧西天取经。他好吃懒做，却幽默风趣，经受的诱惑最多，但还是顶住了各种美色的诱惑，因为一路挑担有功，被封为"净坛使者"。

4. 沙僧：忠厚老实、任劳任怨

沙僧是《西游记》中存在感较低的一个角色，象征了人的"清净"状态。他又名沙和尚，法号悟净。他原是"卷帘大将"，使用的兵器是降妖宝杖。因打碎了玉帝的琉璃盏，便要遭受七日一次的飞剑穿胸酷刑。于是他在流沙河做了妖怪，靠吃人度日。看似最老实的他，却吃掉了唐僧的前九世。观音菩萨允诺，只要他保得唐僧取完真经，到时候可以官复原职。西天取经，他主要负责牵马与照顾唐僧的生活。他沉默寡言，忠厚老实；任劳任怨，忠诚不贰，耐得住寂寞。一路有始有终，被封为"金身罗汉"。

四、阅读指南

《西游记》对于中学生来说不容易阅读，一方面是篇幅较大、情节复杂，另一方面则是部分语言有点儿晦涩。面对这本厚厚的名著，我们需要一些读书方法：

古人云，"博观而约取"，我们既要博览群书，也要取其精要。把厚厚的《西游记》读薄，可以从小说的目录入手。我们需要做一些小功课，梳理一下主要的经典情节，了解其具体分布在哪些回目里。

石猴出世——第一回；拜师学艺——第二回；闹龙宫、地府——第三回。

大闹天宫——第四回至第七回。

偷吃人参果——第二十四回至第二十六回。

三打白骨精——第二十七回。

大战红孩儿——第四十回至第四十二回。

真假美猴王——第五十六回至第五十八回。

三调芭蕉扇——第五十九回至第六十一回。

这样就可以整体把握《西游记》的框架，为接下来的认真研读做好相应的准备工作。研读《西游记》，可以采用精读与跳读结合的方法。

精读就是细致地阅读，教材提到的精读的要求有细读、精思和鉴赏。在这里，我们可以从两个方面精读文本：其一，细致品味名著精妙的语言；其二，细究赏析人物的形象。除了一般叙述语言，个别的重要诗文，我们也不能简单地忽视。比如，很多人物的出身细节，往往在叙述语言中不会写，而是会在一些诗文中展开。这就需要我们细读文本，发现这些细枝末节。

精读也需要我们带着相应的问题意识阅读。比如，"真假美猴王"这个故事，我们可以带着问题细读文本。面对两个孙悟空，唐僧为何不细致盘问往事，确定他们的真假身份？其实，小说早有暗示：观音菩萨念紧箍咒，他俩便同时说"莫念、莫念"，并且两人一齐答应观音的话，说话习惯完全一样。由此可见，假悟空本身就是悟空的另一面，唐僧再怎么盘问也是多此一举。问题的关键在于，孙悟空要解除自己的二心，就必须亲自打死六耳猕猴。

跳读就是跳过一些无关紧要的情节。我们可以选择性阅读，直接跳过一些和外貌、打斗相关的诗词描写。书中有一些雷同的故事情节，也可以适当跳读。比如，"真假美猴王"这个故事，真假悟空经过了五次辨认，六耳猕猴才被认出。这五次辨认，我们可以认真阅读第一次与最后一次，中间的三次采用跳读方法。因为这三次辨认有点儿重复第一次的意味，本身也没有什么意思。

总之，任何阅读方法都只是为了更高效地读懂《西游记》。不要因为《西游记》太厚，就错过了这些精彩的神魔故事。

五、好句好段

1.悟空道：这个却难！却难！祖师道：世上无难事，只怕有

心人。悟空闻得此言，叩头礼拜。

出自第二回

2. 皇帝轮流做，明年到我家。只教他搬出去，将天宫让与我，便罢了。

出自第七回

3. 心生，种种魔生；心灭，种种魔灭。

出自第十三回

4. 好手不敌双拳，双拳不如四手。他那里六条大汉，你这般小小的一个人儿，怎么敢与他争持？

出自第十四回

5. 老孙可是那当面骗物之人？这叫做好借好还，再借不难。

出自第十六回

6. 悟空道：常言道，事不过三。我若不去，真是个下流无耻之徒。我去！我去！——去便去了，只是你手下无人。

出自第二十七回

7. 这是既在矮檐下，怎敢不低头。三藏只得双手合着，与他见个礼。

出自第二十八回

8. 你这个泼怪，岂知一日为师，终身为父，父子无隔宿之仇！你伤害我师父，我怎么不来救他？

出自第三十一回

9. 一叶浮萍归大海，为人何处不相逢。

出自第四十回

10. 道高一尺魔高丈，性乱情昏错认家。可恨法身无坐位，当时行动念头差。

出自第五十回

11. 那怪虽是肚腹绞痛，还未伤心。俗语云：人未伤心不得死，花残叶落是根枯。

出自第六十六回

12. 八戒近前道：师父，你是怎的起？专把别人棺材抬在自家家里哭！不要烦恼！常言道："君教臣死，臣不死不忠；父教子亡，子不亡不孝。"他伤的是他的子民，与你何干！

出自第七十八回

13. 牛王闻言，心如火发，咬响钢牙骂道："你说你不无礼，你原来是借扇之故！一定先欺我山妻，山妻想是不肯，故来寻我！且又赶我爱妾！常言道：'朋友妻，不可欺；朋友妾，不可灭。'……"

出自第六十回

14. 长安虽好，不是久恋之家。

出自第九十六回

15. 悟空，这里人家，识得我们道成事完了。自古道：真人不露相，露相不真人。恐为久淹，失了大事。

出自第九十九回

六、读后思考

1. 唐僧分别在什么地方收了徒弟和白龙马？

简要提示：五行山救孙悟空、鹰愁涧收白龙马、高老庄收猪八戒、流沙河收沙僧。

2. 孙悟空有几次返回花果山？分别是什么原因，结果又是怎样的？

简要提示：有两次：一是唐僧刚收孙悟空为徒弟时，唐僧埋怨悟空打死了几个强盗。悟空受不了唐僧的唠叨，便逃回了花果山，在东海龙王与观音菩萨的帮助下，又重新返回了唐僧身边，但被迫戴上了"紧箍咒"。二是孙悟空三打白骨精，唐僧埋怨其滥杀无辜，悟空无奈只能返回花果山。后来，唐僧在宝象国遇难，猪八戒用激将法将孙悟空请回。

3.《西游记》最庞大的妖怪家族是哪一家？涉及了哪些妖魔鬼怪？

简要提示：牛魔王家族，有红孩儿、如意真仙、罗刹女、玉面公主、牛魔王。

4.猪八戒好吃懒做，贪恋女色，是一个贪生怕死、自私自利的人。这样的人却获得很多读者的喜爱，请你分析其中的原因。

简要提示：尽管猪八戒有着以上缺点，但他还有一些优点，比如吃苦耐劳、很有幽默感，是取经队伍的开心果。与各色妖魔斗争时，他也是孙悟空的得力助手。他的存在，正是我们千千万万淳朴憨厚的普通人的写照。

5.收集关于《西游记》的歇后语。

简要提示：猪八戒照镜子——里外不是人；猪八戒见高小姐——改换了头面；孙悟空钻进铁扇公主肚里——心腹之患；唐僧念紧箍咒——就此一招。

七、拓展阅读

1.《漫画西游记》蔡志忠

蔡志忠是享誉海内外的漫画大师，本书以幽默、风趣的漫画形式，重塑了《西游记》这一经典。

2.《为孩子解读〈西游记〉》李天飞

本书用幽默通俗的语言，为孩子讲述《西游记》背后的文化内涵。回答孩子感兴趣的问题，揭秘被我们忽视的细节，挖掘《西游记》的新时代意义与价值。

3.《镜花缘》李汝珍

本书是李汝珍所写的长篇小说,共一百回。前半部写唐敖科举落榜,与林之洋、多九公出游海外,见识三十多个国家的奇人异事。后半部写武则天开女科考试,百花仙子托生的才女皆考中,着意展示了她们的各种才艺。

4.《封神演义》许仲琳

本书以姜子牙辅佐周武王伐纣为背景,写了阐教、截教诸多神仙斗法破阵的故事,塑造了姜子牙、哪吒、杨戬、雷震子等形象。

《儒林外史》

导读老师：滕腾

一、作品介绍

《儒林外史》是我国长篇讽刺小说的集大成之作，该书假托明代，实则描写清代中期的中国社会——读书人一门心思钻研八股文，对科举之外的其他事务全不在意，为求取功名利禄，许多人内心扭曲、贪婪卑劣，最终丧失了自己的人格与理想。

作者通过刻画一系列将举业作为第一要务的读书人形象，揭露了明清时期八股取士对读书人的侵害与荼毒。除此之外，书中还刻画了诗人名士、游侠盗贼、贩夫走卒、屠户僧侣等不同身份又各具特色的人物形象，通过一段段耐人寻味的生活故事，讽刺了清代中期种种有悖常理的社会现象，为读者展现了康雍乾时期丰富、真实的社会生活画卷。

该书第一回的楔子通过元代名士王冕的生平经历为本书"敷陈大义""隐括全文"，末回则以皇帝"下诏旌贤"与首回进行照应，令全书融为一体。其余第二回到第五十五回的中心内容，大致可分为三个部分：

第一部分，从第二回到第三十回，主要描绘科举制下的文人图谱，很多读书人丝毫不考虑自己附庸风雅、攀附权贵的丑态是否有辱斯文，心心念念的只是科考得中，接着金钱和富贵自然离自己不远了，其他一切都可以抛诸脑后；第二部分，从第三十一回到第四十六回，通过刻画杜少卿、迟衡山、庄绍光、虞育德等一批真儒名贤，表达作者对封建社会理想文人精神的探寻与赞美；

第三部分，从第四十七回到第五十五回，写名儒贤士们的理想追求最终破灭，读书人愈加堕落，社会也变得更加腐朽与压抑。即便如此，作者也并未失去对高尚品行的追求与期待，第五十五回出现的颇具名士习气的"四大奇人"的故事，寄托了作者于光怪陆离的现实中仍抱持着的对未来的美好期盼。

二、作者小传

吴敬梓（1701—1754），字敏轩，号粒民，安徽全椒县人，举家移居南京后，自号"秦淮寓客"，晚年又号"文木老人"。吴敬梓出身于科举世家，曾祖和祖父辈曾有多人考中进士，其少年时便文思敏捷，尤精《文选》。吴敬梓早年也曾考取秀才，后来却屡试不第，这样的经历，令他对科举制度充满了失望与怀疑。乾隆元年（1736年），他拒绝参加博学鸿词科廷试，主动与科举考试划清界限。吴敬梓热衷于同各色文士饮酒作乐，行为放荡不羁，平时又乐善好施，最终将所继承的家产挥霍殆尽。吴敬梓晚年只能贫苦度日，有时还要将家中书籍变卖，换取钱财。乾隆十九年（1754年），吴敬梓与友人饮酒欢聚后，归家而终。其代表作《儒林外史》中的主要人物，多数都有现实原型，包括作者自己及周围相熟的亲友和所见、所闻之人。

三、主要人物

1. 范进

曾入选中学语文教材的《范进中举》，节选自小说第三回《周学道校士拔真才 胡屠户行凶闹捷报》。范进早年科举不利，一直考到五十四岁还是秀才，直到遇到同病相怜的考官周进，在其提携下才乡试得中。范进中举后，以其岳父为代表的乡邻一改往日态度，可谓前倨而后恭，反差之大令人咋舌，而范进的母亲也在极度兴奋中去世。守丧结束后，范进官运亨通，并不断与各色官员、乡绅交结逢迎，他是作者在书中重点讽刺的对象。

2. 匡超人

匡超人早年家境贫寒，但仍坚持读书。他对待父母至亲至孝，面对家中不成器的兄嫂，也能够做到尊爱有加。在受到马二先生资助后，匡超人回乡侍亲并考中秀才。因为避祸而寓居杭州时，他结识了讼棍潘三，价值观发生了动摇，为求钱财，他在潘三的鼓动下干起了一系列违法犯罪的勾当。等到潘三被官府抓捕，匡超人不顾情面立即同他划清界限，并将一切责任都推给潘三；而在与其他读书人讨论科举选文时，更是公开贬低自己的恩人马二先生。他的堕落和蜕变令人十分惋惜。

3. 杜少卿

杜少卿是个淡泊功名、乐善好施、性格豪放且不拘礼法的世家子弟。他尊重女性，追求自由与个性，虽常遭他人非议，自己却不以为意。为了过得不违本心，他装病拒绝出仕；遇到他人求助，也总是慷慨解囊；即便早已将家产耗尽，仍出资三百两银子同庄绍光、虞育德等人一同修祭泰伯祠。他不但继承了古代读书人的传统美德，还兼具魏晋时期率真旷达的名士风度，是书中不可多得的可爱人物。

4. 萧云仙

萧云仙像是从武侠世界穿越到"儒林"的角色，登场时充满少年豪气，用弹弓绝学打败食人恶贼赵大，救下了甘露寺老僧。接着他赶赴战场，收复边城，兴修水利，创建学校，深受百姓爱戴。这样文武双全的英雄人物，最终却没有得到朝廷奖赏，工部甚至还下令对其追偿这些年的巨大开销。最终萧云仙只能散尽家财偿还公家，他理想中的社会改造方案也化为了泡影。

四、阅读指南

1. 本书出场人物众多，有名有姓的人物多达四百余人，但并没有一个贯穿全书的中心人物和核心故事。一个重要人物出场后，通常会有二至六回的描写，接着在后续章节中，此人便沦为次要人物，并顺带引出新的角色。读这本书，需厘清人物身份与人物关系，以帮助我们更好地理解故事内涵。

2. 本书是讽刺小说的集大成之作，写作手法上也是对"春秋笔法"的延续。作者在描述事件时，经常以客观冷静的口吻叙述，极少发表评论，需要读者自行思考与揣摩文字背后作者的情感态度。

3. 书中涉及很多明清时期的官场及民间用语，建议选取注解详细的版本来进行阅读。

五、好句好段

1. 须臾，东方月上，照耀得如同万顷玻璃一般。那些眠鸥宿鹭，阒然无声。

出自第一回

2. （娄三、娄四）两公子坐着一只小船，萧然行李，仍是寒素，看见两岸桑阴稠密，禽鸟飞鸣，不到半里多路，便是小港，里边撑出船来，卖些菱、藕。

出自第八回

3. 这姚园是个极大的园子，进去一座篱门。篱门内是鹅卵石砌成的路，一路朱红栏杆，两边绿柳掩映。过去三间厅，便是他卖酒的所在，那日把酒桌子都搬了。过厅便是一路山径。上到山顶，便是一个八角亭子。席摆在亭子上。娘子和姚奶奶一班人上了亭子，观看景致。一边是清凉山，高高下下的竹树；一边是灵隐观，绿树丛中，露出红墙来，十分好看。坐了一会，杜少卿也坐轿子来了。轿里带了一只赤金杯子，摆在桌上，斟起酒来，拿在手内，趁着这春光融融，和气习习，凭在栏杆上，留连痛饮。这日杜少卿大醉了，竟携着娘子的手，出了园门，一手拿着金杯，大笑着，在清凉山冈子上走了一里多路。背后三四个妇女，嘻嘻笑笑跟着。两边看的人目眩神摇，不敢仰视。

出自第三十三回

4.席间八位名士，带挈杨执中的蠢儿子杨老六也在船上，共合九人之数。当下牛布衣吟诗，张铁臂击剑，陈和甫打哄说笑，伴着两公子的雍容尔雅，蘧公孙的俊俏风流，杨执中古貌古心，权勿用怪模怪样：真乃一时胜会。两边船窗四启，小船上奏着细乐，慢慢游到莺脰湖。酒席齐备，十几个阔衣高帽的管家，在船头上更番斟酒上菜，那食品之精洁，茶酒之清香，不消细说。饮到月上时分，两只船上点起五六十盏羊角灯，映着月色湖光，照耀如同白日，一派乐声大作，在空阔处更觉得响亮，声闻十余里。两边岸上的人，望若神仙，谁人不羡？

出自第十二回

5.一个是做裁缝的。这人姓荆，名元，五十多岁，在三山街开着一个裁缝铺。每日替人家做了生活，余下来工夫就弹琴写字，也极喜欢做诗。朋友们和他相与的问他道："你既要做雅人，为甚么还要做你这贱行？何不同些学校里人相与相与？"他道："我也不是要做雅人。也只为性情相近，故此时常学学。至于我们这个贱行，是祖父遗留下来的，难道读书识字，做了裁缝就玷污了不成？况且那些学校中的朋友，他们另有一番见识，怎肯和我们相与。而今每日寻得六七分银子，吃饱了饭，要弹琴，要写字，诸事都由得我；又不贪图人的富贵，又不伺候人的颜色，天不收，地不管，倒不快活？"

出自第五十五回

六、读后思考

1. 阅读以下选文部分，体会作者的讽刺艺术。

严贡生道："后来倒也不常进去。实不相瞒，小弟只是一个为人率真，在乡里之间，从不晓得占人寸丝半粟的便宜，所以历来的父母官，都蒙相爱。汤父母容易不大喜会客，却也凡事心照。就如前月县考，把二小儿取在第十名，叫了进去，细细问他从的先生是那个，又问他可曾定过亲事，着实关切！"范举人道："我这老师看文章是法眼；既然赏鉴令郎，一定是英才可贺。"……一个蓬头赤足的小使走了进来，望着他道："老爷，家里请你回去。"严贡生道："回去做甚么？"小厮道："早上关的那口猪，那人来讨了，在家里吵哩。"严贡生道："他要猪，拿钱来！"小厮道："他说猪是他的。"严贡生道："我知道了。你先去罢。我就来。"那小厮又不肯去。张、范二位道："既然府上有事，老先生竟请回罢。"严贡生道："二位老先生有所不知，这口猪原是舍下的……"（《儒林外史》第四回）

简要提示：从人物的语言描写与真实事件的反差中，感受作者辛辣的讽刺艺术。

2. 人物形象分析：《儒林外史》中的杜少卿让你想起了《红楼梦》中的哪个著名人物？他们有什么相似之处？

简要提示：可以从人物出身、性格特点、志趣追求、行事风格等方面进行比较分析。

3. 书中所写的娄三、娄四公子自诩为"名士"，他们同你所熟悉的魏晋名士相比，有什么差异吗？

简要提示：娄三、娄四公子的莺脰湖集会，同魏晋南北朝时期的"兰亭雅集""金谷俊游"等相比，高下立判。

七、拓展阅读

《世说新语》刘义庆

《儒林外史》中出现了太多附庸风雅的假名士,他们好似跳梁小丑般的言行举止反倒污名化了"名士"这个美好的词语。诸君可择另一本"名士教科书"——《世说新语》进行互文性阅读,那里有"建安七子"、西晋的"竹林七贤",还有南渡后以"王谢庾桓"四大家族为核心的一众东晋名臣雅士,他们的言行与故事,足以令读者耳目一新。

中国现当代作品

《边城》

导读老师：古舜禹

一、作品介绍

《边城》是沈从文最负盛名的小说作品，首次出版于1934年。著名的文学评论家李健吾将《边城》誉为"一颗千古不磨的珠玉"。对现代都市生活倍感疲惫的人来说，"这是一付可口的良药"。在《亚洲周刊》评选的20世纪华文小说一百强中，《边城》位列第二，仅次于鲁迅的《呐喊》。

《边城》的故事发生在湘西茶峒小城，小说主人公是与爷爷相依为命的少女翠翠，以及船总顺顺的二儿子傩送。翠翠是个天真、纯粹的女孩，是自然美的化身，她从小和爷爷（老船夫）生活在一起。端午节时翠翠去看龙舟比赛，偶然结识了船总顺顺的二儿子傩送，翠翠心中情愫渐生而不自知。船总顺顺的大儿子叫天保，两兄弟都爱上了翠翠。老船夫知晓了两位的心意，但由于多重顾虑，没有做出合适的决断。当地的团总以新碾坊为陪嫁，想把自己的女儿嫁给傩送，但傩送坚决表示宁要渡船不要磨坊。为了公平起见，天保和傩送以唱山歌的方式来求取爱情的胜负，天保自知比不过唱歌好手傩送，心灰意冷之下随船远行，却不料遭遇意外命丧险滩。顺顺因此对老船夫和翠翠心怀芥蒂，不再同意傩送与翠翠成婚。而傩送和翠翠之间本有多次可以沟通的机会，但作为主人公的翠翠却几乎一直处于羞涩、逃避的状态，转机稍纵即逝。爷爷卖力不讨好，傩送身陷伦理围城，再加上翠翠的不回应，各种误会与错过纠缠在一处，到最后爷爷去世、白塔倾颓，翠翠亦是孤身一人，未能有一个好归宿。小说的最后，经由杨马兵的解释，翠翠才懂得了前因后果，她的感情状态终于冲破了蒙昧，但却永远不知道傩送的归期了。

二、作者小传

沈从文（1902—1988），原名沈岳焕，曾用笔名岳焕、懋琳、上官碧、窄而霉斋主人、甲辰、小兵，中国著名作家、历史文物研究家。沈从文来自湖南省凤凰县，在沅水河畔度过了少年时光，积累了丰富的社会经验。20世纪20年代初离开家乡北上，只身前往完全陌生的北京，并开始写作生涯，撰写出版了《萧萧》《三三》《边城》《八骏图》《长河》等小说以及《从文自传》《湘行散记》《湘西》等散文集。1931年至1933年在国立青岛大学任教，1933年9月与张兆和结为夫妻。抗战爆发后在西南联大任教，抗战胜利后在北京大学任教。新中国成立后，在中国历史博物馆和中国社会科学院历史研究所工作，主要从事中国古代服饰的研究，出版有历史文物研究专著《中国古代服饰研究》。1988年5月10日，因心脏病复发抢救无效去世。沈从文一直以"乡下人"自居，热衷于书写家乡水边的人事哀乐。他为中国文学史贡献了抒情的、理想的、丰富的诗意世界和肝胆相照、可爱善良的人物，深受评论家和读者喜爱。

三、主要人物

1. 翠翠

翠翠自幼和爷爷生活在碧溪岨白塔下。她勤劳朴实，与爷爷相依为命，共守渡船。她是山野溪边的精灵，是如同小兽一般天然美好的存在。她对人世情爱的态度是未被介入的、原生态的，也正因此，起初她虽然对傩送萌生了感情但却不自知，后来又因人事误会，有情人只能错过。她也是自然生命力的象征。傩送远走、白塔倾颓、爷爷去世，面对重重变故，她脱去了懵懂，懂得了爱之悲哀。自然所赋予她的内在生命运作的能力依然涌动着，她接手了渡船，等待傩送的归来。

2. 老船夫

老船夫是翠翠的爷爷，是他把翠翠带大的。老船夫淳朴踏实，兢兢业业地守着渡船，做好摆渡人。对待翠翠，老船夫关怀备至，爷孙二人风雨相依。翠翠母亲与一个军人相爱继而殉情的往事一直是老船夫心中的一道阴影。这道阴影时刻提醒着老船夫，在对待翠翠的爱情和婚事上要谨慎小心，避免翠翠重蹈其母的覆辙。出于这样的小心，爷爷一方面对翠翠过于保护，不让她知道更多真实细节；另一方面，爷爷不敢为翠翠做决定，秉着尊重翠翠意愿的好心，用犹豫不明的态度面对天保和傩送。天保的意外去世，加之对死亡逼近的预感，使爷爷愈发感到危机，想要尽快从顺顺家得到明确的消息，然而他太过朴直、不精世故，往往因此造成误会。

3. 傩送

傩送是船总顺顺的二儿子，茶峒人称之为"二老"。傩送生得英俊美丽，茶峒的乡亲都叫他"岳云"。他勇武过人，十二岁时就已是泅水和捉鸭子的好手。他有一副好嗓子，能唱高亢美妙的山歌。因为翠翠的羞于回应，他只能孤身追求爱情，面对团总的碾坊诱惑，他依然坚持自己想要的是渡船。哥哥不幸离世后，傩送也心灰意冷，远走他乡，不知归期。

4. 天保

天保是船总顺顺的大儿子，茶峒人称之为"大老"。和弟弟傩送一样，天保也是泅水划船的好手。他心直口快、慷慨爽利，大方地向老船夫承认自己对翠翠的爱慕。他先"走车路"向老船夫提亲，后来因为知道弟弟同时也爱着翠翠，便决定以唱歌这种为当地习惯所认可的竞争方式来决出胜负。傩送开口唱歌，哥哥便知道自己不是敌手，为了成全弟弟的感情和疏解自己的失落，他跟着新油船下辰州，后来葬身茨滩。

5. 船总顺顺

顺顺是茶峒当地掌管水码头的船总，过去在行伍中待过，回到家乡后经营船货事业。他大方洒脱，慷慨而又能济人之急；为人明事明理，正直豁达。两个儿子天保和傩送是他的骄傲，他教会他们做人的勇气和义气。

四、阅读指南

李健吾说沈从文"他热情地崇拜美。在他艺术的制作里，他表现一段具体的生命，而这生命是美化了的，经过他的热情再现的"。在《边城》中，沈从文用清新且优美的语言，描绘了热情又纯净的茶峒边城，塑造了性格各异却又朴实良善的人物，书写了令人读之难忘的爱情悲剧。在阅读《边城》时，可以关注作者对茶峒风景人情的描绘、对人物动作及心理的描写，体味作品独特的语言风格，把握人物命运及其意义。

对小说中人物命运的把握也是阅读本书的一个途径。小说中没有一个坏人，怎么就未能成就好事呢？原因何在？通过分析每个人物身上的悲剧成分，如翠翠对待感情的蒙昧、老船夫对翠翠婚事的苦心和过度保护、傩送和天保所处的爱情与伦理围城，读者可以从中感受到作者所传递的悲剧力量。这种悲哀，既是随着情节演进的，也蕴于人物自身的气质中。沈从文的书写不是分析式的，他用优美的文字引导读者去感受人物的气质与命运，使读者收获一份对人类爱恨恰如其分的说明。

对小说写作手法和语言特色的体味也是阅读本书的一个途径。在沈从文的生命中，对"美"的追求是一以贯之的。《边城》的内容与形式也无不体现着沈从文对"美"的思索与表达。在中国现代诸多小说中，《边城》有如一幅明净清新的水彩画，有着独一份的抒情和诗意。在阅读过程中，读者可涵泳玩索。另外，小说的心理描写也别具一格。作者善于描写妙龄少女的心境，正如李健吾所说："他好像生来具有一个少女的灵魂，观察的不是别人，而是自己。这种内心现象的描写是沈从文先生的另一个特征。"

此外，在阅读《边城》时，还可以重点关注作者对湘西人情美、人性美的描画。茶峒人情的温暖与和谐，是这部小说的一道暖色。小说中，翠翠的爷爷去世后，小城人民来往帮忙，杨马兵陪伴翠翠……这些场景多么温柔，足以让人相信倾颓的白塔能够重建。"时候变了，一切也自然不同了，皇帝已不再坐江山，平常人还消说！杨马兵想起自己年青作马夫时，牵了马匹到碧溪岨来对翠翠母亲唱歌，翠翠母亲不理会，到如今自己却成为这孤雏的唯一靠山唯一信托人，不由得不苦笑。"杨马兵这段朴实和坦诚的自白，又让人看见时光流转下边城人民那不变的"美"与"爱"，让人读之不禁几番慨叹。读者可以通过反复阅读类似的情节，加深对人情美、人性美的理解。

五、好句好段

1. 翠翠在风日里长养着，把皮肤变得黑黑的，触目为青山绿水，一对眸子清明如水晶。自然既长养她且教育她，为人天真活泼，处处俨然如一只小兽物。人又那么乖，如山头黄麂一样，从不想到残忍事情，从不发愁，从不动气。平时在渡船上遇陌生人对她有所注意时，便把光光的眼睛瞅着那陌生人，作成随时皆可

举步逃入深山的神气，但明白了人无机心后，就又从从容容的在水边玩耍了。

出自第一章

2. 那条河水便是历史上知名的酉水，新名字叫作白河。白河下游到辰州与沅水汇流后，便略显浑浊，有出山泉水的意思。若溯流而上，则三丈五丈的深潭皆清澈见底。深潭为白日所映照，河底小小白石子，有花纹的玛瑙石子，全看得明明白白。水中游鱼来去，全如浮在空气里。两岸多高山，山中多可以造纸的细竹，长年作深翠颜色，逼人眼目。近水人家多在桃杏花里，春天时只需注意，凡有桃花处必有人家，凡有人家处必可沽酒。夏天则晒晾在日光下耀目的紫花布衣裤，可以作为人家所在的旗帜。秋冬来时，房屋在悬崖上的，滨水的，无不朗然入目。黄泥的墙，乌黑的瓦，位置则永远那么妥帖，且与四围环境极其调和，使人迎面得到的印象，实在非常愉快。一个对于诗歌图画稍有兴味的旅客，在这小河中，蜷伏于一只小船上，作三十天的旅行，必不至于感到厌烦，正因为处处有奇迹，自然的大胆处与精巧处，无一处不使人神往倾心。

出自第二章

3. "翠翠，端午又来了。你记不记得去年天保大老送你那只肥鸭子。早上大老同一群人上川东去，过渡时还问你。你一定忘记那次落的行雨。我们这次若去，又得打火把回家；你记不记得我们两人用火把照路回家？"

翠翠还正想起两年前的端午一切事情哪。但祖父一问，翠翠却微带点儿恼着的神气，把头摇摇，故意说："我记不得，我记不得。"其实她那意思就是"我怎么记不得？！"

出自第六章

4. 那首歌声音既极柔和，快乐中又微带忧郁。唱完了这歌，翠翠觉得心上有一丝儿凄凉。她想起秋末酬神还愿时田坪中的火燎同鼓角。

远处鼓声已起来了，她知道绘有朱红长线的龙船这时节已下河了，细雨还依然落个不止，溪面一片烟。

出自第八章

5.这并不是人的罪过。诗人们会在一件小事上写出整本整部的诗，雕刻家在一块石头上雕得出骨血如生的人像，画家一撇儿绿，一撇儿红，一撇儿灰，画得出一幅一幅带有魔力的彩画，谁不是为了惦着一个微笑的影子，或是一个皱眉的记号，方弄出那么些古怪成绩？翠翠不能用文字，不能用石头，不能用颜色把那点心头上的爱憎移到别一件东西上去，却只让她的心，在一切顶荒唐事情上驰骋。她从这分隐秘里，常常得到又惊又喜的兴奋。一点儿不可知的未来，摇撼她的情感极厉害，她无从完全把那种痴处不让祖父知道。

出自第十八章

6.到了冬天，那个圮坍了的白塔，又重新修好了。可是那个在月下唱歌，使翠翠在睡梦里为歌声把灵魂轻轻浮起的年青人，还不曾回到茶峒来。

……

这个人也许永远不回来了，也许"明天"回来！

出自第二十一章

六、读后思考

1.《边城》的故事围绕三个端午节的人事际遇展开，你能以此为线索做相应的梳理吗？

简要提示：沈从文的创作遵循不悖乎人性的指引，《边城》的情节安排因此生动而自然。小说先分写天保、傩送和翠翠爷爷的生活，继而由蓬蓬的鼓声与黄狗的吠声带翠翠进入一个过去的节日里去，翠翠爷爷与天保一家的故事便由三个端午节的际遇慢慢地交织在一起了。老友喝醉酒，爷爷不能来，方有了翠翠与二老初遇的那个黄昏。次落的行雨拦下翠翠与爷爷，又有了大老对翠翠的一见倾心。这些相遇之缘与书外世界别无二致，浑然得仿佛这故事是天地间本就存在的。又一年节日，顺顺家打发人来送酒葫芦，那人便是二老，但小说并不马上点明，全由翠翠对他的熟悉感与后来爷爷的解说才托出他的身份，使得二老的第二次出场颇有几分"犹抱琵琶半遮面"的意蕴。

2. 阅读小说选段，试分析人物心理和情感内涵。

……

翠翠斜睨了客人一眼，见客人正盯着她，便把脸背过去，抿着嘴儿，很自负地拉着那条横缆，船慢慢拉过对岸了。客人站在船头同翠翠说话：

"翠翠，吃了饭，同你爷爷去看划船吧？"

翠翠不好意思不说话，便说："爷爷说不去，去了无人守这个船！"

"你呢？"

"爷爷不去我也不去。"

"你也守船吗？"

"我陪我爷爷。"

"我要一个人来替你们守渡船，好不好？"

砰的一下船头已撞到岸边土坎上了，船拢岸了。二老向岸上一跃，站在斜坡上说：

"翠翠，难为你！……我回去就要人来替你们，你们快吃饭，一同到我家里去看船，今天人多咧，热闹咧！"

翠翠不明白这陌生人的好意，不懂得为什么一定要到他家中去看船，抿着小嘴笑笑，就把船拉回去了。到了家中一边溪岸后，只见那个人还正在对溪小山上，好像等待什么，不即走开。……

简要提示：这一段主要是人物对话和动作、心理描写。从人物的对话入手，初步感知翠翠和二老各自的性格特点：翠翠天真烂漫，二老热情爽朗。从这一段中，可以看出二老对翠翠是有意的，他盛邀翠翠到家中看船，下了船还站在对溪的小山上等待。而翠翠也已经情窦初开。"砰的一下船头已撞到岸边土坎上了，船拢岸了"一句以船拢岸的动作来比拟翠翠的心动，可谓入木三分。她虽"不明白这陌生人的好意，不懂得为什么一定要到他家中去看船"，但却情不自禁地"抿着小嘴笑笑"。这一段写出了翠翠和二老二人情感萌动的纯真与美好。

3. 小说结尾写道："到了冬天，那个圮坍了的白塔，又重新修好了。可是那个在月下唱歌，使翠翠在睡梦里为歌声把灵魂轻轻浮起的年青人，还不曾回到茶峒来。……这个人也许永远不回来了，也许'明天'回来！"你是如何理解这个结尾的？谈谈你的感受。

简要提示：结尾读来让人觉得怅惘，甚至有些酸涩，却又传递着隐隐的希望。白塔的坍塌和重修，象征着古老湘西的终结和新生。翠翠和二老那不知归途的感情、难以预料的未来，反映了作者对"理想的人生形式"在现代性冲击下的隐忧，同时也为小说笼罩了一层悲剧色彩。

4. 读罢全书，对"边城"这一书名及其背后的内涵，你有什么样的感悟和理解？

简要提示：可从湘西人情美、人性美的角度，举例分析；也可从小说的内容和语言特色角度，分析以沈从文为代表的这一支乡土文学所具有的特点。

七、拓展阅读

1.《从文自传》沈从文

沈从文的一部散文体自传，讲述了其童年和青年时代在湘西的成长经历。对了解湘西世界对沈从文文学的影响很有帮助。

2.《萧萧》沈从文

沈从文创作的短篇小说。小说围绕童养媳萧萧的人生际遇展开，表现未经污染的自然世界和人性的纯美，作者借此抵御都市物质文明对人的扭曲。

3.《他从凤凰来：沈从文传》金介甫

美国著名汉学家金介甫所著，公认的沈从文研究中的重要作品。内含大量史料（包括诸多第一手资料），叙写沈从文的个人生活、评述沈从文的创作，内容详实、学术价值较高。

《骆驼祥子》

导读老师：张小军

一、作品介绍

祥子是一个典型的农村小伙，失去了父母和几亩薄田，只能跑到北平谋生。作为一个地道的"北漂"，他既年轻又有力气，认定拉车是最容易挣钱的，给自己定位为"高等车夫"。他的奋斗目标是拥有一辆自己的车，一切都在自己手里掌控。祥子苦干了三年，终于攒够了钱，买了一辆心爱的新车。他坚信通过自己的拉车拼搏，干上两年就可以再买辆新车，说不定再干上几年，也能开一个自己的车厂。

为了心中的宏伟目标，祥子每天拼了命地跑，只想早日买下第二辆车。有一天，他心存侥幸想多赚一块，禁不住别人叫自己"大个子"的诱惑，铤而走险把车拉到了清华。没想到，刚出西直门没多久，连车带人被十来个兵捉了去。在这里，他要给大兵累死累活地干活儿，车也被大兵们没收了。对于祥子而言，最可怕的不是拉车的艰辛，而是一切都要从头再来。战争足以剥夺一切，包括祥子卑微的性命，祥子为保住了这条命感到庆幸。大兵们吃了败仗，祥子夜里趁乱脱了身，还顺手牵走了三匹骆驼，卖给了一个老头，卖了35块大洋。因为这件事，他得了一个外号"骆驼祥子"。

回到了北平城，祥子把失车与卖骆驼的事，告诉了"人和车厂"老板刘四爷。刘四爷是快70岁的人，有一个37岁的女儿虎妞。虎妞长得虎头虎脑，是一个蛮横泼辣的悍妇。不过，虎妞对祥子

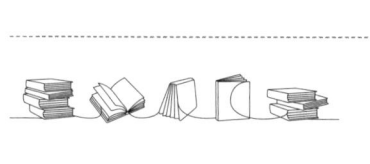

却是格外地关心，她有点儿喜欢这个憨厚可爱的傻大个儿。祥子还是忘不了宏伟的买车计划，他把 30 元钱交给刘四爷保管，希望攒满后再买新车。

为了再买上一辆新车，祥子又是拼命地拉车，不惜和别人抢生意。他也拉起了包月，因杨家待人过于苛刻，只干了 4 天便愤然辞职。晚上 11 点多，祥子回到人和车厂，被虎妞几杯酒灌醉，经引诱和她睡在了一起。酒醒了，祥子感到羞愧，并且意识到了情况不妙。他决定离开人和车厂，跟刘氏父女一刀两断。正好就在这时，祥子有机会到曹先生家里拉包月。在祥子眼里，曹家是这个社会沙漠里的绿洲，曹先生为人和善，曹家人对祥子也很友好。

年末的一个晚上，虎妞找上门来，对祥子说她有了身孕，祥子必须娶她。祥子感到吃惊，虎妞把祥子存在刘四爷那里的 30 元钱还给他，并告诉他一个完整的计划，她让祥子先给刘四爷拜寿，借机认他当干爹，讨好了老头子欢心，自己再嫁给祥子，他俩日后便继承车厂。虎妞这一招苦肉计，抓住了祥子好面子没主见的人性弱点。祥子在心底厌恶虎妞，更不愿这么不体面地娶她。

曹先生遇到了麻烦，他被学生阮明告发了，说他散布过激言论。祭灶那天晚上，祥子照常拉着曹先生回家，没想到后面跟了一个侦缉队的人。不久，祥子将曹先生送到了左宅，自己却被孙侦探拉进了一个黑屋子，敲诈了仅有的血汗钱。原来，这个孙侦探，就是当初抓祥子的排长。万万没有想到，储存多时的积蓄，到头来还是被一个瘪子侦探敲诈光了。祥子自己"北漂"多年，最终落得一个身无分文、无家可归的下场。但他很忠实，虽然曹家的事连累了他，但他并没有想过动曹家的东西。不久，曹先生一家离开了北平。第二天，祥子也只能灰不溜秋地回到人和车厂。

刘四爷的生日本来很热闹，但因为看到别人儿孙满堂心里很不舒服，他便把不满倾泻在祥子和虎妞身上。刘四爷识破了虎妞的计划，不愿把女儿嫁给祥子，害怕祥子继承他的产业，要祥子立刻滚蛋。虎妞并不买刘四爷的账，铁了心非祥子不嫁。虎妞一不做二不休，带着500元私房钱，嫁给了祥子，和祥子在一个大杂院里租房子成了亲。婚后，虎妞才告诉祥子，她根本就没怀孕。虎妞还以为，等父亲过了气头，自己再回去服软，他还是会接纳祥子。没想到，刘四爷倒卖了车厂一走了之，将事做绝了，彻底断了虎妞的一切念想。虎妞失望至极，她给祥子100元钱，买下了同院二强子的一辆二手车。

这一次，虎妞真的怀孕了，祥子也快当爸爸了。然而，虎妞的终极厄运，却是伴随着小骆驼的降生而不幸来临。谁也没想到，虎妞素日的不爱活动、爱吃零食，正是生孩子的最大隐患，大家守了三天三夜，可虎妞因为胎儿过大，又错过了最佳抢救时间，结果还是难产死去。

为了埋葬难产的虎妞，祥子被迫无奈做出了卖车的抉择。虎妞难产固然是因她的嘴馋与愚昧，然而她的死对于祥子来说却是不小的打击。这是祥子第三次失车，他再次感觉自己的努力又白做了。到了现在，祥子手里仅剩了30元钱。还好，小福子愿意跟祥子一起过日子。他俩同命相连，都是苦命人，早就互有好感。祥子从心底喜欢小福子，但又苦于无力养活她全家，只好狠心离开，许下了一个不靠谱的承诺。

经过三次打击，祥子已经没劲头了。他又给夏家拉上了包月。在夏家，祥子受了女主人的诱惑，染上了淋病。于是祥子开始堕落了，抽烟、耍滑、偷懒，身体大不如以前强壮，人也少了以前的淳朴正气。在巡警眼中，祥子就是头等的"刺儿头"。然而，祥子的变坏，却在其他车夫那里获得了人缘好的评价。祥子明白人不能独自活着，他只是一个普通的车夫。

一天夜里，祥子拉到了久违的刘四爷。刘四爷问祥子女儿的下落，祥子就是不肯告诉他虎妞埋在哪儿，感觉自己已经战胜了刘四爷。报复刘四爷的快感，让祥子感到了振作。祥子觉得，战胜了刘四爷，就能战胜生活。毕竟还有小福子在等着他，他的生命再次燃起了希望。祥子又碰到了曹先生，他答应祥子还拉包月，也同意把小福子带过来当帮工。祥子觉得，又有了希望，可以与心爱的人在一起。然而，祥子走了以后，小福子被卖到最下等的妓院，因为不堪忍受折磨，已经上吊自杀了。祥子在杂院里找不到小福子，只在乱葬岗找到了一个坟头。小福子的自杀，最终让祥子彻底心死了。

自此，祥子彻底堕落成了最下等的车夫，不在乎什么寡廉鲜耻了。为了钱，他甚至连曹先生也骗，直到没人再愿意租车给他。祥子弄到钱，也出卖了告发曹先生的阮明，成了一个彻头彻尾的小人。他也不再拉车，就靠在丧礼上打纸旗挽联换几个铜子。就这样，还不到 30 岁的祥子，终究混成了"个人主义的末路鬼"。

二、作者小传

老舍（1899—1966）原名舒庆春，是一个出身北京底层社会的旗人。因为出身底层，他很小便知道贫穷予人的深深的刺痛感。且因为旗人身份，身在民国的他也有着难以言说的隔膜感。

老舍有着根深蒂固的"北京情结"，在他心中有永远绘制不完的属于自己的北京文学地图。正如《我怎样写〈离婚〉》一文中说："北平是我老家，一想起这两个字就立刻有几百尺'故都景象'在心中开映。"

9 岁那年，他获得别人的资助进入私塾读书。14 岁考入了京师第三中学，却因家境贫困被迫退学，又考入公费的北京师范学校，才得以继续学习。

1918年，老舍师范毕业，被派去当小学校长。1920年，他晋升为京师教育局北郊劝学员。但因为性格原因，他很不适合这样的公务员生活，又重新回到了学校教书。

1921年，老舍发表小说《她的失败》，这算是他写作事业的开端。

1922年，老舍受礼加入基督教，后在天津南开中学教国文，并在北京教育会、北京地方服务团工作。在此期间，他还在英文夜校和燕京大学补习英语。

1923年，老舍发表了短篇小说《小铃儿》。

1924年，老舍到伦敦大学亚非学院任汉语讲师，算是他人生中最为华丽的一次转身。课余时间，老舍觉得寂寞无聊便学习起了狄更斯写小说。第一部长篇小说《老张的哲学》，便以"玩票儿"的心态完成。没想到，老舍这一篇长篇的处女作，不仅如愿发表在《小说月报》上，还好评如潮。就这样，老舍顺利搭上了文学创作这趟列车，一发不可收拾地发表了一系列小说。

1928年，老舍接受新文学的招安，正式转型成为一名"严肃"的新文学作家。老舍加盟新文学阵营，确实是一种双赢的局面。老舍从此获得了作家的正规头衔，新文学也进一步扩大了读者面。

1929年，老舍回到了阔别已久的祖国。

1930年，老舍成了齐鲁大学的教授。

1931年，老舍与胡絜青结婚。

1932年，老舍创作科幻讽刺小说《猫城记》。

1934年，老舍被任命为山东大学文学系教授。

1936年，老舍辞去大学教授职务，专心从事写作事业。9月，老舍创作完成《骆驼祥子》。

1937年，抗日战争全面爆发。8月，老舍返回齐鲁大学任教。11月，老舍只身奔赴武汉，支持文艺界的抗日救国事业。

1938年，老舍被选为中华全国文艺界抗敌协会常务理事兼总务部主任，对内主持日常会务，对外代表"文协"，并全面负责总会的领导工作。7月，随文协西迁重庆。

1939年，《骆驼祥子》首版一经发行，便成为一本拥有国际知名度的畅销小说。

1944年，老舍创作了长篇小说《四世同堂》的第一卷《惶惑》。

1946年，老舍受邀赴美讲学，同年还出版了《四世同堂》的第二卷《偷生》。

1949年，中华人民共和国成立。老舍接到文艺界三十余位友人的信后，当机立断决定回国。10月，离开美国。12月，抵达天津。

1950年，中国民间文学研究会成立，老舍担任副理事长。

1951年，老舍获得了"人民艺术家"的称号，他是新中国成立以来第一个获此殊荣的人。

1966年，"文化大革命"爆发。这一段时间，老舍要么被批斗，要么被虐待。8月23日晚，老舍不堪受辱，静静地走入北京太平湖中，慢慢地沉入水下。24日清晨，老舍的尸体浮在水面上，被过往的人发现，才打捞出来。

老舍一辈子坚持平民立场，一生只将自己称为平民"写家"。

三、人物形象

1. 祥子：善良、淳朴、自私、堕落

祥子是《骆驼祥子》的灵魂人物。老舍给祥子的定性，是"体面的，要强的，好梦想的，利己的，个人的，健壮的，伟大的，自私的，不幸的，社会病胎里的产儿，个人主义的末路鬼！"

祥子是一个好梦想的青年，他为了买车拼命赚钱、省吃俭用，认为一切的努力得到回报只是时间问题。他有着强健的身体与娴熟的跑法，想凭借这一切攒钱买车，最终实现个人的价值。他又

是一个要强的青年，会为摔了曹先生而感到一丝愧疚，认为这是拉车事业上的一次技术污点。他想辞掉工作不干，牺牲血汗钱，保住自己在车夫行业里的脸面。他又是伟大的青年，被孙侦探赶出门，又不放心地回到曹家，第一时间考虑的不是自己，而是曹家的安危。曹家一切安好，祥子却成了最终的牺牲品。

祥子是一个利己的青年，他第二次为了攒钱买车，开始厚黑化了，与别人争买卖，脸面也顾不得了。他又是一个自私的青年，喜欢小福子，但因为贫穷而不想承担小福子一家的责任，毅然决然地丢下她，后来也再也没有看过她。最终，小福子含恨自杀，祥子最后一线希望破灭，心彻底死了。他又是一个堕落的青年，受到了太多的不公与不幸，最终堕落成没有灵魂的行尸走肉。人性的种种弱点，使得祥子再也无法承受生命之痛苦，而不可避免地走向了最终的沉沦。

2. 虎妞：大胆泼辣、好逸恶劳

虎妞是车厂老板刘四爷的女儿，三十七八岁，给人的第一印象是一个蛮横泼辣的悍妇。她长得虎头虎脑，外表丑陋，像一个大黑塔，不讲仁义，粗俗凶悍。

虎妞还是一个敢爱敢恨的女性，敢爱比自己小十多岁的穷小伙，敢恨延宕了自己青春的父亲。她对祥子有一往情深的爱。虎妞的伤痛，在于被父亲一直死死控制的尴尬。当她遇到祥子，一颗蠢蠢欲动的少女芳心被激活了，她也渴望享有一个女人爱与被爱的权利。虎妞的悲剧，是一生难以解开的"控制心结"，她想尽一切法子摆脱父亲的控制，却又想尽一切法子控制祥子。

虎妞如愿嫁给了祥子，也意味着嫁给了贫困。刘四爷将事做绝，倒卖车厂一走了之，彻底与她断了父女关系。虎妞失望至极，她的下半辈子只能靠祥子生活。虎妞用自己的私房钱，给祥子买了一辆二手车。然而，最终厄运伴随着"小骆驼"的降生来临。

虎妞难产，祥子守了三天三夜，因为愚蠢，耽搁了最佳抢救时间，虎妞生命里的最后一根救命稻草被消磨完了。

虎妞的婚姻是一场悲剧，她嫁给了一个不喜欢自己的人，祥子到底还是不愿卖掉心爱的车去救她一命。祥子埋葬了虎妞，并没有因为自由而获得新生，相反，他的人生也彻底地走向了堕落。

3. 小福子：善良、柔弱

小福子长得不难看，算是她所生活的环境里一个颜值不低的女性。父亲为了一家人的生计，把她卖给一个不靠谱的军官。她被军官抛弃了，一无所有地回到了贫困的家。然而，父亲再次逼迫她做暗娼卖淫。为了养活两个弟弟，她出卖自己的肉体。小福子有一个不成器的父亲，这是她一切不幸的根源。

祥子生病的时候，小福子时常照看，两人互有好感。这惹恼了虎妞，虎妞逼着小福子还了欠下的钱，把她赶了出去。虎妞难产死了，祥子与小福子算是有了走到一起的机会。祥子向小福子诉说委屈，可又说不出话来。面对小福子破败的家，祥子的心变得沉重。他还喜欢她，可是负不起养活他们一家子的责任。祥子想自己挣上一笔钱后回来娶小福子。小福子认为祥子抛弃了自己。祥子狠心地离开了小福子，小福子的最后一丝希望，也就瞬间破灭了。

小福子把自己的幸福过多地寄托在别人身上，一辈子只活在别人的世界里。她太弱了，需要一个有能力的好男人关爱，然而她这一生碰到的都是一些不靠谱儿的男人。祥子是小福子生命中最后一根救命稻草，祥子离开了她，她也就失去了最后的生存希望，只能自杀了结余生。

4. 刘四爷：自私自利、爱讲面子

刘四爷是一个地地道道的狠角色，年轻的时候当过库兵，设过赌场，买卖过人口，放过阎王账，民国以后开了洋车厂子。

刘四爷虎头猴脑，与女儿虎妞一起，将人和车厂治理得铁筒一般。人和车厂，也就成了洋车界的知名公司。刘四爷在事业上的成功，掩盖不了没有子嗣的苦恼。虎妞一直撮合祥子成为刘四爷的干儿子，但刘四爷骨子里瞧不上祥子。

寿宴快要结束，刘四爷觉得无聊，便将怒气转向了虎妞与祥子。没想到虎妞却说自己有了祥子的孩子，刘四爷碍于颜面，宣布与虎妞断绝父女关系。没了女儿做帮手，他弄转不了人和车厂，索性变卖了车厂。刘四爷没脸在北平城里混，干脆去天津或上海玩玩。没了父亲的钱，虎妞只能依赖祥子拉车为生。

刘四爷与祥子再次相遇，质问女儿的状况，祥子说了一句"死了"。刘四爷骂了起来，祥子铁了心不告知虎妞的葬处，用残忍回敬刘四爷当初的无情。纵然刘四爷有再多的痛骂与悔恨，最后还是连女儿的葬处也见不着。

刘四爷一手造成了虎妞的悲剧，最终不得不为女儿的悲剧埋单。刘四爷的悲剧，就是除了钱之外，什么也没有的悲剧。一个彻底被金钱异化的人，机关算尽，却算不了命运。他忍受了大半辈子的寂寞，人到晚年还要忍受孤苦与间接害死女儿的良心惩罚。

5. 阮明：机关算尽太聪明，反算了卿卿性命

阮明是一个思想激进的学生，整天忙于革命活动，功课不及格，想靠与曹先生的关系蒙混过关。曹先生没有答应，还是让他挂科了。阮明便特别恨曹先生，竟然到党部诬告曹先生是"乱党"。到了寒假，侦探们开始忙着调查与逮捕。曹先生不在乎这些侦探，因为他认识左先生。曹先生因为有人帮忙所以相安无事，祥子却因此被敲诈了所有的积蓄。

阮明如愿做了官，享受了以前他所鄙视的生活。当钱不够挥霍的时候，他便想着用以前激烈的思想换点儿钱。他凭借革命活

动，谋取了一点儿私利；还参加了组织洋车夫的工作，受了点儿津贴，并认识了祥子。阮明与祥子，表面是战友关系，实为出卖和被出卖的关系。阮明与祥子，都是金钱的奴隶，不同的是阮明把思想变成了金钱，而祥子更狠地把阮明变成了金钱。

曾经，阮明出卖了曹先生，祥子成了最大牺牲品；而现在，祥子出卖了阮明，阮明就成了政治牺牲品。阮明被游街示众，他的心不知是悔恨还是颤痛？被枪毙，绝非他参加革命想要的结局。他参加革命确实另有目的，只是没想到会惨遭自己瞧不上的祥子出卖。

机关算尽太聪明，反算了卿卿性命。阮明的悲剧，就是一个革命投机分子惨遭一个堕落"老司机"出卖的悲剧。阮明也是政治斗争的牺牲品，他的命运是时代洪流里很多革命青年命运的缩影。

6. 曹先生：不靠谱的人道主义者

曹先生的出现，只是减缓了祥子的堕落步伐。曹先生是一个有点儿"社会主义"思想的大学教授，也是个唯美主义者，受了维廉·莫里司一点儿影响。作为二三流学者，他没有什么原创的思想，也无心干什么惊天动地的事业。曹先生为人和气，家中只有三口人。相较于杨家的人多事杂、待人苛刻，曹家显得有点儿可爱，祥子也觉得这里很有人味儿。

祥子拉曹先生出了事故，心底愧疚，工钱也不想要了，只想辞了工作。曹先生没有责怪祥子，这起交通事故的责任，也不在祥子。曹先生的一个麻烦，给祥子带来了致命性的打击。因为阮明的出卖，孙侦探盯上了曹先生，顺便也敲诈了祥子。祥子被敲诈一事，曹先生应该负有一定的补偿责任。倘若他知晓了事情的真相，想必不会拒绝补偿祥子。

曹先生是一个人道主义者，也深知官场的潜规则，他有左先生作为靠山，就不怕孙侦探的放肆。然而，他的人道主义只是观念意义上的，行动上不是慢了几拍，就是没有意识到祥子真正的苦痛。曹先生的缺陷，也是那个时代的知识分子俯视底层，难以深入理解他们的一种阶层鸿沟。关于钱的问题，曹先生不是慢了几拍的延宕，就是不着边际的关怀。对于祥子来说，只能算是杯水车薪。祥子也明白曹先生救不了自己的命。

7. 老马：要强得不会变通

老马是一个55岁的低等车夫，出场就是一副惨相，蓬头垢面、衣衫褴褛。因为严寒，老马实在撑不住，想进茶馆取个暖。没想到刚进门就昏倒了。掌柜赶紧给他灌了碗白糖水。面对同行的不幸，车夫们都关心地围了起来，祥子也为老马买了10个羊肉馅儿包子。老马舍不得吃，叫来了孙子小马一块儿吃。老马给大家讲述了他家的遭遇：儿子当兵一去不复返，儿媳妇跟别人走了，剩下祖孙两人相依为命，靠一辆破车勉强糊口。

半年后，祥子又遇见了老马，他早已改行不拉车了。祥子得知小马已经死了半年多，老马现在以卖烧饼果子为生。两人相互诉说心中的委屈，一个比一个惨。曾经的老马也是个要强的高等车夫，没想到混到如今竟成了这副惨样。在他看来，这一切都是命运之手在无形地操控着天罗地网。老马一辈子的要强，换来的却是家破人亡。年轻时的老马，不仅身子骨好，心眼儿也好，经常拿别人的事当自己的事做。人到晚年，他开始质疑这个不公的世道。最后，老马给祥子说出了自己总结的"蚂蚱论"，祥子算是彻底明白了，只靠自己，就像被拴住了的蚂蚱，根本飞不起来。

老马是一匹任劳任怨的"老马"，却也逃不脱被命运皮鞭抽打的悲惨结局。老马的悲剧，就是要强得不会变通，终究被命运捉弄。

8. 二强子：自暴自弃

二强子40多岁，干一行怂一行，没有一技之长，做生意永远只会赔。没有本事的男人，往往脾气比较大，把打老婆作为最后的荣耀，二强子就是这样怂的男人。他将女儿卖给一个军官，买了一辆新车。可是他酗酒成性，又爱体面，很快将钱花得差不多了。一次酒醉后，他将自己的老婆打死了，只能把车卖给祥子，为老婆办丧事。

二强子卖车后，更加自暴自弃，将所有积蓄花了个精光。对于二强子而言，太多的生活挫败感，让他陷入了自甘堕落的无药可救的境地。军官抛弃了小福子，小福子只能回到曾经抛弃自己的家，还要承担起养活一家人的责任。二强子又喝醉了，暗示小福子去卖淫。小福子走投无路，只得当暗娼养活一家人。

二强子既自责又抱怨。他好面子，晓得女儿卖淫，丢了自己的面子，没脸回家。他心底又认为，小福子是个会挣钱的东西，找女儿要钱是名正言顺的事。自己没有错，小福子就是天生的不要脸。

祥子看透了小福子一家，知道自己没有能力养活她一家人。二强子的无耻与无赖，不仅毁了自己，更毁了女儿的一生。

二强子的悲剧，就是太多的挫败感异化了人性，使自己陷入自甘堕落的境地。

四、阅读指南

《骆驼祥子》是一部相对比较简单的小说，表层故事情节并不复杂，然而要真正读懂它也非易事。在阅读中，需要我们做到：

首先，了解时代背景，还原人物的生存境地。

《骆驼祥子》写于1936年，作品以二十世纪二三十年代的北平为背景。时代背景是我们理解小说的重要前提，因为只有把人物还原到当时的时代背景里，据此，我们才能真正地深入人物的内心，去感受他的世界。

这个时代是中国近代史上最混乱的年代，新旧军阀连年混战，自然灾害肆虐，农村经济濒临破产。很多农民为了生存，不得不涌入城市。这就是祥子来到北平谋生的原因，据此，我们也就更容易理解祥子为什么会被乱兵抓走。

阅读这部小说，难就难在时代背景的准确切入。我们只有紧握住了时代背景这把钥匙，才能真正读懂这本看似简单的小说。

其次，建议文本细读，斟酌老舍字里行间的用意。

新课标建议采用"批注"式的阅读方法细读《骆驼祥子》。"批注"式的阅读方法，也就是我们平时读书的圈圈点点。圈点阅读的过程，是阅读与思考结合的过程，便于摘录和梳理，也能促进理解。

要么带着问题，提出一个具有挑战性的问题进行探索。要么针对一些细节的阅读，有感而发地展开一些议论。比如，祥子第一次失车的厄运，根源在于他得意忘形的心理。"'大个子'三个字把祥子招笑了，这是一种赞美。他心中打开了转儿：凭这样的赞美，似乎也应当捧那身矮胆大的光头一场；再说呢，两块钱是两块钱，这不是天天能遇到的事。"我们细读这一句，可以发现真正让祥子动心的，还是矮子那一句"大个子"的肯定。一个人长期被他人冷落，别人不经意的一个夸赞，便让他得意忘形得失去了最起码的谨慎，祥子这次冒险正是如此。为了虚无的面子，祥子飘飘然地失去了往日的警惕心，最终将自己引向了后悔莫及的死路。

祥子对待虎妞，到底是什么态度？虎妞难产而死，祥子要不要负主要的责任？"祥子的车卖了！钱就和流水似的，他的手已拦不住；死人总得抬出去，连开张殃榜也得花钱。"祥子愿意卖车埋葬虎妞，却不愿卖车救虎妞一命，这一点确实让人无法理解。

最后，分析人物形象，感悟小说的主旨。

《骆驼祥子》不是简单的"祥子正传"，还涉及其他各色人物，我们阅读时也要关注他们的性格与命运，需要注意人物描写中的外貌、动作、心理描写。小说涉及的人物都是底层人物，他们的性格特点往往与自身的生活环境相关。比如，虎妞的泼辣性格，与她的成长环境相关。"她也长得虎头虎脑，因此吓住了男人，帮助父亲办事是把好手，可是没有人敢娶她作太太。她什么都和男人一样，连骂人也有男人的爽快，有时候更多一些花样。"因为父亲一手把她拉扯大，基本上就把她当作男孩培养。虎妞的伤痛，在于被父亲一直死死控制的尴尬。当她遇到了祥子，就想尽一切法子摆脱父亲的控制，却又想尽法子控制祥子。只有理解了虎妞这样的不幸，才更容易理解虎妞的悲剧。

祥子历经三起三落，最终还是回到了最初的原点。当他再次遇到老马时，小马已经死了，老人只能以卖烧饼果子为生。老马给祥子讲了自己用一生总结的"蚂蚱论"。"我算是明白了，干苦活儿的打算独自一个人混好，比登天还难。一个人能有什么蹦儿？看见过蚂蚱吧？独自一个儿也蹦得怪远的，可是教个小孩子逮住，用线儿拴上，连飞也飞不起来。"老马的这个"蚂蚱论"，对于我们理解小说主题也有一定的帮助。祥子明白了，自己所有的努力，逃不出底层早已安排好的命运归属。既然逃离不了命运的作弄，就索性不再遵守世俗规则了。他的人生观彻底崩溃了，底层价值也彻底塌陷了。

五、好句好段

1. 这些人，生命最鲜壮的时期已经卖掉，现在再把窝窝头变成的血汗滴在马路上。没有力气，没有经验，没有朋友，就是在同行的当中也得不到好气儿。

出自第一章

2. 从风里雨里的咬牙,从饭里茶里的自苦,才赚出那辆车。那辆车是他的一切挣扎与困苦的总结果与报酬,像身经百战的武士的一颗徽章。

出自第一章

3. 他只关心他的车,他的车能产生烙饼与一切吃食,它是块万能的田地,很驯顺的随着他走,一块活地、宝地。

出自第二章

4. 自从一到城里来,他就是"祥子",仿佛根本没有个姓;如今,"骆驼"摆在"祥子"之上,就更没有人关心他到底姓什么了。

出自第四章

5. 现在,他不大管这个了,他只看见钱,多一个是一个,不管买卖的苦甜,不管是和谁抢生意;他只管拉上买卖,不管别的,像一只饿疯的野兽。

出自第五章

6. 这有时使他自愧,有时也使他自喜,似乎看得明明白白,他的家庭是沙漠中的一个小绿洲,只能供给来到此地的一些清水与食物,没有更大的意义。

出自第七章

7. 祥子听着,看着,心中感到一种向来没有过的难受。在小马儿身上,他似乎看见了自己的过去;在老者身上,似乎看到了自己的将来!

出自第十章

8. 穷人的命,他似乎看明白了,是枣核儿两头尖:幼小的时候能不饿死,万幸;到老了能不饿死,很难。只有中间的一段,年轻力壮,不怕饥饱劳碌,还能像个人儿似的。

出自第十一章

9. 在这种静寂中，祥子听见自己的良心的微语。先不要管自己吧，还是得先回去看看曹家的人。

出自第十二章

10. 愚蠢与残忍是这里的一些现象；所以愚蠢，所以残忍，却另有原因。虎妞在夜里十二点，带着个死孩子，断了气。

出自第十九章

11. 爱与不爱，穷人得在金钱上决定，"情种"只生在大富之家。……他狠了心，在没有公道的世界里，穷人仗着狠心维持个人的自由，那很小很小的一点自由。

出自第二十章

12. 我算是明白了，干苦活儿的打算独自一个人混好，比登天还难。一个人能有什么蹦儿？看见过蚂蚱吧？独自一个儿也蹦得怪远的，可是教个小孩子逮住，用线儿拴上，连飞也飞不起来。

出自第二十三章

13. 他的命可以毁在自己手里，再也不为任何人牺牲什么。为个人努力的也知道怎样毁灭个人，这是个人主义的两端。

出自第二十三章

14. 他为自己努力，也为自己完成了死亡。他等着吸那最后的一口气，他是个还有口气的死鬼，个人主义是他的灵魂。这个灵魂将随着他的身体一齐烂化在泥土中。

出自第二十四章

15. 体面的，要强的，好梦想的，利己的，个人的，健壮的，伟大的，祥子，不知陪着人家送了多少回殡；不知道何时何地会埋起他自己来，埋起这堕落的，自私的，不幸的，社会病胎里的产儿，个人主义的末路鬼！

出自第二十四章

六、读后思考

1. 书名《骆驼祥子》有什么含义？

简要提示：祥子卑微到了极致，大家甚至不知道他姓什么，只知晓祥子的名字前面冠了"骆驼"二字。"骆驼"准确地传达出了祥子的双重性格：吃苦耐劳又沉默寡言，有股干劲又不大合群。

2. 简述祥子的三起三落。

简要提示：奋斗三年买下车——被乱兵抢了车；卖骆驼、拉车攒了不少钱——被孙侦探敲诈了所有积蓄；结婚后靠虎妞买了车——卖车埋葬虎妞。

3. 为什么祥子会有那么多的心理活动？

简要提示：祥子是一个沉默寡言的人，但是，平时不怎么说话，不代表他没有思想。另外，祥子在某种意义上也算是老舍的代言人，他的思想活动也呈现了老舍一定的思想。

4. 祥子是一个悲剧人物，那么造成祥子悲剧的原因是什么？

简要提示：他的悲剧有个人原因，也有社会原因。个人原因：三次失车的不同打击、虎妞的难产而死、小福子的上吊自杀，这些不幸的遭遇，导致他的生活希望彻底破灭。社会原因：无论祥子怎么努力，黑暗的社会总是一次次无情地剥夺他的努力，他就像蚂蚱一样，想通过个人奋斗摆脱贫困，是万万不可能的。

5. 有人说，倘若小福子不死，祥子也就不会堕落了。你是否同意这个看法？请结合小说谈谈。

简要提示：同意，如果祥子与小福子有情人终成眷属，他们会凭借自己勤劳的双手，创造属于自己的生活，就算祥子买不起车子，也不至于彻底堕落成行尸走肉。

不同意，祥子代表了旧社会被迫害的一类人，只要社会还是那样黑暗，祥子还是会一辈子倒霉，终究会堕落。

七、拓展阅读

1.《老舍自传》老舍

本书是老舍的自传，共有 13 章，讲述了老舍丰富而跌宕的一生。全书以老舍本人的各种自述作品为底本进行恰当的编排，内容真实可靠，情节生动有趣，语言保持了老舍一贯的幽默风趣。

2.《猫城记》老舍

本书是老舍的长篇讽刺小说，借火星上一座荒诞的猫城，以黑色幽默的笔调写出了当时中国的黑暗。

3.《月牙儿》老舍

这是老舍的一篇中篇小说，描写了母女两代人沦为暗娼的故事，深刻反映了 20 世纪上半叶中国城市贫民的生存状况，通过人物的不幸遭遇折射了一段历史的沧桑。

4.《茶馆》老舍

这是老舍最经典的三幕话剧，全剧通过对茶馆内各色人物生活变迁的描写，揭露了清末、民初、抗日胜利三个时期的社会面貌，揭示了当时各个阶层的对立冲突，表现了半殖民地半封建社会的动荡与黑暗，构成了旧中国的一曲挽歌。

5.《老舍谈写作》老舍

本书精选老舍谈论写作的文章，从写作的基本原则、写与读的关系、语言的运用、描写的技巧、结构的方法等方面，深入浅出地阐述了"如何写作"的问题。

《四世同堂》

导读老师：崔海峰

一、作品介绍

小说在卢沟桥事变爆发、北平沦陷的时代背景下，以祁家四世同堂的生活为主线，钱家、冠家以及其他居民为辅，形象、真切地描绘了以小羊圈胡同住户为代表的各个阶层、各色人等的荣辱浮沉、生死存亡。

全书由《惶惑》《偷生》《饥荒》三部组成，叙写了中华民族深重的灾难，讴歌、弘扬了中国人民伟大的爱国主义精神和坚贞高尚的民族气节，史诗般地展现了第二次世界大战期间，中国人民为世界反法西斯战争做出的杰出贡献。气度恢宏、可歌可泣，处处流露出国家残破的刻骨之痛和"笔尖上能滴出血与泪来"的艺术风格。

二、作者小传

老舍（1899—1966），享年67岁，原名舒庆春，字舍予。满族，北京人。老舍这一笔名最初在小说《老张的哲学》中使用，其他笔名还有舍予、非我、鸿来等。中国现代小说家、著名作家，杰出的语言大师，新中国第一位获得"人民艺术家"称号的作家。代表作有《骆驼祥子》《四世同堂》《茶馆》等。老舍的一生，总是忘我地工作，他是文艺界当之无愧的"劳动模范"。1966年，由于在"文化大革命"中受到恶毒的攻击和迫害，老舍含冤自沉于北京太平湖。

老舍1939年曾写了篇质朴自谦、妙趣横生的自传。全文如下："舒舍予，字老舍，现年四十岁，面黄无须。生于北平。三岁失怙，可谓无父；志学之年，帝王不存，可谓无君。无父无君，特别孝爱老母，布尔乔亚之仁未能一扫空也。幼读三百篇，不求甚解。继学师范，遂奠教书匠之基，及壮，糊口四方，教书为业，甚难发财，每购奖券，以得末彩为荣，亦甘于寒贱也。二十七岁发愤著书，科学哲学无所懂，故写小说，博大家一笑，没什么了不得。三十四岁结婚，已有一男一女，均狡猾可喜。闲时喜养花，不得其法，每每有叶无花，亦不忍弃。书无所不读，全无所获，并不着急。教书作事均甚认真，往往吃亏，亦不后悔。如此而已，再活四十年，也许有点出息。"

三、主要人物

1. 祁老太爷

这是故事一开始第一位亮相的主人公。祁老太爷已至古稀之年，安分守己了一辈子，虽没有大富大贵，但起码拥有了自己独立的庭院，四代同堂，也算是老来安慰。对待邻居热情友善，凡事息事宁人。战争爆发前对"四世同堂"的安稳生活怡然自得，对自己的处世之道深信不疑，国难降临之初心存侥幸，自我麻醉，灾难降临在自家儿孙好友身上后又感到悲愤与无奈，其形象颇为丰满深刻。

2. 祁天佑

祁老太爷唯一的儿子，年近五十，光头，有点儿小胡子，身材魁梧。这样的形象虽让人感到敬畏，但是跟他相处久了，就会发现这是一个极易相处的老者。有父亲做事的风格，凡事做到面面皆到，是自家老字号布店的掌柜。一辈子没有得罪过谁，也没跟谁红过脸，对自家小辈儿也有极大的宽容。可就在日军占据北平的时候，由于忍受不了日军的侮辱，在那个昏暗的傍晚，想要安静地离开世间，却没想到被湖里的植被拖住，连死都不能获得自由。

3. 祁瑞宣

祁家长孙，受过高等教育，同时掌握古代文学和现代文学，精通英语。在学校教书，性格温文尔雅，有着强烈的责任感和使命感，然而在忠孝面前面临着艰难的抉择，想要尽忠，但是无法抛下这一家老小，这是他内心烦闷的源头。在经历一场牢狱之灾后，他才最终做出了决定，虽然无法离家到前线去保家卫国，但起码要做到"即使镣铐加身，也不能屈膝敌人"。在得知抗战胜利的时候，女儿小妞子却患上肠胃病永远地离开了大家，他悲喜交加，痛不欲生。

4. 祁瑞丰

祁家老二，一个典型的旧时代北平游手好闲的满族旗人。身上的陋习简直让人厌恶，无休止的贪婪，爱摆架子，老是被人卖了还在给人数钱，没有是非观念，认为只要是能够让他享受、让他有地位的，就是好的，就是正确的。经常得罪人，到处招惹是非。乐于结交富贵，但总被别人戳脊梁骨，在哪儿都不受待见。最后的结局也是悲惨的，妻子跟人跑了，只得腆着脸面啃老。就算如此，照旧要摆阔气，要面子，是个十足的无赖和寄生虫。

四、阅读指南

《四世同堂》是值得每一代中国人阅读的文学经典，是值得每一个中国人珍藏的民族记忆！老舍自己也曾说："它是我从事写作以来最长的、可能也是最好的一本书。"老舍把造成国人性格懦弱、敷衍、苟且偷安的思想根源指向传统的北平文化，而整个北平文化又是以家族文化为基础的。因此老舍在作品中集中地审

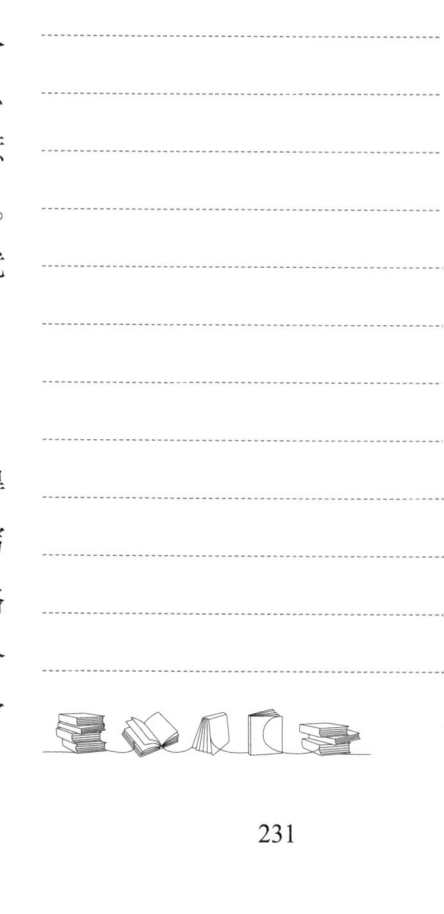

视了中国的家族文化，对其消极性因素进行了理性的审视与批判。

《四世同堂》虽然描写了北平的一条小胡同里发生的故事，却也有着抗战史和战争百科全书的味道；一笔一画间为读者提供了丰富多彩的北京风俗画卷，包括北京气候、地理环境、风俗习惯、饮食特点、婚丧嫁娶、戏剧艺术等，无所不包，无一不精。谈古说今，涉及中国的古代哲学、伦理道德和传统的思维定式，对于国民性的批判和民族文化的反思在刻画老北京市民形象的过程中得到深刻的展现和剖析。反战的日本老太婆在书中的出现让《四世同堂》成为一部有着伟大的国际主义精神和人道主义精神的文学作品，体现了作者拥有的世界大同的理想。

五、好句好段

1.北平陷落了，瑞宣像个热锅上的蚂蚁，出来进去，不知道要作什么好。他失去了平日的沉静，也不想去掩饰。出了屋门，他仰头看看天，天是那么晴朗美丽，他知道自己还是在北平的青天底下。一低头，仿佛是被强烈的阳光闪的，眼前黑了一小会儿——天还是那么晴蓝，而北平已不是中国人的了！他赶紧走回屋里去。到屋里，他从平日积蓄下来的知识中，去推断中日的战事与世界的关系。

出自第一部《惶惑》第四章

2.他拍门，很冷静的拍门。由死亡里逃出，把手按在自己的家门上，应当是动心的事。可是他很冷静。他看见了亡国的真景象，领悟到亡国奴的生与死相距有多么近。他的心硬了，不预备在逃出死亡而继续去偷生摇动他的感情。再说，家的本身就是囚狱，假若大家只顾了油盐酱醋，而忘了灵魂上的生活。

出自第二部《偷生》第四十八章

3.一个被征服的国家的悲哀与痛苦，是不能像桌子上的灰尘那样，一擦就掉的。

出自第三部《饥荒》第九十九章

六、读后思考

1.《四世同堂》以塑造人物群像的方式，刻画了一百多位有血有肉、立体丰富的人物形象。你能否试着找一二人物做些分析？

简要提示：例如，祁老太爷是小说中的顽固守旧者，顽固偏狭、等级分明，却又善良、正派，从战争爆发前的怡然自得、国难降临初的自我麻醉到灾难发生后的悲愤与无奈，其形象丰满而深刻。再如，瑞宣德性宽厚、学识渊博，有着传统的宗族观念又接受了新式教育。抗战爆发后，究竟是遵从传统伦理以尽孝道还是卫国抗战，这个哈姆雷特式的问题使他陷入了痛苦。随着现实的转变，他的自我和家国意识觉醒了，其思想和性格也发生了改变。

2. 读罢全书，你如何理解书名"四世同堂"？这引发了你怎样的思考？

简要提示："四世同堂"本就极具文化象征意味，它既是一种家庭结构、人生理想，也是一种家国隐喻。然而，四世同堂的好生活及这一憧憬背后的民族文化、价值观念，都在近代遭受前所未有的冲击。祁家的四世同堂在新思潮的映照下，本已现出守旧的面目，加上日本侵华的直接冲击，不同代际、性格的人们做出了危机下的不同抉择。老舍以"四世同堂"为故事推进、人物塑造的驱动器，对民族文化进行旁白式的剖析、怀恋、反思的同时，也使得在抗战烽火中作为检视批阅对象的国民性与弃之不忍的民族文化有了浴火重生的契机。

3.《四世同堂》的文学语言是京味语言的典范，为何老舍的大白话能把顶平凡的话语调动得如此生动有力？

简要提示：老舍京味语言的根底在于其对民族文化、市民生活、北京风物人情的特殊理解。同时，他能对原生态的市民语言和民间文艺使用的语言进行创造性提升，使审美品格更加彰显。老舍成功地把语言的通俗性和文学性统一起来，做到了干净利落、鲜活纯熟、平易而不粗俗、精致而不雕琢，所用的语词、句式以及说话的神态气韵，都有他独特的体味和创造。

七、拓展阅读

《艰难时世》［英］狄更斯

本书发表于1854年，是19世纪最有影响力的小说之一。以工业小镇焦煤镇为故事发生地，主角纺织厂厂主、银行家庞得贝和退休的五金批发商人、国会议员兼教育家汤玛斯·葛莱恩是好朋友，他们一起控制着市镇的经济体系与教育机构。他们注重实利而且不讲情义，自命不凡，以功利主义作为生活原则。这部小说反映了当时资本主义价值观在文学中遭受的最有力抨击。

《带上她的眼睛——刘慈欣科幻短篇小说集Ⅰ》

导读老师：董安琪

一、作品介绍

《带上她的眼睛——刘慈欣科幻短篇小说集Ⅰ》，由四川科学技术出版社出版，收录了刘慈欣早期的经典短篇小说，从他1999年发表的处女作《鲸歌》开始到2002年银河奖获奖作品《中国太阳》、银河奖提名作品《人和吞食者》，这些短篇被按照发表时间编撰成集。其中，《流浪地球》被拍成电影，《带上她的眼睛》被收入统编版初中语文教材中，《微纪元》是2018年高考语文全国Ⅲ卷阅读题篇目，《乡村教师》《朝闻道》多次出现在中学语文阅读理解题目中。这些短篇的"出圈"虽然是被《三体》获得雨果奖带动的，但也都是些构思精巧、想象恣意之作，在科学的基础上大开脑洞，令人叹为观止，同时又从科幻的角度对人性进行思考，有人文的关怀。在阅读《三体》三部曲之前可以先阅读这些短篇，培养阅读科幻文学作品的思维，进行阅读训练。

二、作者小传

刘慈欣，被中国的科幻迷们亲切地称为"大刘"，这与他朴实的外表、低调的言谈很相称。他于1963年6月出生于北京，1970年，中国第一颗人造地球卫星"东方红一号"成功发射，举世瞩目，开创了中国航天史的新纪元，当时7岁的刘慈欣仰望星空，意识到在自己生活的天地之外还有更广阔的空间。在中学时代，刘慈欣接触到科幻小说凡尔纳的《地心游记》，被这种文学形式深深地吸引，他说："这种文学品种就是为我而出现的，它就在前面等着我，它特别适合我，见到它之后就把它当作自己终身的追求。"他称自己是中国第一代科幻迷。

1985年，刘慈欣从华北水利水电大学毕业，成为山西娘子关电厂的计算机工程师，身处偏远山区，在别人打牌消磨业余时光的时候，刘慈欣开始了他的创作，科幻对于他来说不仅是一种文学形式，还是一个完整的精神世界，是一种生活方式，更是一种寄托。他的第一部长篇小说《超新星纪元》在20世纪90年代初出版，由于显得特别另类而没有受到关注，他备受打击，停止了科幻创作。1997年，北京举办了一次主题为"中国的科幻，你死不了"的科幻会议，刘慈欣备受鼓舞，再一次激起创作热情。1999年，刘慈欣短篇科幻小说《鲸歌》在《科幻世界》发表，之后他的作品连续8年获得中国科幻文学最高奖项银河奖。2006年，《三体》第一部开始在《科幻世界》上连载，引起了科幻迷们的关注，2010年，《三体》第三部创作完成。2015年，刘慈欣凭借《三体》获得第73届世界科幻大会颁发的"雨果奖——最佳长篇小说奖"，刘慈欣及他的《三体》走入大众视野。2019年，根据他的小说《流浪地球》改编的电影上映，这一年被称为中国科幻电影元年。复旦大学教授严峰称："刘慈欣单枪匹马，把中国科幻文学提升到了世界级的水平！"他称得上是科幻文学大家，在得知自己获得雨果奖时很平静，却在得知宣布奖项的是在太空中的航天员而自己没有到现场后感到遗憾，又因为中国航天员给他发来祝贺短信而欣喜。他从科幻来也回到科幻去，基于科学展开幻想，又扎根现实，只为了好的创意和好的故事，他说自己意识深处、灵魂深处就是一个科幻迷。

三、主要人物

1. 丁仪

在这本小说集中，刘慈欣的三篇小说《微观尽头》《宇宙坍缩》《朝闻道》里的主人公都是这个名字。是否真如"大刘"所说，他小说中的人物只是一个符号，连性别都可以互换呢？但无论怎样，"丁仪"这个人物在这三篇小说中都有以下共同点：对物理学有狂热的执着，为了物理学的终极梦想可以实施最疯狂的想法，为了科学的真理"朝闻道，夕死可矣"。他不是一个普通人，而是一个物理学的朝圣者，朝着心中的信仰坚定地前行。

2. 水娃

水娃是《中国太阳》里的主人公，这个人物也许有"大刘"的影子。水娃有6个人生目标，一路从山村走到矿区，再到城里，接着到了首都，然后飞向太空，最后要到达宇宙深处。这是一个科幻迷的心路历程，也是一个科幻迷的终极梦想，身为"60后"的"大刘"一直坚持锻炼身体，就是为了有一天能飞上太空。水娃之所以有这样一个又一个的目标，是因为他看待世界与生命的角度在每个阶段都有所不同。当他站在大城市的高楼上看到繁华璀璨的都市，他有了对首都的向往；当他站在"中国太阳"上回头看到地球的渺小，他有了飞向宇宙深处的向往。虽然他没有读过什么书，但是能够在自己生命的每个阶段有不同的认识与向往，并且能够为了自己的向往执着追求。

3. 元帅

这本小说集中还有一类人，像美国科幻大片里的超级英雄，一个人就想拯救世界、拯救地球。但是"大刘"笔下的超级英雄大多没有电影里的那么"成功"，甚至往往是以"失败"告终的。比如《人和吞食者》中的元帅，在每一个关键时刻都挺身而出，却并不能赢得地球人所认可的"胜利"；比如《流浪地球》中的

"我"、《混沌蝴蝶》中的亚历山大等，都有坚定的信念，相信自己的选择，也有勇气去接受挑战，虽然最后不一定"成功"，但在某种程度上，"大刘"并不会从"地球人"的角度去评价他们的功过，而是从宇宙、时空的角度去看他们的价值。无论从什么角度去看，他笔下的这类人物都是值得敬佩的。

四、阅读指南

刘慈欣曾在电视访问中谈及自己的创作过程，大致的创作过程为：由一个科学概念展开想象，甚至想到最极致的情况会发生什么，从而有了一个创意的构思，再在这个创意的框架内填充具体的内容，使之成为一个完整的故事。这个故事又必须与现实产生关联，而非架空的。刘慈欣形象地把这个过程比作放风筝，想象的内容是风筝，但牵引风筝的线始终在地上，并且牢牢扎根于地面，在这样的基础上创造出一个充满想象的全新的世界。我们可以用作者的创作步骤来解读此书。例如《地火》，作者由"气化煤炭"的概念想起，想到最极致、最大胆的情况就是"煤的地下气化"，幻想人类真的做到了不需要开采而直接使煤在地下气化然后直接输送。在这样一个构思创意下填入具体丰富的故事内容：刘欣是一位煤矿工人的儿子，他不愿再看到矿工们冒着生命危险到井下作业，立志要做"煤的地下气化"，过程中引发了地火，虽然这场冒险的探索在当年以失败告终，却在120年后造福了人类。这是一场革新的悲剧却又是一个变革的开端，扎根现实的科学幻想孕育出发人深思的人文情怀。

我们还可以分类阅读这些科幻短篇，一类作品力图让我们看到一个从未见过的新世界，例如《天使时代》《微光尽头》《宇宙坍缩》《纤维》《人和吞食者》；另一类作品致敬用生命来探索宇宙的人，例如《朝闻道》《中国太阳》《带上她的眼睛》等；还有一类作品用科幻这种特殊的形式来反映现实，例如《乡村教师》

《鲸歌》《地火》，其中《乡村教师》是对中国坚守贫困山区的教师的无限赞美，在我们读过的所有赞美老师的文章中，《乡村教师》对老师的赞美无疑是一种另类的表达。阅读科幻小说将打开我们的脑洞，引发我们的哲思与科学幻想，去追问：我们将走向哪里？

五、好句好段

1. ……时间奇点……

……宇宙变为宁静美丽的蓝色，蓝移开始了，坍缩开始了。

了始开缩坍，了始开移蓝，色蓝的丽美静宁为变宙宇……

……点奇间时……

出自《宇宙坍缩》

2. 我们不必留恋所谓过去的好时光，那个时候生活充满艰难、危险和迷惘；我们也不必为今天的时代而过分沮丧，因为今天，也总有一天被人们称作是——过去的好时光。过去的人真笨，过去的人真难。

出自《地火》

3. 这原始数据的洪流如炽热的岩浆，注入了矩阵和方程的海洋，一切都沸腾了起来！克雷机一千多个CPU满负荷运行，内存里广阔的电子世界中，逻辑的台风在呼啸，数据大洋上浊浪滔天……这种状态持续了四十多分钟，这在克雷机看来有几个世纪那样长。它终于松了一口气，它的能力用到了极限，刚刚能控制这个疯狂的世界。

出自《混沌蝴蝶》

4. 但太空也在改变着"镜面农夫"们的思维方式。没有人能像他们这样，每天从三万六千千米的太空居高临下地看地球，世界在他们面前只是一只小沙盘，地球村对他们来说不是一个比喻，而是眼前实实在在的现实。

出自《中国太阳》

5. 生命进化的趋势是向小。大不等于伟大，微小的生命更能同大自然保持和谐。巨大的恐龙灭绝了，同时代的蚂蚁却生存下来。

出自《微纪元》

6. 时间流逝，太阳落下，晚霞使劫后的大地映在一片美丽的红光中。然后，有稀疏的星星在天空中出现。元帅发现，一直昏黄的天空这时居然现出一抹深蓝。在稀薄的空气夺去他的知觉前，他欣慰地感到太阳穴上的轻微骚动——蚂蚁正在爬上他的额头。这感觉让他回到了遥远的童年，在海边两棵棕榈树间拴着的小吊床上，他仰望着灿烂的星海，妈妈的手抚过他的额头……夜晚降临了，残海平静如镜，毫不走样地映着横跨夜空的银河。这是这颗行星有史以来最宁静的夜晚。在这宁静中，地球重生了。

出自《人和吞食者》

六、读后思考

1. 在本书的这些短篇小说中，作者都在寻找一个现实与幻想的结合点，思考一下作者是如何把现实与科幻结合到一起的，可以从《微观尽头》与《乡村教师》这两篇小说开始尝试思考。

简要提示：例如，《微观尽头》中哈萨克老人迪夏提在小说中起到的作用就是联接现实与幻想，老人生活在普通人的现实生活中，他是被物理学家们邀请来见证物理学壮举的普通人，这个壮举发生在他所生活的戈壁滩上，他只知道物理学家口中比夸克更小的物质是世界上最小的沙粒，他称赞物理学家翻转宇宙是拥有上帝的力量，这个人物成为现实与幻想的结合点。

例如，《乡村教师》中这所乡村小学正好位于碳基联邦舰队检测波束圆形覆盖区的圆心上，这一个构思巧妙地把现实的乡村小学与幻想的碳基联邦舰队联系在了一起，才有了后文山村小学的师生成为拯救地球的英雄的故事。

2. 我们在统编版初中语文七年级下册教材中读过的《带上她的眼睛》，是由教材编者删改过的，对比教材课文与刘慈欣小说原文，你发现有什么不同？你更喜欢哪个版本？理由是什么？

简要提示：在教材中，编者把"落日六号"上的另外两位宇航员如何去世的内容省略了，原作中详细描述了他们无法忍受封闭的空间，沉重的心理压力像毒蛇一样噬咬着他们，船上的地质工程师从睡梦中突然跃起，竟打开了他所在的密封舱的绝热门！热浪立刻把他烧成一缕青烟。这个内容在原作中有详细描写是为了形成对比，更加突出小女孩内心的强大，以及她勇于探索、无所畏惧的科学精神。你也可以想一想教材编者对这一段进行删改有何意图。

3. 刘慈欣曾说他小说中的人物多是为他的构思创意及故事服务的，这些人物是一些"符号"，甚至可以没有性别的区分，用现在的流行语来说就是"工具人"，阅读完这本小说集，你是否同意作者的说法，或者你对此有什么不同的看法？

简要提示：①我不是很同意作者的说法，作者所塑造的人物仍然是有血有肉的，倾注了自己的情感与情怀在其中，很多人物的精神令人敬佩，震撼人心，例如《朝闻道》中的物理学家丁仪、《带上她的眼睛》中的小女孩。②我同意作者的说法，小说中很多人物甚至连名字都没有，作者只称他们为"小女孩""元帅""上校"，又如"丁仪"这个名字作者用了好几次，对于物理学有狂热的执着、可以为科学献身的物理学家都叫"丁仪"。③也有人认为科幻是宏观的叙事，是光年尺度下的宇宙审美，所以不必着力去塑造一个感性的个体。对此你还可以有其他看法。

4. 这本小说集中有刘慈欣对人类与宇宙的深入思考，其中"伟大"与"渺小"成为一组典型的对照关系，试着用这一组关系来解读这本小说集中的篇目。

简要提示：例如《带上她的眼睛》中，小女孩在地心深处

是渺小而孤独的，但是她的精神与意志是伟大的；《人和吞食者》中，蚂蚁是渺小的，但是它是与恐龙同一个时代而生存下来的生物，从某种角度来说它是伟大的；《微观尽头》中比夸克还小的物质无疑是渺小的，但是却有反转宇宙的伟大力量……

七、拓展阅读

1.《梦之海——刘慈欣科幻短篇小说集Ⅱ》刘慈欣

这本短篇小说集与《带上她的眼睛——刘慈欣科幻短篇小说集Ⅰ》一同收录了刘慈欣的大部分短篇小说，书中还有很多为人们所称道的经典之作，如《时间移民》《赡养人类》《诗云》《山》等。其中《山》这样的篇目更是让人有颠覆惯性思维认知的震撼之感。科幻作家韩松评论刘慈欣的作品"把中国5000年历史与宇宙150亿年现实融合在了一起"，《诗云》就是这样的浪漫之作。

2.《超新星纪元》刘慈欣

你是否想过，如果将我们的世界交给13岁以下的孩子们去掌控，将我们的国家交给13岁以下的孩子们去治理，我们的社会只剩下13岁以下的孩子们……我们的生活将变成什么模样？历史将翻开新的一页，超新星纪元开始了——《超新星纪元》就是这样一部想象力十足的未来史。

3.《三体》刘慈欣

人类一直在探索外星文明，我们将以何种方式与外星文明取得联系？如果真的探索到了，这将是一件好事还是坏事？如果外星文明入侵地球，他们将以何种方式与人类交流？如果发生星际战争会是何种形式？《三体》也在回答这些科幻小说都在回答的问题，不过刘慈欣脑洞更大，想象更另类、更别开生面。

《草房子》

导读老师：刘雪雅

一、作品介绍

《草房子》是著名作家曹文轩在 20 世纪 90 年代创作的一部长篇小说，属于曹文轩麦场系列的纯美小说，通篇叙述既明白晓畅，又有一定的深度，是那种既受孩子喜爱也可供成人阅读的儿童文学作品。

故事发生在油麻地，这里的小学建在一栋很漂亮且冬暖夏凉的草房子里。主人公桑桑正是小学校长的儿子，这个调皮又善良的小男孩在这里度过了刻骨铭心、终生难忘的六年小学生活。小说以桑桑在这六年中的成长为线索，给读者展现了一连串寻常又催人泪下的感人故事：少男少女之间纯真无邪的友情，垂暮的奶奶在生命的最后时刻展现出的人性的光辉，成年人之间扑朔迷离但又浪漫的感情纠葛，不幸少年与厄运相拼时的悲怆与坚强……活泼好动的桑桑也经历了一场生死，在死亡体验中体会到生命的可贵。书中内容共分为九章，每章讲一个人的故事，人物形象鲜明。作品格调高雅，自始至终充满美感。

二、作者小传

曹文轩，出生于 1954 年 1 月，江苏盐城人，中国著名作家、北京大学教授、中国作家协会全国委员会委员、中国作家协会儿童文学委员会主任、北京作家协会副主席、中国作家协会鲁迅文学院客座教授。

曹文轩在农村长大，童年生活贫困，这种生活的苦难，成了他日后写作之路上取之不尽的财富。他的作品有很多取材于童年经历，那些普通的生活在他的笔下，成了一个又一个感人至深的故事。他的童年生活虽然贫困但精神世界非常富足，其父亲是一所小学的校长，他从小特别喜欢去学校里的小图书馆读书，这也为他以后的写作奠定了扎实基础。他的小说不仅故事直戳人心，在美学上也略胜一筹，用诗意如水的笔触，描绘了生活中的每一个真实瞬间。喜欢写作的曹文轩，在1972年就开始发表自己的作品，1974年考入北京大学图书馆系，后又转入中文系。在校期间，成绩优异，毕业后留校任教。他的代表作《草房子》《根鸟》《青铜葵花》《山羊不吃天堂草》《蜻蜓眼》等荣获过很多奖项，有国际安徒生奖、吴承恩长篇小说奖等。

三、主要人物

1. 主人公"桑桑"

他调皮善良，想法天马行空，行动雷厉风行，无论是把柜子改鸽笼，还是偷拿爸爸珍藏的附带荣誉的笔记本，或是充当爱情信使，所有的故事都和他有联结。他渴望长大，对周围的世界充满好奇，虽然偶尔闯下祸事，但本性善良。在经历了一场大病后，他成长了，懂得了生命的可贵。

2. 光头的陆鹤

因为生理缺陷，他不断被捉弄排挤，有一天报复心起，故意在体操比赛中"一鸣惊人"，让学校痛失第一名。陆鹤因为头秃而敏感怯懦，但也渴望通过努力而闪闪发光，所以他在油麻地小学汇演时，挺身而出，发挥了自己的秃，将伪军连长演得惟妙惟肖，赢得满堂喝彩，少年接纳了自己，也被周围人接纳。

3. 书卷气的纸月

邻村转学而来的纸月，纯净得像一片雪，话并不多，更多的是用清澈的眼传递情绪，她的出现和离开都充满了神秘色彩，如很多人青春懵懂时的心动一般，不知缘起，也不知什么时候就释然了。

4. 白雀与蒋老师

他们的爱情故事，仿佛是众多相爱却没能在一起的爱情故事的重现，从心动到相恋再到误会，最终错过。虽然一个另娶他人，一个远走他方，但爱发生时候的美好，仍然被记得，《红菱船》就是见证。

5. 坚强少年杜小康

家境优渥、成绩突出的他，更像一朵小浪花，被海水拥簇着向着更高更远处荡漾，但是一场意外如同暴风雨般将这朵小浪花卷沉至海底——家道中落、父亲病倒，他不得不退学，从离家养鸭到回乡卖小东西是曲折也是蜕变。桑乔校长预言："日后，油麻地最有出息的孩子，也许就是杜小康。"

6. 门牙很大的细马

因为来自外乡，他听不懂别人的话，别人也听不懂他的话，细马最终选择辍学放羊。在被父亲送给二叔抚养的时候，他开始了漂泊，倔强少年融入新家的过程是艰难的。在二叔家里发大水后，明明已经被送走的他再次出现在油麻地，这时他已然成为这个家中的一员、油麻地的一员。无论是为生病的二叔挖柳须子还是一股脑跑出去寻找精神恍惚的二妈，全部凭的是那股倔劲儿，也是凭着这股劲儿，他终于在二叔离世后再次搭起来一个"家"。他不是被带回的继承者，而是新一代的开创者。

四、阅读指南

曹文轩说:"我愿意我的作品永远具有诗性。我的小说标准很简单:它不是诗,但却应当具有诗性。"曹文轩的作品讲人性美,讲成长,像水一样干净、有活力。语言是诗性的,文中很多对人物的刻画和环境的描写,给人一种唯美的感觉。《草房子》没有太多曲折的故事情节,而是把普通的喜怒哀乐用唯美的文字刻画出来,还原了生活中最为本真的那一面。在苦难之中展现了生活的精彩,在苦难中发现人性,在苦难中收获成长和感动。

在阅读过程中,我们要细细品味其中唯美的语言,品味人物的喜怒哀乐,慢慢回忆自己童年的快乐和那些让我们成长的故事。在语言方面,我们可以边读边摘抄,学习其中的写作手法,如拟人、比喻、排比等。在主题方面,这篇小说的主题就是孩子的成长,没有太晦涩难懂的地方。小说中的人物形象鲜明,这些孩子在六年的生活中都有所成长,这部作品中没有一个让人讨厌的角色,他们多多少少都有缺点,但在人性的光辉面前,这些小缺点微不足道。现实中的每一位小读者,都要学会树立正确的价值观,学会接纳自己的优缺点。读《草房子》似乎能够抚慰被现实生活打击过的脆弱的心灵,它像一阵柔和的春风,又像是慈母那双抚摸婴孩的手。

五、好句好段

1. 这一幢一幢草房子,看上去并不高大,但屋顶大大的,里面很宽敞。这种草房子实际上是很贵重的。它不是用一般稻草或麦秸盖成的,而是从三百里外的海滩上打来的茅草盖成的。那茅草旺盛地长在海滩上,受着海风的吹拂与毫无遮挡的阳光的曝晒,一根一根地都长得很有韧性,阳光一照,闪闪发亮如铜丝,海风一吹，竟然能发出金属般的声响。用这种草盖成的房子，是经久不朽的。

出自第一章

2. 白雀还是那个样子，只是好像清瘦了一些。她一出现在桑桑的视野里，桑桑就觉得天地间忽然地亮了许多。白雀走着，依然还是那样轻盈的步伐。她用双手轻轻抓着被放到了胸前的那根又黑又长的辫子，一方头巾被村巷里的风吹得飞扬了起来。

出自第三章

3. 桑桑在校园里随便走走，就走到了小屋前。这时，桑桑被一股浓烈的苦艾味包围了。他的眼前是一片艾。艾前后左右地包围了小屋。当风吹过时，艾叶哗啦哗啦地翻卷着。艾叶的正面与反面的颜色是两样的，正面是一般的绿色，而反面是淡绿色，加上茸茸的细毛，几乎呈灰白色。因此，当艾叶翻卷时，就像不同颜色的碎片混杂在一起，闪闪烁烁。艾虽然长不很高，但杆都长得像毛笔的笔杆一样，不知是因为人工的原因，还是艾的习性，艾与艾之间，总是适当地保持着距离，既不过于稠密，却又不过于疏远。

出自第四章

六、读后思考

1. 小说中的桑桑是一个你说他"好"，但是他又有些"坏"；你说他"坏"，但是他又有很多"好"的孩子。你觉得桑桑是个什么样的孩子，你喜欢他吗？请结合具体故事情节说一说。

简要提示：桑桑是调皮勇敢的。他用蚊帐做渔网，还真的就打捞到了鱼虾，他的调皮让他被蚊子咬了一夜。但在帮助纸月吓退一群小混混的时候，他又是勇敢的。

2. 这篇小说的主线是几个孩子的成长，在孩子的成长过程中，肯定少不了的是亲情，这本书里有哪些父亲让人记忆深刻，他们的父爱是什么样的？

简要提示：桑桑的父亲桑乔，纸月的父亲慧思和尚，杜小康的父亲杜雍和，细马的养父邱二爷。这些主要人物的父亲各有特色，桑乔对桑桑的爱是深沉的，尤其是在桑桑生病的阶段，父亲的守候感动无数读者。慧思和尚的父爱是隐蔽的，但是关键时刻，他依然出现并带着纸月离开，去新的地方生活。杜雍和的父爱是无奈的，好在杜小康坚持着，他们才一步步走出困境。细马和邱二爷之间有着相互的爱，两人一起成长。

3. 这本书中的人物形象鲜明，正在成长的我们，似乎都能从这些人物身上找到自己的影子，读罢全书，你能和书中的哪些人物产生共鸣？说说现实生活中自己在成长道路上的故事吧。

简要提示：例一：能让我产生共鸣的是杜小康，他的经历在某种程度上和我有相似之处，不过我并没有表现出杜小康的那种沉着冷静，杜小康也只是个孩子，他答应给桑桑拿的双黄蛋，他们家的红门、家境没落之后渴望上学的心，我仿佛可以产生共鸣。坚强、不怕苦的杜小康是我学习的榜样。

例二：能让我产生共鸣的是桑桑，他是一个调皮的孩子，在我的成长道路上，我也经常惹麻烦，让家长和老师头疼。虽然我没有像桑桑那样经历着生死体验，但是我慢慢地开始思考生命：我应该在属于自己的生命时间里做些有意义的事情。

七、拓展阅读

1.《根鸟》曹文轩

《根鸟》的故事情节是曲折的，全书以少年根鸟追逐心中的梦想为线索。靠着一条来路不明的求救布条和几个美好的梦境，少年根鸟就认定在遥远的西方有一个长满百合花的大峡谷，里面有一个被围困其中的叫紫烟的女孩，并为此踏上了旅程。在追梦的路上发生了很多故事，人物形象前后变化颇大，经历坎坷，少年也在一步步成长。

2.《上种红菱下种藕》王安忆

本书是当代作家王安忆的一部长篇小说，也属于儿童文学类的作品，小说没有太多曲折的故事情节，而是对现实中最为普通的生活进行了细致的刻画。通过讲述九岁女孩秧宝宝因父母外出经商而不得不来到华舍镇李老师家寄住的故事，折射出市场经济大潮中江浙农村发生的动荡转变。

《呼兰河传》

导读老师：石雅文

一、作品介绍

《呼兰河传》是萧红创作的一部以自身的童年经历为主线的小说。茅盾称其为"一篇叙事诗，一幅多彩的风土画，一串凄婉的歌谣"。

寂寞是小说的主色调。第一章、第二章讲述了呼兰小城的物质和精神世界。大泥坑子、扎彩铺、走街串巷的货郎……他们共同构成了封闭的小城的现实图景。放河灯、看戏、娘娘会、跳大神等活动是生活在这里的人们的精神宣泄口。呼兰的百姓热情又孤独，善良又愚昧，一年又一年地重复着过往的生活，活着的意义早就变成了活着本身。第三章讲述了"我"的童年。未下雪之时，"我"可以和祖父一起在后园中玩耍。到了冬天，储存室就成为"我"寻宝的地点，随着老物件被"我"翻出来，大人们也回忆起与之相关的过往。第四章讲述了荒凉的院子和在"我"家租住的各色租户。第五章、第六章、第七章各讲了一个主要人物：第五章的团圆媳妇在跳大神中被折磨至死；第六章的有二伯贫穷、孤独、不被人尊重；第七章的冯歪嘴子带着渺茫的希望继续生活。小说到此结束，与"我"有关的人和事物都已经在记忆中淡去、消失，而他们所象征着的故事又在延续。作者对童年的复杂情感在笔端流露，在挣扎的感情中，我们看到了她桀骜而孤独的内心。

二、作者小传

萧红（1911—1942）说："女性的天空是低的，羽翼是稀薄的……不错，我要飞，但同时觉得我会掉下来。"

萧红出生在呼兰一个富裕家庭，严厉的祖母和保守的父亲没有带给萧红快乐的童年，母亲早逝，而后母对她又冷淡疏远。童年里，只有祖父一直陪伴着萧红，祖父死后，她写道："我懂得的尽是些偏僻的人生，我想世间死了祖父，就没有再同情我的人了，世间死了祖父，剩下的尽是些凶残的人了。"萧红性格倔强又热爱自由，父亲却早早为她订了婚事，为了反抗父亲，她离家出走，从此开始了漂泊的一生。伪满洲国建立后，她又离开东北，辗转于青岛、上海、日本、武汉、香港……在外漂泊的她时时想着家乡。写作《呼兰河传》时，她与萧军的感情产生裂痕，与端木蕻良的结合也并不幸福。颠沛的生活和不休的战乱使女子不得不依靠男子，而这种依靠助长了男性的气焰。萧红和她作品中的女性形象为当时女性的悲剧做了注脚。其代表作有《生死场》《呼兰河传》《马伯乐》。

三、主要人物

1."我"

"我"是一个调皮倔强的小女孩。小说第三章到第七章都以"我"的视角去看待身边的人。"我"活泼好动，喜欢和祖父一起在后园中玩耍，大雪封园时就会去翻找家中的老物件。"我"有着孩子的纯真，对大人那些觉得难堪的思想很不理解。第五章里，在小团圆媳妇来了之后，"我"会偷偷和她玩，不明白那些大人为什么觉得她大方是一件不合时宜的事情。第六章里，"我"跑去储物室偷拿东西时遇到了有二伯，两人面面相觑，互相担心对方告发。在有二伯带"我"出去玩时，"我"又会脱口而出"没

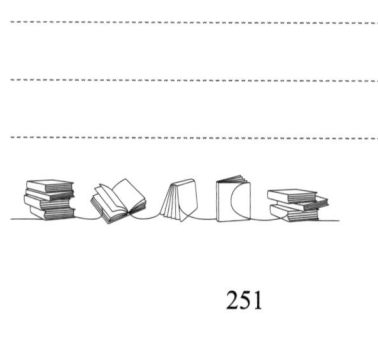

有钱你不会偷吗？"第七章里，冯歪嘴子和同院的姑娘有了孩子，"我"会急匆匆跑去看这个新生儿，而很多大人却觉得这是有悖伦理的事。"我"的眼睛看到了呼兰河小镇上大人们的愚昧无知、冷漠麻木。

2. 祖父

"我"的祖父是一个宽厚善良的老人。祖母在家中负责掌管家务，而祖父只是擦擦锡器、管管园子。这个不擅长管理家务的老人很喜欢逗孩子玩儿，比如他常常对孩子说"快看，那里有麻雀"。在孩子寻找麻雀时，就趁机拿走孩子的帽子。孩子也了解祖父的把戏，就缠住他，直到找到自己的帽子为止。"我"的童年里，祖母、父亲、母亲都缺席，只有祖父一直陪伴着"我"，即使"我"犯了错，他也不会像祖母一样教训"我"，而是教"我"应该如何去做。祖父身上有着众多老年人对待儿孙时的影子，他们笨拙地守护着自己心爱的孩子。

四、阅读指南

《呼兰河传》是一部诗化小说，要把握其回忆性质。萧红经历了多年的漂泊生活，自然对故乡产生眷恋之情，但是小镇百姓的麻木愚昧又引起作者的深刻反思。阅读时要关注作者对小镇和小镇中人物的情感态度。

同时要关注反复出现的词语，比如第四章的"荒凉"。"荒凉"是小镇的底色，第四章描写院子时，"荒凉"贯穿了全章。仔细阅读文章，会发现其中有很多对"人生荒凉"的思考，包括作者对阶级差异、鬼神崇拜、重男轻女等思想的批判。

作者的语言也极具特色。萧红在叙事时运用了孩童的视角和口吻，用孩子天真烂漫的眼睛去看这个荒凉的小镇，体会这个小镇中人们的民族劣根性。所以她叙事时的语言有着孩童特有的随性鲜活，虽然不够精练，但是有着一种自然之美。萧红的小说还带有女性作家的抒情性，描写事物时也善于抓住事物的细微之处，如颜色、形态等。

还可以将这部小说和教材中鲁迅的《故乡》进行对比。在这些描写故乡的小说中，不仅有对故乡、童年的怀念，也有对民族劣根性的深刻批判。同时也要分析其中的差异，从语言风格、行文结构等角度进行辨析。语言风格上，鲁迅的语言更加冷峻深刻，萧红的语言更加天真童趣。行文结构上，《故乡》是现实与回忆交叉的形式，成年的"我"是显性的，通过在现实中遇到相关人物，自然地带出回忆。《呼兰河传》以回忆为主调，在回忆的过程中，成年的"我"是隐性的，童年的"我"是显性的；童年的"我"在见证，而成年的"我"在评价。

五、好句好段

1. 生、老、病、死，都没有什么表示。生了就任其自然的长去；长大就长大，长不大也就算了。

老，老了也没有什么关系，眼花了，就不看；耳聋了，就不听；牙掉了，就整吞；走不动了，就拥着。这有什么办法，谁老谁活该。

病，人吃五谷杂粮，谁不生病呢？

死，这回可是悲哀的事情了，父亲死了儿子哭；儿子死了母亲哭；哥哥死了一家哭；嫂子死了，她的娘家人来哭。

出自第一章

2. 满天星光，满屋月亮，人生如何，为什么这么悲凉。

出自第二章

3. 家里边多少年前放的东西，没有动过，他们过的是既不向前，也不回头的生活，是凡过去的，都算是忘记了，未来的他们也不怎样积极地希望着，只是一天一天地平板地、无怨无尤地在他们祖先给他们准备好的口粮之中生活着。

出自第三章

4. 他们看不见什么是光明的，甚至于根本也不知道，就像太阳照在了瞎子的头上了，瞎子也看不见太阳，但瞎子却感到实在是温暖了。

他们就是这类人，他们不知道光明在哪里，可是他们实实在在地感得到寒凉就在他们的身上，他们想击退了寒凉，因此而来了悲哀。

出自第四章

六、读后思考

1. 在第三章到第七章的叙述过程中，作者运用了儿童视角看待世界，儿童视角体现在什么地方？这样的叙述视角有什么优点？

简要提示：鲁迅在1935年写给萧红的信中说她"孩子气不改"，孩童的纯真本身就是萧红文字的底色。《呼兰河传》中的儿童视角体现在许多地方，比如"我"和祖父在后园一起劳作，年幼的"我"因为分不清谷子和狗尾草而闹了笑话。再如"我"偷偷到储物室里拿东西，遇到了偷东西的有二伯，两个人都十分紧张。儿童看待事物是懵懂纯真的，虽然没有成年人那么多的知识，但是有儿童独有的智慧。《呼兰河传》是一部回忆小说，用孩子的视角可以增加小说的诗性自由，更能将读者带入小说的情景当中，增加代入感。

2. 生活在呼兰小镇的人们批评小团圆媳妇太过大方，后又用各种偏方为其治病，最后小团圆媳妇竟被活活烧死，在这个过程中，你看到了呼兰小镇人们的哪些民族劣根性？

简要提示：小团圆媳妇因为太过大方，不符合当时人们对女性的期待，她的婆婆又将她当作出气的"工具"，所以她经常受到毒打。是人带给她生活的不幸，但是所有人都从鬼神身上找解决的方法。她的婆婆听信偏方花重金为她治病，但更多的是想做给别人看。苦难中的小团圆媳妇说起自己的悲哀像是说其他人的一样，在苦难中，人们放弃了追寻幸福的尝试。在她被按入热水中时，其他人都是看客，都只是掉几滴同情的眼泪。这里的人麻木愚昧、封建保守，这是乡土人情生活的缩影。然而在现实生活中，仍有这些劣习的影子，比如有的家庭重男轻女，有的人将女性的付出看作理所当然，这些都是我们应该逐渐去除的。

七、拓展阅读

1.《萧红传》[日]平石淑子

本书梳理了萧红前、中、后三个时期的文学创作，根据史料为我们揭开萧红的一生，同时我们可以看到不同文化背景下的人对同一人物的不同看法。

2.《生死场》萧红

这是萧红的成名作，鲁迅认为其反映了北方人"对于生的坚强，对于死的挣扎"，该书通过讲述女子的悲惨人生和最后觉醒，表现了北方人民站起来的经过。

3.《群山之巅》迟子建

本书通过对三个家族的描写，讲述了人性善与恶之间的挣扎，"英雄"与"逃兵"被人们渲染，最终成了定论，让我们看到吊诡的人生。

《围城》

导读老师：孙悦

一、作品介绍

《围城》是钱钟书所著的长篇讽刺小说，于1947年首次出版，被誉为"新儒林外史"。

《围城》的故事发生于1920年到1940年之间。主角方鸿渐是个从中国南方乡绅家庭走出来的青年人，迫于家庭压力与同乡周家女子订亲。但在其上大学期间，周氏患病早亡。准岳父周先生被方鸿渐所写的唁电感动，资助他出国求学。方鸿渐在欧洲游学期间，不理学业。为了给家人一个交代，方鸿渐于毕业前购买了虚构的"克莱登大学"的博士学位证书，并随海外学成的学生回国。他在船上与留学生鲍小姐相识并热恋，但被鲍小姐欺骗感情。同时也遇见了大学同学苏文纨。到达上海后，在已故未婚妻父亲周先生开办的银行任职。

此时，方鸿渐获得了同学苏文纨的青睐，又与苏文纨的表妹唐晓芙一见钟情，整日周旋于苏、唐二人之间，其间结识了追求苏文纨的赵辛楣。方鸿渐最终与苏、唐二人感情终结，苏文纨嫁与诗人曹元朗，而赵辛楣也明白方鸿渐并非其情敌，从此与方鸿渐惺惺相惜。此后方鸿渐逐渐与周家不和。

抗战开始，方家逃难至上海的租界。在赵辛楣的引荐下，方鸿渐与赵辛楣、孙柔嘉、顾尔谦、李梅亭几人同赴位于内地的三闾大学任教。方鸿渐由于性格等方面的弱点，陷入了复杂的人际纠纷当中。后与孙柔嘉订婚，离开三闾大学回到上海。

在赵辛楣的帮助下，方鸿渐在一家报馆任职，与孙柔嘉结婚。婚后，方鸿渐夫妇与方家、孙柔嘉姑母家的矛盾暴露并激化。方鸿渐辞职并与孙柔嘉吵翻，逐渐失去了生活的希望。

《围城》有三重主题意蕴：一是对爱情困境的客观叙述，表现了其主体意蕴；二是对荒诞的婚姻"围城"的热切关注，表现了其现实维度；三是对人生希望的执着追寻，表现了其理想主张。

二、作者小传

钱钟书（1910—1998），江苏无锡人，原名仰先，字哲良，后改名钟书，字默存，号槐聚，曾用笔名中书君，中国现代作家、文学研究家，与饶宗颐并称为"南饶北钱"。

1929年，考入清华大学外文系。1932年，在清华大学古月堂前结识杨绛。1937年，以《十七十八世纪英国文学中的中国》一文获牛津大学艾克赛特学院副博士学位。1941年，完成《谈艺录》《写在人生边上》的写作。1947年，长篇小说《围城》由上海晨光出版公司出版。1958年出版的《宋诗选注》，被列入中国古典文学读本丛书。1972年3月，62岁的钱钟书开始写作《管锥编》。

三、主要人物

1. 方鸿渐

方鸿渐是个被动的、无能的、意志不坚定的、经不住诱惑的人，更是一个失败的人。在婚姻、事业的围城中兜兜转转，方鸿渐最后的结局是不好的，这既与当时的社会有关，也与他本身的性格有关。留学欧洲时，他四年换了三所大学，随便听几门功课，兴趣颇广，心得全无，生活尤其懒散，到最后不得不买一假文凭糊弄了事。

他的玩世不恭不仅体现在学业上，在归国船上面对鲍小姐的诱惑，他也没能把持住自己，与鲍小姐厮混。

他在明知道苏文纨喜欢自己后，不坦诚心迹拒绝她，反而与她保持若即若离的暧昧关系；不得不说出自己中意的是唐小姐后又引起了苏文纨的报复，苏文纨告诉唐晓芙，方鸿渐与鲍小姐厮混，且娶过妻子，这直接导致唐晓芙与其分手。然而，在三闾大学，方鸿渐没有选择与他人同流合污而是辞去工作，可见他内心并非良知全无。总的来说，方鸿渐是一个认真而又玩世、正直而又脆弱的人，这种复杂的性格致使他在爱情与婚姻的"围城"中进进出出却不得幸福。

2. 孙柔嘉

《围城》人物谱里更有独特意义的是孙柔嘉。一个外表怯生生的小女生，却最工于心计。这种既柔又嘉而且柔能克刚的人就像一个甜蜜的圈套，她掌控着自己的婚姻、生活、命运，也掌控着方鸿渐的婚姻、生活、命运，但当她掌控一切后，婚姻、生活、命运却又似乎全都失控了，此转折表达了另一个层面的"围城困境"。

3. 苏文纨

她先与方鸿渐诸人玩爱情与智力的双重游戏，理想破碎、容颜渐老时草草下嫁，及至为人妇，又诱惑赵辛楣与自己发生私情，演绎了一出人生闹剧。她工于心计，喜欢男人簇拥在自己周围，男人之间越是嫉妒吃醋，她越能欣赏玩味并从中得到所谓的爱情的满足。伪洁与易染使她追求的女性新生活注定是媚俗的。

四、阅读指南

《围城》整部书为我们揭示了人生的"四种爱情，三座围城"。

1. 爱情围城：方鸿渐的四种爱情

①情欲之爱

鲍小姐是方鸿渐在归国途中认识的，他们是各自旅途中的调味剂,在船靠岸之后立即分道扬镳。

②门当户对

苏文纨是方鸿渐大学同学,拥有"苏小妹"的才名及法国博士帽,可说是才女一枚,两人从表面上看可谓天作之合。但爱情不仅要看两人的硬件条件,还要看两人的真实感受。苏文纨自作多情地喜欢上了方鸿渐,方鸿渐虽然并不喜欢她,却由于自己的优柔寡断、怯懦而未能快刀斩乱麻,最终落得个不欢而散。

③求之不得

唐晓芙是那个摩登社会里的罕物,纯真天然,恰似"出水芙蓉",灵活温柔,与方鸿渐互相爱慕。方鸿渐面对她,竟会变成一个羞涩的小男孩。但在苏文纨的挑拨下,唐晓芙最终对方鸿渐产生误会,而两人都放不下自尊去道歉,导致这段美好的爱情未修成正果。也许得不到的爱情才是最美好的爱情,如果两人真走到一起,也许同样是一座"围城"。

④无法摆脱

小鸟依人的孙柔嘉实则工于心计,习惯于掌控一切,她本人便像一个甜蜜的圈套,引诱方鸿渐迈入她的爱情"围城",而当她掌控一切后,婚姻、生活和命运却又似乎全都失控了,这个转折表达了另一个层面的"围城"困境:爱情终将被柴米油盐耗尽。

2. 事业围城:方鸿渐的三段经历

①银行挂职

拿着假文凭回国后的方鸿渐,在自己前岳父的银行里挂职,在这里工作就是混日子,整天无所事事。

②大学任教

抗战爆发,方鸿渐等人到新建的三闾大学任教,他在这里开始觉醒,想做一番大事业。无奈学校并非一方净土,各色人等在这里粉墨登场：老奸巨猾、道貌岸然的高松年；满口仁义道德、满腹男盗女娼的李梅亭；弄虚作假、招摇撞骗的韩学愈；攀龙附凤、浅薄猥琐的陆子潇、顾尔谦；混迹学府、只在情场上显露头角的范懿、汪太太……三闾大学充满着尔虞我诈、明争暗斗。方鸿渐不过是从一座叫银行的"围城"，转到一座叫大学的"围城"而已。

③报馆任职

回到上海后，方鸿渐到一家报馆任职。本想通过兴办报刊来开启民智、振兴国家，却被分配到《家庭与妇女》杂志，写一些无聊的生活小常识。

每换一次工作，方鸿渐总是充满期待，最终却总是失望。每一份工作，都是一座事业的"围城"。

五、好句好段

1.出洋好比出痘子，出痧子，非出不可。小孩子出过痧痘，就可以安全长大，以后碰见这两种毛病，不怕传染。我们出过洋，也算了了一桩心愿，灵魂健全，见了博士硕士们这些微生虫，有抵抗力来自卫。痘出过了，我们就把出痘这一回事忘了；留过学的人也应说把留学这事忘了。像曹元朗那种人念念不忘是留学生，到处挂着牛津剑桥的幌子，就像甘心出天花变成麻子，还得意自己的脸像好文章加了密圈呢。

出自第三章

2.不受教育的人，因为不识字，上人的当，受教育的人，因为识了字，上印刷品的当。

出自第四章

3.像咱们这种旅行，最试验得出一个人的品性。旅行是最劳顿，最麻烦，叫人本相毕现的时候。经过长期苦旅行而彼此不讨厌的人，才可以结交作朋友。……结婚以后的蜜月旅行是次序颠倒的，应该先同旅行一个月，一个月舟车仆仆以后，双方还没有彼此看破，彼此厌恶，还没有吵嘴翻脸，还要维持原来的婚约，这种夫妇保证不会离婚。

出自第五章

六、读后思考

1.《围城》包含着哪些深厚的思想内涵？

简要提示：一是社会批判层面。作品通过主人公方鸿渐的人生历程，对二十世纪三四十年代国统区的国政时弊和众生相进行了抨击，包括对上海洋化商埠的腐败堕落，对内地农村的落后闭塞，对教育界、知识界的腐败现象的讥讽。二是文化批判层面。这一点，主要是通过对"新儒林"的描写和对一批归国留学生或高级知识分子形象的塑造来实现的。《围城》中的人物，大多患有崇洋症，但骨子里还是传统文化起主导作用。三是对人生、对现代人命运的哲理思考，深入到人本的形而上的层次，诸如对人的基本生存处境和人生的根本意义的探讨，对人的基本根性和人际间的基本关系的探讨。小说中也多次点明了"围城"的含义。

2. 分析《围城》中象征手法的运用。

简要提示：《围城》从"围城"这个比喻开始，淋漓尽致地表现了人类的"围城"困境：不断的追求和因所追求到的成功而产生的不满足和厌烦，两者之间的矛盾和转换，其间交织着的希望与失望、欢乐与痛苦、执着与动摇——这一切构成的人生万事。"围城"困境告诉我们人生追求的结果很可能是虚妄的，这看起来好像很有点儿悲观，但骨子里却是严肃的，热忱深埋在冷静之下。

3.《围城》令人印象最深的是里面人物语言的风趣睿智。整本书处处都有新奇形象的比喻,这些比喻或讽刺或幽默,这样的手法是否合适?

简要提示:《围城》语言的高明之处在于:令人一笑之后还可令人百般品味,风趣的背后是丰厚的内涵。例如"对于丑人,细看是一种残忍,除非他是坏人,你要惩罚他"一句,乍一看觉得好笑,细细品味之后,你会发现不得不由衷地认同这一句话,越加品味便越能体会其哲理之所在。

七、拓展阅读

《我们仨》杨绛

杨绛本名杨季康,江苏无锡人,中国现当代作家、文学翻译家、外国文学研究家、中国社会科学院荣誉学部委员。该书讲述了一个单纯温馨的家庭几十年平淡无奇、相守相助、相聚相失的经历。杨绛以简洁而沉重的语言,回忆了先后离她而去的女儿钱瑗、丈夫钱钟书,以及一家三口那些快乐而艰难、充满爱与痛的日子。

《闪闪的红星》

导读老师：方雁

一、作品介绍

本书是一部红色经典小说，讲述了主人公潘冬子在残酷的斗争中不断磨炼、不断成熟，最终成长为一名光荣的解放军战士的故事。

故事发生在1932年初冬。一个名叫柳溪的山村里，居住着几十户贫苦人家，他们受尽了恶霸胡汉三的剥削和压迫，饥寒交迫。主人公潘冬子一家便是其中之一。冬子的父亲参加了闹革命，随后又随着红军转移，留下了妈妈和冬子相依为命。后来坚强勇敢的妈妈也为了掩护同志而壮烈牺牲。深受父母的影响，年幼的冬子心里播种下了革命的火种，坚定地踏上了寻找红军的漫漫长路。其间经历了严寒、饥饿甚至生死。冬子一直怀揣着父亲临走前送给他的一颗五角星，他把五角星仔细地缝在贴身的衣服里，用命去珍藏和守护。这颗五角星是他的信仰，给予他无限的力量，指引和照亮他前行的路。在与敌人的斗智斗勇和巧妙周旋下，冬子不断磨炼、不断成熟，成为了一名光荣的解放军战士，最终擒获敌人，抓住了杀害妈妈的凶手——胡汉三，大仇得报。

故事的结尾，冬子也终于找到了父亲，和父亲一起为解放全中国而并肩战斗。

二、作者小传

李心田（1929—2019），当代作家，江苏睢宁人，中国作家协会会员，国家一级编剧。毕业于华东军政大学，1950年9月参加中国人民解放军，从事部队文化教育和文艺工作，享受国务院政府特殊津贴。

主要著作有：

1961年，创作的反映抗日少年战斗生活的独幕话剧《小鹰》和同内容的中篇小说《两个小八路》（后被改编为同名电影剧本）。

1971年，创作的中篇小说《闪闪的红星》（后被拍成同名电影并获得全国少年儿童文艺创作二等奖）。

1977年，创作的话剧《风卷残云》。

1978年，创作的叙事诗《风卷残云》；话剧《广阔天地》；曾被中学语文教材选入的小说《永不忘记》等。

另有长篇小说《寻梦三千年》《结婚三十年》《梦中的桥》《跳动的火焰》《十幅自画像》《屋顶上的蓝星》《银后》，中篇小说《人的质量》《沙场春点兵》《蓝军发起冲击》《流动的人格》《潜移》《老方的秋天》及话剧剧本等。中篇小说《船队按时到达》获全国优秀少年读物二等奖，《夜间扫街的孩子》获冰心图书奖。

三、主要人物

1. 潘冬子

主人公，机智勇敢、疾恶如仇、坚强隐忍，不仅报了仇，最终还找到了父亲。潘冬子戴上那颗闪闪的红星，成为一名真正的红军战士，加入了红军的行列，踏上了新的征途，和父亲并肩战斗！

2. 潘行义

潘冬子的父亲，这个角色虽然出现不多，却很重要，一直像线一样穿着整个故事。刚开始潘行义在对敌作战中负伤，在手术中主动将麻药让给阶级兄弟，使潘冬子深受教育与触动。后随部队转移，临行前，他给潘冬子留下一颗闪闪的红星，正是这颗红星给了潘冬子方向和力量。

3. 修竹哥

书中先进文化和思想的象征。潘冬子的父亲在田里种地时，是修竹哥鼓励他去上夜校，学习到了新的知识，开阔了眼界，参加了赤卫队，开始走上革命的道路。冬子的父母牺牲之后，也是修竹哥把冬子留在游击队，并慢慢将他领上革命的道路。

4. 胡汉三

地主恶霸、返乡团头子、凶恶的大土豪、书中的反派代表。人们激烈反对他搜刮民脂民膏，他却将坏事做尽。正是和他之间的血海深仇，鞭策着冬子一直前行。

四、阅读指南

故事发生在1934年，这一年冬子7岁。这个时候的中国共产党正在长征途中，为了更好地理解这个故事，建议阅读之前，查阅相关历史资料，了解长征这一重大历史事件。

故事顺着两条主线发展，一条是冬子和以胡汉三为代表的剥削阶级矛盾不断加剧，仇恨不断加深。读着让人感到压抑和愤慨。冬子对地主阶级、土豪乡绅的残忍和贪婪产生了深深的恨意，不自觉地坚定了"革命"的思想。另一条是冬子一路向前寻找红军，寻找父亲。其间历经饥饿甚至生死的考验，风餐露宿、饥一顿饱一顿，冬子也在这些磨砺中变得坚强、机智，不仅没有退缩，反而更加强大，深深体现出信仰的力量。两条线爱憎分明，感情饱满，情节紧凑，扣人心弦。

品读《闪闪的红星》，可以很好地了解二十世纪三四十年代的中国，对少年儿童进行革命传统教育，了解一段历史，传承一种精神。

五、好句好段

1. 大爹和我一起坐在山头上。太阳偏西的时候，我见大爹站起来，两眼不转地向一个山头上望去。那山头上，立着一棵挺拔的大青松，树干像铜又像铁，青铮铮、黑灿灿；那一丛丛松叶，像针又像剑，绿油油、亮晶晶。一阵大风吹来，那棵青松迎风呼啸，显得更加精神。

出自第三篇章

2. 大爹说："冬天下雪，秋天下霜，那青松叶子败不败？"

我说："不败。"

大爹说："它高，它硬棒，它不怕雪、不怕霜，好不好？"

我说："好。"

大爹说："对，我们要像青松一样啊！"

……大爹又说："……风再大，不低头，雨再猛，不弯腰。"

出自第三篇章

3. 春天，山上的树全绿了，竹子全蹿起来了，花儿全开了，天空有鸟儿飞着，山涧里的水"哗哗"地流着，这天儿多好啊！如果现在还是红色苏区，我会像那鸟儿一样自由，像那泉水一样欢快，会像那春天的万物一样蓬蓬勃勃地成长。

出自第四篇章

4. 我像一只出笼的鸟儿，展开翅膀向北飞去。从米店跑出来，我一夜没有停留，走啊，走啊，不停地走着。天上弯弯的月亮给我照着路，北斗星给我指着方向，四下里静悄悄的，只听见我自己的脚步声。碰着山我翻山，遇着河我过河，我只是方向不变，选择着向北的道路朝前走。

出自第七篇章

5. 尽管那时我还年幼，可是妈妈的血在我的身上奔流着：她所爱的，我爱；她所恨的，我恨；她引以为光荣的，我也引以为光荣；她勇于牺牲的，我也敢于牺牲！我立志要做妈妈那样勇敢的、高尚的人。

出自第十篇章

六、读后思考

1. 红军为什么要长征？

简要提示：长征是我国人民革命史上的一大壮举。历时两年，辗转14个省份，最终使得中国革命转危为安。长征的胜利向世界证明了在中国共产党领导之下的人民军队是一支不可战胜的强大军队；是一支不怕牺牲，不怕痛苦，不怕困难，具有英雄气概，为人民而奋斗的军队。作为中国人民英勇革命史上壮丽的史诗，长征在中国人民心中有着不可取代的地位。《闪闪的红星》是在特定的历史条件下发生的，为了更好地读懂此书，有必要了解这段历史。

2. 书中反复出现打土豪、分田地，该如何理解？

简要提示：打土豪、分田地发生在土地革命斗争时期，具体内容为依靠贫雇农，联合中农，限制富农，保护中小工商业者，消灭地主阶级，变封建半封建的土地所有制为农民的土地所有制。中国共产党领导的这场伟大的群众运动，吹响了反封建的号角，革了苏区地域内半殖民地半封建社会的经济关系、政治制度、思想文化、社会结构和法律的命，带来了苏区社会翻天覆地的变化。这也解释了为什么冬子和代表了地主阶级利益的胡汉三有着如此激烈的矛盾。

3. 十多岁的冬子为何能做到如此坚强有目标？

简要提示：看完整本书，冬子的坚强和机智让人深深佩服，一个十多岁的孩子所爆发出的坚韧力量值得我们深思。7岁左右的小小年纪，面对父亲的离开、母亲的牺牲，冬子没有哭泣、退缩，在宋大爹家生活了6年。后来宋大爹也被胡汉三抓走了。冬子决定独自北上去找游击队，为了生存，在米店打工，面对东家的种种刁难，冬子不屈不挠，还机智地拆穿他们囤米、掺沙子到米里的恶行。后来，冬子甚至差点儿被黄胖子打死，但每次，伸出手帮助冬子的都是和他一样贫苦的劳动人民。最后冬子找到了解放军，还凭借胆略，缴获了敌人一挺机关枪。也就十多岁的冬子究竟是如何做到的？我想这是因为冬子有目标、有信仰，使得他无比强大。

4. 闪闪的红星真的只是一颗从挎包上撕下来的红五星吗，它有着怎样的寓意？

简要提示：冬子爸爸离开前，特意从挎包上撕下一颗红五星，交给他，并叮嘱道："你要是想我了，你就看看这红五星，看见这红五星，就和看见我一样。"冬子把红五星缝在夹袄里，认真保管和守护。在他遇到困难的时候，这颗红五星无时无刻不在激励他。我想，红五星寄托的是爸爸对儿子的爱，同时也象征了像爸爸一样勇敢和无畏的革命先烈。在冬子的心中，它是一种革命精神，也是一种信仰和力量。星星是黑暗中的一束光，是力量、是希望！

七、拓展阅读

1.《小兵张嘎》徐光耀

小说讲述了抗日小英雄张嘎与敌人斗智斗勇，最终成长为一名出色的小侦查员的故事。故事中嘎子不惧困难，不怕挑战和危险，不退缩，敢于斗争。他勇敢、机智、自信、活跃、坚强的美好品质深深感动和鼓舞了一代中国人。

2.《红岩》罗广斌、杨益言

本书是以描写重庆解放前夕残酷的地下斗争，特别是狱中斗争为主要内容的长篇小说，歌颂了革命者在酷刑考验下的坚贞节操，塑造了许云峰、江姐、陈然等众多可歌可泣、令人难忘的革命英雄形象，深刻展示了革命者的崇高精神境界和思想光辉，表现了共产党人崇高的革命献身精神和革命乐观主义精神。

《许三观卖血记》

导读老师：赵雅君

一、作品介绍

《许三观卖血记》是余华于1995年发表的一部长篇小说，小说讲述了二十世纪五六十年代的中国，丝厂送茧工许三观十二次卖血的经历。

为了满足好奇心，证明自己的身体足够结实，许三观跟着朋友开始了他的第一次卖血；第二次卖血是因为他的大儿子一乐打伤了方铁匠的儿子，许三观赔不起钱，方铁匠就带人拉走了许家的东西，他无奈之下只能去卖血；他一直暗中喜欢的女工林芬芳偶然踩上西瓜皮摔断了右脚，为让初恋情人吃到"肉骨头炖黄豆"，早日痊愈，他不得不再次走上卖血之路；1958年的"大跃进"、大炼钢和大食堂之后，全民大饥荒，许玉兰每天精打细算也无法满足一家人的衣食所需，一家人喝了57天玉米粥之后，无奈的许三观又找到了李血头，踏上第四次卖血之路；第五次卖血是因为下乡当知青的一乐生病了，他只能将卖血的钱拿来救一乐；第六次卖血是在送走一乐后，为了招待二乐生产队的队长，万般无奈的许玉兰在不知情的情况下第一次开口求丈夫："许三观，只好求你再去献一次血了。"

第六次卖血后，许三观的"血友"根龙等人连续死亡，他的内心开始惧怕。可就在不久后，二乐背着病重的一乐回来了，为了救一乐，许三观四处借钱，借到了63元钱，无奈之下他一边让许玉兰护送一乐去上海，一边再次找到李血头。

大半辈子，他卖血是为了娶亲，是为了救治重病的儿子，是为了郑重款待贵客，是为了不被饿死，是为了生存……不断重复的卖血，是刺痛人心的生活现实，卖血几乎要了许三观的命，但也是因为这一次次咬牙切齿地坚持，换来了40年后的新生活。

每个人的人生不一样，命运的安排也无从掌握。许三观的生命虽是卑微的，但他无论面对什么样的困难，都在努力地生活，一心要家里人也好好地活着，在他身上，我们看到了男子汉顶天立地的英雄气概。

虽然小说通篇写的是社会底层的生活状态，但表现了人在生活重压下对于命运的抗争，这是一种坚韧的精神，是个体力量的至上光辉，也是时代进步的有效体现。

在叙述语言上，余华用诙谐幽默的方式阐释了整个社会的荒谬。他塑造了一群有着狂热的生活欲望，在生死关头能够坚守尊严、团结一致的小人物。这是一部将中国平民的世界观、人生观、价值观描绘得淋漓尽致的杰出作品。

二、作者小传

余华，1960年出生于浙江杭州，曾经从事过5年的牙医工作，1983年开始写作。主要作品有《活着》《许三观卖血记》《在细雨中呼喊》《兄弟》《第七天》等。作品被翻译成40多种语言，在美国、英国、法国等40多个国家和地区出版。曾获意大利格林扎纳·卡佛文学奖（1998年）、法国文学和艺术骑士勋章（2004年）、法国国际信使外国小说奖（2008年）、意大利朱塞佩·阿切尔比国际文学奖（2014年）等。

三、主要人物

1. 许三观

一个普通的丝厂工人，日复一日地做着同样的工作，但正因如此的普通，才凸显了他的伟大和感人，普通的不普通，才是余华笔下小人物的特色。

①一生艰辛。许三观迫于生活的无奈，一生十二次卖血，最后只想吃炒猪肝喝黄酒的时候，让人感到很心酸。他没有什么远大的抱负，却想竭尽所能撑起一个受尽波折的家庭。

②家的顶梁柱。他会把每个月的工资都交给许玉兰，把丝厂发的新手套给许玉兰织毛衣，自己却一直用最初的旧手套做工，偶尔有抱怨，但在点滴的小事当中处处为家人着想。

③一个平凡的丈夫和一个伟大的父亲。爱情早已经转化为亲情，许玉兰被批斗时，他偷偷地在许玉兰的饭菜里藏了红烧肉，不顾一切默默地为别人付出。他是一个好父亲，在一乐生病后，一人撑起整个家的所有重担，靠卖血养家，在困境中缓慢前进。

许三观在最后几次不要命的卖血中几乎失去生命，虽只是生活中的一个小人物，却是典型的小人物，凭借自己对儿子的爱、对家庭的责任一直顽强地撑到最后，处处闪现着人性的光辉，令人感动。

2. 许玉兰

苦难女性的代表。她嫁给许三观之前被叫作油条西施，打扮时尚，高挑出众，为人干练，引得很多人的羡慕。她的精明能干和许三观的木讷、老实形成对比，再者，她爱撒泼的性格，引发了夫妻间太多的矛盾。

①一个精明能干的女性。她一向勤俭持家，她的勤俭要比她的"泼"更令人印象深刻。婚后她把许三观发的手套拆了给家人做线衣，买菜时，她将所有的菜都放进自己的筐中，把自己不要的都挑出去，让别人挑自己挑剩下的。她平时将一分钱、两分钱都积蓄起来，十几年从来不间断，做饭时要从每个人的口粮中抓出一小把放在床底下的小米缸里面，以备不时之需，在三年自然

灾害时期，全家人靠这个活了命。

②一个坚强的女性。她跟了许三观，就必然要与苦难做斗争，因此她的一生便与苦难相伴，虽然她每次都会坐在门槛上哭诉，但是哭诉之后表现出来的是坚强。许玉兰婚前曾失身于何小勇，于是在"文化大革命"时期被扣上"妓女"的帽子批斗，但她在无奈中忍受，在忍受中坚强，在家人的陪伴下渡过了难关。

③充满母爱。面对病重的儿子，许玉兰只有一个念想，就是救活一乐，于是在许三观筹钱的过程中，她一个人日夜照顾着自己的一乐，直到一乐康复。

许玉兰是中国传统民间女性的代表，是有血有肉的、性格鲜明的、精明能干的、坚忍顽强的女人，她的一生幽默、风趣，但是也有着痛苦，让人心酸，让人泪目，她既是一个称职的妻子，也是一个合格的母亲。

四、阅读指南

1. 由"血"字激发兴趣

"血"是生命的象征，对于许三观来说，"血"还是一个家生生不息的力量，卖了血才有钱娶媳妇，才能让家人摆脱喝粥的苦日子，才能让孩子去治病……"血"仿佛成了商品，反复抽取的过程就是生活苦难对人性的一次次拷打，一种不可捉摸的力量像这血液一般流淌过充满磨难的人生，那便是人与生俱来的坚韧、顽强、永不屈服，支撑人跨越一切艰难险阻，直至岁月变迁，生活向暖。

2. 梳理小说的故事情节，品析每一次卖血的经历

小说着力刻画的不是一次次卖血之事，而是在每一次卖血过程中许三观的心理、家人的态度以及社会环境的变化。刚开始他只是好奇，想吃一次炒猪肝喝一次黄酒，想加入卖血大军证明自

己身体结实，此后为了初恋、为了家庭，甚至为了重病的儿子、为了能去上海为儿子治病，他竟然一路卖血，让我们看到他伟大父爱和高尚的人格。

在小说跌宕起伏的情节变化中，读者不难发现几个一直在重复的细节描述，一是献血之前喝水，到了医院讨好血头，最后献完血去吃炒猪肝喝黄酒；二是孩子们对喝白米粥反复的失望表现；三是不同人物身上同样的经历，许三观知道许玉兰和何小勇的一段感情经历，一乐成了他内心的疙瘩难以释怀，他自己却也在丝厂追求初恋林芬芳，许三观和许玉兰相互惩罚却又相互保护，一路相伴……一系列的小事、小人物贯穿"卖血记"始终，暴露着他们身上共同的特征：既自私、要面子、追求与身边的人的平等、贪财贪色、嘴碎、好传谣、愚昧，又善良、关心身边的人、淳朴正直。

五、好句好段

1. 许三观看着他和许玉兰十年积累起来的这个家，大部分被放上了那两辆板车，然后摇摇晃晃、互相碰撞着向巷子口而去。

出自第十四章

2. 事情都是被逼出来的，人只有被逼上绝路了，才会有办法，没上绝路以前，不是没想到办法，就是想到了也不知道该不该去做。

出自第十六章

3. 所以，做人要多行善事，不行恶事。做了恶事的话，若不马上改正过来，就要像何小勇一样，遭老天爷的罚，老天爷罚起人来可是一点儿都不留情面，都是把人往死里罚。那个何小勇躺在医院里面，还不知道死活呢。

出自第二十七章

六、阅读思考

1. 余华在《许三观卖血记》自序中说,"作者不再是一位叙述上的侵略者,而是一位倾听者……书中的人物经常自己开口说话"。作者塑造人物时,是如何让人物"自己开口说话"的?

简要提示:作者用多种手法塑造人物形象:①动作描写。如许三观明知水很凉却"仰起脖子一口将碗里的水全部喝了下去",通过动作描写表现许三观卖血救子的坚持和倔强。②语言描写。如"你们都是好心人"表达许三观对居民的感激之情,塑造了许三观懂得感恩的淳朴形象,林浦居民提醒许三观"到了晚上会肚子疼",写出对许三观的关心,塑造了林浦居民的善良形象。③侧面描写。通过林浦居民的眼写出许三观的"怪",又通过许三观的眼写出林浦居民的热情和善良。④环境衬托。"许三观看到身旁的石缝里镶着没有融化的积雪,在阳光里闪闪发亮"写出许三观对一路卖血去上海充满信心,塑造了许三观的乐观形象,"他看到林浦的居民都在吃着午饭,蒸腾的热气使窗户上的玻璃白茫茫的一片"写出许三观对食物和温暖的渴望、羡慕,塑造了许三观孤独、饥饿、可怜的形象。

2. "卖血记"中十二次令人揪心的卖血让人深思:为什么许三观,还有很多和他一样的人,要一次又一次去卖血?

简要提示:正如余华在韩文版自序中所说:"他追求的平等就是和他的邻居一样,和他所认识的那些人一样。当他生活极其糟糕时,因为别人的生活同样糟糕,他也会心满意足。他不在乎生活的好坏,但是不能容忍别人和他不一样。"这些生活在底层社会的人,只能看到自己的身边人,只想和身边人保持平等,保住那勉强而可笑的尊严,只能一直干活维持生计,有空就去卖血,在平凡的生活中勉强挣扎。小说中根龙的一句话就很明了:"我们娶女人、盖房子都是靠卖血挣的钱,这田地里挣的钱最多也就是

不让我们饿死。"他在讲述自家的情况，却揭示了整个社会背景，正常的工作只能刚好糊口，"卖血"成了改变生活状态的唯一方式。生活的苦难压得人喘不过气来，更谈不上意识的觉醒，只能在一次次磨砺中蜕变。

七、拓展阅读

1.《活着》余华

作品讲述了福贵悲惨的人生遭遇。他本是个阔少，可年轻时嗜赌成性，赌光了家业，一贫如洗，穷困之中，福贵因母亲生病前去求医，没想到半路上被国民党部队抓去做壮丁，后被解放军俘虏，几番周折后回到家乡，发现母亲已过世，妻子带大一双儿女，但女儿凤霞却是聋哑人……最后所有亲人都先后离他而去，仅剩下年老的他和一头老牛相依为命。

2.《没有一条路是重复的》余华

作品从自己儿子的成长写起，叙说自己的写书经历及成长过程。每一个人都在经历着只属于自己的生活，阅读让我们开阔视野，看到世界的丰富多彩，看到天空的宽广和大地的辽阔，让我们发现人生还有更多的可能性。世界上没有一条道路是重复的，也没有一个人是可以被替代的。

3.《在细雨中呼喊》余华

作品以孙光林的第一人称视角讲述家庭和身边的事情，追忆孙家历史，回顾老家南门的生活，这之中家人、朋友的死亡，青春懵懂对性的认识等毫无征兆的意外，都冲击着平静的生活。写一个少年成长过程中经历着的绝望、幻灭、孤独与忧伤，从他的视角展现底层人物的命运，从中也可以看到人类普遍的生存状况。

《雷雨》

导读老师：杨婧如

一、作品介绍

《雷雨》是剧作家曹禺创作的一部话剧，发表于1934年7月的《文学季刊》。该剧情节扣人心弦、语言精练含蓄、人物各具特色，是"中国话剧现实主义的基石"、中国现代话剧成熟的里程碑。

该剧完全运用了"三一律"的戏剧结构，描写了两个家庭中的八个人物在短短一天之内发生的故事，牵扯出周、鲁两家几十年的恩恩怨怨，同时也反映了更为深层的社会及时代问题。

二、作者小传

曹禺（1910—1996），原名万家宝，出生在一个没落的封建官僚家庭。他仿佛是天生的戏剧家，从小就有机会欣赏中国的传统戏曲，在被称为"中国话剧运动摇篮"的南开中学又获得了丰富的舞台实践经验，在清华大学西洋文学系就读时，更是广泛接触了从莎士比亚、易卜生到契诃夫、奥尼尔的西方戏剧家的作品，不倦地探讨着戏剧艺术——可以说，正是这两方面的"诱惑"，使他与中国现代话剧运动结下了不解之缘。也正是他所创作的《雷雨》《日出》《原野》《北京人》《家》等经典剧作，使中国现代话剧剧场艺术得以确立，并在中国的观众中扎根，中国的现代话剧由此走向成熟。

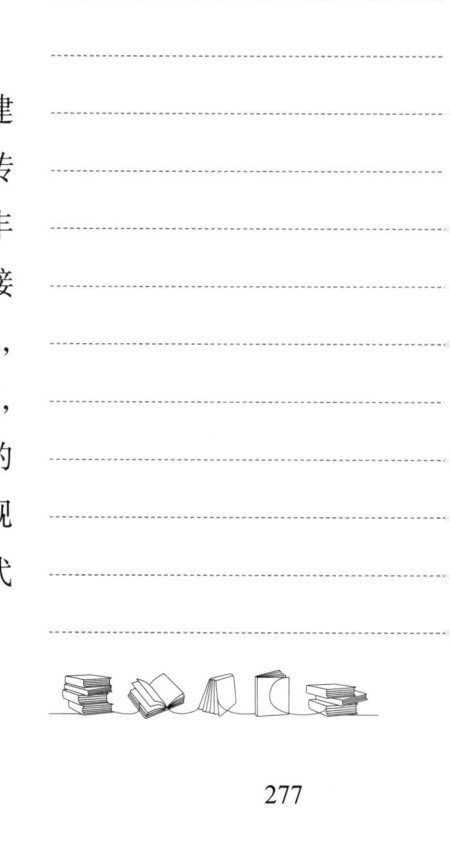

三、主要人物

1. 周朴园

周公馆的主人,年轻时是封建家庭的纨绔子弟。和家里的侍女侍萍生了两个儿子,后来抛弃了侍萍。他梳分头,戴金边眼镜,穿皮鞋,一副煤矿公司董事长姿态,但他又喝普洱茶,吃斋,念经,充分显示了他的"伪善"。他在哈尔滨包修江桥的时候,故意让江堤缺口淹死两千二百个小工,从每一个死难的小工身上赚得了三百元钱,他发的是"绝子绝孙的昧心财"。他还勾结矿上警察开枪打死三十个工人。在家里,他是一个专制的暴君,极端冷酷、绝对专横,任何人都是不能违抗他的。而他却把这些看作他对妻儿们的"关心"和"爱护",不准妻儿们对他有过多的不满。他是酿成家中所有悲剧的罪魁祸首。

2. 繁漪

周朴园的妻子,一个美丽但性情古怪的少妇。她没有爱情与幸福,甚至丧失了做人的尊严。繁漪眉目忧郁,因心中郁积着的火,充满了失望的痛苦与怨愤。她不顾"乱伦"而狂热地爱着周萍,她把自己的爱情、名誉乃至生命都交给了周萍。但不久之后,她深深爱着的周萍又到四凤那里去寻求满足了。她重又陷入痛苦、不幸的深渊。她不堪父子两代人的欺侮与凌辱,因报复心理而爆发出来了一种"雷雨"般的性格,她终于敢直接反抗周朴园,敢去揭露周萍的欺骗,成为周公馆里敢于为争取爱情、自由而反抗和斗争的人。

3. 鲁侍萍

鲁贵的妻子,四凤的母亲。三十年前,她被周朴园残忍遗弃,被逼得抱着刚刚生下三天的小儿子投河自杀。被救活后,她嫁给了鲁贵,生下一个女儿四凤。到了垂暮之年,却还要面对更为残酷的打击,面对无法承受的灾难——自己的女儿又在周公馆重蹈着自己的覆辙。她竭力避免和周朴园见面，见面后曾一度软弱，直到周朴园露出了残忍狠毒的面目，她才又清醒过来，重新激发起对周朴园的仇恨，毫不迟疑地撕毁了周朴园写给她的一张五千元钱的支票。而让侍萍更为痛苦的是，她渴望一见的亲生儿子周萍，竟当着她的面恶狠狠地打了自己的胞弟——鲁大海。她想带四凤离开周公馆，却不料四凤有了身孕，而造成这一切的男人又是四凤同母异父的哥哥周萍。在遭受一连串无法忍受的打击之后，她再也无法承受，变得痴痴呆呆了。

4. 周萍

周朴园的长子、鲁侍萍的儿子，还曾是继母繁漪的情夫。他精神卑下、意志薄弱、自私，只顾个人利益。他曾对繁漪表示过不满于父亲周朴园的专横和不尊重女性的行为，四凤、周冲都夸他好。但周萍不仅早已和继母繁漪发生乱伦关系，还使侍女四凤怀上了他的孩子。他害怕自己的父亲，害怕社会的舆论，也不顾及自己对繁漪所负的责任。当他知道四凤是自己亲妹妹的时候，开枪自杀了。

四、阅读指南

《雷雨》是曹禺创造的第一个戏剧生命，也是中国现代话剧成熟的标志，和一切经典作品一样，《雷雨》也是说不尽的，我们可以从不同角度、不同方面去开掘与阐释。

首先，把握《雷雨》的戏剧特色。

《雷雨》采用典型的封闭式结构，即时间和空间都集中在一定限度之内，基本符合"三一律"的规则。作者着眼于周、鲁两家三十年来的新仇旧恨，落笔于"一个初夏的上午"到"当天夜里两点钟光景"的十六小时内。地点又基本在周公馆客厅里。地点集中、时间集中，交织起来，迅速推进戏剧冲突。

作者还精心设置了"序幕"与"尾声"。十年后，周公馆变

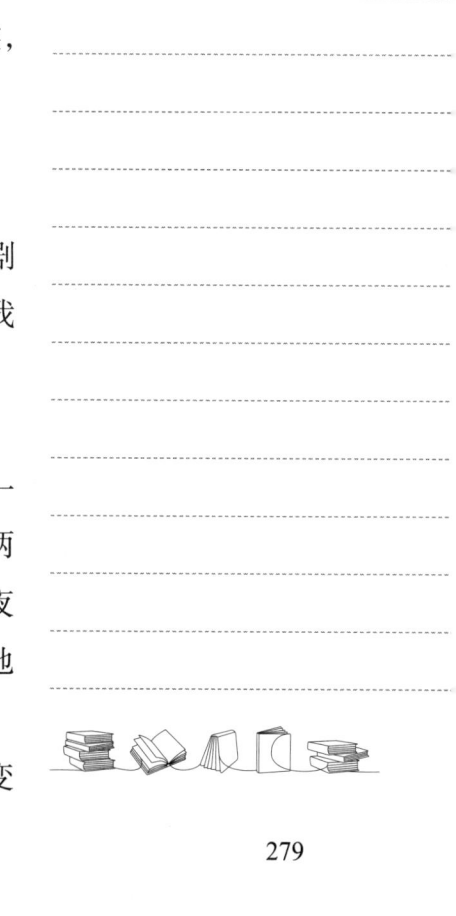

成了教会医院，楼上、楼下分别住了两位疯了的老妇人——繁漪和侍萍。有了这样的序幕和尾声的框架，就造成了欣赏的距离。

其次，总结其鲜明的人物特征。

虚伪、自私、怯懦的周萍，天真、单纯的周冲，坚忍、高尚的鲁侍萍，淳朴、善良的四凤，爱憎分明、立场坚定的鲁大海……一系列鲜明的人物形象从看似普普通通，但带有个性化的语言中体现了出来。

五、好句好段

1.有一扇门，通着现在的病房。门面的漆已蚀了去。金黄的铜门钮放着暗涩的光，配起那高而宽，有黄花纹的灰门框，和门上凹凸不平，古式的西洋木饰，令人猜想这屋子的前主多半是中国的老留学生，回国后又富贵过一时的。这门前也挂着一条半旧，深紫的绒幔，半拉开，破成碎条的幔角拖在地上。左边也开一道门，两扇的，通着外间饭厅，由那里可以直通楼上，或者从饭厅走出外面，这两扇门较中间的还华丽，颜色更深老；偶尔有人穿过，它好沉重地在门轨上转动，会发着一种久摩擦的滑声，像一个经过多少事故，很沉默，很温和的老人。

出自序幕

2.壁龛的帷幔还是深掩着，里面放着艳丽的盆花。中间的门开着，隔一层铁纱门，从纱门望出去，花园的树木绿荫荫的，并且听见蝉在叫。右边的衣服柜，铺上一张黄桌布，上面放着许多小巧的摆饰，最显明的是一张旧相片，很不调和地和这些精致东西放在一起。柜前面狭长的矮几，放着华贵的烟具同一些零碎物件。右边炉上有一个钟同鲜花盆，墙上，挂一幅油画。炉前有两把圈椅，背朝着墙。中间靠左的玻璃柜放满了古玩，前面的小矮桌有绿花的椅垫，左角的长沙发还不旧，上面放着三四个缎制的厚垫子。沙发前的矮几排置烟具等物，台中两个小沙发同圆桌都很华丽，圆桌上放着吕宋烟盒和扇子。

出自第一幕

3. 她一望就知道是个果敢阴鸷的女人，她的脸色苍白，只有嘴唇微红，她的大而灰暗的眼睛同高鼻梁令人觉得有些可怕。但是眉目间看出来她是忧郁的，在那静静的长的睫毛的下面，有时为心中的郁积的火燃烧着，她的眼光会充满了一个年轻妇人失望后的痛苦与怨望。她的嘴角向后略弯，显出一个受抑制的女人在管制着自己。她那雪白细长的手，时常在她轻轻咳嗽的时候，按着自己瘦弱的胸。直等自己喘出一口气来，她才摸摸自己涨得红红的面颊，喘出一口气。她是一个中国旧式女人，有她的文弱，她的哀静，她的明慧——她对诗文的爱好，但是她也有更原始的一点野性：在她的心，她的胆量，她的狂热的思想，在她莫名其妙的决断时忽然来的力量。整个地来看她，她似乎是一个水晶，只能给男人精神的安慰，她的明亮的前额表现出深沉的理解，像只是可以供清谈的；但是当她陷于情感的冥想中，忽然愉快地笑着；当她见着她所爱的，红晕的颜色为快乐散布在脸上，两颊的笑涡也显露出来的时节，你才觉得出她是能被人家爱的，应当被人爱的，你才知道她到底是一个女人，跟一切年轻的女人一样。

她会爱你如一只饿了三天的狗咬着它最喜欢的骨头，她恨起你来也会像只恶狗狺狺地，不，多不声不响地恨恨地吃了你的。然而她的外形是沉静的，忧郁的，她会如秋天傍晚的树叶轻轻落在你的身旁，她觉得自己的夏天已经过去，西天的晚霞早暗下来了。

出自第一幕

六、读后思考

1. 这场雷雨中，谁是最真实的人？

简要提示：可以是鲁侍萍，她不掩饰，她要说这三十年来经历的艰辛与磨难，她的言语、泪水，甚至是毫不犹豫撕碎周朴园的钱的行为，都是一个弱女子最真实的反抗。

可以是周冲，一句"爸爸，这是不公平的"道出了多少对世界纯粹的判断。他在愤然出门时感到天地无公平可言。他爱着四凤，他只知道爱情很简单，没有界限。

可以是繁漪，繁漪的真实在于，在这座阳光与温暖照不进的深宅大院，她敢于大胆地挣扎和反抗，追求爱情，追求自由。

2.《雷雨》到底有何意蕴？

简要提示：无论是处于情热中的繁漪、周萍、四凤与侍萍，还是陷在梦想中的周冲，陷在算计里的周朴园、鲁贵，都同是在尘世中煎熬而找不到出路的"可怜虫"。"悲悯"作为一种审美情感，自然是对充溢剧作的激情的净化、升华与超越。

七、拓展阅读

1.《日出》曹禺

该剧作是曹禺"试探一次新路"的创作成果，他不再追求精心构制的故事，而注重展现日常生活，戏剧的场景由家庭转向社会，同时也展现着现代化大都市的两个典型环境。

2.《上海屋檐下》夏衍

剧作展开的是上海弄堂中普通的两层楼房里每天静悄悄地发生着的人生故事，这种取材的平凡性、构思的朴素性与内在深刻性，构成夏衍的创作特色。

3.《如影随形》赖声川

"梦想彩虹，如飞跃云霄，我的爱，我与你同在；茫茫人海，勇往直前，我与你，如影随形。"这是一段与灵魂对话的故事，折射出当代社会压抑下的人性。

外国作品

《海底两万里》

导读老师：董安琪

一、作品介绍

《海底两万里》是凡尔纳"海洋三部曲"的第二部，是凡尔纳的巅峰之作，是一部真正意义上的科幻小说，科学性与文学性兼具，在探险故事中贯穿着对科学的关注，情节扣人心弦，同时注重对人性的探索。

《海底两万里》记叙了一段奇妙的海底探险之旅。故事以阿罗纳克斯教授的口吻进行叙述，他受美国海军部长的邀请参与"亚伯拉罕·林肯"号出海追击独角鲸怪物的任务。在与"怪物"交战的过程中落水被俘，这才发现所谓的海上"怪物"不是自然界的生物，而是一艘先进的潜水艇——"鹦鹉螺"号。他与仆人孔塞伊、捕鲸手内德受邀进入潜艇，受到艇长尼摩的款待，并与他一起进行了海底两万里的探险旅行。他们从太平洋出发，途经珊瑚岛、印度洋、红海、地中海，进入大西洋，旅途中阿罗纳克斯教授了解到"鹦鹉螺"号超越当时科技的神奇之处，并与神秘的尼摩艇长惺惺相惜又充满矛盾冲突。一行人除饱览了沿途的异域风情、海底奇观外，还经历了多次不可思议的冒险：海底森林狩猎、采珠场与鲨鱼搏斗、穿越阿拉伯隧道、杀死"美人鱼"、大战巨型章鱼、被困南极冰层……最终阿罗纳克斯教授、孔塞伊、

内德三人在抵达挪威海岸时出逃成功，回到家乡。而尼摩艇长与他的"鹦鹉螺"号却不知所踪……

二、作者小传

儒勒·凡尔纳（1828—1905），法国小说家、剧作家，被称为"科幻小说之父"。凡尔纳出生于法国南特港的一个资产阶级家庭，从小就对海洋有着天然的热爱，看着出港的航船张起风帆驶向大海，儿时的凡尔纳已经对远方产生了无尽的遐想，他甚至想去当少年见习水手，到印度去进行一次富有诗意的冒险。对未知世界好奇的种子早早就在凡尔纳心中埋下，他成年后不愿意与枯燥的法律条文打交道，因而拒绝继承父亲的律师事务所。在极为困窘的条件下他仍然要做一个文艺青年，写诗、写剧，混迹于巴黎这座浪漫之都，幸而与大仲马结识，在他的帮助下继续创作。大仲马鼓励凡尔纳坚持地理探险小说的创作，这为凡尔纳打开了一扇创作之门。让凡尔纳真正成为当时的畅销书作家的是出版商赫泽尔，他对于读者市场有敏锐的洞察力，意识到当时的人们会对科学幻想类题材有兴趣，于是凡尔纳在地理探险的基础上再加入科学幻想元素而创作的《气球上的五星期》被他慧眼识珠，出版发行。凡尔纳一举成名，进入了小说创作的新天地。凡尔纳科学幻想的探险旅程到达过地心，创作了《地心游记》；发射到月球，有了《从地球到月球》；抵达深海，成就了《海底两万里》。凡尔纳幼年时对海洋的向往与遐想，使得他心中的那颗种子一直在生长，最终结出了三颗饱满的果实——海洋三部曲，即《格兰特船长的儿女》《海底两万里》《神秘岛》。

正如爱因斯坦所说："想象比知识更重要。"凡尔纳的想象力让我们感受到文学的绮丽，使他成为世界上被翻译作品第二多的作家；他基于科学发展规律与趋势进行的想象，到了20世纪几乎全部实现，他成为许多科学家的启迪者。1905年3月，凡尔纳因糖尿病在亚眠逝世，他人生的探险旅程就此结束。

三、主要人物

1. 尼摩艇长

尼摩艇长被认为是凡尔纳塑造得比较成功的小说人物，因为尼摩艇长的复杂性，使得人物更加立体丰满。尼摩艇长首先是智慧的化身，他制造出"鹦鹉螺"号就是最好的证明，同时他把海底的一切为自己所用，他对海洋、科学充满了探索精神；他又是一位英雄，为了反抗压迫，追寻自由，在海底创造出另一片天地，在海底的探险中他表现出来的自信沉着、英勇无畏都令人敬佩；他还是一位领袖，带领他的船员克服重重困难，在海底建立自己的生存空间，同时接济救助受压迫的人民；最后，他是一位神秘的复仇者，他的身世如何，他的仇恨源自何处，人们还无从知晓。面对眼前的困难他可以沉着勇敢，面对自己的内心世界时他又是孤独悲伤的……尼摩艇长的真实身份直到小说结束也没有完全揭露，仅仅在一些情节中有所透露，让人产生无尽的遐想。

2. 皮埃尔·阿罗纳克斯教授

阿罗纳克斯是巴黎博物馆自然史教授、博物学家，应邀代表法国参加"亚伯拉罕·林肯"号远征追击海上怪物的行动，被"怪物"所俘，反而达成了他漫游海底世界进行科学考察研究的愿望。在此过程中，他强烈的好奇心激发他去探索海洋的未知奥秘、"鹦鹉螺"号上的秘密以及尼摩艇长的秘密，甚至为此不愿逃离"鹦鹉螺"号。这样的探险旅程不仅使这位教授大开眼界，观察到各种海洋生物，还让他深入思考，去探寻人性的智慧与力量、正义与信念等。在这个过程中，他也表现出一个普通人的人性，面对溺水、鲨鱼袭击，他有胆怯和慌乱，这是一个学者的柔弱，同时又与尼摩艇长的淡定从容形成对比。

3. 仆人孔塞伊

他是阿罗纳克斯教授的仆人，教授评价他忠心耿耿、生性沉稳，对生活中的意外他从不大惊小怪。这些性格特点在此次海底旅程中体现得淋漓尽致。虽然是仆人，但他也是一个典型的学者，甚至是一个单纯的"理科男"，在自然史分类上连教授都把他当作专家。他的世界里只有他的主人阿罗纳克斯教授和他热衷的分类学，后来与内德成为朋友后，也会考虑他的感受。在整个海底探险过程中，他沉迷于对海洋生物进行"百度百科"式的分类，甚至在遇到危险时仍有兴致观察分类，他的求知欲与好奇心不亚于阿罗纳克斯教授，他对于探索海洋里未知的一切抱有热忱。

4. 捕鲸手内德

内德与孔塞伊形成鲜明的对比，一个暴躁鲁莽，一个沉着冷静，这样的人物设置增添了小说的趣味性，保持一种平衡感。捕鲸手的职业身份使得他与生俱来有一种原始的力量与欲望，他的目标很简单，充满生存的欲望——逃跑、吃饱。文中只有他有强烈的愿望想要逃出"鹦鹉螺"号，并想尽办法，没有放弃的念头，在无法逃脱的过程中，他也总是想办法让自己吃得更好一些。当然，他也有英勇的一面，救助尼摩艇长时他果断出击，击中鲨鱼要害，他还把自己的氧气供给阿罗纳克斯教授，表现出无私的一面。

四、阅读指南

英国科幻作家奥尔迪斯这样评价凡尔纳："他的积极方面包括对科学的可能性的痴迷追求，对活生生的地理学的一往情深，对自由的始终不渝的向往和对受压迫者的无限同情，对他生活时代的政治现实的洞察，以及对一个好故事的孜孜以求。"打开《海底两万里》就如同进入一座科学的殿堂，你会对其中有关物理学、生物学、地理学的内容着迷，想要一探"鹦鹉螺"号的科学原理，想要绘制一幅航海探险地图，想要对海洋生物进行纲属种目的分类……也许你会被其中某个幻想启发科学之梦；翻阅《海底两万里》时，你会被其中引人入胜的故事情节吸引，会沉醉于大海的美丽与奇幻，你也想漫步于海底平原领略万花筒式的绮丽光景，也想站在"鹦鹉螺"号的平台上吹着海风眺望远方的地平线，或者抬头仰望深邃的星空，又或者领略异域的风情，当然，你的内心也会受到震撼，海底不只有梦幻的风景，还有海难后的遗骸、采珠人的艰辛……这些惨状让我们回顾历史，反思人性，于是有了人文的关照。希望你对这个世界充满好奇心，对未知的领域充满探索的欲望，《海底两万里》将带你开启一段奇妙的旅程，培养你因想象而产生的创造力，因感动而产生的深邃思考。

此外，在阅读本书时，你还可以关注凡尔纳"对一个好故事的孜孜以求"，他将叙事的节奏把握得炉火纯青，于平静中制造波澜，当你沉浸于他营造的奇异海底世界并漫步其中时，接下来迎接你的是海难的遗址现场；当你听他讲述关于珍珠以及采珠的种种时，一场与鲨鱼的搏斗即将开始；当你陷入他与尼摩艇长谈论的各种海上历史并开始深入思考时，突然又要进行一次令人震惊的海底穿越……凡尔纳在叙述故事时特别能够抓住读者的心理，不仅善于制造波澜，还善于制造悬念，这其中最大的悬念，在第一部分的第一章至第七章，这个海上"怪物"牵动着所有读者的心弦，在接下来的海底探险中，尼摩艇长的身世以及他种种奇怪的举动都令人好奇，令人想要一探究竟……

五、好句好段

1. 大海风平浪静，天空清澈如洗。这条长长的潜艇所感受到的只是海浪的缓缓涌动。微风从东方徐徐吹来，海面轻轻泛起涟漪。云开雾散，极目远望，一直可以看到天际。

出自第一部分第十四章

2. 当时是上午十点。太阳光还是斜的，照射着波浪起伏的海面。水中的花、岩石、胚芽、贝壳和珊瑚虫，一接触因折射而变了形的七彩阳光，就像通过棱镜似的，颜色都有些轻微变化。总而言之，绿的、黄的、橙色的、紫的、靛青的、蓝的等各种色调的糅合，构成一个真正的万花筒，变成一个善于使用颜色的疯狂画家的调色板；这是一种奇景，令人大饱眼福！

出自第一部分第十六章

3. 对诗人来说，珍珠是海的眼泪；对东方人来说，珍珠是凝固了的水珠；对妇女们来说，珍珠是光彩夺目的椭圆形首饰，她们把它戴在手指上、脖子上或者耳垂儿上；对化学家来说，珍珠是磷酸盐和石灰碳酸盐的混合物，还带一点儿明胶；对博物学家来说呢，珍珠不过是双壳类软体动物分泌螺钿质器官的一种病态分泌物。

出自第二部分第二十六章

六、读后思考

1. 你如何理解阿罗纳克斯教授最初看到"鹦鹉螺"号时的感受？

即使发现了一种最具有传奇性、最为神秘的生物，也不会使我感到如此震惊。神奇的东西出自造物主之手，这很平常。可是，在眼皮底下突然发现一种由人制造的不可能有的神秘之物，那就要让人感到惊愕了！

简要提示：阿罗纳克斯教授认为一个海底怪物并不奇怪，因为人们对自然还有很多未知，造物主可能会有很多不为人知的创造。但是当这个"怪物"出自人类之手，就太令人震惊了，因为这是当时人类科学技术所无法企及的高度。本书打开了科学幻想之门，在当时人类科学技术发展的基础及未来趋势上展开想象。

2. 凡尔纳创作《海底两万里》时查阅了大量资料，他声称自己对科学没有过特别的兴趣，而只是对用它来创作发生在异域的戏剧性故事特别感兴趣。想一想本书中哪些具体情节是凡尔纳基于科学展开想象而创作的？

简要提示：例如第一部分第十二章"一切都用电"是凡尔纳基于当时的科学发展趋势展开的想象，此时已经有电力，但是距离爱迪生发明电灯还有十年的时间，凡尔纳先行一步进行了大胆设想，整个"鹦鹉螺"号都用上了电；第一部分第十三章"几组数据"对于"鹦鹉螺"号的描述也是基于科学的幻想，这些数据甚至描述到小数点后两位，这些数据不是真实的，是凡尔纳基于科学理论编创的，在读者看来却是可以令人相信的。

3. 凡尔纳虽然也曾乘船探险，但并未真正潜入海底，这一切都是他的想象，他的幻想除了基于科学基础，还基于什么展开？

简要提示：幻想小说还可以基于现实生活展开想象，本书中海底世界拥有的一切正是陆地上有的，例如海底平原、海底森林，人们可以在其中打猎，如履平地，与陆地上无异，还有海底煤矿可以进行开采。作者需要展开想象的是如何解决海底与陆地上遇到的不同情况，于是想象出在海底平原漫步需要穿着的设备等。尼摩艇长在海底的生活与陆地上无异，陆地上可以喝到牛奶、吃到奶酪，于是需要展开想象海底喝什么、吃什么，他甚至想到海底的坟墓是怎样的。

4. 尼摩艇长身份神秘，你认为"鹦鹉螺"号对于他来说意味着什么？

简要提示："鹦鹉螺"号是尼摩艇长与人类社会隔绝的基础，是他追求自由的象征，同时也象征了他自己，"鹦鹉螺"号与他一样智慧英勇，"鹦鹉螺"号还是他自己想要创造的理想世界。

七、拓展阅读

1.《神秘岛》[法]儒勒·凡尔纳

小说记叙了美国南北战争期间，五名俘虏乘坐热气球出逃后流落荒岛，凭借自己的勇气和智慧把荒岛变为乐园，最终被营救的故事。本书作为"海洋三部曲"的最后一部，可以说是彩蛋多多，为我们揭秘了《格兰特船长的儿女》中艾尔通的结局，最令人惊喜的是，我们终于知道了《海底两万里》中尼摩艇长的真正身世。

2.《八十天环游地球》[法]儒勒·凡尔纳

小说记叙了英国绅士福格与朋友打赌八十天环游地球一周，他与仆人万事通克服重重困难终于回到伦敦的故事。小说连载时备受瞩目和追捧，甚至有轮船公司想要做"广告植入"，连当时的大文豪托尔斯泰都为这本小说画了插图。

《钢铁是怎样炼成的》

导读老师：付中焱

一、作品介绍

《钢铁是怎样炼成的》是苏联作家尼古拉·阿列克谢耶维奇·奥斯特洛夫斯基所著的一部自传体长篇小说，一部现实主义巨著。它超越国界，激励了无数人，被视为青年人的生活教科书。该小说自问世以来，几十年长盛不衰。

本书描写了主人公保尔·柯察金经历第一次世界大战、十月革命、国内战争和国民经济恢复时期的严峻生活。

保尔早年丧父，家庭贫穷。12岁时，被母亲送到车站食堂当杂役，受尽凌辱。十月革命爆发，老布尔什维克朱赫来在镇上做地下工作。朱赫来给保尔讲了关于革命、工人阶级和阶级斗争的许多道理。有一次，保尔偶然跳进冬妮亚的花园，由此和冬妮亚产生了爱情。保尔的头部在激战中受了重伤。出院后，他参加恢复和建设国家的工作，和冬妮亚的思想差距越来越大，便分道扬镳。在筑路工程快要结束时，保尔得了伤寒。1927年，他几乎全身瘫痪，接着双目失明。他一方面决心帮助自己的妻子达雅进步，另一方面决定开始文学创作工作。

本书讲述保尔·柯察金从一个不懂事的少年到成为一个忠于革命的布尔什维克战士，再到双目失明却坚强不屈创作小说，成为一块坚强钢铁（是指他的精神）的故事。这是一部带有自传味道的小说，赞扬了在绝望的命运中仍坚强不屈，向命运挑战的精神；鞭挞了资本主义的丑陋与只会作威作福的贵人，表现了作者

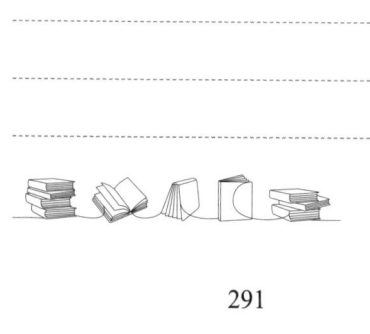

对命运的抗争。

二、作者小传

尼古拉·阿列克谢耶维奇·奥斯特洛夫斯基，苏联作家，苏维埃"优秀的共产主义战士"。1904年出生于乌克兰一个工人家庭，初级教会小学毕业后，因家境贫寒不得不辍学。11岁便开始当童工。1919年进发电厂当司炉助手。同年乌克兰解放，接着加入传奇的第一骑兵军。1920年8月因重伤退伍，进铁路工厂任助理电气技师。1921年秋天，他被分配到基辅附近参加修筑轻便铁路，在极其艰苦的环境中，他与伙伴们夜以继日地忘我劳动，身患严重的伤寒病，几乎被死神召去。1923年到1924年担任乌克兰边境地区共青团的领导工作，1924年加入共产党。由于他长期参加艰苦斗争，身体健康受到严重损害，1927年他全身瘫痪，但仍坚强地与病魔搏斗，终于在1928年写成处女作《暴风雨所诞生的》。但这部以他自己参加红军同白匪斗争的经历为素材而创作的中篇小说原稿却在邮寄过程中遗失了，这对于他来说实在是很大的打击，但他没有丧失信心。

就在这一年，他的病情进一步恶化，双目失明，然而病痛并不能使他放弃继续写作的信念。他战胜了难以想象的困难，在1933年写成了第一部长篇小说《钢铁是怎样炼成的》。小说获得了巨大成功，受到同时代人的真诚而热烈的称赞。1934年，奥斯特洛夫斯基被吸收为苏联作家协会会员。1935年年底，苏联政府授予他列宁勋章，以表彰他在文学方面的创造性劳动和卓越的贡献。1936年12月22日，由于旧病复发，奥斯特洛夫斯基在莫斯科逝世，年仅32岁。

三、主要人物

1. 保尔·柯察金

保尔出身于社会底层，年少丧父，做过备受欺凌的童工，偷过德国侵略者的手枪，因营救革命者坐过牢，为保卫苏维埃政权血洒疆场，和平时期忘我地投身于环境恶劣的筑路工程。一次次的伤病和长时间的过度劳累，使他的身体严重透支，健康状况越来越糟，以至于后来瘫痪在床、双目失明。即便如此，他仍不忘回到新生活建设者的队伍中去，终于以其在文学方面的创造性劳动和卓越的贡献，再一次显示其生命存在的价值和意义。

保尔的身上有着许多宝贵的闪光的品质：顽强、执着、刻苦、奋进、勇敢、奉献、宽容、诚实、坚强、不为命运所屈服。但他的身上也同时存在不少缺点，难能可贵的是他有自知之明，不断地反省、解剖自己，努力改掉自身的坏习惯。

2. 冬妮亚

冬妮亚是林务官的女儿，生活安逸，喜爱恬静地读书，对待朋友友善，无拘无束，在和保尔相处的过程中，头脑中没有家庭等级观念，为人勇敢，敢恨敢爱，敢于向自己所爱的人表达自己的爱意，而且做事细致入微，真诚关心自己的朋友，不顾自己的安危无私地帮助朋友。但她无法舍弃安逸舒适的资产阶级生活，后来变得越来越自私、个人主义、爱出风头、骄傲，与保尔之间的距离越来越远，以至分手，最终嫁给一个铁路官员。

冬妮亚的身上既有纯洁、美丽、友善、敢恨敢爱的一面，又有自私、爱出风头、骄傲、固执的一面。

3. 朱赫来

朱赫来是一个老布尔什维克，出身于穷苦人之家，做过钳工和电工，当过水兵，做过地下工作者，在战斗中因为炮弹，永远地失掉一条胳膊。后来担任布尔什维克党的重要领导职务，为革命做出了很多贡献。他在和保尔一起生活的时间里给他讲了许多革命道理，传授了许多革命知识，对保尔思想的成长起到了决定性的作用。

朱赫来执着于自己的信仰，立场坚定从不动摇，工作勤勉务实，处理事务干脆果断。对同志满腔热忱，无私帮助，愿意将自己的本领传授与人；对敌人有火一般的愤怒与憎恨，不屈不挠地坚决地与剥削者做顽强的斗争。

4. 丽达

丽达是一位年轻漂亮的姑娘，也是一位干练睿智的共产党员。她做过宣传工作，担任过共青团的领导干部，后来成为乌克兰中央委员会委员。在残酷的战争中，曾失去过两位挚爱的人，她还担任过保尔的政治学习辅导老师，和保尔志同道合。保尔对她既欣赏又仰慕，她更是把保尔视为知己，但保尔由于误会和害怕影响工作强迫自己不与她交往，最终两人没有结合。

丽达不仅热爱生活、信仰坚定、心地善良、爱憎分明，而且机智、干练、勇敢，有着顽强的革命意志。

5. 达雅

达雅是保尔母亲的老朋友阿莉比娜·丘察姆的小女儿，她在保尔病休期间与他相识，最终成为保尔的妻子。在保尔的引导下，她从一个普通的工人成为一名优秀的共产党员。

达雅朴素、单纯，心地善良而坚定，从不让私人感情影响工作大局。她热爱自己所信仰的共产主义，与保尔志同道合，配合默契。

四、阅读指南

在这部带有自传性质的小说中，作者虽然以自己为艺术创作的原型，却没有拘泥于生活事实，而是对人物和情节做了大量的典型化处理，概括并融入当时一代优秀青年的生活，从而使小说情节显得更为真实、生动、感人。

在结构布局上，全书围绕着主人公的成长展开，通过描写保尔怎样对待监狱、战争、工作、友谊、爱情、疾病、挫折，以及怎样对待革命与个人、公与私、生与死等重大问题的态度，从不同的角度来表现他的优秀品质。这样既显得紧凑自然，又把保尔这一钢铁战士的形象塑造得格外丰满生动、光彩照人。

在叙述表达上，写人以叙事和描写为主，同时穿插内心独白、书信与日记、格言警句等内容。环境描写则语言简洁优美，富有表现力。

五、好句好段

1. 小城周围，遍地是战壕，到处是带刺的铁丝网。整整一个星期，这座小城总是在隆隆的炮声和清脆的枪声中醒来或睡去，只有在深夜才安静下来。但是偶尔还有一阵枪声冲破夜的寂静，那是双方的潜伏哨在互相试探。每天天刚亮，士兵们就聚在大炮周围忙碌起来。乌黑的炮口发出凶猛而可怖的吼叫声。人们连忙给大炮装上新的炮弹。炮手把绳子一拉，大地便颤抖起来。炮弹嘶嘶地呼啸着，飞向离小城三俄里外红军占领的村庄，发出震耳欲聋的爆炸声，把无数的泥块掀到空中。

出自第一部第七章

2. 人最宝贵的是生命，生命属于人只有一次。人的一生应当这样度过：当他回首往事的时候，不会因为碌碌无为、虚度年华而悔恨，也不会因为为人卑鄙、生活庸俗而愧疚；这样，在临终的时候，他就能够说："我已把整个的生命和全部的精力献给了世界上最壮丽的事业——为人类的解放而奋斗。"应当抓紧生活，因为一场突如其来的疾病、一个意外的悲惨事件随时都有可能中

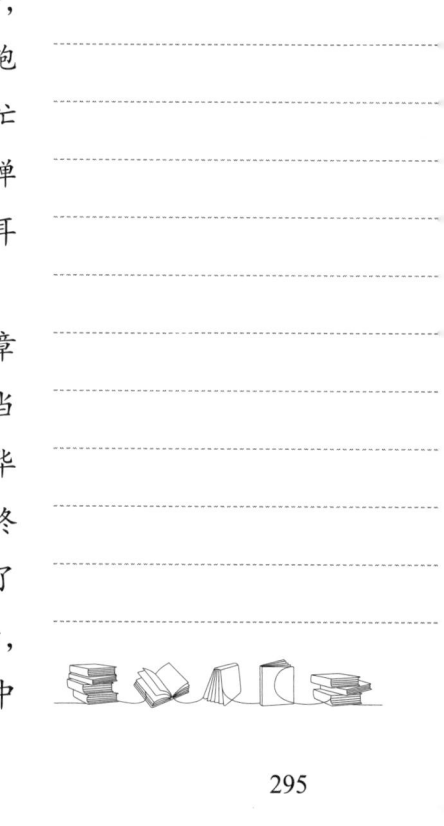

断生命。

出自第二部第三章

六、读后思考

1. 保尔精神具有怎样的现实意义？

简要提示：让我们懂得人生的意义，学会用正确的心态面对人生的磨难，用钢铁般的意志与顽强奋斗的精神迎接生活的各种挑战。

"保尔精神"代表着顽强、执着、刻苦、奉献、勇敢、奋进的人格操守，应成为青少年永恒的人生精神坐标，有这样的精神才能创造更美好的生活。

保尔身上体现出敢于向命运挑战、自强不息、奋发向上的精神，保尔崇高的革命理想、高尚的道德情操、忘我的献身精神、坚强的斗争意志、乐观的生活态度以及明确的人生目标，都是我们学习的榜样！

2.《钢铁是怎样炼成的》这本书的书名有什么含义？

简要提示：奥斯特洛夫斯基在回答记者关于书名的提问时说："钢铁是在烈火和骤冷中炼成的，因此它很坚固。我们这一代人也是在斗争中、在艰苦考验中锻炼出来的，并学会了在生活面前不颓废。"

"钢铁"指信念、意志和毅力。"烈火和骤冷"指特殊的、艰苦的环境和条件，在小说中具体体现为残酷的战争环境、恶劣的自然环境、艰苦的劳动条件以及常人难以忍受的病痛。这句话的意思是坚强的共产主义战士是在同阶级敌人以及各种困难的斗争中成长起来的。

3. 保尔的三段爱情有什么不同之处？

简要提示：全书最打动人心的，是保尔身残志坚的顽强意志；

而最让人深思的，则是保尔和三位女性前前后后的"爱情"。他与冬妮亚、丽达、达雅的三段恋情，暗含了保尔逐渐远离肉体、远离奢华，向精神、原则、理念靠近的心灵历程。

七、拓展阅读

1.《平凡的世界》路遥

《平凡的世界》是中国作家路遥创作的一部全景式地表现中国当代城乡社会生活的百万字长篇小说。全书共三部。1986年12月首次出版。

该书以中国20世纪70年代中期到80年代中期的十年时间为背景，通过复杂的矛盾纠葛，以孙少安和孙少平两兄弟为中心，刻画了当时社会各阶层众多普通人的形象；劳动与爱情、挫折与追求、痛苦与欢乐、日常生活与巨大社会冲突纷繁地交织在一起，深刻地展示了普通人在大时代历史进程中所走过的艰难曲折的道路。

2.《老人与海》［美］海明威

《老人与海》是美国作家海明威于1951年在古巴写的一篇中篇小说，于1952年出版。

该书围绕一位老年古巴渔夫，与一条巨大的马林鱼在离岸很远的湾流中搏斗而展开故事的讲述。尽管海明威笔下的老人是悲剧性的，但他身上有着尼采般"超人"的品质，泰然自若地接受失败，沉着勇敢地面对死亡，这些"硬汉"品质体现了海明威的人生哲学和道德理想，即人类不向命运低头，永不服输的斗士精神和积极向上的乐观人生态度。

3.《牛虻》［爱尔兰］埃塞尔·莉莲·伏尼契

《牛虻》是爱尔兰女作家埃塞尔·莉莲·伏尼契创作的长篇小说，该书描写了意大利革命党人牛虻的一生。单纯幼稚的爱国青年亚瑟，因被革命同志误解，佯装投河自尽，奔赴南美。13年后，当他带着一身伤残重回故乡时，苦难的经历已把他磨炼成一个坚定的革命者。他参与了反对奥地利统治者、争取国家独立统一的斗争，最后为之献出了生命。小说涉及了斗争、信仰、牺牲这些色彩浓重的主题。

小说是作者伏尼契受到当时身边革命者的献身精神的激励写成的，生动地反映了19世纪30年代意大利革命者反对奥地利统治者、争取国家独立统一的斗争，成功地塑造了革命党人牛虻的形象。

《大卫·科波菲尔》

导读老师：林巧巧

一、作品介绍

《大卫·科波菲尔》是公认的狄更斯最重要的代表作，也是其作品中受读者喜爱程度仅次于成名作《匹克威克外传》的一部作品。狄更斯本人更是在本书序言中称："在我所有的著作中，我最爱这一部。"作为他的"宠儿"，这部典型的"半自传体"小说，耗费作者心血最多，作者将自己半生亲历、观察和思考的生活所得寄托在主人公大卫·科波菲尔的成长史中。

大卫是个遗腹子，在天真单纯的母亲克拉拉和忠心耿耿的女仆裴果提的陪伴下度过了快乐的童年。母亲改嫁后，被冷酷暴虐的继父摩德斯通虐待致死，大卫也不得不中断学业，被继父送进货行当童工。在艰难的环境里，大卫没有沉沦，他始终和善良质朴的裴果提一家保持联系，他结识了房东米考伯夫妇并给予他们无私的帮助，他鼓起勇气逃离货行，历经辛苦找到了世上唯一的亲人——姨婆贝西小姐，在姨婆的监护下接受教育，获得新生，长成一个善良博爱、正直勤奋的有为青年。他进入社会开始工作，爱上朵拉小姐，与之缔结幸福却又备受考验的婚姻，这期间又伴随着一系列波折：童年玩伴艾米丽遭到大卫同学斯蒂福的诱拐与抛弃，姨婆的律师遭到小人希普的暗算并使得姨婆投资失败濒临破产……

经过各方的努力，艾米丽被找回，希普的阴谋被戳穿，姨婆的损失被挽回，大卫勤奋耕耘，成为一名作家。但是爱妻朵拉因病去世，大卫满心悲痛，出国游历三年。归国后，更加成熟的大卫认清自己的心意，与从小一起长大的知己艾妮斯相恋、结婚，与姨婆、裴果提幸福地生活在一起。

二、作者小传

查尔斯·狄更斯（1812—1870），英国批判现实主义作家。其作品集通俗性与艺术性于一体，深受读者喜爱，对英国文学乃至世界文学影响巨大，被大量改编为影视作品。

他出身寒微。父亲是海军军需处的小职员，工作屡次调动，薪资微薄，子女众多，家境拮据，以至于狄更斯的求学过程极不顺利，一生受到的正规教育总共才四年。狄更斯父亲因为嗜酒好客，挥霍无度，入不敷出，屡屡负债，全家都被关进债务人监狱。当时不到10岁的狄更斯独自在伦敦一家黑鞋油作坊当童工，肩负起独立谋生的责任，敏感的童心饱尝孤寂与屈辱。为了寻求更好的前途，狄更斯15岁进入律师事务所当学徒，后来学会速记，入伦敦民事律师法院，担任审案记录员。接着又担任报社派驻议会的记者。他接连在报纸杂志上发表短篇故事、特写和随笔，后辑录为《博兹特写集》，在第一部长篇小说《匹克威克外传》连载大获成功之后，狄更斯笔耕不辍，创作日渐成熟，先后出版了《雾都孤儿》《老古玩店》《董贝父子》《大卫·科波菲尔》《艰难时世》《双城记》《远大前程》，同时创办杂志，游历欧美，业余参演戏剧，举行朗诵表演。他一生勤奋工作，将自己的文学天赋和作品的商业价值发挥到了极致。

他善于描写社会中下层小人物，表现出对劳动人民的赞美，抨击上流社会的虚伪、贪婪、道德卑下。他善用艺术夸张的手法突出表现人物形象的鲜明特征，他所塑造的人物成为文学史上一个个典型形象；他坚持反映现实，揭露不公，为弱者发声，用妙趣横生的幽默表现温和的讽刺和理性的批判。

三、主要人物

1. 大卫·科波菲尔

大卫·科波菲尔性格宽厚、情绪稳定、人格完善，是一个理想人物的化身，其人生也是一个理想的样板。他经历过童年的幸福，也在家庭变故后陷入孤立无援的境地。但他始终没有放弃努力，始终保有人性的善良，陷入逆境时，他没有自暴自弃，勇于承担，又绝不逆来顺受，他具备突破困境、改善局面的智慧和魄力；在得到帮助，身处顺境时，他加倍珍惜努力，成就自己的同时也善待他人。大卫·科波菲尔的成长史和事业、家庭双双成功的圆满结局，体现了奋斗的价值，寄托了狄更斯的道德理想，充满励志的意味。

2. 克拉拉

克拉拉是大卫的母亲，婚前是婴儿保姆，性格天真单纯，贝西小姐评价她像个"蜡娃娃"。婚后受到丈夫的庇佑，不擅长家庭管理；丈夫去世后，在女仆裴果提的帮助下，一家三口生活自足、其乐融融。由于她识人不清、遇人不淑，改嫁后，她性格中幼稚、缺乏主见的一面为人所利用，丧失了家庭管理权，也逐渐失去了与儿子的情感联系，在身心备受摧残之后郁郁而终。

3. 贝西姨婆

贝西小姐是大卫父亲的姨母，是大卫的姨婆，也是失去双亲后的大卫在世上唯一的亲人。她经历过失败的婚姻之后坚定地选择独身，性情看似执拗奇怪，实际上她坚毅、博爱、形象光辉。她勤劳能干，把自己的生活经营得安稳。因为小人的算计，她遭遇破产；在与小人的斗争胜利之后，资产失而复得。大起大落之间她不卑不亢，随遇而安。对于投奔自己的大卫，她给予无私的

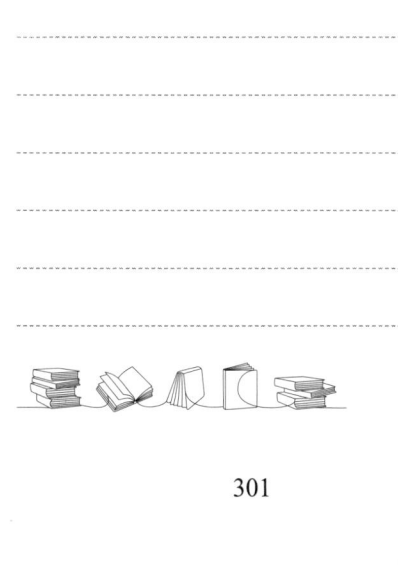

爱，在大卫求学和工作的过程中慷慨付出。她富于智慧，爱憎分明，严格要求大卫的德行，使得大卫在短暂的迷茫放荡之后能及时回归正途。

4. 裴果提

裴果提是大卫母亲克拉拉的女仆，善良忠诚、不离不弃地守护着克拉拉与大卫，特别是当大卫受到继父的虐待冷遇，缺乏与母亲的情感联系时，是裴果提坚定不移地支持他、鼓励他，温暖他茫然孤寂的童心。母亲去世后，她嫁给马车夫巴吉斯，勤劳地操持家庭，宽厚地善待丈夫。巴吉斯病逝后，将节俭一生的积蓄留给了她，她最后回到大卫、贝西姨婆身边，与他们快乐地生活在一起。

5. 艾米丽

艾米丽是女仆裴果提的哥哥裴果提先生所收养的女儿。她父母是渔民，因海难去世。大卫童年随裴果提回家度假时与之相识，度过愉快的两周。两个孩子互相喜欢，两小无猜，她是大卫对异性朦胧好感的最早启蒙。长大后的艾米丽拥有出众的容貌，在服装设计上富有才华。她本将嫁给善良朴实的工人哈姆，过平凡稳定的生活。但艾米丽儿时心底潜藏着"成为阔太太"的心愿，想要成为上等人，借此改善生活处境，报答养父的养育之恩。因此，当大卫的同学、阔少爷斯蒂福引诱她时，年幼无知的她怀着对爱情和改变阶层的憧憬，背弃了与哈姆的婚约，与斯蒂福私奔，最后又遭到抛弃，得以认清感情和生活的真相，与养父一同离开英国，前往澳大利亚，终身不嫁。

6. 朵拉

朵拉是大卫的初恋，第一任妻子。性格与大卫的母亲十分相似，天真单纯，活泼乖巧，同样不善于持家，对艰苦生活缺乏承受能力，也无法真正地替大卫解决后顾之忧。但她深深地爱着大卫，直到病逝之前还为他忧虑，将他托付给最好的朋友艾妮斯。

7. 艾妮斯

艾妮斯在书中是完美女性的化身，美丽温柔、端庄聪慧、品德高尚、意志坚强。她的母亲早逝，她与父亲威克菲尔律师相依为命，她是父亲最为信赖的管家，是父亲最大的精神慰藉。她是一位真正的淑女，是大卫的贴心挚友，支持他，理解他，见证着他的成长。她具有敏锐的洞察力，能够识别出父亲身边的阴谋小人希普，为了保护父亲与之周旋。她也能觉察到大卫的同学斯蒂福并非良善之人，给予大卫善意的提醒。这样一位真正的淑女，只有历经风浪真正成熟之后的大卫，才懂得珍惜。两人共同缔结了美满的婚姻。

8. 米考伯夫妇

米考伯夫妇是本书最典型的喜剧人物，也是最能体现作者漫画式夸张手法的人物。米考伯先生外形滑稽，长得胖墩墩的，衣着破旧但还竭力维持着不相称的文雅与体面。他对生活缺乏责任心与规划能力，爱慕虚荣，贪图享乐。"一个人要是每年收入二十镑，花掉十九镑十九先令六便士，那他会过得很快活，但要是他花掉二十镑一先令，那他就惨了"是他的口头禅，也是他教给大卫的人生道理，但是他自己却做不到，总是入不敷出，陷入债台高筑的境地，甚至被债主们送进监狱。不过他始终乐观自信、充满热情，期待"有朝一日时来运转"。米考伯太太与丈夫性格完全一致，在忧虑伤心和及时行乐之间快速切换。她始终相信米考伯的才华，始终不离不弃。

9. 摩德斯通姐弟

继父摩德斯通先生贪慕大卫母亲克拉拉的美貌和家产，用欺骗的方式得到克拉拉的芳心，在婚后暴露出暴虐阴毒的真面目，粗暴地打压克拉拉，虐待大卫。他的姐姐摩德斯通小姐大龄未嫁，

刻板阴郁。两人鸠占鹊巢，将克拉拉折磨至死，残忍地甩掉抚养大卫的责任。后来摩德斯通先生再婚，又以同样卑劣的方式逼疯了一位无知少女。

10. 希普

希普是文中最大的反派，从小在儿童慈善机构中养成表面故作谦卑、实则虚伪的扭曲性格。他内心充满获取财富、改变阶层的欲望，但不想通过诚实和勤奋，而想通过伪装和欺诈来实现。他有意引导雇主威克菲尔律师养成酗酒的恶习，利用其酒后的昏聩软弱，伪造票据和签字，用各种不法手段将委托人的资产据为己有。直到希普的秘书米考伯先生受正义感的驱使，揭露了这一切阴谋罪恶，希普才身败名裂，被送进监狱。

11. 斯蒂福

斯蒂福是大卫在萨伦学校的高年级同学，他曾经热心地帮助大卫融入新环境，鼓励大卫讲故事，给了大卫温暖和自信。大卫崇拜他、喜欢他，从未意识到斯蒂福光鲜外表下傲慢自大、冷酷自私的品格缺陷。成年后，斯蒂福与大卫再次相遇，引诱又抛弃大卫的童年好友艾米丽，视女性为玩物。最后遭遇海难，艾米丽的未婚夫哈姆为了救他而被大海吞噬，他也一同丧生。

四、阅读指南

狄更斯的小说在其当世就是拥趸无数的畅销书，兼具趣味性、艺术性和批判性。以情节的曲折跌宕，人物塑造的艺术夸张，对社会问题的真实揭露受到读者的热捧。对于《大卫·科波菲尔》这样一部浅显易读的传统小说，从"人物、情节、环境"三要素入手，依然是行之有效的方法。

首先，狄更斯非常擅长塑造人物形象，因此可以抓住描写性的句子，通过外貌、语言、动作等方面的细节描写，把握小说人物的性格特征，理解作者善用的艺术夸张手法。

其次，关注大卫·科波菲尔不同时期的形象特点，把握人物的精神成长和奋斗动力。运用叙事学中人称与视角的知识，分析主人公"我"在成年后回顾并记录自己从降生以来的经历。可以看到叙事视角随着主人公年龄的变化而变化，偶尔跳脱出来，以成年后的"我"的口吻发表议论，包含对外部的评价和对自我的反思，使叙事更有层次，也丰富了小说的内涵。

再次，伴随着主人公生活场景的转移，小说笔触还涉及众多人物和家庭，情节附带多条支线，结构相对比较松散，但不乏曲折跌宕。

最后，也可以把小说放在其所属的时代背景下去理解。狄更斯小说反映了工业革命时期急剧变革的英国社会风貌，可以关注小说所展现的货行、监狱、伦敦街头等各种场景以及小说所披露的贫富悬殊、滥用童工等社会问题。

如有余力，可拓展阅读狄更斯的其他作品，了解一些作家生平，会更容易理解作品主题以及作家的道德信念和精神追求。狄更斯不拘泥于枯燥的说教，而是对真实的社会现象或尖锐或温和地嘲讽，对底层弱者发自内心的同情，对劳动人民的善良勤劳予以诚挚的歌颂，他鼓励勤奋与自立的精神，扬善贬恶，使得小说有力地彰显出净化心灵的道德力量。

五、好句好段

1. 如今，我对世事已有足够了解，因而几乎对任何事物都不再引以为怪了。不过像我这样小小年纪就如此轻易地遭人遗弃，即使是现在，也不免使我感到有点儿吃惊。好端端一个极有才华、观察力强、聪明热情、敏感机灵的孩子，突然身心两伤，可居然没有人出来为他说一句话，我觉得这实在是咄咄怪事。没有一个

人出来为我说一句话。于是在我十岁那年，我就成了摩德斯通格林比货行里的一名小童工了。

出自第十三章

2. 她对可怜的、不会伤害别人的狄克先生这样慷慨仗义，不仅鼓舞起我这少年人对自己前途的希望，也激起了我为他人着想而生发的对姨婆的热爱。我现在认为，当时我就开始认识到，我姨婆虽然有许多古怪脾气，但是她却有一种品格，值得尊敬，可以信赖。

出自第十六章

3. "无论在什么时候，"我姨婆说，"决不可卑鄙自私，决不可弄虚作假，决不可残酷无情。你要是能免除这三种恶习，特洛，那我就能对你永远抱有希望了。"

出自第十七章

4. 我生平无论做什么，总是一心要做好；不管专心做哪件事，总是全身心投入；凡事不分巨细，我都一贯认真对待。

出自第四十四章

六、读后思考

1. 透过童年大卫·科波菲尔的视角，作者勾勒出一个怎样的现实世界？体现了作者对儿童怎样的情感？

简要提示：童年大卫·科波菲尔感受过亲人的疼爱和家庭的温暖，看待世界的目光不失儿童的单纯稚嫩，但也在萨伦学校和货行饱尝残酷的虐待和侮辱，敏感地发觉到生存环境的残酷逼仄和自己身在其中的孤立无援。

狄更斯本人早年贫困失学、沦为童工的真实经历给心灵留下了不可磨灭的创伤，所以他毕生都保有对深受苦难的孤寂儿童的无限同情，他塑造的儿童形象多为聪慧敏感、精神世界丰富，他借小说真实细腻地传达出儿童陷入绝境的呼声，引发读者的共鸣，他用文艺的方式唤起社会对苦难儿童生存境遇的关注，确有实效地改善儿童慈善机构的抚养条件，也为童工滥用等社会问题敲响警钟。这是狄更斯作品带来的正面道德效应。

2. 如何理解狄更斯塑造人物的艺术夸张手法？他所塑造的都是"扁平人物"吗？这种人物塑造手法是否会削弱作品的现实批判力度？

简要提示：英国小说家福斯特的《小说面面观》认为狄更斯的人物全是"扁平人物"，即性格简单、静止、单一。狄更斯的作品诞生伊始是在报刊上定期连载，为了最大限度地保持对读者的持续吸引力，利用艺术的夸张与重复来强化人物的某一特征，以加深读者对人物的印象，这是狄更斯的写作策略。因此其笔下的人物具有明显的类型化特点。但是由于这些人物来源于他对生活的观察，在生活中多能找到原型，他赋予人物的心理与行动合乎现实逻辑，易于激发读者的共鸣，因此英国诗人艾略特认为狄更斯塑造的人物"比人们本身更为深刻"，足以反映复杂丰富的现实。狄更斯小说中的不少人物因其高度的浓缩性，成为某种典型意义的词汇被收入英语词典。

七、拓展阅读

1.《狄更斯传》［英］彼得·阿克罗伊德

狄更斯的传奇一生引发后世数代人孜孜不倦地反复为之作传，篇幅或长或短，内容或歆羡于他在工作上的辛勤奋斗和不朽成就，或赏鉴其作品如何表现出维多利亚时代的特色，或对他扑朔迷离的情史津津乐道。而彼得·阿克罗伊德的叙述诚实，绝不肆意超越他所掌握的材料，谨慎克制地发表议论，把文坛巨匠狄更斯视为一个现实的人，写出了他作为一个凡人在成为伟人的道路上充满的无奈与脆弱。

2.《雾都孤儿》［英］狄更斯

小说以雾都伦敦为背景，讲述了孤儿奥利弗·退斯特的悲惨身世及坎坷遭遇。他在孤儿院出生长大，被人领养，成为学徒，饱受虐待，勇敢逃离又误入贼窝，被迫与狠毒的凶徒为伍，历尽无数辛酸，最后在善良人士的帮助下，查明身世并获得了幸福。

3.《老古玩店》［英］狄更斯

小说讲述了生意惨淡的老古玩店老板吐伦特为了让还不满14岁的外孙女在他去世后能过上幸福生活，竭力想发财致富，不料却落入高利贷暴发户丹尼尔·奎尔普的圈套，不仅老古玩店全部财产被其占为己有，外孙女小耐儿也受到垂涎。祖孙二人被迫逃离伦敦，过着四处乞讨的生活。最后，身心俱受损伤的小耐儿，因精神过度疲劳而夭折。

《复活》

导读老师：汪晟吉

一、作品介绍

《复活》是托尔斯泰继《战争与和平》《安娜·卡列尼娜》之后第三部著名的长篇小说。罗曼·罗兰称之为"托尔斯泰创作的最后的高峰，或许是最高峰，否则就是最巍然壮观的高峰，它那望不见的峰巅淹没在云雾之中"。

小说男主人公是公爵涅赫柳多夫，他诱奸并抛弃了姑妈家的女仆卡秋莎。怀孕的卡秋莎被赶出了庄园，最终沦为妓女马斯洛娃。多年后，作为陪审员的涅赫柳多夫在法庭上重遇了被诬陷杀人的马斯洛娃。马斯洛娃意外地被判处苦役。涅赫柳多夫深受良心的谴责，决定尽己所能改善马斯洛娃的境遇，为其奔走，与其结婚，甚至和马斯洛娃一起去西伯利亚生活，希望以此来赎罪。在为马斯洛娃上诉奔走的过程中，涅赫柳多夫进一步看到了人民的苦难，认识到了自己所处的上层阶级的罪恶。马斯洛娃被打动，原谅了涅赫柳多夫，但是拒绝了他的求婚，选择与政治犯西蒙松在一起。

二、作者小传

列夫·尼古拉耶维奇·托尔斯泰（1828—1910），俄国现实主义作家。出身贵族家庭，年轻时周旋于上流社会，不专心学业。1852年在高加索军队中服役的托尔斯泰发表自传体小说《童年》，开始进入文坛。1854年至1855年参加了克里米亚战争。学校与

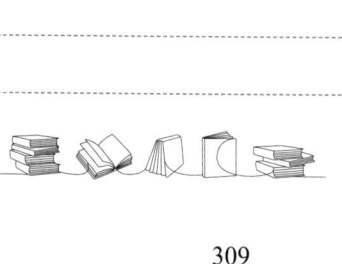

军队中的经历，让他感受到平民比贵族更可爱。他曾经在自己的庄园中试行以代役租等方法来解放农民，但最终失败。一度投身教育事业，兴办过20多所农民子弟学校，不久也关闭了。晚年的托尔斯泰反思作为地主的自己与农民的关系，号召贵族亲身回归平民生活，否定土地私有制，反对沙皇的黑暗统治。1910年10月，托尔斯泰离家出走，11月病逝于一个小车站。托尔斯泰一生著述浩如烟海，类型丰富，影响深远。他是批判现实主义作家，强调文学要敢于并善于揭示社会的黑暗，直面人的苦难，宣扬博爱思想。代表作有长篇小说《战争与和平》《安娜·卡列尼娜》《复活》。

三、主要人物

1. 涅赫柳多夫

男主人公，一位地位显赫、家财万贯的公爵。他的身上有双重人格：精神上的人和动物性的人。前者为自己寻求福利，但所寻求的是在他人那儿也有的福利。后者以牺牲他人的利益来为自己谋福利。在读大学时，精神性在涅赫柳多夫身上占上风，他曾将手中的土地分给农民。在姑妈家的庄园，涅赫柳多夫第一次见到了姑妈家的女仆卡秋莎，两人互生好感。三年后，成了军官的涅赫柳多夫再次见到了卡秋莎。但是，此时动物性占据了高地，涅赫柳多夫已经成了一个堕落的利己主义者，他诱奸并抛弃了卡秋莎。在马斯洛娃的审判后，涅赫柳多夫精神上的"我"彻底觉醒了。他认识到了自己的罪恶并通过行动来赎罪，希望使马斯洛娃的心灵"复活"。他认识到本阶级的腐朽罪恶并与之决裂，将土地以很低的租金或者不收租金的形式交给农民。在这一过程中，涅赫柳多夫获得了新生。

2. 马斯洛娃

女主人公，小名卡秋莎。她天真善良、美丽动人，是涅赫柳多夫姑妈家受过教育的女仆。她爱上了涅赫柳多夫却被残忍抛弃，又因行为不检点被赶出了庄园，生下的孩子很快夭折了，她自己也差点儿因病死去。后来，她到别人家做工又被欺侮，最终成为一名妓女。生活的苦难使她的心灵发生了变化，她对自己妓女的身份感到自豪，把对涅赫柳多夫的记忆尘封起来，变得麻木。后来，因为被诬陷杀害了嫖客而被判处了苦役。面对来帮助她的涅赫柳多夫，她一开始显得很冷漠，内心充满了怨恨，希望从他那里获取利益。后来被感化，恢复了良善，原谅并再次爱上了他。为了不拖累涅赫柳多夫，她拒绝了他的求婚，选择与政治犯西蒙松结合。

四、阅读指南

高尔基曾这样描绘托尔斯泰的敏锐："托尔斯泰这对眼睛里有一百只眼珠。"托尔斯泰对人性洞若观火，在《复活》中通过对人物的细腻刻画，塑造了社会各阶层个性鲜明、立体复杂的人物。在阅读中可以关注对人物的动作、神态、语言、心理等描写，探究人物形象的丰富性，思考其典型意义。

通过梳理人物的心路历程来理解"复活"的内涵也是阅读本书的一个路径。男女主人公"复活"的过程展现了托尔斯泰独到的写作手法。车尔尼雪夫斯基称之为"心灵的辩证法"，认为托尔斯泰"最感兴趣的是心理过程本身，它的形式、它的规律"。阅读中，我们可以从涅赫柳多夫的多次挣扎、忏悔、"灵魂净化"中充分地领略到这一点。

此外，阅读时可以结合小说所展现的特殊社会环境和场景，进一步探究本书的价值与意义。作者的视野并不仅局限在男女主人公的感情问题上，而是通过对不同身份的人的命运、处境的描绘，揭示出了底层劳动者的深重苦难、上流社会的虚伪腐朽、政治制度的不合理性。茅盾认为"无情地撕毁一切假面具的特点在《复活》中最有力地表现出来了"，本书"无情地揭露了沙皇政府各级官员的极端腐败，谴责了地主阶级土地占有制度的不合理"。对人的关怀、对社会的思考是伟大的现实主义作家托尔斯泰始终关注的。托尔斯泰作为贵族阶层，却能反思本阶层对底层的压迫，直面底层人民的苦难，思考如何牺牲自己的利益为底层人民谋福祉。应该说，他的精神是崇高的。

五、好句好段

1.但是那些大人物，或成年人并没有因为春天来了而稍稍开心，而是在继续欺骗和折磨自己，或在继续互相欺骗和互相折磨。在这些人心目中，神圣而重要的不是这个春天的早晨，不是上帝的世界的美，这种美为了造福天下众生而存在，它带来和平、协调和爱。人们认为神圣和重要的不是这种美，据他们看来，最神圣和最重要的当务之急是怎样使用阴谋诡计去制服和统治别人。

出自第一部第一章

2.在涅赫柳多夫身上，正如在一切人那里一样，有双重人格，也就是有两个人。一是精神上的人，他给自己寻求福利，但仅仅寻求在他人那儿也有的福利，一是动物性的人，他仅仅给自己寻求福利，为了获取这种福利，他准备牺牲全世界所有人的福利。在他生命的这个时期，彼得堡的生活和军营生涯引发了他的利己主义的疯狂性，动物性在他的身上占了上风，完全压倒了精神上的人。

出自第一部第十四章

3.自由的精神的生命已经在涅赫柳多夫的身上觉醒了，唯有这样的生命才是真实的、强大的、永恒的。他不能不相信这样的生命。不管他现在是什么人，和他想成为的新生命之间的距离有多么大，对于一个已经觉醒了的精神的生命来说，一切事情都是可能办到的。

出自第一部第二十八章

4. 人好像河流，河水都一样，到处相同。但每一条河流都是有的地方河身狭窄，水流湍急，有的地方河身宽阔，水流缓慢，有的地方河水清澈，有的地方河水浑浊，有的地方河水冰凉，有的地方河水温暖。人也是这样。每一个人都具有各种人性的胚胎，有时表现这一种人性，有时表现那一种人性，他常常变得面目全非，和往昔判若两人，但其实还是他本人。

出自第一部第五十九章

5. 人应当"向死而生"，每天甚至时时刻刻都应意识到他的生命的终点是死亡，唯有这样，无意义的生命才变得有意义。

出自第三部第二十七章

6. 我们活在世界上抱着一种荒谬的信念，以为我们自己就是生活的主人，人生在世就是为了享乐——这显然是荒谬的。

出自第三部第二十八章

六、读后思考

1. 涅赫柳多夫从正直、思想进步的大学生变为堕落、自私的贵族老爷，继而又意识到自己所处阶级的罪孽深重，力图赎罪。他两次转变的原因分别是什么？

简要提示：涅赫柳多夫的堕落是动物性压倒了精神性，也有外在的、腐朽的社会原因。他觉醒的直接原因是马斯洛娃的出现使他认识到了自己的罪恶，想要赎罪。在赎罪过程中的所见所感更坚定了涅赫柳多夫的意志。

2. 托尔斯泰最初设想的结局是男女主人公尽弃前嫌、终成眷属，男的著书立说，女的进修学习。但是，在终稿中，结局变成了马斯洛娃拒绝了涅赫柳多夫的求婚，选择和政治犯西蒙松结合，在西伯利亚过苦日子。你赞同作者的设计吗？为什么？

简要提示：大团圆的结局固然可喜，也符合读者的期盼，但是并不符合现实。马斯洛娃原谅了涅赫柳多夫，但为了不拖累他过苦日子，拒绝了他，体现出她善良美好的心灵。再有，正直高尚的西蒙松对马斯洛娃的肯定，使她获得了自信，促使她努力向善。相比起涅赫柳多夫为了赎罪的求婚，西蒙松的更为单纯。因此，选择和西蒙松在一起也顺理成章。最后，在这样腐朽黑暗的社会背景下，处于如此处境的主人公再续前缘、岁月静好，在一定程度上是脱离实际的。托尔斯泰坚持在艺术中不能撒谎。

3. 作品中有不少篇幅叙述了涅赫柳多夫如何分配自己的土地，也描绘了几个性格各异的革命党人。这些内容似乎与营救马斯洛娃的主线情节关系不大，是否冗余？

简要提示：不冗余。小说中人物的遭际和转变与所处的环境、所接触到的人息息相关。这些内容有助于展现当时俄国社会的全景，体现作者对社会的深刻反思、对腐朽黑暗的制度的批判，使作品的内涵更为丰富与厚重。

4. 读罢全书，你如何理解书名"复活"？这引发了你怎样的思考？

简要提示："复活"是指男女主人公的美好人性的复活。涅赫柳多夫以自己的行动来感化马斯洛娃，使其善良美好的心灵复活。而马斯洛娃的出现也极大地刺激到了涅赫柳多夫，促使其反思忏悔，让精神性的"我"超越了动物性的"我"。

七、拓展阅读

1.《童年·少年·青年》[俄]托尔斯泰

托尔斯泰的自传体小说三部曲，展现了托翁的成长之路，从中可以读到他对人生与自我孜孜不倦的思考。阅读它们可以帮助读者走近并理解托尔斯泰。

2.《罪与罚》[俄]陀思妥耶夫斯基

小说围绕一个人的犯罪与忏悔救赎展开。在这本书中可以读到主人公强烈的内心冲突，认识到比法律更严厉的是良心的惩罚，人在受难中获得新生。

3.《死魂灵》[俄]果戈理

果戈理的长篇小说，被称作俄国批判现实主义文学发展的基石。旧时俄国地主对农奴的称呼与"魂灵"一词是一致的，所谓"死魂灵"指的是死去但是尚未注销的农奴。主人公八等文官乞乞科夫通过收购死魂灵谋利。在这本书中可以看到失去灵魂的肉体的模样。

4.《安娜·卡列尼娜》[俄]托尔斯泰

托尔斯泰第二部里程碑式的长篇小说。全书由安娜对爱情、自由的追求和列文的庄园改革两条主线构成，描绘了俄国城市与乡村的图景，也体现了俄国转型时期的矛盾与冲突。

《爱的教育》

导读老师：陈亚欣

一、作品介绍

《爱的教育》（原名《心》）是意大利作家埃迪蒙托·德·亚米契斯创作的长篇日记体小说，首次出版于1886年，是意大利发行逾百年的经典儿童读物。全书按照时间顺序，将不同类型的关于爱的故事融入字里行间，当我们醉心阅读时，总能被这些不同的爱触动，产生不同的阅读感受。

小说男主人公是一名叫安利柯的小学四年级学生，虽然是一个年龄尚小的小学生，但善于观察、热爱生活，并乐于记录的他认真地用日记的方式写下了自己在校内校外的所见所闻和所感。通过这些小故事，我们能感受到人间的多种真爱，如父子之爱、同学之爱、师生之爱。在这些小爱中，心灵吮吸着真诚、互助、友爱等真情实感。同时，这些小爱又会上升为对社会、祖国的大爱，十分鼓舞人心。书中还道出人间多种道理，就像明灯指引我们前行。

二、作者小传

埃迪蒙托·德·亚米契斯（1846—1908），意大利人，儿童文学作家。少时于都灵就学，15岁加入摩德纳军事学院，开始了军旅生涯。军人的履历，让他充满了正义感和浓浓的爱国情怀。在《爱的教育》这本书中，总能感受到作者借书中人物所传达出的爱国之情。毕业后，他参加了统一意大利的战争，由一名普通战士升为军官。1866年,他参加了意大利第三次独立战争(即《少年鼓手》《隆巴尔第的小侦探》《温培尔托国王》等篇中描述的那些战斗)。在行军过程中,他写了不少以意大利战争为背景的小说。1868年,亚米契斯发表了他的处女作《军营生活》,并因此在文学界一举成名,这一成功极大地激励了他的创作热情。1870年,普法战争爆发,亚米契斯退役,定居都灵,成为一名记者。身为记者的他,有着丰富的周游世界的经历,利用这样独一无二的经验,他创作了一批别具一格的游记,如《西班牙》《荷兰》《伦敦记事》《摩洛哥》《君士坦丁堡》《美国游记》《西西里的回忆》等。亚米契斯还创作了许多反映社会问题和教育问题的作品,如《朋友们》《学校与家庭之间》《一个教师的故事》《工人的教师》《公共电车》等。其中于1886年创作的《爱的教育》使他的创作生涯达到了顶峰。1908年,亚米契斯因心脏病逝于博尔迪盖拉。

三、主要人物

1. 安利柯

一名品学兼优的四年级小学生。他有纯洁高尚的心灵,并带着极大的热情去关注身边的每一件事,他以日记的方式记录着在校园以及日常生活中遇到的人和事,其中也包括父母对他的劝诫、老师所宣讲的故事、与身边同学的相处等。他不断地从生活中汲取心灵和思想的营养品,也将不同类别的爱浅浅地向我们道来。

2. 卡隆

他跟安利柯同级,身材很高大,14岁,是一个大头宽肩笑起来很可爱的小孩儿,却已有大人气。为人极好,敢作敢当又充满正义感,是一个"大侠"一般的高尚少年。他的侠义行为使他获得了大人和同学们的爱戴。

3. 代洛西

一个每次都能得一等奖的好学生。他长得很漂亮，有惊人的记忆力和高人一等的学问，然而他也不是一个只会学习的人，他品德高尚，能处处为他人着想，乐于助人。

4. 可莱谛

一个既能用功又能劳动，能替父母着想的好孩子。他总是戴着一顶猫皮帽子，在父亲工作繁忙之时，也会力所能及地为父母分担。他能一边分担，一边完成自己的学习任务，让安利柯崇拜。

四、阅读指南

爱是一缕阳光，是一阵及时雨露，是一把打开心扉的钥匙。《爱的教育》中有众多人物，每一个人物身上、每一篇故事中都有不同方式的爱。因此，认真分析每一个人物形象是我们解读每一种爱的阅读方式。

《爱的教育》中的人物描写非常丰富且出色，有很多对人物的外貌、动作、语言、心理等方面的描写。在阅读中，我们可以关注这些描写细节，进行勾画，去品读，去感受作者笔触的细腻。另外，作者总会通过一些具体的事例去说明这个人的品质、性格等，因此关注事例也是阅读方法之一。最后，在阅读时，对于不同人物的不同经历，也可以进行简单的整理或比对，这对于领会《爱的教育》一书中关于"爱"的主题来说，是一种极好的阅读方法。

五、好句好段

1.有的正三五成群地走过清静的田野吧，有的正走在热闹的街道上吧，也有沿了河边或湖边在那里走着的吧，在猛烈的太阳下走着的也有吧，在寒雾蓬勃的河上驶着短艇的也有吧，从雪上乘了橇走的，渡溪的，爬山的，穿过森林的，渡过了急流的，踯躅行着冷静的山路的，骑了马在莽莽的原野跑着的也有吧。

出自《十月·学校》

2.他把我的手紧握了一下，仍来往于店与车之间，脸孔红红的像蔷薇，那种敏捷的动作，使人看了也爽快。"你真是幸福啊！"他虽对我这样说，其实不然，啊！可莱谛！其实不然。你才是比我幸福呢。因为你既能用功，又能劳动；能替你父母尽力。你比我要好一百倍，勇敢一百倍呢！好朋友啊！

出自《十一月·朋友可莱谛》

3.还有一位就是校长先生，高身秃头，戴着金边的眼镜，半白的须，长长地垂在胸前。经常穿着黑色的衣服，纽扣一直扣到腮下。他是个很和善的先生。学生犯了规则被唤到校长室里去的时候总是战战兢兢的，先生并不责骂，只是携了小孩的手好好开导，叫他下次不要再有那种事，并且安慰他，叫他以后做好孩子。

出自《十一月·校长先生》

六、读后思考

1.《爱的教育》采用怎样的形式，讲述了安利柯成长的故事？

简要提示：本书以日记体的方式进行撰写，可以根据阅读目录页的方式，了解整本书的结构及构思是什么。本书每篇文章均有一个日期，结合日期既可以了解当时的时节与习俗，也可以了解整个故事的大概内容和形式。

2.《爱的教育》中有很多人物，这些人物中，你最欣赏谁？为什么？

简要提示：书中的人物性格、品质都寄托在每一篇故事中。首先，我们可以阅读故事的题目，通过抓关键词的方式，初步了解人物的特征。其次，我们可以在阅读中勾画能体现人物形象的句子，关注细节，多次品读从而领悟不同人物的魅力，再来谈一谈自己最欣赏谁及原因。

3. 读完《爱的教育》，你对"爱"的理解是什么？

简要提示：此书的爱是不同类型的，每一个故事都有不同的爱的主题。结合人物的形象、每一个人物相关的故事进行体会，总结归纳出同一类型的爱，了解它们不同的表现形式。结合生活、经验进行对"爱"的理解的阐述，言之有理即可。

七、拓展阅读

1.《夏洛的网》[美] E.B. 怀特

这是一部关于友情的童话。在朱克曼家的谷仓里，小猪威尔伯和蜘蛛夏洛建立了最真挚的友谊。当威尔伯的生命有危险时，看似渺小的夏洛用自己的力量救了威尔伯，但，蜘蛛夏洛的生命却走到了尽头……这是关于生命、友情、爱与忠诚的赞歌，是十分励志的一本书。

2.《了不起的狐狸爸爸》[挪威] 罗尔德·达尔

这是一本呼吁与大自然和动物和谐共处的童话书，我们人类应该先学会爱，而不是恨。如果一个人先对某种动物充满仇恨，再让他去学习爱这种动物的本领是何等艰难呀！

《格兰特船长的儿女》

导读老师：陈亚欣

一、作品介绍

《格兰特船长的儿女》写于1865—1866年，是法国"科学幻想小说之父"儒勒·凡尔纳带来的奇异、真实而又亲切的冒险类幻想作品。

故事发生在1864年，游船"邓肯号"的船主格里那凡爵士和船员们无意中得到一个漂流瓶，发现其中的神秘文件，得知这是来自格兰特船长的求救信。在寻求政府帮助无效后，爵士决定偕同妻子海伦娜、表兄麦克·那布斯少校、船长约翰·孟格尔、格兰特船长的女儿玛丽和儿子罗伯特以及船员们，驾驶"邓肯号"去搜寻格兰特船长。巴黎地理学会秘书巴加内尔因为粗心搭错了船，成了船上的新成员。这充满善举的冒险之旅，经过了大西洋、马德拉群岛、加那利群岛等，有着别样的美景与风光的同时，也有着令人感到惊险刺激的险情，如火山喷发、地震、干渴、暴雨、洪水等。本以为要以失望告终，却没想到在返航时意外地发现了格兰特船长。每一个人都在这段冒险之旅中获得了不一样的成长。整部小说跌宕起伏，情节引人入胜，如果你喜欢科幻、探险小说，这本书将是一个很好的选择。

二、作者小传

儒勒·凡尔纳，1828年出生于法国港口城市南特的一个中产阶级家庭，他的父亲是一名司法官员，非常希望他能继承父业，

成为一名法律界人士。然而，11岁时一次偶然的见习水手经历，在他心中悄然种下一颗关于冒险探奇的种子。长大后他遵照父命学习了法律，但也开始了自己的写作生涯，陆续创作了剧本以及杂志文章。

凡尔纳一生创作了大量优秀的文学作品，以《在已知和未知的世界中的奇异旅行》为总名，代表作为三部曲《格兰特船长的儿女》《海底两万里》《神秘岛》，以及《气球上的五星期》《地心游记》等。其中《气球上的五星期》《地心游记》《从地球到月球》这些作品奠定了他作为科幻和探险小说家的世界地位。他的作品对科幻文学流派有着重要影响，因此他与赫伯特·乔治·威尔斯一道，被称作"科幻小说之父"，还被誉为"科学时代的预言家"。

三、主要人物

1. 格里那凡爵士

英国贵族院苏格兰十六位元老之一，全英赫赫有名的皇家泰晤士游船协会出色船员，家道殷实，游轮"邓肯号"的主人。他身材魁伟、面容严肃、目光十分温和，整个人风度翩翩。最重要的是，他非常勇敢善良、敢作敢为，历来仗义疏财，他的仁慈胜过了豪爽，是一个有着骑士般品质的豪侠。他更是一个富有民族自尊心和自豪感的苏格兰人。当他发现来自海上的求救信后，第一时间寻求政府的帮助，然而政府的冷漠深深地刺痛了他的心。他本来打算亲自去援救格兰特船长，但又不敢想象离开深爱的妻子，妻子会多么悲伤。最终，在得到妻子的支持后，他积极组织营救行动，历尽千辛万苦，终于凭借爱心、勇敢、坚持以及与同伴的合作救回了格兰特船长。

2. 海伦娜夫人

海伦娜夫人是格里那凡爵士的妻子，她是个形影相吊的孤儿，独自生活在家里。然而她长得很漂亮，一头金发、一双碧眼，清澈得就像苏格兰春日清晨的湖水，同时她特别热情善良、善解人意。在得知政府因材料不足拒绝前往援救时，她主动提出用"邓肯号"自行前往，并在一路上坚定地支持爵士。在救援途中，她不惧艰险、不怕吃苦，与爵士相依相扶，最终圆满完成了任务，也实现了自己的航海梦想。

3. 玛丽·格兰特

格兰特船长的女儿，小罗伯特的姐姐。她自幼丧母，父亲格兰特船长在海上遇难后，她带着弟弟前来寻找格里那凡爵士寻求帮助。随后跟随大家一同前往援救之旅，在旅途中她坚强地、毅然地担当起照顾弟弟小罗伯特的重任。

4. 罗伯特·格兰特

格兰特船长的儿子。罗伯特年龄虽小，还有些冲动，但在姐姐面前他非常听话，小小年纪也认认真真保护着自己最爱的姐姐。在援救父亲的途中，他坚强、勇敢，甚至会主动牺牲自己来掩护同伴。在大家的帮助下，他不但寻回了父亲，还成了一名无畏的男子汉。

四、阅读指南

一本书就像一艘船，能让我们从狭隘的地方驶向无限广阔的生活海洋。《格兰特船长的儿女》中有着各种形象的人物，他们或勇敢、或善良、或无私，抓住这些人物形象能让阅读充满力量。

书中有很多对探险时惊险场面的描写，在这些生动的、充满危险的场面中，爵士一行人，又会有怎样不同的表现？他们兜兜转转，一路上披荆斩棘，过五关斩六将，本以为只能空手而归、一切都是枉然时，却又在归途中恰逢寻找多日的格兰特船长。一路上每一个人的表现、每一个人的成长，以及最后每一个人收获

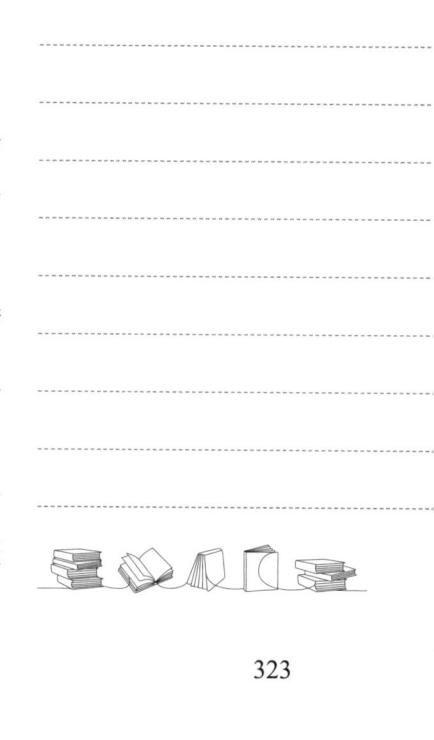

的结局，都可以指引我们阅读此书。

五、好句好段

1. 蔚蓝的大海，海水清澄。他们清楚地看到大鲨鱼在水里扑腾，迅速流动，忽而潜入水里，忽而跃出水面，活力惊人，动作矫健。

出自第一章

2. 他们在湖边小径漫步，那儿有枫树和栗树的浓荫，回荡着古老的战歌，从淳朴的村民的喉咙里发出的歌声讲述着苏格兰的历史，它也写在古老的废墟里。

出自第三章

3. 日出的景象非常壮观，朝阳如同镀金的盘子，从洋面上升起，大西洋则如天边际的电浴池，"邓肯"号在灿烂辉煌的金光中滑行，它的帆就好像是被阳光鼓起来似的。

出自第六章

六、读后思考

1. 本书故事的起因是什么？

简要提示：故事的开端是在"邓肯号"的一次试航中，爵士捕到一条鲨鱼，在鱼肚子里发现一个漂流瓶，瓶子里是格兰特船长的求救信。爵士多方求助无果后，本决定独自前往营救，但在得到夫人以及大家的鼓励与支持后，组建起援救小队，乘着"邓肯号"去援救格兰特船长。

2. 主人公一路上遇到了哪些危险？哪一个最让你印象深刻？

简要提示：《格兰特船长的儿女》是一本精彩的探险与冒险书，书中有着各种各样、丰富至极的冒险故事，比如登高山冰川却突遇地震、过草原遭遇干旱洪水、陷入流窜犯的阴谋险遭杀害、被吃人族俘虏差点儿成为祭品等。挑选出最能吸引你的故事，抓住环境描写、心理描写、动作描写等进行勾画品读，在阅读中感悟。

七、拓展阅读

1.《草原上的小木屋》[美]劳拉·英格尔斯·怀德

这是一个关于迁徙的故事。不远万里，一家人从森林向茫茫无边的大草原挺进。等待他们的是新的希冀还是困境？在寒冷的冬季，6岁的劳拉和姐姐被妈妈精心打扮后，跟随父母乘坐马车告别了森林中这座给予他们很多欢乐的小木屋，一路"披荆斩棘"，蹚过湍急的密西西比河，穿过无数的森林、村庄，翻过危机重重的山丘，终于到达了堪萨斯州美丽的大草原居住。之后，他们凭借勇气和乐观的精神，辛勤付出，踏实收获，创造出属于自己的生活。但由于政府和印第安人的冲突，他们不得不放弃草原生活，再次鼓起勇气踏上新征程。

2.《小妇人》[美]路易莎·梅·奥尔科特

这是以作者路易莎自己的经历写成的一本半自传体小说。书中描绘了马奇先生一家人的故事。马奇家有四个女儿，她们从无忧无虑的小女孩成长为善良稳重的小妇人。这样的转变，是因为经历过挫折、死亡和无数来自生活的暴击，但她们并没有为此放弃成长，而是越活越快乐。正如她们所认为的那样，"成长，比成功更重要！"

3.《绿山墙的安妮》[加拿大]露西·莫德·蒙哥马利

本书讲述了纯真善良、热爱生活的女主人公小安妮，自幼失去父母，11岁时被绿山墙的马修和马瑞拉兄妹领养后的故事。她个性鲜明、富于幻想、自尊自强，凭借自己的刻苦勤奋，不但得到领养人的喜爱，也赢得老师、同学的关心和友谊。成长与梦想是全书的主题：只要胸怀梦想，不懈努力，生活就会丰富多彩，生命就会美丽多姿。

4.《海蒂》[瑞士] 约翰娜·斯比丽

全书分为两部，《海蒂的学习和漫游岁月》讲述的是小海蒂被姨妈抛弃，留给独居的爷爷，慢慢和爷爷相亲相爱的童年时期的成长历程。《海蒂学以致用》讲述成长起来的海蒂被姨妈带去一个富豪之家陪伴残疾的贵族小姐，慢慢通过自己的开朗等品质帮助瘫痪姑娘克拉拉重新站立起来的故事。

《愤怒的葡萄》

导读老师：崔海峰

一、作品介绍

《愤怒的葡萄》是美国现代小说家约翰·斯坦贝克的作品，于1939年发表。《愤怒的葡萄》作为他最伟大的作品之一，给他带来了国际声誉。小说用一种细腻的手法描绘出了美国20世纪30年代一场惊心动魄的社会斗争，堪称一部美国现代农民的史诗，饱含血泪、愤慨和挣扎，因此被称为"改变美国的20本书"之一。贫苦的农民们，被大规模生产逼到了绝境，只好背井离乡西去寻找生路。以汤姆·约德一家为代表的农民，在被"拖拉机"赶出后，变卖了家里的一切换来了一辆旧汽车，一家人一路向西，寻找他们幻想中的乐园。他们从风沙肆虐的俄克拉何马州平原来到了富庶的加利福尼亚州。本以为可以衣食无忧，但现实却给了他们当头一棒，等待他们的是失业、饥饿和困苦。"美国梦"就像阳光下的泡沫，看起来美丽却是一碰就碎。最后，他们的西去之路以幻想的破灭而结束。《愤怒的葡萄》是一部具有社会意义的小说，它是一个时代的浓缩，细腻而又深刻。

二、作者小传

约翰·斯坦贝克（1902—1968），美国作家，于1902年出生在加利福尼亚州的萨利纳斯。受母亲的熏陶，他很早就接触欧洲古典文学作品，深受《圣经》和亚瑟王传奇故事的影响。后进入斯坦福大学学习。读书期间，当过牧场农工和修路队的运输工。

他熟悉社会底层的人们，他的许多作品都以他们为主人公，表现了底层人善良、质朴的品格，创造了"斯坦贝克式的英雄"形象。20世纪30年代末，蓬勃发展的工人运动使斯坦贝克受到很大的影响。1937年和1947年，斯坦贝克两次访问北欧和苏联。斯坦贝克代表作有《愤怒的葡萄》《小红马》《人与鼠》等。《愤怒的葡萄》于1940年获普利策小说奖。斯坦贝克于1962年因为"现实主义的、富有想象的创作"以及"富于同情的幽默和对社会的敏感观察"被授予诺贝尔文学奖。

三、主要人物

1. 乔德

乔德性格耿直，敢作敢为，但脾气急躁。在小说的一开始，他也只是个不计后果的流浪汉，因口角杀人而被判入狱。在胡佛村发生的警察和难民的冲突中，凯西为了保护汤姆挺身受过这件事，深深地感动了他。此后，他又在青草镇移民收容所里体会到穷人相互体贴、互相帮助的温暖。在农场，他与组织罢工的凯西又意外相遇，凯西的遇害令他愤怒不已。他最终决定离开家庭，到像他们那样受苦受难的人们当中去。他由一个只关心自己小我的人，蜕变成为整个人类考虑的更高尚的人。他明白了一个人不能单独生活，应该与其他人团结起来的深刻道理。而发生在乔德身上的这种转变，正因凯西对他的影响，乔德接过了凯西思想的接力棒。

2. 凯西

凯西是一个牧师，随乔德一家人流浪到加利福尼亚州。他在大批农民破产逃难的形势下，思想发生变化。他口头上虽说"人人都有罪"，心里却感到这是一件"连自己都弄不明白的事情"。他代人受过被捕入狱之后，懂得只有团结斗争才能取得胜利。他成了一个罢工组织者,教育新老工人团结起来警惕资本家的分化瓦解。凯西虽然不久便在一场混战中身亡,但他所宣传的道理、表现出来的英勇的行为使许多人受到教育。

3. 乔德妈妈

乔德妈妈在斯坦贝克的笔下,既是慈爱与怜悯的化身,又是一个勤劳善良的劳动妇女形象。在她身上,更有面对困难和压力之下的坚强的力量和对生活永远充满信心的勇气。可以说,她一个人在困境之下维持整个家庭的运转。穿越沙漠时,她整晚躺在死去的奶奶身边,直至她肯定全家人完全越过沙漠位置。威尔逊家车坏时,她一反过去温柔的态度,强烈反对甚至斥责父亲,并坚持要求全家人待在一起。她那双茶褐色的眼睛,似乎是经历了一种悲剧,克服痛苦和磨难一步一步到达了一种高度的冷静和超人的理解。在这里,女性柔中带刚的一面跃然纸上。她的生命像潺潺不断的流水,源源不断,生生不息,并且具有冲破一切阻碍的耐力和渗透力。这正是作者所要肯定和赞美的人性中最基本的内在的东西。

四、阅读指南

《愤怒的葡萄》直指美国20世纪30年代经济大崩溃,以乔德一家为点,透析了整个时期破产农民的悲惨遭遇。乔德一家屡遭挫折的行程、凄凉悲惨的处境,正是美国这一段历史的缩影。为了表现大萧条时期的严酷现实,斯坦贝克不仅运用了客观的、令人信服的白描手法,而且在创作中掺入强烈的情感与想象。他对农民的同情是显而易见的,他向读者表明,正是无尽的人为苦难才将乔德一家由最初的困惑变为不满,又由不满变为绝望,直至本书书名所说的"可怕的愤怒"。斯坦贝克采用美国小说的传统手法,通过描写一次旅程来展现具有尖锐矛盾的特定历史时期。

小说情节略显粗疏，但仍具有史诗般的宏伟、壮阔。

小说动人心魄之处在于：这些处于绝境的流浪工人为了生存，尽管有时不得不乞讨、偷盗，但善良的天性并未泯灭。他们彼此之间的友爱精神，那种惺惺相惜、于风雨飘摇中携手互助的行为让人在一片凄风苦雨中瞥见了些许人性的光辉。互不相识的穷人只要走在了同一条逃荒的路上，就有了共同语言，就可以得到别人的帮助，同时也有了帮助别人的责任。

五、好句好段

1. 腐烂的气息弥漫了全州，而清香的气味反而成了这个地方的苦难。那些能接枝，能改良种子，使它又大又丰产的人却想不出办法来，使饥饿的人吃到他们的产品。那些创造世界上新品种水果的人，创造不出一种制度来，使人吃到他们的水果。于是衰败的气象笼罩了全州，像一场大难一般。

出自第二十五章

2. 雨开始下起来，一时是暴风骤雨，一时又暂停，一时又像瓢泼一般；然后渐渐变成了单调的节拍，小小的雨点均匀地响着；一眼望去，只见灰蒙蒙的一片，使中午的天光变成朦胧的暮色了。起初，干燥的大地吮吸着水分，变黑了。地里喝了两天雨水，终于喝够了。于是到处出现了许多泥潭，田野的低洼地方形成了一个个的小湖。这些泥泞的小湖高涨起来，下个不停的雨飘打着亮晃晃的水面。

出自第二十九章

3. 一家人挤在那个台子上，一声不响，心里都很烦躁。车里的水涨到六英尺深的时候，大水才平缓地漫过路坎，流到另一边的棉花地里。那一天一夜，男人们都湿漉漉地并排躺在大货车的门上。妈躺在罗莎夏身边。有时候妈对她咬耳朵说些话，有时候她又悄悄地坐起来，脸上挂着愁容。她把剩下的面包在毯子底下藏起来。

出自第三十章

六、读后思考

1. 怎么理解小说的标题"愤怒的葡萄"？

简要提示：贯穿小说的中心意象是"葡萄"，它是乔德一家人从俄克拉何马州到加利福尼亚寻找的"物质梦"的象征。在分析了"葡萄"变成"愤怒的葡萄"（即他们的物质梦破灭）背后所蕴藏的深刻含义后，继而揭示主要人物所承载的寓意。

2. 小说中，奢侈的有产者扔出来的一点点布施与农民的互助互爱的精神有什么本质的区别？

简要提示：小说突出描写这些破产农民互助友爱的精神，这与有产者偶尔的一点点布施有质的不同。互不相识的难民只要走在同一条逃荒路上，就有了共同的语言，就可以在同样困苦的人们中间得到支援和救济。作者通过人物的口吻强调说："你如果遇到困难或受了委屈，你就找穷人去。除了穷人谁也帮不了你的忙。"斯坦贝克笔下的农民并不停留在互相支援这一点上，他们以切身的经历表现出阶级觉悟的提高，体会到团结战斗的重要，他们的身上闪着一股越来越强烈的怒火。

七、拓展阅读

1.《飘》［美］玛格丽特·米切尔

《飘》是一部出版于1936年的美国小说，在1937年获得普利策奖。《飘》是玛格丽特·米切尔在世时出版的唯一一部作品，不但成为美国史上最为畅销的小说之一，由这部小说所改编的电影《乱世佳人》也成为影史上不朽的经典。小说以亚特兰大以及

附近的一个种植园为故事场景,描绘了内战前后美国南方人的生活。作品刻画了那个时代的许多美国南方人的形象,占中心位置的斯嘉丽、瑞德、艾希礼、梅兰妮等人是其中的典型代表,小说描写了他们的习俗礼仪、言行举止、精神观念、政治态度。通过对斯嘉丽与瑞德的爱情纠缠的描写,成功地再现了林肯领导的南北战争期间,美国南方地区的社会生活。

2.《人与鼠》[美]约翰·斯坦贝克

《人与鼠》发表于1937年,是约翰·斯坦贝克的成名作。小说描写了善良的农场工人的悲惨生活,他们到处流浪,受尽欺辱,揭示了一种悖逆而残酷的人际关系。

《小红马》

导读老师：崔海峰

一、作品介绍

《小红马》是斯坦贝克出版于 1937 年的一部短篇小说集，展现了主人公乔迪从童年到青少年的成长历程。小说由四个短篇故事组成：《礼物》《大山》《许诺》《人们的首领》，由主人公乔迪串联起来，写马的生老病死、各种劳动、西迁的过程和老人们暮年的命运。这一切都在乔迪幼小的心灵上打下了印记，或喜悦、或忧虑、或渴望、或悲恸。在这部短篇集里，斯坦贝克创造了一个儿童的世界，在这个世界里，没有仙子，没有巨人，它的色彩在孩子眼里看得比成人清楚，体会比成人强烈，孩子们刹那间的悲伤心情也显得更加独特。作品散发出的乡野泥土气息和儿童心态的细致变化交织在一起，达到清新可喜的效果，是一本让孩子直面生活、生命、成长的书。

二、作者小传

约翰·斯坦贝克（1902—1968），美国作家，于 1902 年出生在加利福尼亚州的萨利纳斯。受母亲的熏陶，他很早就接触欧洲古典文学作品，深受《圣经》和亚瑟王传奇故事的影响。后进入斯坦福大学学习。读书期间，当过牧场农工和修路队的运输工。他熟悉社会底层的人们，他的许多作品都以他们为主人公，表现了底层人善良、质朴的品格，创造了"斯坦贝克式的英雄"形象。20 世纪 30 年代末，蓬勃发展的工人运动使斯坦贝克受到很大的影响。1937年和1947年，斯坦贝克两次访问北欧和苏联。斯坦贝克代表作有《愤怒的葡萄》《小红马》《人与鼠》等。《愤怒的葡萄》于1940年获普利策小说奖。斯坦贝克于1962年因为"现实主义的、富有想象的创作"以及"富于同情的幽默和对社会的敏感观察"被授予诺贝尔文学奖。

三、主要人物

1. 乔迪

故事的主人公，是个小男孩。他腼腆、谦恭。少年乔迪在成长过程中经历了四次重大事件，小红马、父亲、山里老人、外祖父等一个个形象对他的心理进行一次次锤炼，使得他看到了自然的力量不可抗拒，看到了成人世界的复杂。在成长过程中，乔迪迷茫、挣扎，甚至面对死亡，他沮丧、痛苦，不过最终他战胜了这些生活的考验。他从痛苦中顿悟，从一个天真无知、简单、任性、对父母非常依赖的小男孩，成长为一个体贴、懂事、独立而有同情心的成熟少年。一系列的人物和事件让他逐渐摆脱了童年的天真、单纯、幼稚和无知，变得理智、成熟和强大。

2. 比利

比利是乔迪父亲的得力帮工，他吃苦耐劳、善良干练，是种地养马的好手。童年时期的乔迪以他为精神偶像，他也用独特的爱的方式帮助乔迪成长。老马的去世和小马的夭折，让他难过着乔迪的难过，也为小男孩的坚强而欣慰。

3. 吉达诺

吉达诺老人的回归，自然可以被视为一种象征。它意味着人在探索、打拼的过程中脱离了自然，脱离了家园，兜了一大圈之后，最终发现人还是不能、无论如何也不能离开生于斯、长于斯的生态处所。老人在外打工大半生，最后回归自然的人生旅程，对应了人类文明从原始自然文明到工业文明后，工业文明再到生态文明的演变过程。如果这一象征成立，那么老人的回归自然，甚至可以被当作是引领个体和集体回归自然的艺术路标。

四、阅读指南

《小红马》由四个故事组成，虽然主人公都是少年乔迪，但故事情节并不连贯。作者所重视的是对乔迪的成长有重大影响的一件件的事和一个个的人，而并不在意那样的事和人是否互相关联。作者在小说中旨在揭示帮助少年成长、成熟的复杂因素——生活中的悲与喜、苦与乐、得与失、生与死、希望与绝望。小红马的死、小黑马的生、老吉达诺的出现与消失、外祖父自豪的过去与失落的现实、父亲的权威与冷漠、比利·巴克的能干与失误，所有这些都在少年乔迪的心上留下了烙印，让他渐渐走向成熟的门槛。

小说以写实的手法描写了生活中普通的人、简单的事，但生动的语言、逼真的细节却有着极大的魅力——那些人物个个呼之欲出，那些动物只只似乎就在眼前。文字里充满了美国加利福尼亚的乡野气息——弯弯的山路、淙淙的山泉、紫色的峡谷里飘浮着的蓝色的炊烟、莫名其妙腾空一跳然后又继续吃草的小羊、坐在草丛中晒太阳的野兔、一群正在橡树上开会的乌鸦……有声、有色、有味！著名儿童文学作家梅子涵先生曾评价说，小说虽然写的是孩子成长的经历，但是其中并没有离奇的情节，没有乐观的结尾，没有道德的说教，不回避成人的缺点和失败，只把生活真实地描述出来，这恰恰是这部作品的迷人之处。

五、好句好段

1.乔迪穿过菜地，朝丛林方向往上走去。他仔细观察着巍巍群山，山脊一道接着一道，尽头是海洋。有一会儿，他好像看见一个黑点爬上最远的一道山脊。他想到那把剑，想到吉达诺，想到大山。他心里起了一阵如此强烈的渴望，他真想大声喊叫，把它从心口里吐出来。他躺在丛林圆木桶旁边绿色的草地上。他交叉着手臂，遮住自己的眼睛，躺了很长时间，心里有一种说不出来的悲哀。

出自章节二

2. "该死的，"比利叫道，"你还不去拿水？你去不去？"于是，乔迪转身跑出牲口棚。外边已经天亮了。他从喉咙到胃部都觉得难受，两腿又僵硬又沉重。他有了马驹，很想高兴一番，但是比利·巴克那张满是血渍的脸，那双恐慌、疲惫的眼睛老是浮现在他眼前，不肯离去。

出自章节三

六、读后思考

1. 作为成长小说，成长主题是如何贯穿《小红马》的始终的？

简要提示：在"成长"这条主线上，毁灭因素如影随形，毁灭因素贯穿了少年乔迪成长的整个过程，包括心爱的小红马病死、母马难产而死、老人吉达诺从农场的消失等。在成长小说中，主人公通常都要经历"迈过门槛"的过程，甚至经历象征性的毁灭和凤凰涅槃般的重生。乔迪被各种毁灭因素洗礼，各种变故如同熔炉，让乔迪的心智得到充分的锤炼。同大多数成长小说一样，小红马强调青少年成长过程中的学习不仅是知识上的学习，更重要的是在挫折和悲剧中学习，学会与人交往，学会理智地观察世界，学会与社会融合，从而完成个人的社会化。

2. 小说第二个故事《大山》里有一个神秘人物叫吉达诺，他与所回归的大山有着怎样的内在的相对性和相容性？

简要提示：把老人吉达诺理解和诠释为一种象征，与作品对老人的非实体化、意向化、神秘化描写是相吻合的。与文学史上重要且广为认可的象征——《老人与海》里的老人圣地亚哥一样，吉达诺像大山一样神秘而坚定，内涵丰富而又不可捉摸。作者将对大山的描写与对老人的描写直接对照，而不限于用大山比喻老人或者用老人比喻大山。这样写不仅没有将自然物与人任何一方工具化、对象化，反而同时彰显二者的主体性，而且还暗示了老人与大山的内在联系，为老人最终遁入大山做了铺垫。作品对老人回归的那片山谷进行了细致描绘，展现了其四季不同的美丽。老人消失在大山当中，也许象征着永生的回归，回归到自然最广阔的怀抱中，融入大山的博大和安谧之中。这让乔迪深切地感受到自然的生命形式，感受到生与死的永恒。

七、拓展阅读

《少年维特之烦恼》［德］歌德

《少年维特之烦恼》是歌德在 25 岁时创作的处女作，由维特这位多愁善感的主人翁写给朋友的一封又一封的书信组成。该书描写了一位才华横溢、多愁善感的青年如何在自己的理想与社会的现实之间苦苦挣扎，最后在理想和爱情的双重破灭下走上了自我毁灭的道路的故事。《少年维特之烦恼》曾使无数少男少女倾倒，二百余年盛名不衰，拜伦曾尊奉其作者歌德为"欧洲文学无可争辩的君主"。

《窗边的小豆豆》

导读老师：方雁

一、作品介绍

《窗边的小豆豆》讲述了作者上小学时的一段真实故事：小豆豆因淘气被原学校退学后，来到"巴学园"，小林校长却常常对小豆豆说："你真是一个好孩子呀！"在小林校长的爱护和引导下，一般人眼里"怪怪"的小豆豆逐渐变成了一个大家都能接受的孩子，并奠定了她一生的基础。

书中的"巴学园"有着与众不同的校长，第一次见小豆豆，校长就微笑着听小豆豆不停地说了4小时的话，没有一丝厌倦和不耐烦；"巴学园"还有着与众不同的午餐，那是"山的味道"和"海的味道"；"巴学园"奉行的教育方式也别具一格，每天的第一节课，老师就把当天要上的课和每节课的重点都写在黑板上，小朋友可以选择自己喜欢的那节课开始一天的学习生活，"巴学园"里的一切都是那么与众不同又深深把人吸引。

《窗边的小豆豆》不仅带给全世界几千万读者无数的笑声和感动，而且为现代教育的发展注入了新的活力，成为20世纪全球最有影响力的作品之一。该书1981年出版后，不仅在日本，而且在全球都引起了极大的反响。

二、作者小传

书中小豆豆的原型便是作者黑柳彻子本人。在世人的眼中，她是这样子的：她写了日本有史以来销量最大的一本书，该书被译成数十种文字在全球发行，拥有读者数千万；她是亚洲第一位联合国儿童基金会亲善大使，足迹遍及地球的每一个角落；她是著名的电视节目主持人，她被美国《纽约时报》《时代周刊》赞誉为日本最伟大的女性。

三、主要人物

1. 小豆豆

小豆豆是一个特别天真、无邪、善良的孩子。因为"淘气"被原来的学校退学，后来到了巴学园，也闹了一系列的笑话。她不止一次掉进厕所，弄得自己一身"香"；还有一次跳进灰泥潭中，把自己活生生弄成了一堵灰泥墙；作为小女生，她和男生比赛爬树、钻铁丝网，把自己弄成个破破烂烂的"小乞丐"。书中《健康树皮》这个章节，让人印象极为深刻。小豆豆听说通过咬树皮可以判定一个人是否生病，便花高价买下了一大块树皮，并带去学校邀请同学和老师们咬一咬，得知大家都没有生病时，她是那么快乐和满足，善良的小豆豆一直在用自己的方式播撒着善良的种子。

2. 小林宗作校长

他和小豆豆第一次见面时"立即从椅子上站了起来"，"把椅子拖到小豆豆跟前，和小豆豆面对面坐下来"，一直耐心地听小豆豆絮絮叨叨地讲了4小时。这期间，校长一会儿笑，一会儿点头，一会儿又说："还有呢？"直到后来爱讲话的小豆豆都没话好讲了。小豆豆不由得感到自己有生以来第一次碰上了真正可亲的人。因为她长这么大还从来没有人用这么长的时间来听自己讲话。而且在这么长时间里，校长连一个呵欠也没打，丝毫没有厌倦的表情。校长就像同小豆豆谈天一样探着身子非常认真地等她把话讲完。通过这初次的见面，小豆豆感受到了校长对她的尊重，她

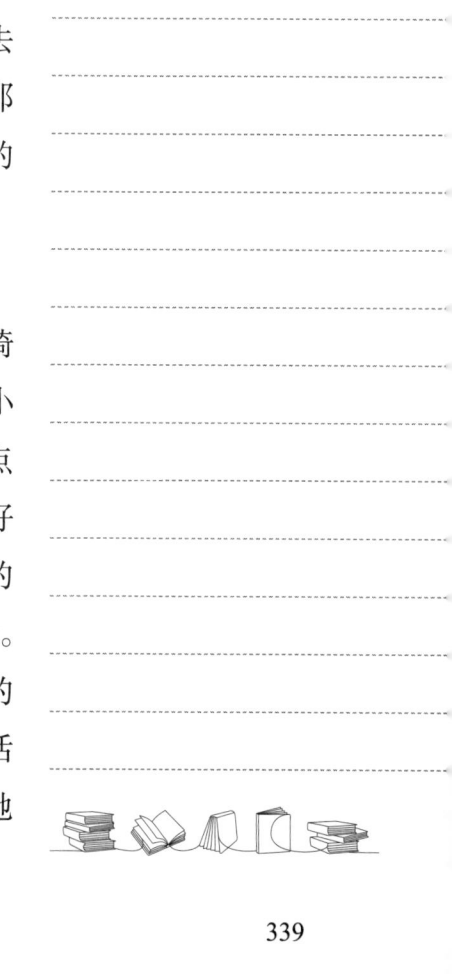

开始喜欢校长,喜欢学校,喜欢上学。可以说,是这么伟大而可敬的校长正确地打开了小豆豆的人生。

校长的教育目标,引其原话就是"无论哪个孩子,当他出世的时候,都具有优良的品质。在他成长的过程中,会受到很多影响,有来自周围的环境的,也有来自成年人的,这些优良的品质可能会受到损害。所以,我们要早早地发现这些'优良的品质',并让它们得以发扬光大,把孩子们培养成有个性的人。"在巴学园中,处处体现了小林校长对教育的热忱和对学生的良苦用心。不得不说,他是一位伟大的校长、伟大的老师。

四、阅读指南

儿童文学作家徐鲁评价道:该书不仅是适合小孩子们阅读的优美的儿童小说和成长故事,同时也是写给全天下的父母亲、教师和教育工作者们的"教育诗"。阅读时,我们需要从父母、教师和教育工作者几个角度进行梳理。

面对因"顽劣"而被学校退学的小豆豆,妈妈并没有训斥、咆哮,甚至对小豆豆没有半句指责,而是很快为小豆豆找了一所新的学校。面对小豆豆的各种小乱子,妈妈没有一次指责或批评她,反而是倾听、理解。妈妈很好地保护了小豆豆的天性,保护了小豆豆的好奇心和探索精神。看完此书,不得不思考,作为母亲,面对孩子被劝退,我们能平静接受吗?

再来看作为校长的小林先生,他所奉行的是生态式教育。在生态式教育中,若想求得学生智能的发展,必须要关注对学生其他相关方面的培养,如对学生学习兴趣、好奇心和求知欲的培养,对学生良好的心理素质和健康的身体素质的培养等。为了激发同学们的学习兴趣,巴学园每天的课程并没有固定安排。每天第一节课开始的时候,老师会把当天课程表上全部课程的问题满满地写在黑板上，然后对学生们说："好，就从你自己喜欢的那个题开始做吧！"这样，在充满乐趣的学习活动中，淡化了各学科之间的区别，使学生可以按照个人情况学到需要的知识。这种方式激发和调动了学生的学习兴趣。这只是其中一个小小的例子。小林校长还有更多的奇思妙想和不可思议的教学方式，值得每一个人尤其是教育工作者慢慢发现，细细品读。

书中提到了很多实践教育，如《旱田老师》章节里提到，"旱田老师"先让孩子们从电车里取出小铁锹、锄头等工具来，从除草讲起，告诉大家杂草的害处，并带领孩子们将其拔除。然后，老师告诉孩子们怎样用锄头翻地，怎样播撒萝卜种子，怎样施肥。这样的教育方式能否给我们一些启示呢？

五、好句好段

1. 他的头发已经有些稀疏，前面的牙齿有的也脱落了，但脸上的气色非常好。他的个子不算高，不过肩膀和胳膊都很结实，黑色的三件套西装已经旧得有些走了形，但穿在他身上却显得非常整齐。

出自《校长先生》

2. 温暖的阳光照进电车，车里甚至有点儿热了。有人把窗子打开了。清新的春风吹进电车，孩子们的头发也飘动起来，仿佛在迎风歌唱。

出自《上课篇》

3. 因为这实在是一份绝妙的盒饭，漂亮得让人目瞪口呆！黄色的煎鸡蛋、绿色的豌豆、茶色的鱼松，还有炒得松松的粉红色的鳕鱼子，五颜六色的，看上去像花圃一样漂亮。

出自《海的味道、山的味道》

4. 那天晚上，天上繁星闪烁，月光如水，温柔地包裹着礼堂，那光辉仿佛永远在闪烁。

出自《暑假开始了》

5. 先生戴着细细的银边眼镜，鼻梁高高的，个子矮矮的。他优雅俊美，一看就知道是一位了不起的艺术家。

出自《排练场》

6. 韵律是让身体的组织结构更加精巧的游戏，是教给我们怎样去开动心灵的游戏，是让心灵和身体理解节奏的游戏。做韵律操会使人的性格富有韵律感，富有韵律感的性格是美好的、强大的，能温和地顺应自然的法则。

出自《韵律操》

7. 世界上最可怕的事情，莫过于有眼睛却发现不了美，有耳朵却不会欣赏音乐，有心灵却无法理解什么是真。不会感动，也不会充满激情……

出自《韵律操》

8. 夏末的月亮，在院子上方升起，好像在温柔地看着这一对更加亲近的好朋友；那个缠满了绷带的女孩儿，和那只永远也不会再玩"狼游戏"了的小狗……

出自《只是闹着玩》

六、读后思考

1. 为何作者会说"谨将此书献给已逝的小林宗作老师"？

简要提示：当小豆豆因为"顽劣"被原先的学校退学，来到巴学园，校长先生便耐心地听小豆豆絮絮叨叨地讲了4小时。正是这位可亲、可敬、真诚的校长先生让小豆豆爱上学校，爱上学习，奠定了她一生的基础。同时，也告诉我们一个道理：学会感恩！

2. 小林宗作校长的教育理念是什么？带给你怎样的思考？

简要提示：小林校长"因材施教"，具有新现代教育理念，相信并尊重学生。面对被退学的豆豆，他微笑着倾听了4小时，让小豆豆从此爱上学校，爱上学习；面对泰明同学和高桥同学的身体缺陷，小林校长用心良苦地想消除他们"与别人不同"和"不如别人"的感觉，通过不穿泳衣游泳让孩子们认识到"什么样的身体都是美的"。苏霍姆林斯基说过，"学校里的学习不是毫无表情地把知识从一个头脑装进另一个头脑，而是师生之间每时每刻地进行心灵的接触"。小林先生始终把自己放在学生的位置上，相信学生，鼓励学生，让每一个学生绽放最美丽的自己。

3. 现实生活中有"巴学园"这样的存在吗？究竟该如何平衡？

简要提示：我想"巴学园"是我们的一种教育理想。每一个孩子可能都想拥有属于自己的"巴学园"。被充分地尊重和认可，天性得到很好的保护；在学校里可以自由选择自己喜欢的学习内容和科目，对学习充满了激情和渴望；真正实现德、智、体、美、劳的全面发展。然而现实的教育中，当小豆豆第一次掉进厕所，学校可能就因为安全措施不得当而惹麻烦；当校长先生为了消除同学们因为身体缺陷、差异而产生的自卑感，让同学们在学校里裸泳时，估计学校就会被迫停学。如何实现理想和现实之间的平衡，也是每一个教育者应该思考的问题。

4. 书名为何为"窗边的小豆豆"，"窗边"是否有所指？

简要提示：书中第一章节就叫作"窗边的小豆豆"，当老师们控诉小豆豆的"顽劣"时，提到一点，她会在上课的时候站在窗边，对着窗边路过的街头艺人大声喊叫和交流，也会站在窗边和檐下的燕子聊天，严重干扰了老师们的教学。转学到巴学园后，书中几乎再也没有提过窗子。"窗边"所指为何？可以在阅读后提出自己的看法。

七、拓展阅读

1.《小时候就在想的事》[日]黑柳彻子

本书分为前后两个部分，前一部分写的是在作者的日常生活中发生的事情，显得轻快、动人。后一部分则涉及作者作为联合国儿童基金会亲善大使所接触到的沉重的事情：内乱、疾病、饥饿、贫穷等落后国家和地区的儿童令人担忧的现状。本书最后写道："当地球上所有的孩子都能够安心地满怀着希望生活的时候，能够和家人在一起相视而笑的时候，"她说，"这就是真正的幸福了。"呼吁人们关注孩子们的成长问题。

2.《童年》[苏联]马克西姆·高尔基

本书是以作者自身经历为原型创作的自传体小说三部曲中的第一部，其他两部分别为《在人间》《我的大学》。书中生动地再现了十九世纪七八十年代沙俄下层人民的生活状况，写出了高尔基对苦难的认识、对社会与人生的独特见解，同时也传达了作者对生命的热爱与坚强的意志。

3.《秘密花园》[美]弗朗西丝·霍奇森·伯内特

书中的主人公小玛丽因为霍乱失去了自己的亲人，后在知更鸟的帮助下找到了秘密花园的钥匙，并在将其打开后展开了一段奇妙的故事。作者想通过故事告诉我们："只有乐观、积极、微笑，才会使我们有精神，也只有有精神我们才会拥有健康。病痛，往往只在我们心里。心里有病，才是最折磨人的病。"遇到挫折，我们应该像玛丽一样微笑面对。同样的境遇中，心态不同，人生的轨迹也会不同。

《悲惨世界》

导读老师：李韦娜

一、作品介绍

《悲惨世界》的故事情节开始于1815年，结束于1833年，加上概括补叙冉阿让1796年至1815年前后19年间的生活，共涵盖37年的时间，往前连及1789年法国大革命波澜，往后展望了20世纪的社会发展方向，时间跨度极大。空间上也极其广阔，以巴黎为活动中心，兼及乡村、小城、大海、监狱、战场、坟场等。涉及的人物众多，其中主人公冉阿让的坎坷经历贯穿于整部作品之中，使这部巨著既头绪纷繁又线索清晰。故事讲述从小失去父母的冉阿让每天拼了命地工作，有一年，为了姐姐以及她的七个孩子，失业的他被逼无奈去偷取面包店的面包。被判刑后，监狱生活让他变得暴躁且孤僻，他在出狱后遇见了米里哀主教，米里哀的仁慈善良感化了他，使他成为宣扬仁爱的"使徒"，从此洗心革面重新做人。在这之后，事业的成功让他成为市长，中间穿插了美丽且悲惨的底层女性芳汀的故事，他全心全意地帮助着不幸的芳汀母女。小说同时展开了珂赛特和马吕斯之间的故事。这时公安部门开始派沙威跟踪他并实施了逮捕，他再次成为阶下囚，被判终生苦役，这一切结束于冉阿让搭救水手的时候装作失足落水逃走。战争爆发后，即使受尽苦难的折磨，他仍有仁慈宽恕之心，成为一名战地救护者。冤家路窄的沙威和他再次相遇，这次事实相反了，冉阿让要对沙威实施枪决，但是他最终宽恕了沙威，还从下水道救了马吕斯。后因自己的身份一度遭到成婚后

的马吕斯和珂赛特的冷眼与误会,他抑郁成疾。最终,马吕斯知道了冉阿让是自己的救命恩人,冉阿让在他和珂赛特怀里与世长辞。

二、作者小传

雨果(1802—1885),法国作家、政论家和文艺理论家。生于法国东部的贝桑松,卒于巴黎。他的父亲是拿破仑部下将军,母亲信奉旧教,拥护王室。他从小爱好文学,喜欢创作,1827年发表剧本《克伦威尔》,在同时发表的《〈克伦威尔〉序》中抨击了古典主义戏剧只写"崇高文雅"等清规戒律,力图扩大艺术的表现范围,强调自然界中的一切都可成为题材,提出了将滑稽丑怪与崇高优美进行对照的原则,反映了1830年前夕资产阶级民主革命的要求,雨果也因为这篇序言被公认为浪漫主义运动的领袖。雨果在19世纪40年代以前发表的诗作内容涉及了政治、哲理、祖国、家庭、爱情等题材,同时注重对诗句形式和语言的革新,带有浪漫主义色彩,如《东方集》《黄昏歌集》,与此同时发表了一系列的浪漫主义戏剧。1841年当选为法兰西学院院士,1845年被国王路易·菲力普一世授予"法兰西世卿"称号。但他始终在君主立宪制度和共和政体之间摇摆不定,1851年路易·波拿巴发动政变、恢复帝制,雨果发表宣言试图反抗,失败后被迫流亡国外达19年之久,在流亡期间写出长篇小说《悲惨世界》,着力揭露不公正的社会现实。1870年普法战争爆发,拿破仑三世垮台,雨果回国时受到巴黎人民的热烈欢迎,他立即投入保卫祖国的战斗、发表演说、探望伤员等活动中,同时发表了最后一部长篇小说《九三年》。晚年仍然坚持创作,完成了诗集《做祖父的艺术》等作品,去世后被安葬在巴黎先贤祠。

三、主要人物

1. 冉阿让

一个温暖的充满苦难的灵魂，善良与博爱的象征，宽容与仁慈的代表。从小失去父母的冉阿让每天拼命地工作，只为了养活姐姐以及她的七个孩子，失去工作后，走投无路的他选择偷取面包为孩子们充饥，他因偷盗罪被判刑，监狱的生活让他的性格变得凶狠而孤僻。出狱后被米里哀主教感化，成为宣扬仁爱的"使徒"，随后他远离犯罪、洗心革面。他认真地工作，改名换姓后回到家乡，改革生产工艺，招收诚实善良的人当工人，良好的作风和品德是他唯一的要求，事业的成功让他成为市长，从此走上了一条与当年截然不同的道路。成功后的他依旧朴素善良，试图用仁慈、宽容、爱感染身边的人，竭尽全力帮助芳汀母女，宽恕曾经威胁自己的残暴的警探沙威，在知道可能会失去相依为命多年的珂赛特之后依旧冒着生命危险救出马吕斯，是雨果心中人道主义的化身。

2. 芳汀

苦命而不幸的底层女性的代表，她十分年轻、漂亮，内心充满着纯真与天真，带着对未来生活的无限憧憬来到向往已久的城市，却被无良的青年诱骗，被抛弃后不幸怀孕。她充满了责任感，温顺、善良，当身世被好事的女房东揭穿后，芳汀被开除，虽有怨言，但她仍然没有采取反抗措施，连大家要她问一下厂长的建议也没有采纳。她具有牺牲奉献精神，独自承担起抚养女儿的义务，因为没有谋生能力，不得已卖掉自己心爱的金发和洁白牙齿，毁掉自己的美貌，甚至沦落到卖身为娼的凄惨境地，她的孩子也备受德纳第夫妇的虐待，她一心想与孩子团圆却最终无法实现。

3. 珂赛特

她美丽，如孩童般天真烂漫，是从苦难中走出来随即又交上好运的温顺形象。她还没有出生就失去了父亲，三岁时就与母亲失去了永久的联系，被寄养在德纳第夫妇家里，受尽折磨与虐待，这样苦难的生活让她变得极为恭顺、温良，面对磨难更加逆来顺受，而被坚强、仁慈的冉阿让救出来后，她更加依赖冉阿让，没有任何自己的态度，在与马吕斯的恋爱中也是完全被动的状态，对马吕斯言听计从。

4. 沙威

沙威是统治阶级的忠实奴才和冷酷残暴的爪牙。作为一名政府警探，他忠心耿耿，为国家机器服务，不是为了私利，而是出于内心铁一般的信念和原则。他不相信仁慈、宽容、博爱，只维护自己相信的冰冷而残暴的制度，对上层领导奴性十足、死心塌地；对悲惨的下层人民铁面无私、粗暴残忍，对违反法律秩序的人，他追赶他们，惩罚他们，从不放过他认为的破坏"社会秩序"的人，包括自己。

5. 爱波妮

德纳第太太的女儿，十分美丽，有着苦难坎坷的命运，生长在畸形的家庭里，受罪恶的熏陶，刚刚懂事就学会了折磨珂赛特。后来与家人一起流浪街头，被父母逼迫而成为令人不齿的小偷、乞丐甚至娼妓。但是在面对心爱之人马吕斯时她坚强勇敢、有主见、敢于反叛、敢于为理想而献身，大胆地对马吕斯表达自己的爱，得知马吕斯不爱自己时并没有自暴自弃，而是帮助他寻找真正的爱人。

四、阅读指南

雨果在《悲惨世界》的序言中说："在文明鼎盛的时期，只要社会还存在压迫；只要依仗法律和习俗人为地把人间变成地狱，给人类的神圣命运制造苦难；只要本世纪的三个问题：贫穷使男子沉沦，饥饿使妇女堕落，黑暗使儿童羸弱，还得不到解决；只要在一些地区还可能产生社会压制，换句话说同时也是更广泛的意义来说，只要世界还有愚昧和困苦，那么这类作品就不会是无用的。"所以在阅读的时候要去关注小说所描写的社会背景，体会在这个背景下苦苦挣扎的、受苦受难的人物，挖掘作品的主题。

另外，这部小说是雨果现实主义和浪漫主义相结合的作品，雨果的小说具有史诗的规模和气魄，情节富于戏剧性和传奇色彩，基本上是从滑铁卢战役揭开序幕，而以复辟时期和七月王朝初期为主要时代背景，辅以战场、贫民窟、修道院、法庭、监狱等构成了一幅广阔的19世纪法国社会生活的画面。而小说中有些篇章所包含的比如战争悲壮激烈的氛围、巴黎下水道的"藏污纳垢"等都具有浪漫主义色彩，在阅读的时候需要仔细体会。

同时要体会雨果对人物心理刻画的细致入微，比如沙威面对冉阿让的仁慈宽容而无法处理自己违反职责的行为，在内心的矛盾纠结中自尽，这种对人物心理细致入微的描写刻画既能丰富人物形象，同时可以帮助读者更深入地体会小说背后的人道主义精神。

对照艺术在《悲惨世界》中的体现超越了《巴黎圣母院》中的美丑对照，是更广泛意义上的对照，是以不同类型的性格、特点、经历、精神等构成的对照，使人物形象更加鲜明和饱满，阅读时要加以关注，思考其中的典型意义。

五、好句好段

1. 他总设法去慰藉失望的人，使他们能退一步着想，使俯视墓穴的悲痛转为仰望星光的悲痛。

出自第一部第一卷

2. 上帝把空气给人，法律却拿空气做买卖。我并不诋毁法律，但是我颂扬上帝。

出自第一部第一卷

3. 我们谴责充满阴谋的教会，蔑视政权的教权，但是我们处处尊崇那种思考问题的人。我们向跪着的人致敬。信仰，为人所必须。什么也不信的人不会有幸福。人并不因为潜心静思而成为无所事事的人。

出自第二部第七卷

4. 应当继续仰望天空吗？我们见到的天边的那个光点，是不是那些在熄灭中的天体之一呢？理想，高悬在遥远的天边，是那样微小，孤独，难以觉察，闪着亮光，看去令人心寒，在它四周，还围绕着堆叠如山的险阻危难和恶风黑影，然而它并不比云边的星星更处于危险之中。

出自第四部第七卷

5. 爱几乎取代思想。爱是健忘的，它使人忘掉一切。你去同狂热的爱情谈逻辑吧。人心中的绝对逻辑联系并不多于宇宙机构中的规则几何形……想要爱情把人导向某处，那是人们的一种奇怪的奢望。

出自第四部第七卷

六、读后思考

1. 小说中的米里哀主教多余吗？为什么？

简要提示：米里哀主教不多余，他充分体现了雨果的仁爱精神，雨果试图以仁爱精神去对抗恶，而米里哀主教就是这个仁爱精神的象征和化身，他把自己宽阔的主教府改成了治疗穷人的医院，将自己的薪俸一万五千利弗中的一万四千利弗捐助给慈善事业，自己生活得清贫节俭。而他对待人也始终保持着宽容、仁爱，当走投无路的冉阿让偷走了他的银烛台，他非但没有责怪，反而宽容地把另一只银烛台送给他，也正是他的存在，让凶恶、孤僻的冉阿让洗心革面，同时受到他的感染，成为宣扬仁爱的"使徒"，也才有了后续情节的发展，这个人物身上寄托了作者的人道主义观念，即通过仁爱、宽容等美好品质让社会中的恶消失。

2. 雨果的对照艺术在《悲惨世界》中的体现超越了《巴黎圣母院》中的美丑对照，是更广泛意义上的对照，是以不同类型的性格、特点、经历、精神等构成的对照，请尝试分析一组对照，并分析作者所表达的情感。

简要提示：小说中最为明显的善恶对照，是以冉阿让和米里哀主教为一组的善人与以沙威和德纳第夫妇为一组的恶人之间的对照，冉阿让的博爱与德纳第夫妇的自私贪婪形成对照，米里哀主教的仁慈与沙威的残暴形成对照。小说超越了美丑对照，也有着更广泛意义上的对照，比如，同样是恶人形象的沙威和德纳第夫妇也形成了一些对照。首先，德纳第夫妇作为彻头彻尾的恶人与后续人性有所复苏的沙威有着本质的不同，德纳第夫妇一生作恶，在资本主义金钱观的影响下逐渐异化，成为自私、贪婪、无耻、卑鄙的利己主义者，德纳第信奉"自私是人间的法律"，利用滑铁卢战役上偷来的钱财开了一家客栈，不断敲诈客栈中的旅客，而芳汀以及珂赛特便是他们敲诈的对象之一，他们内心残忍、唯利是图，在芳汀弥留之际依旧没有让珂赛特回去见母亲，而雨果也让他们在小说中获得了应有的惩罚与报应，体现了"善恶终有报"的观念。而警察沙威不是单纯的恶人，呈现出形象的复杂性，他作为资本主义社会中的一名警探，利用严刑厉法不断地残害处于底层的在生存线上挣扎的人民，不是为了满足私利，他从来不相信仁慈与道德的力量，只相信自己维护的资本主义社会的规则秩序，相信要用法律惩治恶人，甚至是他自己，当他被起义者逮捕交给冉阿让处决时，冉阿让将他释放，同时他亲眼看见了冉阿让不惜牺牲自己的生命救了马吕斯，内心的信仰开始动摇，他在塞纳河岸被冉阿让宽容、博爱的精神感染，意识到自己利用铁腕手段所维护的制度规则并非是世间最高尚的东西，他放走了冉阿让，同时内心充满矛盾挣扎，最后自杀。在沙威身上，我们看到雨果人道主义精神的渗透，让沙威人性的光芒开始复苏，让一个冰冷的刽子手有了温情，同时我们也看到作者无情地抨击了资产阶级法律的虚伪性，揭露了资产阶级司法机关的黑暗和腐败。

七、拓展阅读

1.《巴黎圣母院》［法］雨果

本书叙述了一个发生在15世纪的巴黎的故事，小说猛烈抨击了教会的虚伪与黑暗、司法制度的不公与残酷，在艺术上则集中体现了雨果"美丑对照"的原则：道貌岸然的副主教弗罗洛心如蛇蝎，而外形丑陋的敲钟人卡西莫多则心地善良，人物性格的夸张充分显示了他的浪漫主义色彩。

2.《笑面人》［法］雨果

本书描写了17、18世纪之交的英国宫廷内的斗争和尖锐的社会矛盾，小说通过英国国王詹姆士二世将政敌两岁的儿子卖给儿童贩子，孩子被毁容后成为笑脸小丑，流浪民间的故事，揭露了英国统治阶级的残暴和人民群众的苦难。

《喧哗与骚动》

导读老师：李韦娜

一、作品介绍

《喧哗与骚动》是美国著名作家威廉·福克纳的代表作，于1929年出版发行，书名的典故出自莎士比亚悲剧《麦克白》第五幕第五场麦克白的有名台词——"人生如痴人说梦，充满着喧哗与骚动，却没有任何意义"，表达了作者对南方世界的悲观见解。小说讲述的是美国杰弗生镇康普生家族的没落及其主要成员的命运与感受。老康普生嗜酒成性、游手好闲；妻子又怨天尤人、自私冷漠；长子昆丁虽积极上进，但思想刻板守旧，因妹妹凯蒂太过风流，辱没了家族的名誉，他无法承受妹妹堕落最终选择自杀；次子杰生则冷酷贪婪，对穷人悲惨的生活麻木不仁；小儿子班吉则只有3岁儿童的智商。小说通过老康普生三个儿子围绕小女儿的堕落展开的心理独白，并由女佣迪尔西对三部分的故事进行补充与完善，呈现出美国南方社会的真实面貌，通过一个家庭的兴衰沉浮揭示美国贵族阶层的破败与腐朽，从中可见作者对南方贵族的奢侈、冷漠、麻木的痛恨。小说采用多视角叙述，将同一件事从四个不同的视角展开，相互补充，表现了生活的立体感，人物意识的涌流也变得更加充分且自然。第一部分是班吉的视角，通过白痴小弟弟班吉的意识流动，来写姐姐凯蒂的童年以及1928年康普生家族的颓败；第二部分是昆丁的视角，通过当时是哈佛大学学生的大哥昆丁的所见、所闻、所忆与所思，描写了凯蒂的轻佻与匆匆出嫁，展现出凯蒂所在的家庭冰冷而缺乏爱，使她误将

爱的赝品当作爱加以接受，家庭的没落本来就在昆丁的观念上投下了一层阴影，而妹妹的堕落更让他无意留恋人间；第三部分是杰生的视角，杰生是凯蒂的大弟弟，他冷酷、贪婪、市侩，对穷人的生活麻木不仁，他带着恨意讲述凯蒂和她的私生女小昆丁，他对她们的诋毁恰恰是对自己丑恶灵魂的暴露；最后一部分是从全知全能的作者角度观察与叙述出来的唯一一章，属于迪尔西的视角，她从小生活在康普生家，目睹了这个家族由盛而衰的全过程，故事发生的这一天是复活节，这一部分既给人以清醒完整的经验感受，也能解释疑惑，增强小说的可读性。故事整体以内心独白的方式展开，这种"主观化"的叙事可以更好地窥见人物内心的精神世界，深入挖掘小说的意义。

二、作者小传

威廉·福克纳（1897—1962）是美国文学史上最具影响力的作家之一，同时也是美国意识流文学领域的代表人物，1949年获得诺贝尔文学奖，获奖原因是"他对当代美国小说做出了强有力和艺术上无与伦比的贡献"。就福克纳的一生来看，其创作的长篇小说有19部，短篇小说更是超过了100篇。其中有15部长篇小说和绝大多数的短篇小说的故事都发生在他那虚构的密西西比州北部的约克纳帕塔法县，"约克纳帕塔法世系"是福克纳小说创作的主体，他以这张地图为蓝本，以县城杰弗生镇为中心，向周围农村拓展，以美国南方几个庄园主世家的荣辱兴衰为主线，展现了19世纪初至20世纪中叶美国南方的社会历史命运。他的作品也多以美国南方历史为题材，深刻反映了比如印第安人的时代、白人的出现、资本主义制度和奴隶制度的建立等历史，他以深入的历史观点讲述美国南方的兴衰，同时讲述的也是有关人的勇气、梦想、成功以及失败的故事，他也深刻地抨击了南方贵族必然衰败的命运，批判了新兴资产阶级的劣迹，同情人们的不幸遭遇。

值得一提的是，威廉·福克纳的父亲被普遍认为是不肖子孙，频繁换工作却永远找不到自己的安身立命之地。但福克纳的母亲意志坚定、自尊心强，对他产生了深远的影响，因此福克纳在小说中以母亲为原型塑造了各种坚强的女性形象，例如珍妮婶婶、罗莎·科德菲尔德、艾米丽等人。

三、主要人物

1. 班吉

班吉是凯蒂的小弟弟，有先天性智力障碍。1928年，他33岁了，但是智力水平只相当于一个3岁的小孩子。他没有思维能力，脑海里只有感觉、印象，而且分不清它们的先后，过去的事与当前的事会一起涌入他的脑海。通过他的意识流，我们能够体会到：他失去了姐姐的关怀，内心悲哀，一直想寻找姐姐的宠爱，现在家中唯一关心照顾他的只有女佣迪尔西，最后他不仅没有得到缺失的爱，反而被阉割后送进疯人院。

2. 昆丁

昆丁是南方庄园主的典型形象，其作为家庭的长子，自觉地承担起了家族的责任，而家族又处在逐步衰败的大环境中，所以昆丁对家族特别敏感，同时还有极强的家族荣誉感。他过度重视妹妹凯蒂，使他对凯蒂的爱变得扭曲、虚假，出于家族荣誉感，他也非常看重妹妹的贞操。在家族衰败的大趋势下，为了缓解苦闷，昆丁去北方求学，但是求学的生活并没有让他的精神获得愉悦。他想拯救没落衰败的家族，却没有能力维护家庭的荣誉，在矛盾与纠结中，他最终因为妹妹的堕落和家族的无可挽回而选择了自杀。

3. 杰生

杰生是凯蒂的大弟弟，他顺应当时美国社会发展的潮流，成了一个典型的利己主义者，自私自利、庸俗浅薄、不断算计他人。他恨凯蒂，于是他把对凯蒂的恨转嫁到她的女儿小昆丁身上，百般虐待小昆丁，私吞小昆丁的赡养费，仇恨和绝望有时又使他成为一个没有理性、不切实际的复仇狂与虐待狂。

4. 凯蒂

凯蒂是小说的核心人物，每个人物的行为、矛盾、冲突都与她有关。凯蒂没有成为康普生家族所喜欢的"圣女"，她突破常规，没有遵循诸多规矩和高傲古板的旧式礼教，没有成为典型的南方淑女，而是在风流堕落的过程中，成为浪荡女子。她与男子幽会有了身孕，不得不与另一个男子结婚，婚后丈夫发现隐情，抛弃了她，她只得把私生女寄养在母亲家，自己到大城市闯荡。她善良、真诚地对待白痴弟弟班吉，在封建观念和南方贵族固有的理念下最终成为牺牲品。

5. 迪尔西

迪尔西，家族中的黑人女佣，清醒、忠诚、善良。

四、阅读指南

福克纳1949年获得了诺贝尔文学奖，获奖理由是"他对当代美国小说做出了强有力和艺术上无与伦比的贡献"，所以《喧哗与骚动》中的艺术手法非常值得分析，读者要去关注小说中的象征手法。比如命名的象征,《喧哗与骚动》出自莎士比亚悲剧《麦克白》中颇有哲理的独白"人生不过是一个行走的影子，一个在舞台上指手画脚的拙劣的伶人，登场片刻就在无声无息中悄然退下；人生如痴人说梦，充满着喧哗与骚动，却没有任何意义"。这段独白出现在麦克白得知妻子的死讯后，是他在自杀前发出的人生感悟。而《喧哗与骚动》讲述了美国南方贵族康普生家族的没落，详细地刻画了代表旧生活、旧势力的南方庄园贵族的衰败与死亡。面对这样的情况，福克纳惋惜、感慨同时也同情他们的遭遇，但是他又清楚地看见了其中所呈现的种种腐朽与罪恶，比如奴隶制、种族主义等，这些与他接受的人道主义相违背，这种矛盾与冲突让他的内心陷入巨大的痛苦中，所以小说中充斥着痛苦不安，这些情绪也都在小说中的人物身上得到表现，所有人物的具体行为都在阐述"喧哗与骚动"这一主题。还可以去关注内容的象征，小说中有不少具有画面感的描述，比如有一个画面是梨树枝叶中，小姑娘趴在树上，偷看她奶奶的葬礼，把看到的情形讲给树下的弟弟们听。在这个画面中，小姑娘是小说中的重要人物凯蒂，在她爬到树上之后，她的弟弟们从下面看到了她弄脏的内裤，这个情节看似简单，实际上却存在双重象征的意义。第一，这个情节具有死亡的象征：凯蒂爬上树看奶奶的葬礼，并将具体情形告诉自己的弟弟们，这是对生命死亡的一种窥探，所以这一情节所象征的是发现生活和生命的真谛。第二，这个情节是失贞的象征：凯蒂"弄脏的内裤"实际上象征着其失去了贞洁、天真，而小说的一系列故事均是围绕凯蒂的堕落发生的。从主题解读来看，《喧哗与骚动》的重要主题便是死亡和失贞。康普生是一家之长，但这个父亲并没有保护好这个家族，死亡的阴影一直笼罩着这个家族，影响着每个人的心灵。

另外，《喧哗与骚动》采用了多角度的叙述方法，小说的五个部分并不是重复、雷同的，即使有也是为了显示世界的复杂多样性，故事表面上混乱，实际上有着自己严谨的内在秩序，四个叙述者各自描绘了他们印象中的各个人物形象，而他们的内心独白也展现了他们自己的形象和精神状态。比如可以仔细研究班吉的视角，其他视角只能揭示角色的表层意识，角色的深层意识以及真实性格则需要更为细致地挖掘，而通过第一部分中班吉混乱

破碎的意识流叙事，我们得知33岁的班吉在回忆中寻找的是姐姐给他的庇护和关爱，但是，他不仅再也得不到姐姐的关爱，而且在母亲死后，被送进疯人院。班吉如此纯粹和天真，一心一意寻找失贞前的姐姐凯蒂，实则是寻找缺失的爱，而他不仅没有找到还被阉割后送进疯人院，则揭示了失落的主题，暗示班吉在康普生大家族中无法逃避的悲惨命运，更凸显这个家族的堕落与悲剧。

最后，在阅读时要注意《喧哗与骚动》中的意识流手法，传统的现实主义艺术一般是通过外在的描写，逐渐深入到人物的内心世界，透过他人评价、事件、动作行为等揭示人物的内心世界，而福克纳却采用了与之颠倒的方式，谋篇布局很巧妙，首先带给读者的是混沌迷乱的世界，然后逐步引导读者走入明朗清晰的客观世界里来。这样写可以更好地表现他笔下的南方贵族家庭的没落与衰败，更有一种深刻的宿命感。文章充斥着衰颓之感，理性的思维与清醒的行为更是罕见的例外，班吉的疯癫、昆丁自杀前精神状态的失常、杰生的偏执，都在暗示读者康普生家族不可避免地走向衰亡与没落。

五、好句好段

1. 她拉住我的手，我们穿过了亮晃晃、沙沙响的树叶。我们跑上台阶，离开亮亮的寒冷，走进黑黑的寒冷。

出自第一部分

2. 骨头散落在小沟外面，阴森森的沟里有些黑黢黢的爬藤，爬藤伸到月光底下，像一些不动的死人。接着他们全都不动了，周围一片昏黑，等我睡醒重新睁开眼睛时，我听到了母亲的声音，听到急匆匆地走开去的脚步声，我闻到了那种气味。

出自第一部分

3. 客厅窗子下面那棵开花的树并不黑，但那些浓密的树是黑的。我的影子在草上滑过，月光底下的草发出了沙沙声。

出自第一部分

4. 这时明亮的形影开始看不清了，我想爬出来。我想把它从面前拂走，可是那些明亮的形影又看不清了。她们朝山上走去，朝山坡往下落的地方走去，我想喊她们。可是我吸进了气，却吐不出气，发不出声音，我一心想不让自己掉到山下去，却偏偏从山上摔下来，落进明亮的、打着旋的形影中去。

出自第一部分

5. 窗框的影子显现在窗帘上，时间是七点到八点之间，我又回到时间里来了，听见表在嘀嗒嘀嗒地响。这表是爷爷留下来的，父亲给我的时候，他说，昆丁，这只表是一切希望与欲望的陵墓，我现在把它交给你；你靠了它，很容易掌握证明所有人类经验都是谬误的 reducto absurdum，这些人类的所有经验对你祖父或曾祖父不见得有用，对你个人也未必有用。我把表给你，不是要让你记住时间，而是让你可以偶尔忘掉时间，不把心力全部用在征服时间上面。因为时间反正是征服不了的，他说。甚至根本没有人跟时间较量过。这个战场不过向人显示了他自己的愚蠢与失望，而胜利，也仅仅是哲人与傻子的一种幻想而已。

出自第二部分

六、读后思考

福克纳曾经说过"这本小说是两个堕落的女人，凯蒂和她女儿的一出悲剧"，又说"这是一个美丽而悲惨的姑娘的故事"。小说通过不同家庭成员来诠释凯蒂从天真到乱性最终走向堕落的命运，展现了现代人精神的荒原，既然凯蒂是小说的主要人物，为什么作者没有设计一个章节让凯蒂讲述自己的故事，剖析自己的内心世界？

简要提示：作者采用多角度叙事，通过班吉、昆丁以及杰生记忆片段的拼接，不仅拼接出一个完整的故事，也让读者在想象中勾勒出凯蒂的形象，让凯蒂的形象更加复杂、立体；加之三位叙事者的叙事风格迥异，对凯蒂的看法也完全不同，因此叙述和记忆中的凯蒂形象也有各自的倾向，让凯蒂的形象更加饱满丰富。

另外，凯蒂的"消失"也恰好暗合了作品的主题"喧哗与骚动"，它象征着凯蒂以及作品中的每个人物，在新旧社会的时间冲突和错乱中，迷茫、不知所措乃至最后迷失自我，凯蒂在全文当中没有出现第一人称的叙事视角，却是贯穿全文的主线，这种叙事方式让读者产生矛盾感与混乱感，而这正是作者想表达的：在新的时间中，每个人物虽然都是有血有肉的活生生的人，但却早已成为行尸走肉，被历史的潮流所卷裹，不知所踪，而这种矛盾与冲突正是所有悲剧的根源，作者也通过凯蒂这一形象展示了悲剧意蕴所在。

七、拓展阅读

1.《当我弥留之际》[美]威廉·福克纳

这部小说是"关于人类忍受能力的一个原始的寓言"，讲述美国南方农民本德伦为遵守对妻子的承诺，率全家将妻子的遗体运回家乡安葬的"苦难历程"，小说包含15个人物共59节，每一节是一个人物的意识流，通过从旁观察、感受体验和心理活动，描写与这次跋涉有关的一部分生活内容，语言是南方农民生动的口语，幽默风趣，是作者运用多视角叙述和意识流的又一杰作。

2.《尤利西斯》[爱尔兰]詹姆斯·乔伊斯

作品标志着意识流真正成为小说的唯一描写对象和基本创作方法，以爱尔兰首府市民的一天的生活为艺术焦点，透视现代人的心灵活动，情节淡化，主要记录斯蒂芬、布鲁姆和妻子莫莉三个人物的日常琐事和内心生活。

3.《到灯塔去》[英]弗吉尼亚·伍尔夫

作品集中表现一个大家庭的核心人物拉姆齐夫人给大家带来的美好的家的感觉,小说使用了大量篇幅细致入微地展现了"他人"如何自然而然地占据拉姆齐夫人的心灵,其间又不时转换角度,插入"他人"的感受、印象和思索,投射了拉姆齐夫人的精神世界,是意识流小说的代表之作。

《追风筝的人》

导读老师：孙悦

一、作品介绍

一部震撼人心的作品，讲述了一段没有前景的友谊，一个令人心碎的故事……主人公阿米尔生于1963年喀布尔的一个富裕家庭，其父亲是一名成功的地毯商人。阿米尔家的仆人阿里的儿子哈桑则是哈扎拉人。阿米尔和哈桑成为了好朋友，两个人经常一起游戏，阿米尔是出色的"风筝斗士"，即善于用自己的风筝切断别人的风筝的线；哈桑则是杰出的"风筝追逐者"，因为阿富汗的传统是线被切断而落下的风筝归追到它的人所有。阿米尔的父亲对两个孩子都很喜爱，但嫌阿米尔过于怯懦，因为两个孩子和人打架时总是哈桑出头。虽然阿米尔展露出写作的才华，但他的父亲并不看重。阿米尔由于孩童的自私，非常想获得父亲全部的爱，因此总是因为父亲对仆人孩子的温情而心生嫉妒。阿米尔儿时性格懦弱，哈桑勇敢忠诚，心态失衡的阿米尔用不光彩的手段陷害了哈桑一家，导致哈桑一家流落异乡，此后阿富汗爆发战争，阿米尔一家被迫出走美国。熟知内情的父亲的合伙人拉辛汗，在临过世前鼓励阿米尔回阿富汗寻找当年的哈桑，通过自己的努力去平复自己多年的负罪感。阿米尔还从病重的拉辛汗嘴里得知一个惊天消息，哈桑其实不是仆人的亲生儿子，而是自己父亲的私生子，儿时的伙伴其实是自己的兄弟，被从恤孤院买到阿塞夫手中的哈桑的儿子是自己的侄子。儿时的噩梦再度重演，最终阿米尔历尽艰辛，救出了侄子，并将他带回了美国的家。

二、作者小传

卡勒德·胡赛尼，1965年生于阿富汗首都喀布尔市，后随父亲迁往美国。《追风筝的人》是他的第一本小说，因书中角色刻画生动，故事情节震撼感人，出版后大获好评，获得各项新人奖，并跃居全美各大畅销排行榜，《追风筝的人》已经由梦工厂改拍成电影。他还著有《灿烂千阳》《群山回唱》。作品全球销量超过4000万册。2006年，因其作品巨大的国际影响力，胡赛尼获得联合国人道主义奖，并受邀担任联合国难民署亲善大使。

三、主要人物

1. 阿米尔

书中的"我"，主人公。作者以第一人称叙述的"我"是一个胆小、懦弱而且嫉妒心很强的人，因小时候对朋友犯下的一系列错误导致了后面"我"成年后的忏悔与救赎。

2. 哈桑

与阿米尔一起长大的朋友，也是阿米尔的仆人。勇敢刚毅且对阿米尔绝对忠诚。小时候在一次风筝大赛后遭遇了不幸，却被阿米尔无情地栽赃，最终跟随仆人父亲一起离开。实际上是阿米尔同父异母的兄弟，最终惨遭不幸，在战争中死去。

3. 父亲

阿米尔的父亲，富有的商人。他乐于回报社区，帮助别人开创事业，还开办了一所孤儿院。他还是哈桑的生父，但这个秘密在他在世时一直没有让两个孩子知道。他似乎对哈桑偏爱一些，对阿米尔则总是不够满意。

4. 拉辛汗

父亲的生意伙伴和朋友，从某种意义上讲也是阿米尔的朋友。

比起父亲，他更懂阿米尔，欣赏阿米尔，也是指引阿米尔走上救赎道路的人，是书中的知情者，好多阿米尔不曾知道的事情都是他告诉阿米尔的。

5. 阿里

父亲的哈扎拉仆人，人们都认为他是哈桑的父亲。阿里年幼时，父母因交通事故丧生，他也从此被"我"的祖父收养。阿里之前患过脊髓灰质炎，右腿因此残疾，常常被当地的小孩欺负折磨。他最后在哈扎拉贾特误触地雷身亡。

6. 阿塞夫

小说的主要反面角色。他的父亲是阿富汗人，而母亲是德国人。他信仰纳粹主义，鼓吹普什图人比哈扎拉人更优越。他在青少年时代就已经成为邻里间的恶霸，阿米尔认为他是"反社会分子"。

四、阅读指南

《追风筝的人》以阿富汗的政治动荡、宗教信仰、种族歧视为背景，讲述主人公阿米尔与仆人之子哈桑之间的友情与亲情。阿米尔因为自己的自私、懦弱、胆怯，眼睁睁地看着哈桑被"欺凌"却"见死不救"，为了让自己不再因为面对哈桑而负疚甚至栽赃陷害，让他离开，这也成了阿米尔以后的心魔，成为事隔多年之后，他踏上心灵救赎之路的初心。在阅读时可以结合当时的政治、宗教等历史背景，理解这段心灵救赎之路的来龙去脉。

另外，需要注意的是，风筝是该书的灵魂，对主人公阿米尔来说，风筝隐喻了自私、懦弱、背叛的人性特征，主人公在历经各种挫折、磨难后通过自身的不懈努力和内心的坦诚，最终获得了人性的救赎和内心的安宁。每个人心中都有一只风筝，只有不停追逐着它，人生才有意义，灵魂才够完整。

五、好句好段

1. 我走在他后面，嘴里念念有词，学着他走路的样子。我看见他提起那条嶙峋的右腿，摇晃着划出一道弧形；看见他那条腿每次踏下，身体不由自主地往右边倾低。他这样蹒跚前进而又能不摔倒，不能不说是个小小的奇迹。

出自第二章

2. 可是盗窃是不能被原谅的罪行啊，是所有罪行的原型啊。当你杀害一个人，你偷走一条性命，你偷走他妻子身为人妇的权利，夺走他子女的父亲。当你说谎，你偷走别人知道真相的权利。当你诈骗，你偷走公平的权利。

出自第九章

3. 我不记得那是何年何月的事情。我只知道记忆与我同在，将美好的往事完美地浓缩起来，如同一笔浓墨重彩，涂抹在我们那已经变得灰白单调的生活画布上。

出自第十章

4. 我对自己所处的有利地位感到畏怯，而这全都因为，我赢得了那场决定我性别的基因搏斗。

出自第十二章

5. 得到了再失去，总是比从来就没有得到更伤人。

出自第十六章

六、读后思考

分析阿米尔懦弱性格的形成与突破。

简要提示：阿米尔是一个阿富汗的"富二代"，他是父亲一手带大的，父亲是他心里的神明。可是，父亲不喜欢阿米尔性格里的懦弱，他更看好仆人哈桑，每次阿米尔被欺负都是哈桑出面保护。阿米尔在看到哈桑被另一个孩子阿塞夫施暴后，这事成了他的梦魇，内心无力承受的阿米尔设计赶走了哈桑。哈桑被阿米尔设计赶走，是阿米尔性格中恶劣部分的彻底释放。"对哈桑的愧疚"和"担心父亲失望"将阿米尔的内心向两个方向拉扯。

除了父亲和阿米尔直接的冲突外，父亲的形象对阿米尔懦弱的性格也有影响。一个男孩最大的痛不是没有英雄，而是活在父亲这个英雄的阴影下，内心因为没有探索、没有突破而停止成长。身体成长了，内心却还是一个孩子。

阿米尔懦弱，但是他善良。否则他不会一次次梦到哈桑，内心在道德和愧疚中拉扯。只是他的善良和懦弱、自私一样，被父亲影响着。阿米尔只有打破父亲不可超越的神话，才能找到真正的自我。

最后，阿米尔去救了那个孩子，转变是源于父亲的秘密，他打破父亲带来的枷锁。这个秘密打破了父亲神明一般光辉的形象，将父亲从神坛上拉了下来。这才是真正的父亲形象，会犯错，有爱恨，有秘密。阿米尔渴望成为的那个男人不再高高在上，更加"接地气"。这个距离对阿米尔来说是可及的，这个认知给了他信心。

这同时也预示阿米尔最终成为了哈桑一样的人。他找到了方向，肯定了自我的价值，对生活不再躲避。内心的坚定塑造了一个对未来无所畏惧的阿米尔。

七、拓展阅读

《灿烂千阳》[美] 卡勒德·胡赛尼

本书是作者卡勒德·胡赛尼继《追风筝的人》后的第二部作品，这次作者将关注的焦点放在阿富汗妇女身上，小说讲述了两个阿富汗妇女的不幸故事，是一部阿富汗的忍耐的历史。小说除了对战争的控诉还有对妇女权利的呐喊。

《毛毛》

导读老师：滕腾

一、作品介绍

本书的主人公小女孩儿毛毛有一天突然出现在小镇露天剧院的废墟里，没有人知道她的来历，连她自己也说不清。毛毛每天的生活就是和周围的伙伴们一起愉快地玩耍，她最要好的朋友是爱讲故事的导游吉吉和清道夫老人贝波，周围的大人和孩子们也都很喜欢毛毛。但是有一天，时间窃贼灰先生突然来到了小镇，他们骗走了镇上许多成年人的时间，并将孩子们关进了"儿童之家"，这令世界上的大部分人都失去了自由和快乐的时间，每天忙碌而麻木地生活着。毛毛看穿了灰先生的阴谋，为了躲避灰先生的抓捕，她在一只名为卡西欧佩亚的神奇乌龟的指引下，来到了"乌有楼"，在那里毛毛遇到了时间管理者侯拉大师。在侯拉大师和卡西欧佩亚的帮助下，聪明勇敢的毛毛带着时间之花，追踪到了灰先生的老巢。最终，凭借着勇敢和智慧，在卡西欧佩亚的帮助下她打败了灰先生，并解放了被窃取的时间之花，时间重新回到了每个人的身上。

二、作者小传

米切尔·恩德（1929—1995），原名安德烈亚斯·赫尔穆特，德国当代著名的幻想文学作家。1929年，恩德出生在德国，他的父亲是一名画家，在恩德小的时候，父亲经常为他讲述那些充满幻想和创意的故事，再加上父亲平时的绘画创作影响，这一切都

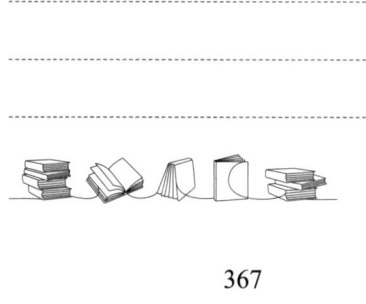

为恩德日后充满幻想性的小说风格奠定了基础。恩德在成为作家前，曾当过演员，他在1954年开始进行剧本创作，接着他开始为孩子们进行文学创作，他的成名作《小纽扣吉姆和火车司机卢卡斯》荣获1961年德意志青少年图书奖。此后，他的代表作《毛毛》和《永远讲不完的故事》也在20世纪70年代相继问世，这些优秀的幻想小说，令恩德享誉全球。

三、主要人物

1. 毛毛

一个突然出现在小镇圆形露天剧院的废墟内的小女孩儿，大家都对她很友善，也很信任她。当人们遇到困惑和纷争，总是喜欢找毛毛来倾诉；孩子们也觉得，每次和毛毛一起玩耍，都特别快乐、特别尽兴。当时间窃贼灰先生来到小镇后，大人们的时间都被盗取了，但毛毛没有被他们蛊惑，而是勇敢地和这些时间窃贼展开了战斗。

2. 贝波

毛毛的好朋友，一名清道夫。他从不说谎话，非常善于思考，许多人都觉得他很奇怪，只有毛毛可以理解他。毛毛喜欢听他讲话，他也很照顾毛毛，把毛毛当成自己的女儿。当灰先生诓骗他"毛毛已经被掳走了"，贝波自愿交出所剩不多的"时间"，用终日繁重的工作以期换回毛毛的自由。

3. 卡西欧佩亚

一只可以预见未来的乌龟，虽然它爬得很慢，但它能预见半小时以后即将发生的事，并通过显现在龟壳上的文字与他人交流。在它的帮助下，毛毛成功逃脱了灰先生的追踪，多次化险为夷。当灰先生包围乌有楼后，它帮助毛毛一起打败了这群时间窃贼。

4. 侯拉大师

这个世界的时间管理者,他住在乌有楼里。毛毛在与他见面后,明白了时间对于人类的重要性。当时间窃贼将乌有楼团团围住后,他想出了打败灰先生的对策:进入睡眠状态将时间停止,在有限的 1 小时内,他选择相信毛毛和卡西欧佩亚,并鼓励毛毛找到灰先生的仓库,一举将灰先生打败。

四、阅读指南

在《毛毛》这本书中,围绕着主人公毛毛,其他的角色无论是清道夫贝波、讲故事的吉吉、会预测未来的乌龟甚至窃取人类时间的灰先生,都在幻想世界中留下浓墨重彩的一笔。掩卷思考,这些书中的角色仿佛在现实生活中也同样在读者身边留下过真实存在的印迹。因此,在跟着书中人物不断进行历险的同时,结合当下的生活和社会现状,分析每个人物在现实中所对应的现实角色,更有助于我们理解小说的内涵。

同时,还可以对书中不同的角色进行比较阅读与分析,如贝波与吉吉面对灰先生的威胁和营救毛毛的态度、侯拉大师与卡西欧佩亚的处世态度、毛毛与灰先生不同的追求和思想等,通过分析不同人物角色的异同,更容易理解不同角色的内心世界和他们行为的逻辑性。

德国文学评论界曾这样评价米切尔·恩德的作品:"在冷冰冰的、没有灵魂的世界里,为孩子也为成人找回失去的幻想与梦境。"恩德无疑是一位画梦高手,他通过充满想象又扣人心弦的故事情节,以及新奇浪漫的文字语言,为许多不同年龄的人打造了一个个可以暂停时间慢慢做梦的美好世界。对于本书特色语言的分析与思考,也有助于理解本书的艺术风格。

五、好句好段

1. 每当他们全神贯注于舞台上或者扣人心弦或者滑稽可笑的演出，往往会生出神秘的幻觉，仿佛那仅仅作为表演的戏剧人生，竟比他们的日常生活来得更加真实似的。

出自第一章

2. "事情是这样的：有时候我看见面前是一条很长很长的街道，就会想这街道真是长得可怕，恐怕一辈子也扫不完了啊。"……他沉思了一会儿，然后接着说："永远别一下子想整条的街道，懂吗？应该只想迈下一步，喘下一口气，挥下一次扫帚。永远都只反复想下一个。"

出自第四章

3. 这个帝国在哪儿呢？不在昨天，也不在今天，它只在将来的头一天，所以名叫"明日之国"。

出自第五章

4. 告诉你一件事，毛毛，生活中最可怕的莫过于梦想全部都实现了，反正就像我现在这样吧。我已经不再有任何梦想。我也不能从你们那儿重新学到梦想。这一切我都已经厌倦了。

出自第十五章

5. 侯拉大师久久瞅着她，脸上露出了微笑："有许多事情，其实比你现在想象的容易得多。你曾经听过星星们的歌声，你不必有任何恐惧。"

出自第十九章

六、读后思考

1. 灰先生通过什么手段窃取普通人的时间？联系现实生活思考，世界上有哪些类似"灰先生"的手段，在窃取着我们的时间？

简要提示：从第五章灰先生出场后，本书的气氛便紧张了起来！灰先生通过一系列蛊惑人心的说辞，让许多人"心甘情愿"地交出了自己宝贵的时间，本题还需结合生活中的所见所闻，探寻那些在你身边不易被发觉的"灰先生"。

2. 讲故事的吉吉曾经和毛毛那么要好，为什么他会选择向灰先生妥协？

简要提示：吉吉从被人称呼"导游吉吉"到"讲故事专家吉罗拉莫"，称呼和地位上的改变，也反映了他个人内心世界及他对毛毛的感情发生了变化，而这些变化导致他向灰先生妥协。

3. 我们应怎样利用自己的时间，以避免其被"灰先生"偷走呢？

简要提示：拿出一张纸、一支笔，写下一天或者一周的时间分配。

4. 读完这本书，书中的哪个人物令你印象最为深刻？为什么？

简要提示：根据自己的感受作答即可，重点思考"为什么"，探索自己的内心世界。

七、拓展阅读

《牧羊少年奇幻之旅》[巴西] 保罗·柯艾略

《牧羊少年奇幻之旅》是巴西作家保罗·柯艾略的一本寓言式小说。作品描写了西班牙牧羊少年圣地亚哥，接连两次做了同一个梦，梦见他可以在埃及金字塔附近找到一批埋藏的宝物。男孩为了追寻他的梦，卖掉羊群，跨海来到非洲，穿越撒哈拉大沙漠，一路历尽艰险，奇遇不断，这些冒险之旅十分扣人心弦，又充满启发。最后，他在一个炼金术士的指引和帮助下，克服重重困难，最终见到了金字塔。在那里，他领悟了财宝埋藏的地点与生活的意义。

《月亮与六便士》

导读老师：汪晟吉

一、作品介绍

《月亮与六便士》是由英国作家毛姆以著名印象派画家高更的人生经历为蓝本，加以艺术化加工而创作完成的小说。小说以一个在伦敦初出茅庐的传记作家的视角，讲述了主人公查理斯·思特里克兰德的人生历程。思特里克兰德原本是一名普通的股票经纪人，在结婚17年后，他突然离开了家，抛弃了妻儿，只身前往巴黎，只留下一封异常冷酷决绝的信。他的妻子原本以为丈夫的离开是出轨私奔，于是请作家去调查和传话。调查的结果出乎了所有人的意料：他抛弃一切，过着穷酸的生活，是因为想要画画！思特里克兰德由于困窘生病时，戴尔克·施特略夫不顾他太太的反对，将思特里克兰德接到了自己家里细心照料。施特略夫是一个蹩脚的画家，但对艺术却有敏锐的鉴赏力，他很欣赏思特里克兰德。没想到的是施特略夫太太勃朗什爱上了思特里克兰德，抛弃了丈夫，最终为思特里克兰德服毒自杀了。思特里克兰德对这个可怜的女人却异常冷漠。思特里克兰德最后定居在印度洋上一座叫塔希提的小岛。在这座岛上，他与当地一名叫爱塔的女子同居。他的创作从未停歇，直到麻风病夺走他的性命。在生命的最后时刻，他告诉他的情人爱塔，将他的作品烧掉。在爱塔毁掉那幅画之前，思特里克兰德的医生看到了这幅画，说这是一幅旷世杰作。

二、作者小传

威廉·萨默赛特·毛姆（1874—1965），英国小说家、剧作家。毛姆出生在巴黎，他的父亲是一名律师，在英国驻法使馆中供职。在毛姆不到十岁时，他的父母就去世了。幼年丧亲，寄人篱下，加上患有口吃、身材矮小，使他在童年时期就备受痛苦，形成了敏感多思的性格。同时他变得观察敏锐，富有洞察力，对人性与世情有着透彻的理解。这为他的文学创作带来了积极的影响。毛姆一生从事过很多职业，除了作家外，还当过医生、间谍、救护车驾驶员等。他是"世界旅行家"，曾多次前往远东和南太平洋地区旅行，足迹遍布拉美、中国和印度等地。旅行中的见闻成为了他文学创作的源泉。他一生笔耕不辍，写了长篇小说20部，短篇小说100多篇，剧本30个，此外还有一些游记、回忆录、文艺评论等。他是备受欢迎的小说家，被誉为"20世纪最会讲故事的人""英国的莫泊桑"，却自称是"二流作家"。他的作品风靡全球，不少被改编成影视作品，他靠版权费过着富足的生活。代表作有《人生的枷锁》《月亮与六便士》《面纱》《刀锋》《叶的震颤》等。

三、主要人物

1. 查理斯·思特里克兰德

原本是股票经纪人，过着普通的中产阶级生活，在他爱好艺术的妻子眼中，这个不大说话的男人对艺术完全不感兴趣。但无人知晓的是，这个人用了一年时间，每天晚上到夜校学画画，然后在婚后17年的一天突然离家出走，前往巴黎。他生活潦倒，衣着邋遢却毫不在意。他对妻子"一点儿也不爱了"，对孩子也"没有什么特殊的感情了"，对世人对他可能有的讨厌、鄙视也"无所谓"。他出走的理由是"必须画画儿"。他冷漠无情，不通世故，

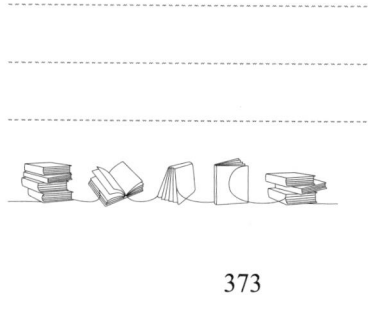

伤害了他的朋友施特略夫及其妻子勃朗什。他占有了勃朗什，却只把她看作模特和工具，令疯狂爱上他的勃朗什服毒自杀。直到勃朗什死去，他都没有去看望，而且毫无愧疚之心。后来他辗转来到了小岛塔希提。在那里他继续作画，并与原住民爱塔同居。思特里克兰德染上了当时致命的麻风病，当医生看到他时，他的五官已经有所变形。在麻风病情加重并让他双目失明的一年多时间里，思特里克兰德仍然在画室的墙上进行着创作，直到麻风病夺去他的生命。在生命的最后时刻，他让爱塔将他的作品烧掉。

2. 思特里克兰德夫人

与思特里克兰德结婚17年，育有一儿一女。她平日里喜欢举办宴会，与文艺圈人士交往，在丈夫突然离家前她的生活平稳富足，看上去幸福美满。她原本以为丈夫的突然离开是由于出轨，希望请人打动丈夫回家，并表示"如果他回来了，我可以既往不咎"。当她知道丈夫是因为要画画才不回来，意识到丈夫不可能回来了，便恶狠狠地诅咒他，想要报复他。坚强的思特里克兰德夫人重新安排好了生活，自己维持生计，精明的她杜撰自己的丈夫是由于迷恋上法国女舞蹈家才离开的，并因此获得了不少同情。她的事业做得很成功，但她总觉得自己赚钱养活自己有些丢人，有失自己的身份。丈夫死后，面对来访的评论家，她虚伪地暗示她和她丈夫的关系十分圆满。

3. 戴尔克·施特略夫

施特略夫是一个蹩脚无名的画家，矮胖、腿短、秃顶，有着好心肠。他有两个特点，一个是很爱他的太太，另一个是对艺术有敏锐的鉴赏力。他向叙述者"我"介绍了一个他认为的伟大画家，也就是思特里克兰德。自从认识思特里克兰德，施特略夫便无私地帮助他，帮他推销作品、接济他的生活、在他病危时接他到自己家休养，为此还尽力说服自己的妻子。这两个特点都使他不幸。他深爱的妻子背叛了他，转而爱上了思特里克兰德，还因此而死，这令施特略夫万分痛苦，像被抽空了一样。如果不是因为他出色的鉴赏力，他也不会与思特里克兰德亲近，这悲剧恐怕也就不会发生了。施特略夫认为"艺术是世界上最伟大的东西"，以至于他虽然气愤，但没法下手毁掉思特里克兰德以他妻子为模特所创作的画。因为他没有办法毁掉艺术。在那之后，他甚至还邀请思特里克兰德和他一起去荷兰，但是被拒绝了。

四、阅读指南

书名本身具有象征意味，"月亮"指的是理想，"六便士"指的是俗世。前者是"诗与远方"，后者是眼前的苟且。选择"月亮"还是"六便士"？历来争议不断，常常拷问着人们的内心。毛姆以法国后期印象派大师保罗·高更为原型塑造了主人公查理斯·思特里克兰德。满地都是六便士，思特里克兰德却抬头看见了月亮。于是，他与过往循规蹈矩、庸常压抑的中产阶级生活彻底决裂，舍弃了"六便士"转而追寻皎洁的"月亮"，也就是绘画艺术，为此穷困潦倒、名誉损毁也毫不在意。

在这部作品中，毛姆以传记作家的视角来讲思特里克兰德的故事，并以传记作家之口对其高度评价，体现了毛姆对"月亮"与"六便士"的看法。在阅读时，我们可能会对思特里克兰德的一些行为感到无法认同，甚至对他的一些行径感到不满。比如抛妻弃子断了他们的生计、对为他自杀的勃朗什冷漠无情、对善良的施特略夫毫无感恩之心还夺走了他的妻子。或许这些正体现出毛姆的良苦用心，为的是塑造出一个遗世独立的纯粹的"月亮"式的人物。在作者的心中，评价一个人的标准并不是普通的伦理，而是另有更高的标准。在这个标准下，不顾一切追逐理想、拥有罕见的才华的思特里克兰德是最值得尊敬的。读者对他可能有一些质疑，从一定程度上来说也是世俗的枷锁，是"六便士"的正

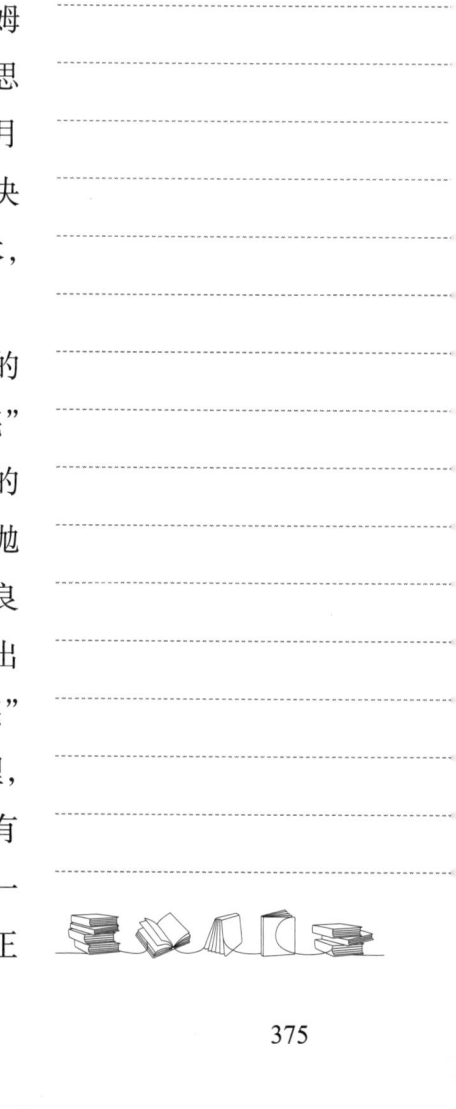

义，而思特里克兰德决意出走的那一天便决意与之决裂，要挣脱无论是物质的还是道德的枷锁，哪怕经受世人的质疑，也要像溺水者的挣扎一般追逐心中的"月亮"。作者的这一用意还可以从他对高更事迹的改编上体现出来。小说主人公的生活轨迹与其原型画家高更的一生虽然大致相仿，但却不能等同。高更是在继承了大额遗产后来到小岛上作画的，也并没有断绝与文明社会的一切联系。也就是说，思特里克兰德的决绝、怪异、疯狂是毛姆有意为之。种种不合伦常的行为更凸显了人物的坚定与纯粹，以及对世俗枷锁的摒弃。

毛姆是一个讲故事的大师，这部作品充分体现了他的本领。他精心编排人物，人物因为不同而产生冲突，使情节更具有吸引力，同时也凸显了人物的形象。如冷漠自私、富有才华的思特里克兰德与善良仗义、才华平庸的施特略夫的对照，纯粹的思特里克兰德与世故虚伪的思特里克兰德夫人的对照等。此外，毛姆选择了一位传记作家作为叙述者，这位作家受思特里克兰德夫人之托调查思特里克兰德出走的原因，在这过程中揭开层层迷雾，使故事如同侦探小说一样引人入胜。叙述者对思特里克兰德态度发生着剧烈的变化：由不解到理解，从愤怒到惊叹。叙述者的设计对读者理解和评判人物起到了引导的作用。叙述者对主人公的高度评价传达了作者的态度：这是"一个惹人嫌的人，但我还是认为他是一个伟大的人"。

五、好句好段

1.在我看来，艺术中最令人感兴趣的就是艺术家的个性；如果艺术家赋有独特的性格，尽管他有一千个缺点，我也可以原谅。

出自第一章

2. 这一定是世界无数对夫妻的故事。这种生活模式给人以安详亲切之感。它使人想到一条平静的小河，蜿蜒流过绿草草的牧场，与郁郁的树荫交相掩映，直到最后泻入烟波浩渺的大海中。但是大海却总是那么平静，总是沉默无言、声色不动，你会突然感到一种莫名的不安。也许这只是我自己的一种怪想法（就是在那些日子这种想法也常在我心头作祟），我总觉得大多数人这样度过一生好像欠缺一点儿什么。我承认这种生活的社会价值，我也看到了它的井然有序的幸福，但是我的血液里却有一种强烈的愿望，渴望一种更狂放不羁的旅途。这种安详宁静的快乐好像有一种叫我惊惧不安的东西。我的心渴望一种更加惊险的生活。只要在我的生活中能有变迁——变迁和无法预见的刺激，我是准备踏上怪石嶙峋的山崖，奔赴暗礁满布的海滩的。

出自第七章

3. 我告诉你我必须画画儿。我由不了我自己。一个人要是跌进水里，他游泳游得好不好是无关紧要的，反正他得挣扎出去，不然就得淹死。

出自第十二章

4. 为什么你认为美——世界上最宝贵的财富——会同沙滩上的石头一样，一个漫不经心的过路人随随便便地就能够捡起来？美是一种美妙、奇异的东西，艺术家只有通过灵魂的痛苦折磨才能从宇宙的混沌中塑造出来。在美被创造出以后，它也不是为了叫每个人都能认出来的。要想认识它，一个人必须重复艺术家经历过的一番冒险。他唱给你的是一个美的旋律，要是想在自己心里重新听一遍就必须有知识、有敏锐的感觉和想象力。

出自第十九章

5. 他像是一个被什么迷住了的人，他的心智好像不是很正常。他不肯把自己的画拿给别人看，我觉得这是因为他对这些画实在不感兴趣。他生活在幻梦里，现实对他一点儿意义也没有。我有一种感觉，他好像把自己的强烈个性全部倾注在一张画布上，在奋力创造自己心灵所见到的景象时，他把周围的一切事物全都忘记了。而一旦绘画的过程结束——或许并不是画幅本身，因为据我猜想，他是很少把一张画画完的，我是说他把一阵燃烧着他心灵的激情发泄完毕以后，他对自己画出来的东西就再也不关心了。他对自己的画儿从来也不满意；同缠住他心灵的幻景相比，他觉得这些画实在太没有意义了。

出自第二十一章

6.我凝望着他。他一动不动地站在我面前，眼睛里闪着讥嘲的笑容。但是尽管他脸上是这种神情，一瞬间我好像还是看到一个受折磨的、炽热的灵魂正在追逐某种远非血肉之躯所能想象的伟大的东西。我瞥见的是对某种无法描述的事物的热烈追求。我凝视着站在我面前的这个人，衣服褴褛，生着一个大鼻子和炯炯发光的眼睛，火红的胡须，蓬乱的头发。我有一个奇怪的感觉，这一切只不过是个外壳，我真正看到的是一个脱离了躯体的灵魂。

出自第四十一章

六、读后思考

1.小说主人公思特里克兰德面对满地的"六便士"，却抬头追寻"月亮"。请谈一谈你的看法。

简要提示："月亮"指的是理想，"六便士"指的是俗世。前者是"诗与远方"，后者是眼前的苟且。主人公挣脱世俗枷锁，执着追寻理想的精神令人佩服。在当下这个商业氛围浓厚、功利主义横行的社会，抬头望"月"更是难能可贵。我们每个人都要叩问自己的内心，你的"月亮"是什么？要记得时常抬头望一望那轮明月，因为披着清辉赶路便不觉迷茫。当然，我们也要意识到"月亮"与"六便士"并非完全对立、不可两全的。我们并不能认为"六便士"便是要完全被唾弃的，其中包含的世俗伦理也有其价值。如何处理好"六便士"与"月亮"的关系，是值得我们思考的。

2. 你还知道谁放弃了"六便士"去追寻"月亮"吗？请举例加以分析。

简要提示：例如钱学森放弃了美国优厚的待遇，毅然回来建设当时各方面远远落后的祖国。他放弃的"六便士"是优渥的物质生活，追寻的"月亮"是自身报国的信念。再如樊锦诗，她从北京大学历史系毕业后，面对北京与上海的舒适的工作，毅然选择在条件艰苦的敦煌潜心研究40年。她放弃的"六便士"是相对舒适的工作和生活环境，追寻的"月亮"是守护敦煌的理想。又如陶渊明"不为五斗米折腰"而辞官隐居，他放弃的"六便士"是官职、仕途，追寻的"月亮"是内心的自由闲适。

七、拓展阅读

1.《面纱》[英] 威廉·萨默赛特·毛姆

英国作家所撰写的以中国为背景的小说，值得一读。"你用面纱遮蔽他人的窥探，自己也难以一睹世界之真实。"主人公选择揭开面纱，直面背后的真相，救赎自我。

2.《人生的枷锁》[英] 威廉·萨默赛特·毛姆

毛姆的半自传性质的小说，在主人公的身上可以看到作者本人的影子。人无往而不在枷锁中，主人公在一次次痛苦磨砺中，逐渐卸下人生的枷锁，寻求内心的平静与自由。

3.《阅读是一座随身携带的避难所》[英] 威廉·萨默赛特·毛姆

毛姆的读书随笔，围绕如何阅读、大师和巨匠的秘密、深度思考的真相三个方面展开。著名作家化身阅读的向导，介绍如何阅读和评价小说，讲述大作家们的轶事。

《高老头》

导读老师：张小军

一、作品介绍

《高老头》的故事，发生在1819年末至1820年初。巴黎新圣热纳维也芙街的伏盖公寓，聚集了三教九流的人物，其中有一个神秘房客高老头。穷大学生拉斯蒂涅克通过细致的观察，一步一步揭开了高老头的神秘面纱。

高老头本名高里奥，大革命时期当过分区主席，靠囤积面粉发了一笔横财。他把家里的金银细软卖掉，又向他人借贷，替做了银行家太太和伯爵夫人的两个女儿还债。

拉斯蒂涅克从外省到巴黎上大学，想凭着自己的聪明才智，成为一个大法官，用丰厚的收入报答父母。只是没想到，来到巴黎，他还没学会什么本事，就已经眼红了，迫不及待地想钻进上流社会，过上贵族的奢侈生活。经亲戚介绍，他结识了贵妇鲍赛昂夫人。鲍赛昂夫人认他做表弟，请他参加舞会。在舞会上，他又结识了苔尔费纳。

从此，拉斯蒂涅克再也无心读书，只是应付一下点名，过后就开溜了。鲍赛昂夫人便设法让苔尔费纳投入拉斯缔涅克的怀抱。一次到苔尔费纳家里做客，他意外看到了高老头，并说自己认识高老头先生。话刚说出来，雷斯托伯爵的脸色就变了，委婉地请拉斯蒂涅克出门。高老头和苔尔费纳，是父女关系。先前，高老头很有钱的时候，女婿把他当成座上宾。如今，高老头没有钱，女婿不愿意承认他是自己的岳父。

可是苔尔费纳作为一个贵夫人，花销很大，需要拉斯蒂涅克负担，这个穷大学生怎么承担得起。就在这个时候，江洋大盗伏脱冷为他上了人生第二课。指导他追求一个富家女孩，伺机杀掉女孩的哥哥，使女孩成为其父的唯一继承人。只是没想到，伏脱冷被人告发，又进了监狱，计划只能落空。

高老头晚年病入膏肓，面对女儿的无情，只能无奈地凄惨叫喊。他临死前算是看清了两个女儿的真面目。他说："一切都是我的错，是我惯坏了她们，让她们把我踩在脚底下。"高老头诉说心里的痛楚，心中还是略有期盼，最后的失望让他愤怒。"我疼心肝宝贝一样疼女儿，到头来却被她们扔下不管，这就是我的报应。这两个家伙，是无赖浑蛋，我恨她们，诅咒她们。"

高老头带着自己的遗恨死去了。拉斯蒂涅克草草埋葬了高老头，也埋葬了自己的最后一滴温情的眼泪，埋葬了曾经的单纯。最后，他对着巴黎的富人区说："现在咱们来较量吧！"在此之后，他便成了一个无耻的政客。

二、作者小传

奥诺雷·德·巴尔扎克（1799—1850）是欧洲批判现实主义文学的奠基人，被誉为"现代法国小说之父"。他一生写出了91部小说，塑造了2000多个栩栩如生的人物形象，合称《人间喜剧》，被誉为"资本主义社会的百科全书"。代表作有《驴皮记》《欧也妮·葛朗台》《高老头》《贝姨》《邦斯舅舅》等。

1799年，巴尔扎克生于法国中部图尔城一个中产者家庭。父亲是农民出身，靠个人奋斗发迹，母亲出身于巴黎富裕的资产阶级家庭。

1816年，巴尔扎克进入法科学校学习。母亲希望他成为公证人，巴尔扎克在事务所见习。在事务所见习期间，他看到了很多的家庭纠纷案件，成了以后小说创作的素材。

1819年，巴尔扎克从法律学校毕业，宣布要改行从事文学创作。父母被迫同意给他两年试验期。

1820年，巴尔扎克完成诗体悲剧《克伦威尔》，迫不及待地与亲人分享，却惨遭嘲讽。为了争取经济独立，开始写赚钱快的流行小说。

1825年，巴尔扎克从事出版业，依旧没有实现经济独立。这几年，他又办过印刷厂、铸字厂等，均惨遭失败，致使他负债累累。

1828年初，巴尔扎克结识了维克多·雨果，下定决心创作属于自己的严肃文学。

1829年，巴尔扎克的第一部严肃的长篇小说《朱安党人》发表，标志着《人间喜剧》创作的第一个阶段开始。

1830年，巴尔扎克创作中篇小说《高布赛克》，标志着创作方向正式转向当代生活与社会风俗。

1831年，发表长篇小说《驴皮记》。巴尔扎克用一张驴皮，象征了人的欲望和生命的矛盾。因而，这本哲理小说，可以作为解读《人间喜剧》的一把总钥匙。

1833年，巴尔扎克开始以《十九世纪风俗研究》为题出版自己的作品，收入了《欧也妮·葛朗台》等长篇小说。

1834年，巴尔扎克在《巴黎杂志》上刊登长篇小说《高老头》。

1835年，长篇小说《高老头》单行本出版。《高老头》可以作为《人间喜剧》的序幕。

1842年，《人间喜剧》第一卷开始出版，第一卷刊载了巴尔扎克写的长篇序言。这篇序言，阐述了他的现实主义文学主张，也算是对自己创作的一个总结。他表示但丁的《神曲》给了自己巨大的创作启示。

1846年，巴尔扎克发表长篇小说《贝姨》。这本小说，是"巴黎生活场景"的华丽篇章。

1847年，巴尔扎克发表长篇小说《邦斯舅舅》。该小说与《贝姨》合称《穷亲戚》，是巴尔扎克晚年的"天鹅之歌"。

1850年，巴尔扎克与韩斯卡夫人在乌克兰结婚。长期的艰苦创作和沉重的债务危机，使他希望与一个有钱的寡妇结婚，从而改善自己的生活，至此总算如愿。然而造化弄人，婚后不久，巴尔扎克拖着疲惫的身躯，走完了艰辛的一生。

三、人物形象

1. 拉斯蒂涅克：不顾一切往上爬

拉斯蒂涅克是贯穿小说始终的核心人物。他是外省破落贵族子弟，不愿埋头读书，更不愿顺着社会阶梯一步步往上爬，想着一步登天过上挥金如土的生活。他在鲍赛昂子爵夫人那里，接受了人生教育的第一课。她以极端的利己主义，教导拉斯蒂涅克真正统治这个社会的是金钱。她还指点拉斯蒂涅克追求银行家太太苔尔费纳，要把真实感情隐藏起来，以追求贵妇作为踏入上流社会的钥匙。拉斯蒂涅克的人生教育的第二课是伏脱冷传授的"强盗哲学"。他用赤裸裸的语言，道破了资产阶级的道德，指导拉斯蒂涅克要弄大钱，就要大刀阔斧地干。高老头之死，算是彻底完成了拉斯蒂涅克的人生教育。他看清了高老头两个女儿的无情无义，也看清了这个金钱社会的真实面貌。拉斯蒂涅克埋葬了高老头，也埋葬了自己最后一滴眼泪，完成了"人生三课"。他的良心泯灭了，有志青年蜕变成为资产阶级野心家。他的最终蜕变，是金钱腐蚀良知的体现，也是没落贵族屈服于金钱的必然。

2. 高老头：病态、盲目

高老头本名高里奥，在大革命时期当过分区主席，靠囤积面粉发了一笔横财。妻子死后，他把所有的爱转移到了两个女儿身

上。他的爱不是纯粹的父爱，而是"病态"的父爱。他给了每个女儿80万法郎的嫁妆。大女儿阿纳斯塔西嫁给雷斯托伯爵，进入了贵族社会。小女儿苔尔费纳嫁给了银行家纽沁根，成了阔太太。为了女儿，他卖掉了家里的金银细软。他的父爱，是伟大慈爱，是"父爱的基督"。然而，高老头晚年病入膏肓，面对女儿的无情，只能无奈地凄惨叫喊。他的父爱，是爱的悲凉，是爱的心酸。作为成功商人，他精明世故，追逐金钱，投机经营；作为失败父亲，他爱女成狂，倾尽所有，盲目牺牲。盲目的父爱，使他意识不到自己的错，也得不到女儿的爱。高老头的惨死，是金钱打败亲情、人性泯灭的时代的牺牲品。

3. 鲍赛昂夫人：清醒、高傲

鲍赛昂夫人是典型的没落贵族妇女。她出身高贵，是巴黎社交圈的女王。她的客厅，是巴黎名媛挤破头都想进的地方。她表面的风光，掩盖不了内心的衰落无奈。她充满了矛盾，一方面清醒地意识到金钱是真正主宰，因而教导拉斯蒂涅克人生教育的第一课；另一方面又拒绝与资产阶级暴发户合流，最终告别了巴黎社交圈，不得不隐退乡下。她和西班牙侯爵阿絮达相爱三年，最终还是敌不过暴发户的400万陪嫁。她识时务地意识到了时代潮流，却又不肯顺应这样的潮流。鲍赛昂夫人退出巴黎社交圈的悲壮，正象征了贵族不可避免的没落。

4. 伏脱冷：冷酷、凶残

伏脱冷的真名叫雅克·科兰，外号"死不了"，是都隆监狱的逃犯，是个典型的野心家。他是个血气方刚的汉子，掌管着大宗财产，还有一万个帮手。他自愿充当拉斯蒂涅克的人生导师，将人间罪恶向他全盘倾授。他还指点拉斯蒂涅克追求塔勒费小姐，并策划杀死塔勒费小姐的哥哥，让她当上继承人，遗产就会落到拉斯蒂涅克手中，只要给他20万法郎作报酬。伏脱冷又是个城府极深，让人望而生畏的人。他的坦白直率，又让人捉摸不透。这个人集冷酷、凶残、深沉、狡猾于一身，是名副其实的"恶之花"，他的一生就是关于"恶"的一首诗。

四、阅读指南

《高老头》篇幅比较适中，适合进行深层次的阅读。阅读这种批判色彩比较重的小说，不能脱离时代背景，更不能表层地理解作者的写作意图。我们在阅读中，需要做到以下几点：

首先，了解时代背景，还原人物生存的境地。

《高老头》的故事背景是法国大革命发生后的一段复辟时期。封建贵族从国外返回法国，却今时不同往日，资产阶级已经壮大起来。路易十八颁布新宪法，实行君主立宪制。资产阶级凭借雄厚的经济实力与封建贵族相抗衡。封建贵族的没落成为不可避免的趋势。阅读《高老头》，应该从时代背景切入。只要握住了时代背景这把钥匙，小说自然就很容易阅读。

其次，深入文本细读，带着问题意识阅读。

《高老头》是《人间喜剧》的一个精彩序幕。在《人间喜剧》中出现的一些重要人物，都是在《高老头》中第一次出场。在阅读时，我们可以带着问题，一步步深入解决这些问题，实现深层次的阅读。比如，小说的主人公是谁？有人认为是高老头，因为小说的标题就是《高老头》。也有人认为是拉斯蒂涅克，因为他是贯穿小说始终的人物。建议不要脱离文本阅读，也就是不要为了应付考试，就只是简单地进行肤浅阅读。我们提倡带着问题深层次阅读，不遮蔽文本自身的丰富性，还原深层次阅读所带来的探索乐趣。高老头的故事，只是拉斯蒂涅克完成个人"成长史"的一个环节。整本小说的核心故事，不是高老头怎样溺爱女儿又被抛弃的过程，而是一个有志青年逐步被万恶的金钱社会同化的过程。而这样的认识，完全是建立在深层次阅读的基础上的。

最后，分析各色人物形象，总结小说的主旨。

《高老头》中并非只有高老头与拉斯蒂涅克，还涉及其他各色人物。因此，也需要关注他们的性格与命运。小说涉及的人物来自不同阶层，却有一个共同的价值观，便是对金钱至上的无底线崇拜。在金钱面前，人性的弱点暴露无遗，活灵活现、丑态百出。上流社会无所谓爱情，一切背叛和忠诚只取决于金钱。在亮晃晃的金钱面前，高贵的门第也显得苍白。鲍赛昂夫人的情人，为了得到400万的嫁妆还是抛弃了她，和一个暴发户的女儿结了婚。高老头的两个女儿对待父亲的态度，取决于他有没有钱。一旦高老头的积蓄花完，他在女儿们眼里就没有了半点儿价值。在这个金钱至上的社会里，无论是伏盖公寓的老板娘，还是银行家纽沁根，都只是金钱的奴隶。因此，想要在这样的社会里生存，就得想办法搞钱。小说的主题，就是关于金钱异化人性的问题。《高老头》反映了一个以金钱为主宰的社会，也反映了封建贵族的没落是不可避免的必然。

五、好句好段

1. 一样一样的入了门之后，他便脱去了老皮，扩展了生活的疆域，终于领悟到人有三六九等、一层叠一层，构成社会。

出自《一座市民的膳宿公寓》

2. 昨日平步青云，去公爵府上做客，今天跌落泥土，在债主家中乞讨。这就是巴黎女人的本相。

出自《一座市民的膳宿公寓》

3. 上流社会又卑鄙又恶毒。这个上流社会，配怎么对待，就怎么对待。你越是冷酷无情，算计别人，就越是上升得快。越是无情打击别人，别人就越是怕你……在巴黎，成功就是一切，是权力的钥匙。

出自《两处拜访》

4. 父亲了解孩儿，就像上帝了解我们。他一直深入到她们心里了解她们的心意……她们暖和，我就不冷，她们欢笑，我就不会烦闷，只有她们忧伤，我才会忧伤。

出自《两处拜访》

5. 贿赂收买随处可见，雄才大略却是凤毛麟角。

出自《进入上流社会》

六、读后思考

1. 概述《高老头》的几个故事情节。

简要提示：《高老头》有六个情节线索：一、高老头被两个女儿抛弃的故事；二、拉斯蒂涅克向上流社会爬的故事；三、逃犯伏脱冷的故事；四、鲍赛昂子爵夫人退出巴黎上流社会的故事；五、医生皮安训的故事；六、塔勒费父女的故事。

2. 简述拉斯蒂涅克的"人生三课"。

简要提示：第一课：鲍赛昂夫人的隐退，证明"高贵的门第"斗不过金钱。拉斯蒂涅克明白了情人之间，也奉行利己的拜金主义原则。

第二课：伏脱冷被捕，证明"胆略与智谋"斗不过金钱。拉斯蒂涅克明白了普通人之间，也奉行利己的拜金主义原则。

第三课：高老头的惨死，证明"崇高的父爱"斗不过金钱。拉斯蒂涅克明白了至亲骨肉间，也奉行利己的拜金主义原则。

拉斯蒂涅克埋葬了高老头，也埋葬了自己的最后一滴眼泪，完成了"人生三课"。

3. 简析《高老头》中对比手法的作用。

简要提示：伏盖公寓的寒酸与鲍赛昂府的豪华的对比，高贵的鲍赛昂夫人与强悍的伏脱冷的对比，高老头女儿的穷奢极欲与高老头的贫苦窘困的对比……这些对比手法的运用，使作品的主题更加鲜明突出。表面上是强烈对比，实际上折射出了不同社会阶层的人的价值观念如出一辙，即金钱取代了门第，成为主宰一切关系的"上帝"。

七、拓展阅读

1.《巴尔扎克传》[奥地利]斯·茨威格

本书记述了法国文学巨匠巴尔扎克的传奇一生，对其艰苦卓绝的创作生涯着墨尤多。茨威格以小说家的笔法撰写人物传记，读起来跌宕起伏，酣畅淋漓。

2.《巴尔扎克妙语录》张秀章

本书分为品德·情操、爱情·友谊、风雅·生活、婚姻·生理、文学·艺术、政治·宗教等专题，收录了巴尔扎克的大量妙语，另外还附有巴尔扎克年谱。

3.《驴皮记》[法]巴尔扎克

本书是巴尔扎克的第一部长篇哲理小说。小说讲述青年瓦朗坦破产后投身到社交场所，落得穷途末路，准备投水自杀时，古董商给了他一张神奇的驴皮的故事。这张驴皮，能实现他的任何愿望，但愿望一经实现驴皮立刻缩小，寿命也随之缩短。巴尔扎克用一张驴皮，象征了人的欲望和生命的矛盾。

4.《欧也妮·葛朗台》[法]巴尔扎克

本书是巴尔扎克《人间喜剧》中"最出色的画稿之一"。小说描写了葛朗台夫妇、父女、伯父与侄儿等之间的家庭矛盾，深刻揭示了资产阶级的金钱关系，展现了19世纪前半期法国外省的风俗画面，塑造了世界四大吝啬鬼之一"葛朗台"的典型形象。

《小王子》

导读老师：张小军

一、作品介绍

这本童话看似情节简单，却有着深刻的创作背景，是作者将自己大半生的人生体验融入的心血之作。它不仅是一部写给成人的童话故事，更是一部包含人生心路历程的哲学著作。

《小王子》富有诗意的淡淡哀愁，蕴含了对成人世界深深的反思。叙述者"我"是一名飞行员，故事开始他就告诉读者，在成人世界找不到一个有着共同话语的人，因为这些成人都太现实了。

"我"讲述了6年前的一个故事，"我"因为飞机故障迫降在了撒哈拉沙漠，遇到了一个奇怪的男孩，他便是主人公小王子。小王子说，他原本住在一个遥远的星球上，他的星球非常小，上面有一朵玫瑰，他非常喜欢这朵玫瑰，但玫瑰却老跟他闹别扭，让他感到很痛苦，于是他就离开了自己的星球。小王子一路上去了很多星球，见到了一些可笑的大人，后来到了地球。在抵达地球之前，小王子访问了6个不同的星球，遇见了国王、爱虚荣的人、酒鬼、商人、点灯人、地理学家。在地球上，小王子又遇见了蛇、有三枚花瓣的沙漠花、玫瑰园、扳道工、商贩、小狐狸以及叙述者"我"。商贩贩卖精制的解渴药丸，小王子感到这人很无聊。小王子看见了一座玫瑰园，他感到伤心，心中的童话幻灭了。小狐狸让小王子懂得了什么叫驯养，它告诉小王子，"驯养的意思就是'建立联系'"。小王子明白了自己的那朵玫瑰花，与

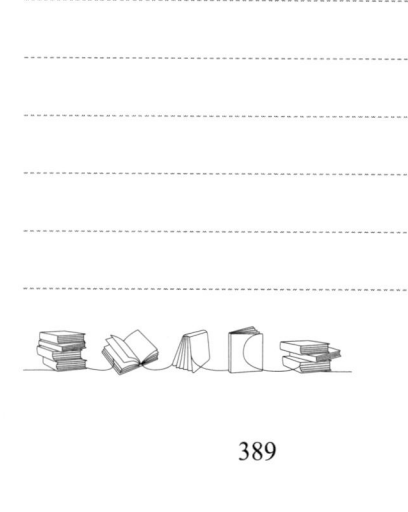

世上成千上万朵玫瑰花都不一样。

小王子辗转几个星球后,最终找回了自我价值与爱的真谛。童话的结尾,小王子为了回到自己的星球,与蛇达成了死亡协议。"我"和小王子,在沙漠度过了一段难忘的时光。小王子为了自己的爱,付出了生命的代价,"我"为此感到悲伤。为了纪念小王子,"我"便写了这部不一样的童话。

二、作者小传

安东尼·圣埃克苏佩里(1900—1944),法国里昂人,飞行家、作家。著有《南方邮航》《夜航》《小王子》。飞行员的经历为他的写作提供了独特的素材;身为作家,写作赋予了他飞行之外的智性。

1900年,圣埃克苏佩里出生于法国里昂。父母都是当地的贵族后裔。父亲在一家保险公司担任检查员。母亲出自书香世家。

1904年,父亲去世。母亲带着他们姐弟五人搬到了外祖父家。

1912年,圣埃克苏佩里在飞行员魏德林的带领下,乘坐飞机第一次飞上了天。

1917年,圣埃克苏佩里来到了巴黎。

1919年,圣埃克苏佩里报考海军军官学校,却因法文口试不及格,无缘海军军官学校,只得转入美术学校攻读建筑艺术。

1921年,圣埃克苏佩里应征入伍,担任飞机维修工作。工作之余参加了民用航空公司的飞行训练,获得了飞机驾驶员合格证书。

1922年,圣埃克苏佩里获得了军事飞行员合格证书,驻扎卡萨布兰卡等地。

1926年,圣埃克苏佩里发表了短篇小说《飞行员》。

1929年,圣埃克苏佩里出版了第一部杰作《南方邮航》。

1930年，圣埃克苏佩里创作《夜航》。书中主人公利维埃的原型即好友狄迪叶·多拉。

1931年，圣埃克苏佩里与康素罗·桑星在布宜诺斯艾利斯结婚。康素罗·桑星正是《小王子》中玫瑰花的原型。

1938年，圣埃克苏佩里创作小说《人的大地》。

1939年，圣埃克苏佩里创作了哲理童话《小王子》。

1943年，《小王子》在美国出版。

1944年，圣埃克苏佩里执行空中侦察任务，从此神秘失踪了。

三、人物形象

1. "我"：性情坦荡，率真诚实

"我"是童话的叙述者，是一名飞行员，有作者的影子。童话通过"我"的口吻，讲述了小王子的遭遇。"我"坦白与讲究实际的大人谈不到一起，喜欢和孩子们相处。"我"依然保持着好奇心和想象力，性情坦荡，率真诚实，保持着一颗不变的童心。"我"因飞机故障，迫降在了撒哈拉大沙漠，遇见了小王子。以"我"的视角，叙述了小王子的别样经历，也传达了同样的价值认同。

2. 小王子：善良，天真

小王子是童话的主人公，是住在 B-612 小星球的唯一居民，是作者情感体验的化身。小王子呵护心爱的玫瑰花，却被玫瑰花的"傲娇"深深伤害，不得不选择离开自己的星球。他开始一段别样的宇宙旅行，最后来到地球。在撒哈拉沙漠，小王子遇到"我"与小狐狸。在这里，他懂得了什么是驯服与责任，意识到自己终究爱的还是那朵玫瑰花。小王子拥有真性情，只想默默地坚守自己的园地。

3. 玫瑰花："傲娇"

玫瑰花是让小王子不能忘怀的"女神"，有着作者妻子康素

罗·桑星的影子。她不懂得爱需要理解，总是以"傲娇"的姿态对待小王子，导致小王子被迫离开星球。她的内心依恋着小王子，却因性格的原因使她不能表达对小王子的爱。她不懂得爱也需要适合的语言表达，更不懂得爱的本身就是一种主动的关爱。

4. 小狐狸：聪慧

小狐狸让小王子懂得什么是爱。然而，小王子终究忘不了玫瑰花，只能辜负了小狐狸的一番心意。小狐狸告诉小王子，爱的驯养就是建立爱的联系，这样的彼此便是独一无二的存在。小王子明白了，自己最爱的还是他的玫瑰花，爱就是责任。

四、阅读指南

《小王子》篇幅比较短小，适合各类读者进行不同层次的阅读。作者写作的时候，并非只是为孩子写一本单纯的童话，而是或多或少地掺杂了自己的人生体验与成人世界的悲欢离合。

《小王子》有意拉近与小孩子的距离，书中的大人都是一些很奇怪的人，流露了作者有意与成人世界划分界限的态度。书中的大人都是贪婪、狭隘、愚蠢的存在，他们看不到美，也看不到生活的真正意义，整天忙忙碌碌，只关注外在的虚无，从来也听不到自己灵魂的声音。童话里的小王子，是作者欣赏的人，他没有丢掉自己的真性情，可以从容自在地欣赏夕阳西下的温柔晚景。

想要理解《小王子》的内在含义，还需要结合作者所处的时代背景。《小王子》里里外外透露出一股浓郁的忧伤气息，或多或少与作者的祖国法国战败，自己旅居美国，长期处于苦闷的心境有关。同时，飞行员长期飞行的孤独感，也浸透在字里行间。那种经常与死亡擦肩而过的体验，更是加深了作者性情中的孤独和忧伤成分。因此，读童话读的不只是故事，更是作者的心境；读的不只是寓意，更是时代的悲凉。优秀的童话作家往往是真性情、有童心的人。他们在世俗中极其孤独,在成人世界中极其迷茫。于是,他们走入儿童世界,在这里寻求成人世界中不易得到的理解与共鸣。

五、好句好段

1. 我把这本书献给了一个大人。……这个大人是我在世界上最好的朋友。……这个大人他什么都能懂,甚至给孩子们写的书他也能懂。……我愿意把这本书献给儿童时代的这个大人。所有的大人都曾经是孩子。

出自献词

2. 我就不和他谈巨蟒呀,原始森林呀,或者星星之类的事。我只得迁就他们的水平,和他们谈些桥牌呀,高尔夫球呀,政治呀,领带呀这些。于是大人们就十分高兴能认识我这样一个通情达理的人。

出自第一章

3. 当人们感到非常苦闷时,总是喜欢日落的。

出自第六章

4. 我真不该离开她跑出来。我本应该猜出在她那令人爱怜的花招后面所隐藏的温情。花是多么自相矛盾!我当时太年轻,还不懂得爱她。

出自第八章

5. 这些星星闪闪发亮是否为了让每个人将来有一天都能重新找到自己的星球?

出自第十七章

6. 我还以为我有一朵独一无二的花呢,我有的仅是一朵普通的花。这朵花,再加上三座只有我膝盖那么高的火山,而且其中一座还可能是永远熄灭了的,这一切不会使我成为一个了不起的王子……

出自第二十章

7. 对我来说，你还只是一个小男孩，就像其他千万个小男孩一样。我不需要你。你也同样用不着我。对你来说，我也不过是一只狐狸，和其他千万只狐狸一样。但是，如果你驯服了我，我们就互相不可缺少了。对我来说，你就是世界上唯一的了；我对你来说，也是世界上唯一的了。……驯养的意思就是"建立联系"。

出自第二十一章

六、读后思考

1. 举例说明小王子漫游了哪些星球，遇见了哪些大人？

简要提示：325号星球，骄傲自满的国王；326号星球，爱虚荣的人；327号星球，忧郁的酒鬼；328号星球，贪婪的商人；329号星球，勤奋的点灯人；330号星球，知识渊博的地理学家。

2. 谈一下你眼里的小王子。

简要提示：小王子是一个富有想象力的孩子，他能从"我"画的一只盒子，联想到一只小绵羊。小王子是一个充满好奇心的孩子，他每到一个星球，总会一探究竟。小王子是一个有责任心的孩子，为了更好地维持星球的秩序，定时铲除对星球有害的猴面包树。小王子是一个天真可爱的孩子，当他细心培育出他喜爱的玫瑰花之后，不论它提什么要求，小王子都会替它办到，因为那是他喜爱的花朵。

七、拓展阅读

1.《小王子的星辰与玫瑰：圣埃克苏佩里传》[美]斯泰西·希夫

本书是圣埃克苏佩里的传记。圣埃克苏佩里热爱自由与冒险，飞行与写作是他毕生挚爱的事业。他的一生与笔下的小王子一样，都是法国文学史上的一部传奇。

2.《夜航》[法]安东尼·圣埃克苏佩里

圣埃克苏佩里的中篇小说。小说写了某个夜晚，三架邮政飞机分别从巴塔哥尼亚、智利和巴拉圭起飞，一起飞往布宜诺斯艾利斯，其中一架飞机遭遇飓风坠毁的故事。

3.《风沙星辰》[法]安东尼·圣埃克苏佩里

圣埃克苏佩里的自传体散文。作品以细腻的文字记述了他飞行时的冒险经历、旅行见闻和人生感悟，是圣埃克苏佩里作为飞行员时期的重要资料。

《哈姆雷特》

导读老师：张小军

一、作品介绍

《哈姆雷特》是莎士比亚悲剧的巅峰之作。该剧借丹麦的宫廷历史，反映16世纪末至17世纪初的英国社会现实。丹麦王子复仇的故事早已被改编了多次，莎士比亚的《哈姆雷特》在内容与形式上，都算是具有最高水准的一部。

丹麦老国王意外暴亡，克劳狄斯即位成为新国王，王后乔特鲁德匆匆下嫁新国王。丹麦王子哈姆雷特，远在德国威登堡大学读书。当他得知这一切的变故后，内心深处无法接受这样的现实。他不满母亲的所作所为，陷入巨大的痛苦之中。"快乐王子"像一夜遭到了严霜袭击，变得精神颓唐，他成了"忧郁王子"。

就在这时，好友霍拉旭告诉哈姆雷特，他亲眼看见了老国王的鬼魂，并说老国王是被克劳狄斯毒死的，要求哈姆雷特为此复仇。当天夜里，哈姆雷特看到了父亲的亡灵，亡灵嘱咐哈姆雷特一定要为自己报仇，但切记不能伤害王后。哈姆雷特怕泄露心事，又怕落入坏人的圈套，因此变得忧郁寡欢，装疯卖傻以迷惑新国王。他陷入了沉思，把王子那种固有的忧郁气质，表现得淋漓尽致。然而，哈姆雷特还是认为，为父报仇不只是为了自己，更是为了整个国家，他要肩负起这个重整乾坤的重任。

哈姆雷特并没有直接采取行动，而是设计了一出《捕鼠器》，有意试探新国王的态度。果然，这一出杀兄、篡位、娶嫂的戏剧，让克劳狄斯惊恐万分。这一刻，哈姆雷特下定决心要杀掉新国王，新国王也对哈姆雷特起了杀心。

新国王向神忏悔，哈姆雷特并没有背后突袭，他认为一个忏悔的人被杀死是会上天堂的。他迟疑了，和母亲单独相见，却误杀了情人奥菲利娅的父亲。就这样，新国王派遣哈姆雷特出使英国，并指使人暗地处死哈姆雷特。奥菲利娅因父亲被情人杀害，无法接受后发疯，溺死在了水里。

雷欧提斯回国，得知了父亲与妹妹的惨死，被新国王唆使要向哈姆雷特复仇。新国王实施毒计，利用雷欧提斯，密谋在比剑中用毒剑、毒酒来置哈姆雷特于死地。被仇恨冲昏了头脑的雷欧提斯最终为了复仇不择手段。就这样，哈姆雷特回国，不得不接受雷欧提斯的挑战。然而，人算不如天算，王后却先喝了毒酒，接着哈姆雷特中了雷欧提斯的毒剑，哈姆雷特又夺过毒剑刺向了雷欧提斯，两人都中了毒剑。最后一刻，雷欧提斯说出了真相，哈姆雷特将毒剑刺向了克劳狄斯。哈姆雷特的复仇有点儿仓促，倘若没有这场阴谋，估计复仇的行动，又要无限延宕下去。

临死之前，哈姆雷特嘱托霍拉旭，将自己的故事告诉后人。

二、作者小传

威廉·莎士比亚（1564—1616）是世界级别的文学大师，英国文艺复兴时期的戏剧家和诗人。他一生共写了37部戏剧、154首十四行诗、两首长诗和其他诗歌，代表作有四大悲剧《哈姆雷特》《奥赛罗》《李尔王》《麦克白》、四大喜剧《第十二夜》《仲夏夜之梦》《威尼斯商人》《皆大欢喜》和历史剧《亨利四世》《亨利六世》《理查二世》等。

莎士比亚这一生主要有三个身份，演员、剧场老板与剧作家。

1564年，莎士比亚出生于英国中部沃里克郡。父亲约翰·莎士比亚是一个白手起家的手套商人，还一度当选过镇上的执政官。不过，这个执政官不是政府任命的官员，没有什么薪水。

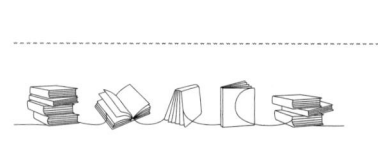

1571年,莎士比亚进入学校学习,后因家道中落而辍学,协助父亲做缝制手套的工作。

1587年夏,莎士比亚只身一人来到了伦敦,开始了漫长的打拼生活。先在剧团中做杂务,后来成为著名的演员和剧作家。

1590—1592年,莎士比亚写出了历史剧《亨利六世》(三部)。

1594年,创作完成悲喜剧《罗密欧与朱丽叶》和喜剧《威尼斯商人》。

1599年,环形剧院建成并运营,莎士比亚是该剧院的股东之一。

1601年,创作完成《哈姆雷特》,首次上演,莎士比亚饰演鬼魂。

1603年,《哈姆雷特》原本出版。

1604年,创作《雅典的泰门》,《奥赛罗》《麦克白》首次上演。

1606年,《李尔王》首次上演。

1608年,创作完成传奇剧《暴风雨》。

1609年,十四行诗集出版,这些诗歌写于1595年至1599年之间。

1613年,环形剧院上演《亨利八世》,由于演出时演员使用枪火,导致屋顶茅草起火,最终一切化成灰烬。莎士比亚离开伦敦,回到家乡,彻底告别剧坛。

1616年,莎士比亚离开人世。

三、人物形象

1. 哈姆雷特:忧郁、延宕

哈姆雷特是个出身高贵的丹麦王子,也是个处于现实和理想之间矛盾重重的人文主义者。父死母嫁的突然发生,彻底改变了他的人生观,性格也变得忧郁多疑。他追求理想,却在残酷的现实中悲观绝望；他向往至善，却在卑劣的斗争中走向毁灭。理想的破灭，让他在忧郁中思考生与死，让他在犹豫中抉择进与退。他难以承受复仇之重，陷入了一场精神危机。"生存还是毁灭，这是一个值得思考的问题！"他始终以哲人的头脑思考，以诗人的灵魂感触；却不曾以政治家的眼光审视，不曾以实干家的行动复仇。性格使然，等待时机又坐失良机；命运使然，苦闷彷徨又忧郁犹豫。理想的幻灭，并没有导致他的彻底沉沦，相反却唤醒了他的斗志，从幻想中走到现实，他要为父亲报仇，要为正义呐喊并决斗。哈姆雷特是一个悲情英雄，他始终坚持自己的人文主义，即使内心充满了复仇的怒火，也不会乘人之危。他孤身奋战，复仇只能依靠自己的力量，在痛苦和迷茫中，一步步实施复仇计划。当手中的毒剑刺向了奸王，他总算如释重负地完成了使命。一言以蔽之，性情的忧郁、行动的犹豫，最终导致他不可避免地走向了毁灭。

2. 克劳狄斯：阴险、狡诈

克劳狄斯是哈姆雷特的叔父。他为了满足对权力的欲望，以杀兄的暴行，夺取了王位，霸占了嫂嫂，以奸诈的手段欺骗了所有人。他是个为欲火吞噬人心的奸雄，是个贪恋权力的利己主义者，是个丧失理性的冒险家。他的存在，象征了封建主义的衰落、个人私欲的无底线泛滥。他已经不是过去的封建君主，而是资产阶级暴发户的形象。在他眼里，自己的利益高于一切，为了利益可以不择手段。因而，他的周围聚集的都不是老实人，受这种思潮的影响，许多大臣只能从恶如流。他得知哈姆雷特已经知道了真相，就不择手段地要置哈姆雷特于死地。他的阴谋一环接着一环，一计不成再施一计。他唆使雷欧提斯与哈姆雷特比剑，恶人有恶报，他最终还是被哈姆雷特刺死了。

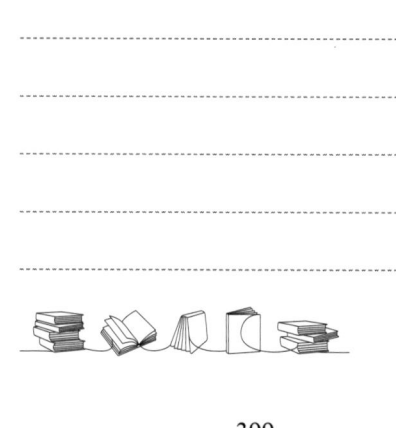

3. 乔特鲁德：虚荣、不贞

乔特鲁德是哈姆雷特的母亲，也是丹麦的王后。她经不住情欲的诱惑，在老国王去世不到两个月时，不顾当时禁止叔嫂通婚的道德约束，委身于新国王克劳狄斯。她的所作所为，对哈姆雷特影响很大。哈姆雷特的忧郁痛苦，与其说是来自父亲的突然死亡，不如说是无法接受母亲的改嫁。乔特鲁德是个爱慕虚荣的女人，她需要的只是继续维持自己王后的地位。她缺乏对爱情的忠贞，经不起情欲的诱惑，别无选择地选择了卑劣的新国王。然而，当她误喝下了毒酒的那一刻，她明白了自己的错误不仅害了自己的性命，也伤害了哈姆雷特。

4. 雷欧提斯：自尊、莽撞

雷欧提斯是大臣波洛涅斯的儿子。哈姆雷特鲁莽地误杀了大臣波洛涅斯，稀里糊涂地成了雷欧提斯为父报仇的对象。父亲与妹妹不明不白的惨死，让他把所有的仇恨撒向了哈姆雷特。狡诈的奸王，怂恿雷欧提斯设毒计除掉哈姆雷特。被仇恨冲昏了头脑，雷欧提斯最终为了复仇不择手段。与哈姆雷特比剑，他也中了毒剑，最终良心发现，说出了奸王的阴谋诡计。他本性善良，但经不起别人的激将法，最终沦为了奸王政治斗争的牺牲品。雷欧提斯是一个心胸狭窄，但自尊心很强的人。仇恨是一柄可怕的双刃剑，它上面涂满了毒药，用它的人就如同将灵魂出卖给了魔鬼，失去理智刺伤他人的同时也刺伤了自己，最终同归于尽，仇恨将一切淹没。

5. 奥菲利娅：纯真、善良

奥菲利娅是大臣波洛涅斯的女儿，也是哈姆雷特的恋人。她与哈姆雷特的爱情，没有得到家人的支持。家人反对她接受哈姆雷特的爱，完全是出于现实的考虑，担忧哈姆雷特辜负了她的一片痴心，担忧她成为哈姆雷特复仇的牺牲品。她便依照父亲的教悔，有意与恋人疏远。哈姆雷特装疯卖傻，但却深爱着她，只是不解她的"软弱"。这对恋人，就在误解中看错了对方。哈姆雷特为了复仇，误杀了奥菲利娅的父亲。奥菲利娅接受不了父亲惨死于恋人的剑下，陷入精神错乱的状态，最终失足落水而亡。从某种意义上说，她用自己的死，表达了对爱情最为纯粹的生命诠释。哈姆雷特来到奥菲利娅的墓地，见到心爱的女孩带着深深的遗憾离去。他只能表达自己的悔恨，悔自己不该意气用事，恨自己辜负了恋人的一片痴心。现实的残酷，让他们的美好爱情彻底破碎。无疑，奥菲利娅是莎士比亚笔下美的化身，但这种美太过短暂且脆弱。

四、阅读指南

《哈姆雷特》是莎士比亚的经典戏剧。这类戏剧不容易阅读，一方面是因为中西方文化存在差异，剧情不容易理解；另一方面是因为翻译的语言与现在的表达方式存在隔阂。

面对这本《哈姆雷特》，我们需要一些读书方法：

首先，很有必要掌握一定的社会背景。《哈姆雷特》也译作《王子复仇记》，取材于丹麦王子哈姆雷特为父报仇的故事。作者用人文主义的观点，把这个单纯为父复仇的故事，改写成了一部深刻反映时代面貌，具有强烈反封建意识的悲剧。

其次，也很有必要了解一些戏剧知识。阅读戏剧，最主要的是理清戏剧冲突。戏剧冲突是指戏剧中人物之间、人物自身以及人与环境之间的矛盾冲突。戏剧中的人物，由于性格、修养、认知不同，必然产生很多矛盾冲突。冲突渗透于戏剧的过程中，起到了推动情节的作用。《哈姆雷特》中的主要戏剧冲突，是哈姆雷特与克劳狄斯的冲突。这一冲突，反映了人文主义理想与黑暗现实之间不可调和的矛盾。抓住这一矛盾冲突，就很容易理解哈姆雷特的悲剧命运。正是这一矛盾冲突，逼迫着哈姆雷特与母亲

产生隔阂，误杀了大臣波洛涅斯，与恋人决裂，与雷欧提斯比剑。从某种意义上说，其他的戏剧情节都是这一矛盾冲突衍生出来的内容。

最后，阅读《哈姆雷特》，还要适当地还原情景，鉴赏人物的语言，这就需要我们理解戏剧语言的奥秘。比如，哈姆雷特作为高贵的王子，他的语言经常就是直率的，不加任何掩饰，更不需要什么避讳。他喜欢用比喻的句子，也喜欢嘲弄一些自己看不惯的人。他的很多疯话，却有一针见血的效果，不仅充满人生哲理，而且点明社会的黑暗。奸王克劳狄斯的语言，一方面亲热和善，另一方面却又阴险狠毒，可见这是一个言不由衷、笑里藏刀的阴谋家。另外，还需要把握一些潜台词与动作背后的语言。

五、好句好段

1. 在我看来，人世间的一切都是那么无聊，可憎，陈腐和无味！……这是一个荒芜不治的花园，长满了恶毒的莠草。

出自第一幕·第二场

2. 这是一个颠倒混乱的时代，唉，倒霉的我却要负起重整乾坤的责任！

出自第一幕·第五场

3. 人是一件多么了不起的杰作！多么高贵的理性！多么伟大的力量！多么优美的仪表！多么文雅的举动！在行动上多么像一个天使！在智慧上多么像一个天神！宇宙的精华，万物的灵长。

出自第二幕·第二场

4. 不知什么原因，我近来对任何事物都失去了兴趣，也不想去过问任何游玩的事情，正是由于处在这样一种令人压抑的心情之下，让我觉得这养育万物的大地，这么一座美丽的大框架，也成了一个不生一毛的荒原；而那有金黄色蛋球点装着的神圣的屋宇，那把众生覆盖的苍穹，这壮丽的帐篷，也只不过是集结了那么多脏污的全体的组合。

出自第二幕·第二场

5. 就这样坠落了，一颗高贵无比的心！学者的头脸，朝臣的眼睛，军人的利刃，举国所期盼的一朵娇花，时尚的模样，人伦的代言，举世观望的中心，就这样令人遗憾地陨落了！

出自第三幕·第一场

6. 生存还是毁灭，这是一个值得思考的问题！诚然，人类一直在思考自身存在的意义。永远的存在还是瞬间的毁灭，这又是一个荒谬的问题。默然受命运的暴虐的毒箭，或是挺身反抗人世的无涯的苦难，通过斗争把它们扫清，这两种行为，哪一种更为高贵？死了，睡去了，那一切都结束了。

出自第三幕·第一场

7. 我用诡计害人，反而害了自己，就如一头自投罗网的山鸡一样，这也是我应得的报应。

出自第五幕·第二场

8. 哈姆雷特，你已无法活命了；不到半小时，你就会死去，世上没有药可以把你救好。而你手中所握的，正是杀人的凶器，仍然有毒药在它锋利的刃上。我自己亦被这万恶的奸计害了……国王——一切都是他设的奸计——国王。

出自第五幕·第二场

9. 满街行走找寻我的爱，到底哪一个才是痴情的知心郎？鲜花艳红似雨滴，盈盈泪痕花上挂，伴君齐入坟墓去。

出自第五幕·第二场

10. 如此沉痛的悲伤有哪一个世人的心可以装得下？天上的流星，会因为哪一人的悲伤的辞句而惊诧止步？那个人就是我，就是丹麦的王子哈姆雷特！

出自第五幕·第二场

六、读后思考

1.《哈姆雷特》这一著名悲剧有哪几条线索？

简要提示：主要线索是哈姆雷特为父报仇。两条次要线索，一是雷欧提斯为父报仇，他的父亲为哈姆雷特所杀；一是挪威王子福丁布拉斯为父报仇，他的父亲为丹麦老国王所杀。

2. 简要分析哈姆雷特的悲剧原因。

简要提示：客观原因在于哈姆雷特面对的敌对势力过于强大，自己始终都是孤军奋战。主观原因在于哈姆雷特的性格过于犹豫延宕，一次次错过最佳时机。他多疑的性格，导致他不相信群众的力量，也不愿借助他人的力量完成复仇大业。

七、拓展阅读

1.《罗密欧与朱丽叶》[英]莎士比亚

本书是莎士比亚重要的悲喜剧，讲述了蒙太古之子罗密欧与凯普莱特之女朱丽叶的爱情悲剧故事，表达了对自由平等、婚姻自主的向往。

2.《威尼斯商人》[英]莎士比亚

本书是莎士比亚重要的喜剧，歌颂了友情与爱情，反映了早期商业资本家与高利贷者之间的矛盾，塑造了夏洛克这个世界著名的吝啬鬼形象。

3.《莎士比亚十四行诗》[英]莎士比亚

本书是莎士比亚重要的抒情诗集，共收录了154首诗歌。诗歌主要表达了对爱情、友情、真善美、生与死的探讨。

4.《莎士比亚作品导读》黎志敏

本书选取了莎士比亚37部戏剧的精彩片段，分为喜剧、历史剧、悲剧和传奇剧。每一节由导读、英语原文、注释、翻译组成。

《契诃夫短篇小说》

导读老师：杨丽

一、作品介绍

英国著名作家毛姆这样评价世界三大著名短篇小说家之一的契诃夫："在最好的评论家的心目中，没有一个人的小说占有比契诃夫更高的位置。"作为小说大家，契诃夫的成就绝对是巨大的，他的作品或嘲弄官场人生，调侃人生闹剧，或表现人生疾苦，揭示人类复杂的内心矛盾。亦庄亦谐，妙趣横生；真实细致、鞭辟入里。在他的笔下，我们可以看到当时俄国社会的各个阶层：农民、教员、医生、军人、商人、地主、小公务员……契诃夫以大爱者的胸怀来包容着、理解着他笔下的人物，他刻画的人物简洁而鲜活，典型而深刻，同时用抒情诗般的精美语言为他们发声。

二、作者小传

安东·巴甫洛维奇·契诃夫(1860—1904)是19世纪末期俄国批判现实主义作家、短篇小说艺术大师、戏剧家。1860年生于一个小商人家庭，祖父是赎身农奴，父亲曾开设杂货铺。父亲的杂货铺破产后，他靠当家庭教师读完中学，1879年入莫斯科大学学医，1884年毕业后从医，广泛接触平民和了解生活，这对他的文学创作有良好影响。1890年4月至12月，体弱的契诃夫不辞长途跋涉，去沙皇政府安置苦役犯和流刑犯的库页岛游历，对那里的"将近一万个囚徒和移民"逐一进行调查。库页岛之行提高了他的思想觉悟和创作意境。后期他转向戏剧创作。1904年6月，

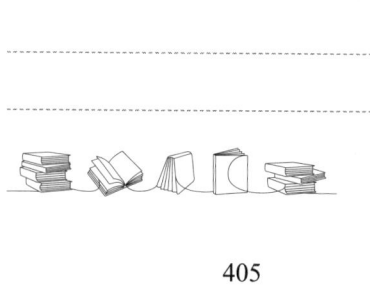

契诃夫因肺炎病情恶化，前往德国的温泉疗养地黑森林的巴登维勒治疗，7月15日因病逝世。通过他的短篇小说，不仅能看到凡俗生活隐藏下的悲剧，也能看到含泪的微笑之后的亮光；不仅能看到极具质感的小情节和情节之下的生活真相，也能看到隐藏于真相之下的雄阔的历史轨迹和现实走向。他和法国的莫泊桑、美国的欧·亨利并称为世界三大短篇小说巨匠。

三、主要人物

1. 奥楚蔑洛夫《变色龙》

警官奥楚蔑洛夫的性格特征是对上谄媚，对下欺压。但他却装出一副正义、公正的面孔，总想以美遮丑，因此往往丑态百出，令人发笑。他在处理一起"狗咬人"的事件中，充分地利用一条狗来表现对席加洛夫将军一家的谄媚，同时对"首饰匠"赫留金、百姓却是专横跋扈、作威作福。当他在几分钟内五次根据狗的主人的不同来"公平判断"狗咬人事件时，竟然脸不变色心不跳，他的见风使舵、阿谀奉承、粗俗无聊乃至卑劣无耻的形象跃然纸上。契诃夫以善于适应周围物体的颜色，很快地改变肤色的"变色龙"为奥楚蔑洛夫作比喻，起了画龙点睛的作用。

2. 别里科夫《套中人》

小教员别里科夫是一个可恶可憎，然而又可悲可怜的人物。他的最大特点是把一切都装在套子里。首先，在生活上，他用各式各样的套子把自己里里外外裹得紧紧的，包得严严的。他常常晴天穿靴子、带雨伞，坐车支车篷，房子不管怎样闷热，他也不开门窗。睡觉时，除戴上睡帽、穿上睡衣，还要把脑袋蒙在被子里。更可怕的是他连自己的思想、精神也要"套"起来。他的口头禅是"千万别闹出什么乱子来"。因为他随时都会跟沙皇政府作汇报，以至于周围的人都害怕他，整个城市死气沉沉。后来四十多岁的别里科夫终于遇到一个喜欢的人，可他迟迟不敢求婚，被心上人的弟弟柯瓦连科从楼上"推"下来，因极度惊恐和担忧而死。别里科夫死了，人们应该解放了、自由了，然而死了一个别里科夫，还有许多别里科夫存在着，因为这是一个僵死、腐朽的社会。

3. 切尔维亚科夫《小公务员之死》

在一个美好的晚上，一位心情美好的庶务官伊凡·德米特里·切尔维亚科夫正在剧院里看轻歌剧，他打了一个喷嚏，不慎将唾沫溅到了坐在前排的观众的脑袋上。当发现正在用手帕擦"秃头和脖子"的对象是另一部门的长官将军时，他出于礼貌起身赔罪。将军表示无大碍，要他好好看戏，切尔维亚科夫却更加心慌意乱，再次向将军表示歉意。第二次的道歉使将军不耐烦而"眼神凶恶"。当切尔维亚科夫回到家中时，妻子竟也一惊一乍，认为其应亲自拜访致歉。于是，主人公便开启了他喋喋不休的道歉之旅，他一而再、再而三地穿上制服，恭敬地到将军接待处道歉并请求原谅。然而，三番五次的琐事叨扰却让将军愈加反感生厌，最终忍无可忍、大发雷霆，让他滚出去。他在极度恐慌和不安中猝死在家中。

4. 尼古拉和奥莉加夫妇《农民》

尼古拉和奥莉加夫妇是处于莫斯科底层的平民。尼古拉因脚突发疾病，无法继续打工维生，又用光了所有积蓄，只得携带妻女投奔故乡。然而，家乡的衰败和家庭的极度贫困让他们始料未及。大家族三代男男女女混居一处，乌烟瘴气，令人窒息。家乡的其他人也因极度贫困而变得愚昧、麻木和粗俗不堪。例如村子里着火，大家一起看热闹而不去积极救火；弟媳妇菲奥克拉被对岸那些"胡闹鬼"脱光了衣服赶回来等。尼古拉一家三口没钱出走，不得不一天天地在绝望中苦熬。最终，尼古拉病死了，妻子奥莉加带着女儿萨沙毅然决然地离开故乡，重新踏上了去往莫斯

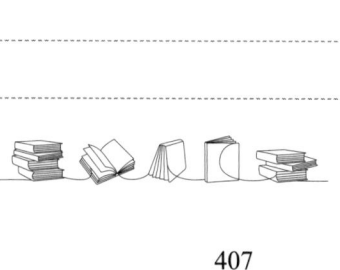

科的遥远路途。尼古拉和奥莉加夫妇看不起贫苦而粗俗的故乡人，自诩为高等的"莫斯科人"，而现实打破他们所有的美梦，终在基本的衣食忧患中无法完成精神的自赎。

四、阅读指南

从契诃夫小说创作的历程来看，他的作品分为两个时期：

早期的作品中已有相当一部分内容具有深刻的社会意义，这些作品可以分为两类：一类是表面上写俄国社会日常生活中的笑话，实际上却是在无情地讥刺专制警察制度和小市民的奴性心理，如《小公务员之死》《变色龙》《普里希别叶夫中士》等；另一类是反映劳动人民的贫困和痛苦生活的，如《苦恼》《万卡》《哀伤》等。

到了19世纪90年代，契诃夫的小说创作走向了繁荣和成熟，许多优秀名篇都产生于这个时期，如《挂在脖子上的安娜》《带阁楼的房子》《醋栗》《套中人》等。这一时期的作品还对知识分子的空虚无为和小市民的庸俗丑恶进行了有力的抨击，如作品《跳来跳去的女人》《文学教师》《约内奇》等。在此期间，因为他同农民有了更多的接触，对农民有了更深的了解而创作了一组描写俄国农村和农民的作品，如《农民》就反映了农奴制改革后俄国农民的贫困生活，《峡谷里》则描写了19世纪90年代资本主义在俄国农村发展的情形。

从语言和艺术风格上来看，契诃夫创造了一种风格独特、言简意赅、艺术精湛的抒情心理小说类型。他截取平凡的日常生活片段，凭借精巧的艺术细节对生活和人物作真实描绘和刻画，从中展示重要的社会内容。这种小说抒情意味浓郁，抒发他对丑恶现实的不满和对美好未来的向往，把褒扬和贬抑、欢悦和痛苦之情融化在作品的形象体系之中。他认为"天才的姊妹是简练"，

"写作的本领就是把写得差的地方删去的本领"。他提倡"客观地"叙述，说"越是客观给人的印象就越深"。他信任读者的想象和理解能力，主张让读者自己从形象体系中琢磨作品的含义。

当然，契诃夫也是一个有强烈幽默感的作家，但他的幽默又是一种复杂的幽默，幽默里带着讽刺，讽刺后带着悲悯。"为一个喷嚏致歉而死的小公务员""装在套子里的别里科夫""媚上欺下的变色龙""因地位而使友谊变味的胖子和瘦子"……他最厉害的是基于所描绘的人物和事件的性质各异，巧妙地发出有着不同的感情色彩的笑声，这种淡淡的幽默或与辛辣的讽刺相交织，或透着深深的悲悯之情。

五、好句好段

1. 小铺和酒店敞开大门，无精打采地面对着上帝创造的这个世界，像是一张张饥饿的嘴巴。店门附近连一个乞丐都没有。

出自《变色龙》

2. 有些人生性孤僻，他们像寄居蟹或蜗牛那样，总想缩进自己的壳里，这种人世上还不少哩。也许这是一种返祖现象，即返回太古时代，那时候人的祖先还不成其为群居的动物，而是独自居住在自己的洞穴里；也许这仅仅是人的性格的一种变异——谁知道呢？

出自《套中人》

3. 真应当在每一个心满意足的、幸福的人的门背后，站上一个人，拿着小锤子，经常敲门提醒他：世上还有不幸的人！不管他现在多么幸福，生活迟早会对他伸出利爪，灾难会降临——疾病，贫穷，种种损失。到那时谁也看不见他，听不见他，正如现在他看不见别人，听不见别人一样。

出自《醋栗》

4. 自由是好东西；我们生活中不能没有它，就跟不能没有空气一样。

出自《醋栗》

5. 个人需要的不是三俄尺土地，也不是一个庄园，而是整个地球，整个大自然。在那广阔的天地中，人能够发挥他自由精神的所有品质和特点。

出自《醋栗》

6. 如果有一个人坐在你面前唠唠叨叨，你还不知道他什么时候才会离开，这种郁闷真是比几百里空旷、单调和被火烧得精光的草原更长啊。

出自《带阁楼的房子》

7. 饥饿、寒冷、动物般的恐惧、繁重的劳动，这一切就像雪崩一样，把她们通往精神生活的道路全部堵死了，而精神活动恰恰是人和动物的区别所在，也是人为之活下去的唯一理由。

出自《带阁楼的房子》

8. 每个人在精神活动中的使命，就是探索真理和生命的意义。

出自《带阁楼的房子》

9. 人一旦认识到自己的真正使命，那么只有宗教、科学和艺术才会让他们快乐。

出自《带阁楼的房子》

10. 这条泥鳅倒是异常恭顺亲热的，不论见着自家人还是见着外人，一概用脉脉含情的目光瞧着，然而它是靠不住的。在它的恭顺温和的后面，隐藏着极其狡狯的险恶用心。

出自《万卡》

11. 我早该明白，人人生来皆是独行者。

出自《第六病室》

12. 对于真正的幸福来说，孤独是不可或缺的。堕落天使之所以背叛上帝，或许就是因为他渴望孤独，那是天使们没有领略过的。

出自《第六病室》

13. 一个有思想的人到了成年时期，思想意识成熟了，他就会不由自主地感到他掉进了没有出路的陷阱。

出自《第六病室》

14. 智慧乃是快乐的唯一可能的源泉。可是我们在自己的周围却看不见，也听不见智慧。就是说，我们的快乐被剥夺了。

出自《第六病室》

六、读后思考

1.《小公务员之死》中切尔维亚科夫因为喷嚏的事跟将军不停致歉，最后被吓死了，你认为这样的情节安排是否不合理？

简要提示：虽然小公务员死得很离谱，因为一个"喷嚏"不停致歉而惊吓致死，看起来情节安排比较荒唐，但小说的基调是轻松愉快、诙谐幽默的，每个人看到如此荒唐的死法都会忍俊不禁。这种看似不大可能的事情，以夸张的手法实现了讽刺的效果。既让我们感到可笑，也引发我们深思。

2.《套中人》结尾处有一段关于乡村景色的描写，有什么作用？

简要提示：契诃夫在这里着意描绘沙皇统治下的一个乡村的月夜景色，是为了衬托小说的主人公保守庸俗的精神面貌。作者愈是写月色溶溶、万籁俱静，便愈能使读者从表面的"平静"中，隐隐听到金鼓杀伐之声。人们已经意识到，腐朽的沙皇统治带给人民的只是从精神到肉体的无比深重的灾难，"不能再照这样生活下去了"！

3.《苦恼》中的约纳和《祝福》里的祥林嫂在向周围的人讲述自己儿子的悲剧时遭遇是否一样？

简要提示：《苦恼》的主人公马车夫约纳是生活在社会底层的小人物，窘迫贫困，命运悲惨，孤寂凄凉，无处诉说儿子病死的悲伤苦闷，最终只有和小母马诉说。而鲁迅《祝福》里的祥林嫂讲述儿子阿毛被狼吃掉时，周围人一开始看起来热心，"有些老女人没有在街头听到她的话，便特意寻来"，实际上是把祥林嫂的悲惨遭遇当作令人好奇的故事，但时间长了人们就冷漠麻木了，不愿再听了。他们两人在向周围的人倾诉悲伤时，是不同的境遇，但是都表现了周围的人的麻木不仁和冷酷无情。

4. 在《主教》中，彼得主教在对生活的美好幻想中死去了。你觉得真正夺走他生命的元凶是伤寒吗？

简要提示：不是。实际上，彼得在被任命为主教的那一刻，冥冥之中也被宣判了死刑，寂寞伴随着他的后半生，孤独的灵魂永远得不到回响。主教这个身份纵然使彼得拥有了凡是处在他的地位的人所能得到的一切，但这个身份却又是一种无形的枷锁，时刻束缚着彼得，使其无法忍受、难以挣脱。主教身边甚至找不到一个可以推心置腹的朋友，所以他非常怀念童年的美好，以及在国外任教的惬意时光。这种压抑的环境、烦劳的工作任务使他日渐憔悴，最终压垮了本就患有严重肠胃病的主教。在他倒下的那一刻，他终于挣脱了枷锁，感受到了自由。

七、拓展阅读

1.《农民》[俄] 契诃夫

契诃夫的晚期作品，一部中篇小说，极其真实地描述了农民在十九世纪八九十年代极度贫困的生活状况，深刻表现了他对农民悲惨命运的关心与同情。

2.《游猎惨剧》[俄] 契诃夫

契诃夫的一部长篇小说,也是他唯一的长篇小说作品,是比福尔摩斯更早的侦探小说,且挖掘人性更具深度。这部作品描绘了1880年代俄国某县城"上流社会"的日常生活和精神空虚,契诃夫用犀利的讽刺笔调描摹了这一出关于爱的围猎和美的毁灭的惨剧。

3.《海鸥》[俄] 契诃夫

契诃夫的一部了不起的写实与荒诞交错在一起的戏剧。这是一部四幕戏剧,用一段感情纠葛作为外壳,实际讲述了人在面对人生目标时的彷徨和踌躇,有的人无法面对真实空洞的自己,而有的人在看清生活的本质后,仍能鼓足勇气寻找新的人生方向。海鸥在其中只是一个象征符号。

4.《樱桃园》[俄] 契诃夫

仍然是契诃夫四幕喜剧的戏剧代表作。故事讲述的是加耶夫、郎涅夫斯卡雅兄妹被迫出卖祖传的樱桃园的故事。该剧围绕着"樱桃园的易主与消失"这个核心,写出了贵族退出历史舞台的必然性和新兴资产阶级的兴起,《樱桃园》以细腻的笔触集中地描写了19世纪末至20世纪初俄国资本主义迅速发展、贵族庄园彻底崩溃的情景。

5.《欧·亨利短篇小说集》[美] 欧·亨利

欧·亨利是美国最著名的短篇小说家之一,曾被评论界誉为"曼哈顿桂冠散文作家"和"美国现代短篇小说之父"。他善于描写美国社会尤其是纽约百姓的生活。他的作品构思新颖,语言诙谐,结局常常出人意料;又因描写了众多的人物,富于生活情趣,被誉为"美国生活的幽默百科全书"。代表作有小说集《白菜与国王》《四百万》《命运之路》等。其中一些名篇如《爱的牺牲》

《警察与赞美诗》《带家具出租的房间》《麦琪的礼物》《最后一片藤叶》等使他获得了世界声誉。

6.《莫泊桑短篇小说集》[法]莫泊桑

莫泊桑，19世纪后半叶法国优秀的批判现实主义作家和短篇小说家，曾师从法国著名作家福楼拜。一生创作了350多篇中短篇小说，被誉为"短篇小说之王"。莫泊桑擅长从平凡琐屑的事物中截取富有典型意义的片断，以小见大地概括出生活的真实。他的小说构思别具匠心、情节跌宕起伏、描写生动细致、刻画人物惟妙惟肖，令人读后回味无穷。